高等职业教育"十四五"规划小学教育专业"互联网+"创新型教材

JIAN MING XIAN DAI HAN YU
JIAO CHENG

简明现代汉语教程

主　编 ◎ 雷意群
副主编 ◎ 傅　璇　曾慧媛
参　编 ◎ 彭海玲

华中科技大学出版社
http://press.hust.edu.cn
中国·武汉

内容提要

本教材是依据《中国教育现代化2035》和《加快推进教育现代化实施方案（2018—2022年）》的指导精神，并结合《国家中长期教育改革和发展规划纲要》《关于深化教学改革，培养适应二十一世纪需要的高质量人才的意见》及高职高专院校和高等师范学校教育教学特点编写而成的。

《简明现代汉语教程》立足于小学语文教育的实际，从学习者的语文基础出发，吸取了现代汉语的理论和方法。全书共分为引言、语音、汉字、语汇、语法、修辞六个章节。本教材可作为师范院校小学语文教育专业学生的专业教材，也可供成人教育学校使用，还可作为广大青年朋友学习的参考用书。

图书在版编目(CIP)数据

简明现代汉语教程/雷意群主编.—武汉：华中科技大学出版社，2023.6
ISBN 978-7-5680-9135-0

Ⅰ.①简… Ⅱ.①雷… Ⅲ.①现代汉语—教材 Ⅳ.①H109.4

中国国家版本馆CIP数据核字（2023）第019872号

简明现代汉语教程
Jianming Xiandai Hanyu Jiaocheng

雷意群　主编

策划编辑：李承诚　　袁文娣
责任编辑：江旭玉
封面设计：廖亚萍
责任校对：张汇娟
责任监印：周治超

出版发行：华中科技大学出版社（中国·武汉）　　电　话：(027)81321913
　　　　　武汉市东湖新技术开发区华工科技园　　邮　编：430223
录　　排：孙雅丽
印　　刷：武汉科源印刷设计有限公司
开　　本：787mm×1092mm　1/16
印　　张：22.25
字　　数：483千字
版　　次：2023年6月第1版第1次印刷
定　　价：59.90元

本书若有印装质量问题，请向出版社营销中心调换
全国免费服务热线：400-6679-118　竭诚为您服务
版权所有　侵权必究

前 言 | PREFACE

现代汉语是师范院校语文教育、小学教育专业学生必修的核心专业课程之一,也是理论与实践结合比较紧密的一门课程,该课程既强调基本理论和基础知识的掌握,关注学习者研究能力的提高,也强调培养学习者发现、分析、解决语言问题的能力,提高学习者运用祖国语言的能力。

本教材是一部供开设现代汉语或汉语基础知识课程的高等院校使用的教材,也是师范院校语文教育、小学教育专业学生的专业教材之一。在师范院校教育改革的进程中,培养应用型、服务型师范毕业生的理念已深入人心。为了适应这一社会发展需要,汲取现代汉语研究的新成果,增强师范生的就业能力,深化以学生为主体的教学模式改革,实现与应用型、服务型师范毕业生人才培养目标的对接,我们特编写了这本《简明现代汉语教程》。

本教材以马克思主义理论为指导,以国家的语言文字政策为依据,贯彻理论联系实际的原则,系统地介绍了现代汉语的基础理论和基本知识,注重基本技能的训练,分析及解释了汉语语音、汉字、语汇、语法、修辞等语言现象,进而为学习者提升理解、分析、运用现代汉语的能力提供帮助,并为语文教学工作、语言文字工作和现代汉语的研究工作提供借鉴。

本教材包含引言、语音、汉字、语汇、语法、修辞六个章节。各章均设有"本章导读",各节均设置学习重点、学习难点、现代汉语基础知识以及相关习题。"本章导读"介绍每章的主要内容,明确每章的学习目标;每节的学习重点和学习难点对学习者进行直接引领;每节的主体内容是现代汉语基本概念和基本理论的论述与讲解,体现现代汉语研究的最新成果与实际运用;每节的习题以勤操练、促巩固、不留疑、重内化为目标,搭建学习者实践体悟的平台,让学习者活学活用,提升学习者分析问题、解决问题的能力,进而帮助学习者学以致用。

为适应师范院校人才培养的需要,每章的最后一节都介绍现代汉语知识在小学语文教学中的运用,力争切合小学语文教育教学需要;除此之外,例子多从名人经典著作中精选,渗透思政元素,注重课程思政育人导向,融入先进的思想政治内容和最新小学语文教材内容,力争实现课程思政功能,构建绿色课堂。

本教材由雷意群担任主编,并统筹书稿编写工具。具体编写工作分工如下：雷意群编写第四、五、六章，傅璇编写第二、三章，彭海玲编写第一章，曾慧媛负责本教材的校勘工作。

  面向应用型人才培养目标编写教材，是对现代汉语课程教学改革的梳理与总结，是一种挑战与提升。在编写本教材的过程中，参与编写的老师们积累了丰富的理论与实践经验，倾注了大量的心血，付出了辛勤的劳动，在此一并表示感谢。同时，老师们工作任务重，经验不足，水平有限，难免出现不当甚至错误之处，祈盼广大师生批评指教。对此，我们将不胜感激。

编者
2023 年 1 月

目录 CONTENTS

第一章 引言 _001
 第一节 现代汉语概说 _002
 第二节 现代汉语的特点 _004
 第三节 现代汉语中的方言 _008
 第四节 现代汉语课程认知 _010

第二章 语音 _013
 第一节 语音概说 _014
 第二节 声母 _022
 第三节 韵母 _028
 第四节 声调 _036
 第五节 音节 _038
 第六节 语流音变 _043
 第七节 语音节律与朗读 _049
 第八节 语音的规范化 _055
 第九节 语音知识在小学语文教学中的运用 _058

第三章 汉字 _065
 第一节 汉字概说 _066
 第二节 汉字的形体 _068
 第三节 汉字的构造 _074
 第四节 汉字的结构与书写 _080
 第五节 汉字的规范化 _086
 第六节 汉字知识在小学语文教学中的运用 _095

第四章 语汇 _099
 第一节 语汇概说 _100
 第二节 词的构成 _104

第三节　词义　　　　　　　　　　　　　　　　　　119
　　第四节　熟语　　　　　　　　　　　　　　　　　　138
　　第五节　现代汉语语汇的组成　　　　　　　　　　　149
　　第六节　语汇的规范化　　　　　　　　　　　　　　158
　　第七节　语汇知识在小学语文教学中的运用　　　　　161

第五章　语法　　　　　　　　　　　　　　　　　　　167
　　第一节　语法概说　　　　　　　　　　　　　　　　168
　　第二节　词类及其功能　　　　　　　　　　　　　　175
　　第三节　短语　　　　　　　　　　　　　　　　　　194
　　第四节　单句　　　　　　　　　　　　　　　　　　211
　　第五节　复句　　　　　　　　　　　　　　　　　　239
　　第六节　标点符号　　　　　　　　　　　　　　　　252
　　第七节　语法的规范化　　　　　　　　　　　　　　264
　　第八节　语法知识在小学语文教学中的运用　　　　　267

第六章　修辞　　　　　　　　　　　　　　　　　　　275
　　第一节　修辞概说　　　　　　　　　　　　　　　　276
　　第二节　语音修辞　　　　　　　　　　　　　　　　282
　　第三节　词汇修辞　　　　　　　　　　　　　　　　289
　　第四节　句式修辞　　　　　　　　　　　　　　　　298
　　第五节　修辞格　　　　　　　　　　　　　　　　　310
　　第六节　辞格的运用　　　　　　　　　　　　　　　341
　　第七节　修辞知识在小学语文教学中的运用　　　　　345

参考文献　　　　　　　　　　　　　　　　　　　　　348

第一章 引 言

本章导读

本章讲述现代汉语的性质、概况与特点,介绍现代汉语方言,并对现代汉语课程进行简要介绍。

第一节　现代汉语概说

🔍 **学习重点**：了解现代汉语及其形式，明确汉语的地位。
🔍 **学习难点**：掌握现代汉语两种形式之间的联系。

一　什么是现代汉语

汉语是汉民族的语言，现代汉语是现代汉民族所使用的语言。现代汉语包括多种方言和民族共同语。现代汉民族共同语是以北京语音为标准音，以北方话为基础方言，以典范的现代白话文著作为语法规范的普通话。

普通话不仅是现代汉民族的交际工具，而且是国家法定的全国通用的语言。就是说，它在全国范围内通用，包括民族自治地区和少数民族聚居的地方。民族地区可以同时使用普通话、本民族的通用语言和方言。国家推广全国通用的普通话，并不是要消灭少数民族语言，也不是要消灭汉语方言，而是要使公民普遍具备普通话应用能力，并自觉使用普通话，以消除交际障碍。少数民族语言和汉语方言都可以在特定地区、一定范围内继续使用。

语言是社会的产物，它随着社会的产生而产生，随着社会的发展而发展。汉语作为一种语言，具有一切语言共同的属性。从结构上看，语言是以语音为物质外壳（形式），以词汇为建筑材料，以语法为结构规律而构成的一种音义结合的符号系统。语言的功能主要表现在以下三个方面。一是人与人的关系。语言是人最重要的交际工具，它不分阶级，一视同仁地为社会全体成员服务。二是人与客观世界的关系。语言是认知世界的工具，事物的类别和事物之间的关系都靠语言来表明。三是人与文化的关系。语言是文化的载体，人们凭借语言积累知识、形成文化。

现代汉语有口语和书面语两种形式。口语是人们口头上应用的语言。其特征在于简短、直白、有较多省略。这种风格的形成，是由于口语常呈现为当面交谈，有特定的语境衬托，又有身体姿态和语音变化的帮助，因而具有较多的辅助性信息作为支持。但是口语的声音一发即逝，难以流传久远。为了克服口语受到时间和空间限制的缺点，古人创造出文字来记录口语。因而，在可听的口语之外，又产生了可见的书面语。书面语是用文字写下来的语言，是以口语为基础而形成的，具有与口语不同的风格。书面语趋于周密、严谨，结构完整，长句较多。这种风格的形成，往往是由于书面语缺少不同语境下当面会话所具备的种种辅助信息，不得不要求语句自身严谨与完备。

现代汉语有发达的文学语言。文学语言往往容易被理解为"文艺作品的语言"，其实，这两者虽有联系，但又有区别。后者是文艺作品表达手段的总体，而前者——文学语言，又称标准语，是现代汉民族语言中经过高度加工并符合规范的语言。就这个意义来说，文学语言也包括优秀的、典范的文艺著作的语言。但是，文学语言的内涵与功能比文艺作品的语言要广泛丰富得多。

文学语言的形成和发展，以书面语的产生与演进为先决条件。在书面语的基础上，文学语言更有利于对语言进行加工，并把它的成果定型和保存下来。但是文学语言比一般书面语更丰富，更具有表达力。并且，文学语言不局限于书面语。文学语言既有书面语形式，也有口语形式。后者包括科学报告、新闻广播、口头声明、答记者问、优秀文艺作品朗诵、戏剧和电影的台词、相声和说书等形式，它们都属于口语形式的文学语言。文学语言主要在书面上，也在口头上服务于汉民族社会活动和文化生活的各个方面。作为标准语，文学语言正是以其典范性特征区别于一般的书面语与口语，对于现代汉民族语言的健康发展起着很大的示范和推动作用。

二 汉语的地位

汉语是世界上历史最悠久的、使用人口最多的语言之一。无论过去还是现在，汉语在国内外都有很大的影响力，占据很重要的地位。

我国各民族之间的相互往来有着悠久的历史，由于政治、经济、文化等原因，各兄弟民族的语言在发展中自然地、更多地接受了汉语的影响。现在，在各少数民族地区，学习和使用汉语的人越来越多。有的少数民族已经把汉语作为主要的交际工具来使用，不少地区出现了双语现象。事实上，汉语已经成了我国各民族间的交际语，并为各民族之间的相互学习和协作做出了很大的贡献。汉语也是世界上使用人数最多的一种语言，除了中国，汉语使用者还分布在世界各个角落。在世界上，无论过去还是现在，汉语都是我们国家具有代表性的语言。

很早以前，我国就和许多国家有了往来，汉语也因此和国外许多民族的语言有过接触，并互相影响，如汉语的"丝""茶"等词，就为英、俄、意等许多语言所借用。

日本语、朝鲜语、越南语同汉语的关系尤为特殊。这些语言都吸收过大量的汉语词，甚至在汉语词的基础上产生了很多新词。这些国家在过去都长期使用汉字，有的一直用到现在。日本于1981年公布了常用的1945个汉字，并于2010年提出修订方案，拟收的字增至2136个。韩国现在仍可见汉字，新加坡官方使用的是简体汉字。

汉语是联合国的六种工作语言之一（另外五种是英语、法语、俄语、西班牙语、阿拉伯语），在国际交往中，汉语发挥着很重要的作用。改革开放以来，随着中国经济和社会的发展以及综合国力的日益增强，汉语在国际上的影响力也越来越大，学习和研究汉语的人也越来越多，在全球范围内出现了一股学习汉语的热潮。截至2015年12月，全球已有134个国家和地区的3000多所学校开设了汉语课程。全球学习汉语的总人数已超过1亿人。联合国发表的《2005年世界主要语种、分布与应用力调查报告》显示，汉语排名第二，仅次于英语。

为了适应汉语热的国际形势的需要，国家决定设立专门机构，大力向国际推广汉语，促使汉语向着成为世界强势语言的目标前进。从2004年起，我国在海外设立以教授汉语、传播中华文化为宗旨的孔子学院（见图1-1）。截至2019年12月，中国已在162个国家（地区）建立了550所孔子学院和1172个中小学孔子课堂（见图1-2）。孔子学院自创办以来，累计为数千万各国学员学习汉语、了解中国文化提供服务，在推动国际中文教育发展方面发挥了重要作用，成为世界认识中国的一个重要平台。全球已经掀起了学习汉语的热潮，使汉语逐渐成为沟通世界与中国的重要语言工具。

图1-1　约旦安曼TAG孔子学院　　　图1-2　意大利Fermi孔子课堂

■ 思考练习

1. 什么是现代汉语？现代汉语的两种形式之间有何联系？
2. 汉语的地位如何？

第二节　现代汉语的特点

学习重点：学习现代汉语和古代汉语、印欧语系相比而显示出的特点。
学习难点：掌握现代汉语与古代汉语相比而显示出的特点。

各民族的语言都有自己的特点。这种特点是各族人民在长期的语言实践中形成和发展起来的，是在和其他语言的比较中显现出来的。各民族语言只有各不相同的特点，但没有优劣之别。

现代汉语的特点是指现代汉语和其他语言相比所具有的独特之处。现代汉语和古代汉语相比、同印欧语系相比，都有着明显的特点。

一　现代汉语与古代汉语相比而显示出的特点

现代汉语是从古代汉语发展而来的，是古代汉语发展的结果。从语言的角度讲，一般把唐宋以前的汉语叫古代汉语，五四运动以后的汉语叫现代汉语，把元、明、清各代的汉语看作古代汉语向现代汉语过渡的阶段，这一阶段的汉语，人们把它称为近代汉语。我们讲的现代汉语与古代汉语相比所显示出的特点，是指五四运动以来的汉语和唐宋以前的汉语相比所显示出的特点。

（一）语音方面

现代汉语普通话的声韵系统比较简单，复辅音声母不复存在，没有入声。古代汉语的声韵系统比较复杂，有一定的复辅音（如"角""落"与"角落"），有入声，而且自成调类。

（二）词汇方面

古代汉语单音节词占优势，现代汉语双音节词占优势。古代汉语里的许多单音节词在现代汉语中都变成了双音节词，如：衣—衣服，日—太阳，河—河流，石—石头，木—树木，目—眼睛，口—嘴巴。

古代汉语用一个音节表示的多种意义，在现代汉语里可采用双音节化的办法造成一组词，这体现了现代汉语词汇的丰富性和表义的明确性，如：路—大路、小路、路口、公路、马路等；实—充实、果实、壮实、诚实、踏实等。

另外，随着大批印欧语进入现代汉语，在现代汉语词汇中，词缀和类词缀现象有所增加，古代汉语里基本没有这种情况。

（三）语法方面

现代汉语词类活用现象明显较少；古代汉语词类活用现象比较普遍。

现代汉语代词较少，在代词后加"们""些"表示多数；古代汉语代词较多，没有在代词后加"们""些"表示多数的情况。

现代汉语有丰富的量词；古代汉语除表示度量衡单位的词以外，无论表动量还是表名量，中间一般不用量词。

现代汉语句子成分省略现象少；古代汉语句子成分省略现象较为普遍。

现代汉语中，宾语一般都放在动词的后面；古代汉语否定句、疑问句中的代词可放在动词前，即宾语前置。

现代汉语的句子连带成分增多，结构复杂，表意准确、精密；古代汉语句子简单凝练。

二 现代汉语与印欧语系相比而显示出的特点

印欧语系也叫印度-日耳曼语系，是印度-欧罗巴语系的简称。它主要分布在欧洲和亚洲等地。范围西起欧洲的斯堪的纳维亚半岛，中经伊朗和印度，东到我国的新疆。

汉语属于汉藏语系。和印欧语系相比，现代汉语有如下特点。

（一）语音方面

1. 声调是现代汉语音节结构中不可或缺的成分

现代汉语每个音节都有声调。声调具有区别意义的作用，声调不同，表示的意义也不同。如 niū（妞，女孩子）、niú（牛，家畜名，或二十八宿之一的星名）、niǔ（忸，忸怩，形容害羞、不大方的样子）、niù（拗，固执，不随和，不知变通）。印欧语绝大多数都是没有声调的语词，词的意义和声调无关，但印欧语有重音，重音的位置不同，词性也不同，有时连意义也不同。如英语中的refuse可作为动词，表示拒绝，也可作为名词，表示垃圾、废料；conduct可作为动词，表示引导、带领，也可作为名词，表示行为、举动；instinct可作为形容词，表示活跃的，也可作为名词，表示本能。上述单词词性的区别主要在于重音，汉语一般没有这种严格意义上的重音。

2. 在现代汉语的音节结构中，元音占优势

元音是汉语音节结构中不可缺少的部分。汉语的音节可以没有辅音，但绝不可以没有元音，如 ài（爱）、wài（外）、bā（巴）、bāng（邦）。有的音节里，元音可以多至三个，如 piào（票）、kuài（块）等。元音都是响亮的乐音，因此汉语的音节清晰悦耳，具有很强的音乐性。

3. 现代汉语的音节结构中没有复辅音

辅音主要位于元音的前面，即音节的开头，只有少数辅音可以位于元音的后面，即音节的末尾，如 n、ng。但位于元音前或后的辅音只能有一个，如 màn（慢）。现代汉语一个音节里不会出现两三个辅音连接在一起的"复辅音"（需要特别说明的是，汉语拼音中的 zh、ch、sh、ng 等是用两个字母表示一个音素，不同于印欧语中的复辅音——每一个字母都表示一个独立的音素）。而在印欧语的音节结构中，辅音略占优势，一个音节里可以包含复辅音，如英语 student（学生）一词共有两个元音、五个辅音，其中"st""nt"都是由两个辅音构成的复辅音。

（二）词汇方面

1. 语素单音节化

单音节语素是汉语语素的基本形式，它在汉语语素中占绝对优势，这是汉语语素的一个特点。多音节语素数量极少，主要用来构成叠音词、联绵词、拟声词和音译外来词，如"匆匆""猩猩""伶俐""彷徨""哗啦""巧克力""奥林匹克"等。

2. 双音节词占绝对优势

现代汉语的词，有单音节、双音节、多音节等多种形式，但双音节词占绝对优势。双音节化是现代汉语词汇发展的总趋势。印欧语绝大部分是三个音节以上的词，因此，现代汉语词的音节明显比印欧语少。

3. 合成词的构词方式以词根复合法（或融合）为主

现代汉语以合成词居多，其构词方式灵活多样，可采用词根复合法（词根＋词根），也可采用词缀附加法（词根＋词缀、词缀＋词根、词缀＋词根＋词缀），还可采用重叠、轻声和儿化等方式构成新词，如"语言""讨论""老虎""甜头""对不起""来得及""看看""兄弟""信儿"。但从总体来看，现代汉语最主要的构词法是词根复合法，词缀附加法在构词上使用得并不多，而印欧语主要采用词缀附加法，如 enlarge（扩大）、speaker（讲演者）、books（书，复数）、reading（读，现在分词或动名词）。另外，在印欧语中，常在语

音内部通过元音或辅音的交替变化构成不同的词，如英语单词fall（落下）—fell（砍倒），food（食物，名词）—feed（喂，动词），foot（脚，单数）—feet（脚，复数），goose（鹅，单数）—geese（鹅，复数），build（建造，现在时）—built（建造，过去时）等。汉语很少有这种表现方式或语法手段。

（三）语法方面

1. 缺乏严格意义的形态变化

所谓形态变化（morphological change），是指语言单位在不同的结构关系中产生的形式上的变化。

从这个意义上讲，现代汉语不同于英语等印欧语，它的名词、动词、形容词等不具有印欧语那样的性、数、格、时、体、态、人称等方面的形态变化，这是现代汉语同印欧语的根本差别，如汉语的"我"，在英语中做主语时写成"I"，做宾语时写成"me"，而在汉语中，无论做主语还是做宾语，都写成"我"。所以说，汉语缺少的是上述内部形态变化中的第一种词形变化，即严格意义上的形态变化。

2. 语序和虚词是主要的语法表达手段

现代汉语缺乏严格意义的形态变化，语序和虚词就成了汉语表现语法意义的主要语法手段。

其一，语序的运用方面，在汉语的词（如"语言"与"言语"、"打假"与"假打"、"看好"与"好看"等）、短语或句子（见下举例）里，同样的组合成分，如果语序不同，所表达的语法结构和语法意义也不相同。举例如下：①心肠好（主谓关系，表示对人的客观性评述），好心肠（偏正关系，表示对人的赞赏性评价）；②他很不满意（主谓关系，不满意的程度深），他不很满意（主谓关系，不满意的程度浅）；③我们爱父亲母亲（主谓关系，"我们"是主语），父亲母亲爱我们（主谓关系，"父亲母亲"是主语）；④客人来了（主谓关系，"客人"是定指的），来客人了（述宾关系，"客人"是不定指的）；⑤说不好（述补关系，"不好"作"说"的补语，表示"说得不好"或"不能说好"），不好说（偏正关系，"不好"做"说"的状语，表示"不容易说"或"难于评说"），不说好（偏正关系，"不"做"说好"的状语，表示"不说别人的优点、长处等"）。

其二，虚词的运用方面，在汉语中，同样的组合成分，用不用虚词或用不同的虚词，对语法结构和语法意义有重大影响。举例如下：①戒着烟（述宾关系，表示正在进行，正在戒），戒了烟（述宾关系，表示完成，不抽烟了），戒过烟（述宾关系，表示经验，曾经戒过，现在又抽了）；②父亲和母亲（并列关系，表示有两个人），父亲的母亲（偏正关系，表示只有一个人——祖母）；③卖菜（述宾关系，表示一种行为），卖菜的（"的"字短语，表示一类人），卖的菜（偏正关系，表示菜的一种状态）；④山羊胡子（偏正关系，描写的是人的胡子的形状），山羊的胡子（偏正关系，强调或限定胡子是山羊的）；⑤把小偷打了（"把"字句，主动句，"小偷"是"打"的受事），被小偷打了（"被"字句，被动句，"小偷"是"打"的施事）。

需要指出的是，一些虚词表示主从关系，如"的、地、得"；一些虚词表示并列关系，如"和、同、与"。它们已成为一些短语的结构标志，这是汉语虚词语法作用趋于固化的一种表现。

在印欧语里，因为短语或句子的语法关系是通过词形变化等来表现的，语序对词形的影响不大，因而语序相对比较灵活。

3. 现代汉语词类和句法成分之间不存在一一对应的关系

汉语中词类缺乏外在的形态标志，不同词性的词，其形式往往是相同的，比如"漂亮"，既可以是形容词，也可以是动词，它可以做定语（如"漂亮的衣服"），也可以做主语（"漂亮是女孩子外在美的一种表现"）、做宾语（"女孩子都喜欢漂亮"），还可以做谓语（"这女孩子漂亮起来了"）、做补语（"客厅要装饰得漂亮"）。一个词不管处在哪一个句法位置上，其形式都是一样的；因而汉语词类的功能相对复杂，词类和句法成分之间的关系往往是一对多的关系，即一种词类可做多种句法成分。

4. 现代汉语中有丰富的量词和语气词

现代汉语中这些丰富的量词和语气词包括：名量词——尺、寸、斤、两、个、只、条、根等；动量词——下、次、遍、回等；借用量词——瀑（秀发）、汪（夜色）、星（船家）、抹（残阳）等；语气词——的、了、吗、呢、吧、啊等。印欧语中一般没有量词和语气词。

■ 思考练习

1. 简述与古代汉语相比，现代汉语在语音方面的特点。
2. 简述与古代汉语相比，现代汉语在词汇方面的特点。
3. 简述与古代汉语相比，现代汉语在语法方面的特点。
4. 比较你学过的外语和现代汉语，谈谈现代汉语具有哪些特点。

第三节　现代汉语中的方言

🔍 **学习重点**：了解共同语和方言之间的联系，掌握汉语方言的分布情况。
🔍 **学习难点**：掌握汉语方言的分布情况。

共同语与方言

民族语言既包括共同语，也包括方言。民族共同语是一个民族全体成员通用的语言。方言是民族语言的地域变体，是局部地区人们使用的语言。共同语与方言是一对相互依存的概念，一种语言有方言的分歧，才需要共同语的存在，没有方言，也就谈不上共同语。

共同语是在一种方言的基础上形成的,这种方言叫作基础方言。哪一种方言能成为共同语的基础方言,取决于该方言区的政治、经济、文化、人口等因素。

《中华人民共和国宪法》规定:"国家推广全国通用的普通话。"《中华人民共和国国家通用语言文字法》规定:"国家推广普通话,推行规范汉字。"这是我们理解共同语与方言之间关系的根本出发点。推广、普及普通话是新时期语言文字工作的主要任务之一,代表了汉语发展的主流。

需要强调的是,推广和普及共同语并不是要禁止、消灭方言,而是要消除方言之间的隔阂,实现顺畅交流,适应时代发展,促进社会和谐。在工作、学习、服务等公开场合中,要使用普通话;在非公开场合使用普通话还是方言,则是个人的自由。一些地方戏剧和戏曲、曲艺等则一般要用方言来演绎。因此,共同语与方言将长期共存,实现语言主体性和多样性的统一是和谐的社会语言生活的重要指标。一方面,共同语将不断地从方言中吸取新鲜成分以丰富自己;另一方面,方言的发展演变也会受到共同语的影响。

二 汉语方言的分布及其特点

现代汉语方言差异显著。关于方言的分区,学术界的观点还不统一,有七区说、十区说等。七区说包括官话、吴语、湘语、赣语、客家话、粤语、闽语七大方言。二十世纪八十年代,中国社会科学院和澳大利亚人文科学院联合编制的《中国语言地图集》将汉语方言分为官话区、吴语区、湘语区、赣语区、客家话区、粤语区、闽语区、晋语区、徽语区、平话区,共十个区。下面简要介绍其中七个方言区的分布和特点。

(一) 官话区

官话通行范围很广,从东北三省到云贵高原,从江苏的连云港到新疆内陆的汉族居住区,都有官话分布,具体包括以下三个地域的汉族居住区和某些少数民族自治区:①长江以北地区;②长江以南包括西南的四川、贵州、云南三省,湖北西南、镇江至九江的部分沿长江地区;③河西走廊及新疆全区。使用人口约6.6亿,约占全国人口的64.51%,约占说汉语人口的67.76%。官话方言地域辽阔,又可分为八个次方言区:东北官话区、北京官话区、冀鲁官话区、胶辽官话区、中原官话区、兰银官话区、西南官话区、江淮官话区。

(二) 吴语区

吴语区分布在江苏南部、上海和浙江全省,以及江西、福建和安徽的小部分地区。以上海话为代表,使用人口约7000千余万。

(三) 湘语区

湘语区分布于湖南的湘江、资江流域和沅江中游少数地区以及广西北部的兴安、灌阳、全州、资源四个县。按照一般的说法,湘语以长沙话为代表。

(四) 赣语区

赣语区分布于江西省的赣江中下游和抚河流域以及鄱阳湖地区,湘东、湘西南、鄂东南、皖西南等地也有分布。使用人口约4000万。赣语以南昌话为代表。

(五) 客家话区

客家话区主要分布在广东中部、东部，福建西部，江西南部。此外，广西、台湾、海南、湖南、四川也有小片分布。客家话覆盖共200多个县市，大约3500万人口。海外华侨也有许多人讲客家话。客家话分布很广，但内部一致性很强，以广东梅州话为代表。

(六) 粤语区

粤语区分布于广东珠江三角洲、粤中、粤西南、粤北的部分地区及广西的东南。在香港、澳门两个特别行政区，粤语也是华人社区的主要交际用语之一。粤语使用人口约8000万。粤语又叫"广东话""白话"，以广州话为代表。粤语语音系统复杂，韵母和声调调类较多。

(七) 闽语区

闽语区分布于福建沿海大部分地区，广东潮汕地区和雷州半岛，海南东部、南部和西南部沿海，浙江东南部，台湾大部分地区。也有许多海外华侨使用闽语，尤其是东南亚华侨。使用人口约6000万。闽语区内部分歧严重，一般分为闽南区、闽东区、闽北区、闽中区、莆仙区五个次方言区。闽南话以厦门话为代表，闽东话以福州话为代表。

思考练习

1. 谈谈共同语与方言的关系。
2. 谈谈现代汉语方言的分布情况。
3. 谈谈现代汉语十大方言的主要特点。

第四节 现代汉语课程认知

学习重点：了解现代汉语课程教学任务及教学内容的主体。
学习难点：了解现代汉语课程教学内容的主体。

现代汉语课程是高等学校汉语言文学及其相关专业的一门基础课，也是师范类高专院校语文教育、小学教育专业的一门专业课程。本课程的教学任务是：以国家的语言文字政策和法规为依据，贯彻理论联系实际的原则，系统地讲授现代汉语的基础理论和基本知识，加强基本技能的训练，培养和提高学生理解、分析、运用现代汉语的能力，为他们将来从事语言文字工作、语文教学工作和现代汉语的研究工作以及其他相关工作打好基础。

前文已经简要地介绍了现代汉语概况，现代汉语的特点以及现代汉语中的方言，接下来，本书将介绍现代汉语系统的各个方面。现代汉语是一个完整的符号系统。表现在口头上，汉语以一定的语音表达一定的意义。语音所表达的意义主要有两种：一种是词汇意义，即每个词的实际意义；另一种是语法意义，即词语相互结合而产生的关系意义。因此，语音、词汇和语法是现代汉语课程的三项基本内容。与此同时，现代汉语中有丰富的书面语。汉字是记录口语、形成书面语的书写符号系统。因此，文字也是现代汉语课程重要的教学内容之一。现代汉语是一种高度发达的交际和交流思想的工具。为了增强自身的表达能力，在综合运用语音、词汇和语法等知识的基础上，现代汉语形成了研究表达效果的修辞知识系统，因而修辞也是现代汉语课程教学内容的一个组成部分。

因此，下列几个部分共同构成了现代汉语课程教学内容的主体。

1. 语音部分

以《汉语拼音方案》和国际音标为表音工具，运用语音学的原理，系统地讲述有关普通话的语音知识，使学生对普通话语音系统有完整的了解，提高说普通话的水平，具有推行《汉语拼音方案》和使用、推广普通话的能力。

2. 汉字部分

讲述汉字的性质和作用、汉字的结构和形体、汉字的整理和汉字规范化问题，以及国家关于汉字的方针政策，使学生正确地使用汉字。

3. 语汇部分

讲述现代汉语语素、词和构词法、词义、熟语、语汇的组成和语汇规范化等问题，使学生掌握一定的词汇学知识，能够正确地辨析词义和解释词语，丰富自己的语汇量，提高用词的能力。

4. 语法部分

讲述现代汉语组词造句的规则和有关的基础理论知识，如各类词的用法、短语和句子的结构与类型，以及标点符号的用法等，使学生具有辨识词性、分析句子和辨别句子正误的能力。

5. 修辞部分

讲述词语和句式的选用，常用的修辞方式，使学生注意选词造句，恰当地运用修辞手法，提高汉语表达能力，逐步达到准确、鲜明、精练、生动的程度。

我们国家十分重视语言的正确使用。早在20世纪50年代初，《人民日报》社论《正确地使用祖国的语言，为语言的纯洁和健康而斗争！》（1951年6月6日）就指出：语言的使用是社会、经济、政治、文化生活的重要条件，是每人每天所离不了的；学习把语言用得正确，对于我们的思想的正确程度和工作效率的提高，都有极重要的意义。国家语言文字法和教师法对干部和教师的普通话提出了明确的要求。我们应当下功夫学好语言，应当运用现代汉语各部分的基础理论和基本知识来指导自己的语言实践，努力提高自己驾驭语言文字的能力，正确使用祖国的语言，为祖国语言的规范和健康而奋斗。

思考练习

1. 简述现代汉语课程的教学任务。
2. 简述现代汉语课程教学内容的主体部分。

第二章

语 音

本章导读

本章讲述有关普通话的语音知识，使学生更完整地了解普通话语音系统的声母、韵母、声调和音节结构，以及语流音变等知识，具有说好普通话和推广普通话的能力。

第一节 语音概说

> 🔍 **学习重点**：熟悉语音的物理属性及其在语言中的应用，掌握各种语音单位的区分。
> 🔍 **学习难点**：理解语音的社会属性，能准确应用各种记音符号。

一 语音的性质

语音是语言的物质外壳。语言的交际作用是通过代表一定意义的声音来实现的。这种代表一定意义的声音就是语音。关于语音的性质，可以从以下三方面来考察。

▶▶ (一) 语音的物理性质

语音是声音，声音是一种物理现象。物体振动产生音波，传播到人的耳朵里，就成为人们听到的声音。一切声音可以从音高、音强、音长、音色四个基本要素去认识，分析语音也离不开它们。

1. 音高

音高是声音的高低，它由发音体在一定时间内颤动的次数决定。颤动次数越多，声音越高；反之，声音就越低。语音的高低同声带的长短、厚薄、松紧有关系。女子和儿童的声带较短、较薄，发音时同一单位时间内颤动的次数多，所以声音高；男子的声带长而厚，发音时同一单位时间内颤动的次数少，所以声音低。同一个人发音有高低，是因为人们发音时能控制声带的松紧程度，形成不同的音高。音高在汉语里有很重要的作用，普通话里"乌""吴""五""务"的差别，主要就是音高的不同。

2. 音强

音强是声音的强弱，它取决于一定时间内音波振动幅度的大小。语音的强弱同说话时用力的大小有关。用力大时，呼出的气流对发音器官的冲击力强，音波的振幅大，声音就强；反之，声音就弱。普通话里，"莲子"和"帘子"中的"子"，"报仇"和"报酬"中的"仇"和"酬"，它们的区别，主要就是音强的不同。

3. 音长

音长是声音的长短，它取决于音波存在时间的长短。语音的长短是指发某个音的发音动作延续的时间，同是一个"啊"的声音，表示应答时比较短，表示沉吟思索时比较长。在汉语方言广州话里，"三"和"心"的区别就是音长的不同。

4. 音色

音色是声音的个性、特色，它取决于音波颤动的形式。有以下三方面的原因造成音波颤动形式的不同。第一，发音体不同。笛子和二胡同奏一个曲调，但人们能分辨出哪个是笛子的声音，哪个是二胡的声音，就是因为笛子、二胡发音体各异，因此，二者的音色也就不一样。第二，使物体发音的方法不同。二胡和琵琶同是弦乐器，但前者用弓拉，后者用手弹，发出来的声音音色就不同。第三，发音时物体自身的状况不同。箫和笛同是管乐器，发出来的声音音色却不一样，这是因为二者共鸣器的形状不同。语音中音色的变化，主要由于发音器官状况的不同和发音方法的变化造成的，比如说"啊"时口腔开得大，说"衣"时口腔开得小，念b时气流由口腔通过，念m时气流由鼻腔通过，这样就形成了不同的音色。

（二）语音的生理性质

语音是从人的发音器官发出来的，发音器官活动的部位和活动的方法不同，就会造成不同的声音。发音器官包括呼吸器官、喉头和声带、口腔和鼻腔三个部分（见图2-1）。

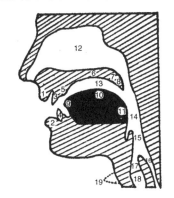

1. 上唇　2. 下唇　3. 上齿　4. 下齿　5. 齿龈　6. 硬腭　7. 软腭　8. 小舌　9. 舌尖　10. 舌面
11. 舌根　12. 鼻腔　13. 口腔　14. 咽头　15. 会厌　16. 食道　17. 气管　18. 声带　19. 喉头

图2-1　发音器官

1. 呼吸器官

呼吸器官是一连串的管道，从口腔、鼻腔开始，经过咽和喉，再向下由气管、支气管到达肺。肺是呼吸器官的中心，也是发音的"动力站"。由肺部活动产生的气流经过喉头、声带、口腔、鼻腔各部分的调节，就会发出各种不同的声音。

2. 喉头和声带

喉头由四块软骨构成：下面是一块环状软骨，上面是一块甲状软骨和一对构状软骨。四块软骨构成一个圆筒形的筋肉小室。此外，甲状软骨上面还有一块会厌软骨，可以上下开合。筋肉小室的中央就是声带。声带是两片富有弹性的肌肉，前端连接甲状软骨，后端连接构状软骨。构状软骨的开合回转，使声带或紧或松，或开或闭。呼吸或发噪音时，声带放松，声门大开，气流可以自由出入；发乐音时，声带靠拢，声门关闭，气流从声门的窄缝里挤出，颤动声带，产生响亮的声音（见图2-2、图2-3和图2-4）。

1. 甲状软骨
2.3. 杓状软骨
4. 环状软骨
5. 会厌软骨

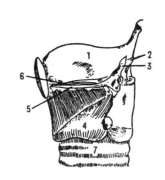
1. 甲状软骨
2.3. 杓状软骨
4. 环状软骨
5. 声　带
6. 声　门
7. 气管软骨

图 2-2　喉头的四块软骨　　图 2-3　喉的侧面（甲状软骨的左半已除去）

1. 杓状软骨 2. 声带 3. 声门　　呼吸及发噪音时　　发乐音时

图 2-4　声带活动

3. 口腔和鼻腔

口腔是主要的共鸣器，分上部、下部两部分。上部包括上唇、上齿、上齿龈、硬腭、软腭和小舌，下部包括下唇、下齿和舌头（分舌尖、舌面和舌根）。其中，唇、舌、软腭、小舌是能活动的器官，舌的活动性最大；其他器官不能活动。口腔的后面是咽头。咽头是"三岔口"，下通喉头，前通口腔，上通鼻腔，在发音时也能起共鸣作用。

鼻腔也是共鸣器，是个固定的空腔。它同口腔靠软腭、小舌隔开。软腭、小舌可以上下活动。呼吸时，软腭、小舌悬在中间，口腔、鼻腔两方面通路同时打开。说话时，有时软腭、小舌上升，鼻腔通路关闭，气流在口腔发生共鸣，成为口音；有时软腭、小舌下垂，关闭口腔通路，气流在鼻腔发生共鸣，发出鼻音。鼻腔的作用是使声音发生共鸣，要发出不同的鼻音，还要有唇、舌、齿龈、硬腭、软腭、小舌、声带等同时参加活动。

▶▶ （三）语音的社会性质

如果把语音当作纯粹的自然物质，从物理学、生理学角度进行分析，就可以将其描述得异常精细。可是，语言是社会交际工具，语音只有结合为词语时才能表达意义，而词语的意义是社会赋予的，因此，分析语音不能离开使用这种语音的民族的社会习惯。

语音的社会性质表现在多个方面，这一点可以从语音的地方特征和民族特征中得到证实。普通话里有翘舌音，如 zh、ch、sh 等，汉语的许多方言却没有这一类音；英语有齿间音 [θ]，如 three（三）中的 th 读作 [θ]，汉语却没有这样的语音。因此，学习别的方言或民族语言，要下功夫去掌握富有地方特征和民族特征的语音成分。

语音的社会性质还可以通过语音的系统性表现出来。普通话里，"霸"和"怕"、"大"和"踏"的语音有别，意思也不同，"霸"和"大"的声母发音时气流弱，"怕"和"踏"的声母发音时气流强。然而在英语里，[p] 和 [p']、[t] 和 [t'] 虽然有别，却不区别意义，若把park（公园）中的[pʻ]念成[p]，最多听着不顺耳，意思却没变。同样，英语里to（到）和do（做）两个词的区别在于[t]和[d]的发音方法不同，[t]发音时声带不颤动，[d]发音时则声带颤动。汉语里，可以依靠送气、不送气区别词义，在英语中却不能；英语里，依靠清音、浊音区别词义，在汉语中却不能。由此可见，不同的语言，其语音成分有它自身的系统性。语音的系统性还表现在语音的组合方式上，比如汉语的[l]只在音节开头出现（如拉[la]），英语的[l]既可以出现在音节开头（如lamp，灯），也可以出现在音节末尾（如tool，工具）。英语、俄语中有几个辅音连在一起的音节结构，在现代汉语中却没有。

语音的社会属性是语音的本质，否认或忽视语音的社会性质就难以说明许多语音现象，也无法合理解决语音上的各种问题，例如普通话"他""胎""坍""涛""汤""天"的拼音中都有a这个字母，可是它们的实际发音并不完全相同，为什么要用同一个字母表示呢？普通话中"理想"一词的实际读法像"梨想"，为什么拼写时"理"的声调仍算第三声呢？这些问题只有从语音的社会性质方面去认识，才能得到正确而合理的解答。

二 记音符号

要研究语音，就必须有一套记音符号，才能把语音记录在书面载体上。

▶（一）《汉语拼音方案》

《汉语拼音方案》是我国语言工作者在总结注音识字和拼音字母的运用经验、集中广大群众智慧和参考世界各国拼音文字长处的基础上制订的。1958年2月11日，第一届全国人民代表大会第五次会议批准颁布《汉语拼音方案》。它采用国际普遍使用的拉丁字母，又根据现代汉语语音系统的特点进行调整和加工，准确、灵活、妥善地反映了现代汉语语音系统，成为一个比较完善的记录现代汉语语音系统的拼音方案。

1. 用途

由于汉字字形不能准确表音，学习汉字就需要一套注音工具。人们学习现代汉语语音、学习普通话也需要记音工具来记录普通话语音。这就需要运用汉语拼音方案。此外，汉语拼音方案还可作为我国少数民族创造和改革文字的共同基础；用于译写我国人名、地名、转写外国人名、地名和部分科技术语；用于电报、旗语、工业产品代号以及编制音序检字法等。随着文字传输技术的现代化程度逐渐提高，汉语拼音方案的用途必将日益丰富。

2. 内容

《汉语拼音方案》中包括字母表（见表2-1）、声母表（见表2-2）、韵母表（见表2-3）、声调符号和隔音符号。

表2-1 字母表

字母	Aa	Bb	Cc	Dd	Ee	Ff	Gg
名称	ㄚ	ㄅㄝ	ㄘㄝ	ㄉㄝ	ㄜ	ㄝㄈ	ㄍㄝ

续表

字母	Hh	Ii	Jj	Kk	Ll	Mm	Nn
名称	ㄏㄚ	ㄧ	ㄐㄧㄝ	ㄎㄝ	ㄝㄌ	ㄝㄇ	ㄋㄝ
字母	Oo	Pp	Qq	Rr	Ss	Tt	
名称	ㄛ	ㄆㄝ	ㄑㄧㄡ	ㄚㄦ	ㄝㄙ	ㄊㄝ	
字母	Uu	Vv	Ww	Xx	Yy	Zz	
名称	ㄨ	ㄪㄝ	ㄨㄚ	ㄒㄧ	ㄧㄚ	ㄗㄝ	

V只用来拼写外来语、少数民族语言和方言，字母的手写体依照拉丁字母的一般书写习惯。

表2-2　声母表

b ㄅ玻	p ㄆ坡	m ㄇ摸	f ㄈ佛	d ㄉ得	t ㄊ特	n ㄋ讷	l ㄌ勒
g ㄍ哥	k ㄎ科		h ㄏ喝	j ㄐ基		q ㄑ欺	x ㄒ希
zh ㄓ知	ch ㄔ蚩		sh ㄕ诗	r ㄖ日	z ㄗ资	c ㄘ雌	s ㄙ思

在给汉字注音的时候，为了使拼式简短，zh、ch、sh可以省作ẑ、ĉ、ŝ。

表2-3　韵母表

	i ㄧ　衣	u ㄨ　乌	ü ㄩ　迂
a ㄚ　啊	ia ㄧㄚ　呀	ua ㄨㄚ　蛙	
o ㄛ　喔		uo ㄨㄛ　窝	
e ㄜ　鹅	ie ㄧㄝ　耶		üe ㄩㄝ　约
ai ㄞ　哀		uai ㄨㄞ　歪	
ei ㄟ　欸		uei ㄨㄟ　威	
ao ㄠ　熬	iao ㄧㄠ　腰		
ou ㄡ　欧	iou ㄧㄡ　忧		
an ㄢ　安	ian ㄧㄢ　烟	uan ㄨㄢ　弯	üan ㄩㄢ　冤
en ㄣ　恩	in ㄧㄣ　因	uen ㄨㄣ　温	ün ㄩㄣ　晕
ang ㄤ　昂	iang ㄧㄤ　央	uang ㄨㄤ　汪	

续表

eng ㄥ 亨	ing 丨ㄥ 英	ueng ㄨㄥ 翁	
ong (ㄨㄥ) 轰	iong ㄩㄥ 雍		

使用韵母时，需要注意以下几点。

知、蚩、诗、日、资、雌、思等七个音节的韵母用i，即知、蚩、诗、日、资、雌、思等字拼作zhi、chi、shi、ri、zi、ci、si。

韵母"儿"写成er，用作韵尾的时候写成r，例如，"儿童"拼作ertong，"花儿"拼作huar。

韵母ㄝ单用的时候写成ê。

i列的韵母，前面没有声母的时候，写成yi（衣），ya（呀），ye（耶），yao（腰），you（忧），yan（烟），yin（因），yang（央），ying（英），yong（雍）。

u列的韵母，前面没有声母的时候，写成wu（乌），wa（蛙），wo（窝），wai（歪），wei（威），wan（弯），wen（温），wang（汪），weng（翁）。

ü列的韵母，前面没有声母的时候，写成yu（迂），yue（约），yuan（冤），yun（晕）；ü上两点省略。

ü列的韵母位于声母j、q、x后面的时候，写成ju（居），qu（区），xu（虚），ü上两点也省略；但是位于声母n、l后面的时候，仍然写成nü（女），lü（吕）。

iou、uei、uen前面加声母的时候，写成iu、ui、un，例如niu（牛），gui（归），lun（论）。

在给汉字注音的时候，为了使拼式简短，ng可以省作ŋ。

声调符号（见表2-4）标在音节的主要母音上。轻声不标，如表2-5所示。

表2-4 声调符号

阴平	阳平	上声	去声
‾	´	ˇ	`

表2-5 声调符号举例

妈 mā	麻 má	马 mǎ	骂 mà	吗 ma
（阴平）	（阳平）	（上声）	（去声）	（轻声）

此外，汉语拼音中还有隔音符号。以a、o、e开头的音节连接在其他音节后面的时候，如果音节的界限发生混淆，就需要用隔音符号（'）隔开，例如pi'ao（皮袄）。

（二）反切和注音字母

在我国，汉语拼音方案产生以前，反切和注音字母曾作为记录语音的主要方法被广泛使用。

1. 反切

一个"吐"字,用"他鲁"两字相切,取"他"音的前半段[t],"鲁"音的后半段[u]以及"鲁"音的声调——上声拼合成音,这种拼注字音的方法就叫作反切。用反切注音,先得认识一千多个反切用字,拼切时又要丢弃字音中不需拼切的部分,所以使用不便,而且切语用字的实际读法可以因时因地而异,不能表示固定的读音。但反切这种注音方法比起过去的"读若""直音"等注音方法进步一些,因此自产生以后,它就在我国使用了很长时间。

2. 注音字母

注音字母是于1918年公布的一套记音符号。它把普通话语音归纳为若干类声母和韵母,分别用笔画式符号表示,如ㄅㄆㄇㄈ(即b p m f)和ㄚㄛㄜㄧㄨㄩ(即a o e i u ü)等。同反切比较,注音字母拼注字音准确、方便多了。但是,拼注字音还不够细致,笔画式字母笔顺方向错乱,不便连写,又不利于进行国际文化交流。因此,注音字母后来被拉丁字母式的拼音字母所代替。

(三)国际音标

国际音标是1888年由国际语音学会拟订的一套记音符号,后来经过多次增补、修改。它的形体以拉丁字母的小写印刷体为基础,并用大写、草体、合体、倒排、变形、加符等办法加以补充。它规定每一个符号只表示一个固定的读音,不能借用,也没有变化。各民族语言可以利用已有的国际音标记录本民族语言里的音素,必要时也可以增补音标以记录本民族语言里特有的音素,如果增补的音标获得国际语音学会批准通过,就可列入修订后的国际音标表。因此,国际音标的总数很多,而各个民族语言用到的只是其中的一部分。在国际上,语言学家都使用国际音标研究语音。我国的语文工作者为了精细地记录、描写和说明语音,也经常使用国际音标。

三 语音单位

(一)音素

音素是构成音节的最小单位或最小的语音片段。它是从音色的角度划分出来的。一个音节,如果按音色的不同去进一步划分,就会得到一个个更小的各有特色的单位,这就是音素。例如,"大"(dà)从音色的角度可以划分为"d"和"a"两个不同的音素,"看"(kàn)可以划分为"k、a、n"三个音素。

音素分为元音和辅音两大类。气流在口腔或咽头受阻碍而形成的音叫辅音,又叫子音,如b、p、m、f、zh、ch、sh、r等;气流振动声带,在口腔、咽头不受阻碍而形成的音叫元音,又叫母音,如a、o、e、i、u、ü等。

元音和辅音的区别主要表现为以下四点。

第一,发辅音时,气流通过咽头、口腔时一般要受到某部位的阻碍;发元音时,气流通过咽头、口腔时不受阻碍。这是元音和辅音最主要的区别。

第二，发辅音时，发音器官形成阻碍的部位特别紧张；发元音时，发音器官各部位保持均衡的紧张状态。

第三，发辅音时，气流较强；发元音时，气流较弱。

第四，发辅音时，声带不一定振动，声音一般不响亮；发元音时，声带振动，声音比发辅音时响亮。

（二）音节

音节是语音结构的基本单位，也是自然感到的最小的语音片段。每发一个音节时，发音器官的肌肉，特别是喉部的肌肉都明显地紧张一下。每一次肌肉的紧张度增而复减，就形成一个音节。一个音节可以是一个音素，也可以由几个音素合成，例如，"宜春是一个美丽的城市"（yí chūn shì yī gè měi lì de chéng shì），发音器官紧张十次，是十个音节，写出来就是十个汉字。一般说来，一个汉字表示一个音节。

（三）声母、韵母、声调

声母，是音节中位于元音前面的部分，大多是音节开头的辅音，例如，在"好"（hǎo）这个音节里，辅音h就是它的声母。有的音节不以辅音开头，元音前面的部分是零，我们习惯上将其称为"零声母"，例如，"爱"（ài）开头没有辅音，就算是零声母音节。

声母和辅音不是一个概念。虽然声母由辅音充当，但有的辅音不能作为声母，只能作为韵尾，如"guāng"（光）中的ng[ŋ]。辅音n既可作为声母，也可作为韵尾，如"nán"（南）中的两个辅音n，在音节开头的是声母，在音节末尾的是韵尾。

韵母指的是音节中声母后面的部分，例如，在"海"（hǎi）这个音节里，"ai"就是它的韵母；在零声母音节中，例如"欧"（ōu），它的韵母就是ou。

韵母和元音不是同一个概念。韵母有的由单元音或复元音构成，如"它（tā）、来（lái）、快（kuài）"中的"a、ai、uai"，有的由元音带辅音构成，"甘（gān）、更（gēng）、观（guān）"中的"an、eng、uan"。

声调指的是音节中具有区别意义作用的音高变化，例如，"底"（dǐ）读起来先降低然后再升上去，这种先降后升的音高变化形式就是音节"底"（dǐ）的声调。

（四）音位

音位是一个语音系统中能够区别意义的最小语音单位，也就是按语音的辨义作用归纳出来的音类。在一种语言或方言里，人们可以发出的音很多，其中有的可以区别意义，有的不能。例如，北京话里的"文"，有人念"wén"，有人念"vén"，北京人听了都一样，其中"w"和"v"的读音差别没有造成意义上的不同，所以，这两个音在北京话里就可以归纳到一个音位中。写成：

$$/w/\begin{cases}w\\v\end{cases}$$

然而，d和t的情况就不同了，如果把"dǎn"（胆）念成"tǎn"（坦），意思就变了，所以"d"和"t"在北京话里可以区别意义，应该归纳为/d/和/t/两个音位。北京话里的ɑ、o、e、b、p、m、f等都是这样归纳出来的语音单位，实际上它们每一个单位又都各成一类，就是一个音位。

■ **思考练习**

1. 什么是语音？
2. 语音具有哪些属性？为什么说社会属性是语音的本质属性？
3. 解释以下术语：①音素；②辅音；③元音；④音位；⑤音节；⑥声母；⑦韵母；⑧声调。
4. 声母与辅音有何不同？韵母和元音有何不同？
5. 《汉语拼音方案》的主要用途有哪些？

第二节 声 母

🔍 学习重点：掌握声母的分类，理解声母的描写。
🔍 学习难点：读准声母。

声母的分类与描写

声母一般可从以下两个方面进行区分。

▶▶ **（一）发音部位**

发音部位是指发音时气流受到阻碍的部位。按照发音部位的不同，可将普通话中的21个声母分为以下7类。

1. 双唇音

由上唇和下唇构成气流阻碍而发出的音：b [p]、p [p']、m [m]。

2. 唇齿音

由上齿与下唇构成气流阻碍而发出的音：f [f]。

3. 舌尖中音

由舌尖与上齿龈构成气流阻碍而发出的音：d [t]、t [t']、n [n]、l [l]。

4. 舌根音

由舌根与软腭构成气流阻碍而发出的音：g [k]、k [k']、h [x]。

5. 舌面音

由前舌面与硬腭构成气流阻碍而发出的音：j [tɕ]、q [tɕ']、x [ɕ]。

6. 舌尖后音

由舌尖与硬腭的偏前部位构成气流阻碍而发出的音：zh [tʂ]、ch [tʂ']、sh [ʂ]、r [ʐ]。

7. 舌尖前音

由舌尖与上齿背构成气流阻碍而发出的音：z [ts]、c [ts']、s [s]。

（二）发音方法

发音方法主要是指发音时形成阻碍和克服阻碍的方式。发音部位接触形成阻碍叫"成阻"；成阻后蓄积气流，保持成阻点内外气流的压力差以待爆发，叫"持阻"；克服阻碍冲出发音气流叫"除阻"。所以，发音方法应包括三个方面的内容：成阻和除阻的方式；声带振动与否；呼出气流的强弱。

1. 按照成阻和除阻的方式分类

按照不同的成阻和除阻的方式，可将声母分为以下五类。

（1）塞音：成阻部位完全封闭气流通道，然后突然除阻，让气流迸裂而出，爆发成声。塞音一发即逝，共有6个：b [p]、p [p']、d [t]、t [t']、g [k]、k [k']。

（2）擦音：成阻部位不完全封闭气流通道，构成气流阻碍的两个部分之间留一条窄缝，气流从中挤出，摩擦成声。擦音除阻可以适当延长，共有6个：f [f]、h [x]、x [ɕ]、sh [ʂ]、r [ʐ]、s [s]。

（3）塞擦音：发音部位先完全封闭，然后打开一条窄缝，让气流从中挤出。成阻时为塞音状态，除阻时为擦音状态，两个过程连接紧密，一次完成。共有6个：j [tɕ]、q [tɕ']、zh [tʂ]、ch [tʂ']、z [ts]、c [ts']。

（4）鼻音：成阻部位完全堵塞口腔气流通道，软腭下垂，打开鼻腔通道，声带震动，让发音气流从鼻腔里出来。鼻音可以适当延长，共有2个：m [m]、n [n]。

（5）边音：发音部位始终接触成阻，声带震动，迫使气流从舌缘的两边通过。普通话里只有一个边音：l [l]。

2. 按照声带振动与否分类

按照声带振动与否，可将声母分为以下两类。

（1）清音：发音时声带不振动的辅音叫清音。共有17个：b [p]、p [p']、f [f]、d [t]、t [t']、g [k]、k [k']、h [x]、j [tɕ]、q [tɕ']、x [ɕ]、zh [tʂ]、ch [tʂ']、sh [ʂ]、z [ts]、c [ts']、s [s]。

（2）浊音：发音时声带振动的辅音叫浊音。共有4个：m [m]、n [n]、l [l]、r [ʐ]。

3. 按照发音时呼出气流的强弱分类

按照发音时呼出气流的强弱，可将声母分为以下两类。

（1）不送气音：发音时吐出气流较弱的音被称为不送气音。共有6个：b [p]、d [t]、

g [k]、j [tɕ]、zh [tʂ]、z [ts]。

(2) 送气音：发音时呼出气流较强的音被称为送气音。共有6个：p [p']、t [t']、k [k']、q [tɕ']、ch [tʂ']、c [ts']。

根据上述不同的发音部位和发音方法，我们可以对21个声母进行如下描写，也可以将这些描写内容汇总到普通话声母总表（见表2-6）。

b [p]：双唇、不送气、清、塞音　　　　p [p']：双唇、送气、清、塞音
m [m]：双唇、浊、鼻音　　　　　　　f [f]：唇齿、清、擦音
d [t]：舌尖中、不送气、清、塞音　　　t [t']：舌尖中、送气、清、塞音
n [n]：舌尖中、浊、鼻音　　　　　　　l [l]：舌尖中、浊、边音
g [k]：舌根、不送气、清、塞音　　　　k [k']：舌根、送气、清、塞音
h [x]：舌根、清、擦音　　　　　　　　j [tɕ]：舌面、不送气、清、塞擦音
q [tɕ']：舌面、送气、清、塞擦音　　　x [ɕ]：舌面、清、擦音
zh [tʂ]：舌尖后、不送气、清、塞擦音　ch [tʂ']：舌尖后、送气、清、塞擦音
sh [ʂ]：舌尖后、清、擦音　　　　　　r [ʐ]：舌尖后、浊、擦音
z [ts]：舌尖前、不送气、清、塞擦音　　c [ts']：舌尖前、送气、清、塞擦音
s [s]：舌尖前、清、擦音

表2-6　普通话声母总表

发音部位＼发音方法	塞音		擦音		塞擦音		鼻音	边音
	清音		清音	浊音	清音		浊音	浊音
	不送气	送气			不送气	送气		
双唇音（上唇／下唇）	b [p]	p [p']					m [m]	
唇齿音（上齿／下唇）			f [f]					
舌尖前音（舌尖／上齿背）			s [s]		z [ts]	c [ts']		
舌尖中音（舌尖／上齿龈）	d [t]	t [t']					n [n]	l [l]
舌尖后音（舌尖／齿龈后）			sh [ʂ]	r [ʐ]	zh [tʂ]	ch [tʂ']		
舌面音（舌面／前硬腭）			x [ɕ]		j [tɕ]	q [tɕ']		
舌根音（舌面后／软腭）	g [k]	k [k']	h [x]				ng [ŋ]	

除了21个辅音声母之外，还有一个不以辅音开头，而以元音开头的零声母，在国际上用 [ø] 表示。

二 声母的方音辨正

(一) 区分 n 和 l

1. 区分 n、l 的读音

n 的发音方式是舌尖翘起，顶住上齿龈，同时小舌下垂，气流通过鼻腔流出；l 的发音方式是舌尖翘起，顶住上齿龈，同时小舌抬起，堵住通往鼻腔的通道，气流经过舌头的两边流出。

n、l 不分的情形主要分布于湘方言、赣方言、闽方言的一部分地区以及西南官话、江淮官话等地区，其表现情况也不同：有的两者可以互换，如兰州话；有的是 l 变为 n，如重庆话；有的是 n 变为 l，如南京话。这些情形非常复杂。各方言区的人最好先对自己方言中 n、l 的表现进行全方位的了解，再进行发音纠正。

2. 区分读 n、l 的字

一方面，多注意广播电视中普通话的发音，熟记读 n 和读 l 的常用字词。另一方面，可以根据谐声字来区分读 n 和读 l 的字，汉字的谐声系统中，n、l 一般互不搭界，记住一个字的声母读音，就可以记住一系列字的声母读音。举例如下。

农 (n)：浓侬脓哝秾　　　　龙 (l)：笼拢聋陇垄垅胧珑砻眬泷
囊 (n)：攮囔馕曩欀　　　　朗 (l)：浪郎狼廊琅啷茛
南 (n)：楠喃腩　　　　　　兰 (l)：栏烂拦

常常翻阅 n、l 偏旁类推字表，也可以对分辨 n、l 有帮助。相关字例如下。

哪能不来　南方来信　楼兰古城　流连女色　吃苦耐劳　拿泥捏鸟
劳累过度　红黄蓝绿　饮食男女　虐待奴隶　乱拉乱推　冷暖自知
南瓜地里长兰花　老刘留了六头牛　年年过年吃榴梿　六年牛奶做留念

(二) 区分 zh、ch、sh 与 z、c、s

1. 区分 zh、ch、sh 与 z、c、s 的读音

zh、ch、sh 与 z、c、s 的区别在于发音部位的不同。zh、ch、sh 卷舌，发音时舌尖翘起来，顶住硬腭的前部，然后再放开，气流慢慢摩擦而出（zh、ch）；或者舌尖翘起，靠近硬腭，气流摩擦而出（sh）。z、c、s 不卷舌，发音时舌尖顶住上齿背。zh、ch、sh 与 z、c、s 不分的情况，分布的地区比较广，在东北方言、西北方言地区，以及江淮方言和西南方言的大部分地区，都存在此种现象。

2. 区分读 zh、ch、sh 与 z、c、s 的字

区分读 zh、ch、sh 与 z、c、s 的字，要经常翻阅 zh、ch、sh 和 z、c、s 对照辨音字表，注意广播电视中普通话的发音，逐渐形成习惯。由于 zh、ch、sh 的来源非常复杂，与 z、c、s 交叉的情形很多，所以一般不能根据谐声来区分 zh、ch、sh 与 z、c、s。

赵元任《施氏食狮史》："石室诗士施氏，嗜狮，誓食十狮。施氏时时适市视狮。十时，

适十狮适市。是时，适施氏适市。施氏视是十狮，恃矢势，使是十狮逝世。氏拾是十狮尸，适石室，石室湿，氏使侍拭石室。石室拭，氏始试食是十狮尸。食时，始识是十狮尸，实十石狮尸。试释是事。"

此文全部用shi这一音节的字写成，是一个极端的例子。

（三）区分f与h

f与h的差别在于，f是唇齿清擦音，而h是舌根清擦音，二者的不同在于发音部位。f与h混淆的情况主要出现于西南方言、赣方言等地区，在方言中表现不一，合口字中声母读为f，是比较突出的现象，应掌握其对应规律，逐渐进行纠正。可参考f和h对照辨音字表，也可以用谐声字来记忆其规律，便于纠正。举例如下。

伐（f）：筏阀垡　　　　　　化（h）：花华骅哗桦

付（f）：附府符腐俯苻咐拊　　户（h）：沪护岵扈

思考练习

1. 根据题目提及的发音部位和发音方法，在下面横线处填上相应的声母。

    （1）双唇、送气、清、塞音是_____。

    （2）舌尖后、清、擦音是_____。

    （3）舌尖中、浊、边音是_____。

    （4）舌尖后、浊、擦音是_____。

    （5）舌面、不送气、清、塞擦音是_____。

2. 试把下列省级行政区简称字音的声母写出来，并写出全称汉字及其声母。

    京（　）沪（　）津（　）辽（　）吉（　）黑（　）

    晋（　）冀（　）蒙（　）鲁（　）苏（　）浙（　）

    皖（　）闽（　）赣（　）豫（　）鄂（　）湘（　）

    粤（　）桂（　）琼（　）陕（　）甘（　）宁（　）

    青（　）新（　）川（　）渝（　）藏（　）滇（　）

    黔（　）台（　）港（　）澳（　）

3. 听音节，把声母写出来。

    （1）纳（　）勒（　）梨（　）泥（　）拉（　）

    　　拿（　）庐（　）奴（　）女（　）旅（　）

    　　兰（　）男（　）宁（　）料（　）闹（　）

    （2）胡（　）符（　）灰（　）肥（　）回（　）

    　　飞（　）分（　）昏（　）红（　）冯（　）

    　　番（　）欢（　）辉（　）虎（　）环（　）

    （3）资（　）知（　）渣（　）砸（　）则（　）

    　　遮（　）猪（　）租（　）斋（　）灾（　）

邹（　）周（　）招（　）栽（　）彰（　）
(4) 瓷（　）吃（　）擦（　）插（　）车（　）
策（　）粗（　）锄（　）柴（　）才（　）
昌（　）仓（　）充（　）超（　）蚕（　）
(5) 思（　）诗（　）撒（　）沙（　）赊（　）
色（　）苏（　）书（　）筛（　）腮（　）
桑（　）商（　）手（　）生（　）岁（　）
(6) 老（　）恼（　）方（　）荒（　）山（　）
三（　）程（　）层（　）增（　）森（　）
人（　）入（　）闻（　）安（　）鹅（　）

4. 分组读出下列音节。

$\begin{cases} b：包起来 bāo qi lai \\ p：抛起来 pāo qi lai \end{cases}$　　补写 bǔ xiě　　备料 bèi liào
　　　　　　　　　　　　　　谱写 pǔ xiě　　配料 pèi liào

$\begin{cases} d：蹲下 dūn xia \\ t：吞下 tūn xia \end{cases}$　　肚子 dù zi　　调出 diào chū
　　　　　　　　　　　　兔子 tù zi　　跳出 tiào chū

$\begin{cases} g：干完 gàn wán \\ k：看完 kàn wán \end{cases}$　　米缸 mǐ gāng　　大狗 dà gǒu
　　　　　　　　　　　　米糠 mǐ kāng　　大口 dà kǒu

$\begin{cases} j：大计 dà jì \\ q：大气 dà qì \end{cases}$　　精华 jīng huá　　一届 yī jiè
　　　　　　　　　　　清华 qīng huá　　一切 yī qiè

$\begin{cases} zh：中断 zhōng duàn \\ ch：冲断 chōng duàn \end{cases}$　　工长 gōng zhǎng　　斩掉 zhǎn diào
　　　　　　　　　　　　　　工厂 gōng chǎng　　铲掉 chǎn diào

$\begin{cases} z：清早 qīng zǎo \\ c：青草 qīng cǎo \end{cases}$　　做了 zuò le　　一字 yī zì
　　　　　　　　　　　错了 cuò le　　一次 yī cì

$\begin{cases} zh：主力 zhǔ lì \\ z：阻力 zǔ lì \\ j：举例 jǔ lì \end{cases}$　　短站 duǎn zhàn　　招了 zhāo le
　　　　　　　　　　短暂 duǎn zàn　　糟了 zāo le
　　　　　　　　　　短剑 duǎn jiàn　　焦了 jiāo le

$\begin{cases} ch：一成 yī chéng \\ c：一层 yī céng \\ q：一擎 yī qíng \end{cases}$　　姓陈 xìng chén　　有翅 yǒu chì
　　　　　　　　　　姓岑 xìng cén　　有刺 yǒu cì
　　　　　　　　　　姓秦 xìng qín　　有气 yǒu qì

$\begin{cases} sh：商业 shāng yè \\ s：桑叶 sāng yè \\ x：香液 xiāng yè \end{cases}$　　不少 bù shǎo　　诗人 shī rén
　　　　　　　　　　不扫 bù sǎo　　私人 sī rén
　　　　　　　　　　不小 bù xiǎo　　昔人 xī rén

第三节　韵　母

🔍 **学习重点**：掌握普通话中韵母的发音，能将39个韵母按"四呼"归类。
🔍 **学习难点**：熟悉单韵母发音条件的描写。

一　韵母的分类与描写

▶▶（一）韵母及韵母的分类

韵母是指一个音节声母后面的部分。韵母由元音或者元音加鼻辅音构成。普通话中有39个韵母。韵母的分类可以依据内部结构特点和开头元音发音唇形来进行。

1. 按内部结构特点分类

按内部结构特点，可将韵母分为以下三类。

（1）单元音韵母。

由一个元音构成的韵母叫单元音韵母（简称单韵母）。普通话中有10个单元音韵母：a [A]、o [o]、e [ɤ]、ê [ɛ]、i [i]、u [u]、ü [y]、-i [ɿ]、-i [ʅ]、er [ɚ]。

（2）复元音韵母。

由两个或三个元音组合而成的韵母，叫复元音韵母（简称复韵母）。普通话中有13个复元音韵母：ai [ai]、ei [ei]、ao [au]、ou [ou]、ia [iA]、ie [iɛ]、ua [uA]、uo [uo]、üe [yɛ]、iao [iau]、iou (iu) [iou]、uai [uai]、uei (ui) [uei]。

（3）鼻韵母。

由一个或两个元音与鼻辅音n或者ng组合而成的韵母（简称单韵母），叫鼻韵母。普通话中的鼻韵母共有16个。根据鼻辅音韵尾的不同，鼻韵母又可以分为两类。

第一类是带舌尖鼻音尾的鼻韵母，叫作"前鼻韵母"，有8个：an [an]、en [ən]、ian [iɛn]、in [in]、uan [uan]、uen (un) [uən]、üan [yan]、ün [yn]。

第二类是带舌根鼻音尾的鼻韵母，叫作"后鼻韵母"，也有8个：ang [aŋ]、eng [əŋ]、ong [uŋ]、iang [iaŋ]、ing [iŋ]、iong [yŋ]、uang [uaŋ]、ueng [uəŋ]。

2. 按开头元音的发音唇形分类

按开头元音的发音唇形，可将韵母分为以下四类。

①开口呼韵母。凡韵腹或韵头不是i、u、ü的韵母，均属于开口呼韵母。普通话中有15个开口呼韵母。②齐齿呼韵母。凡韵腹或韵头是i的韵母，均属于齐齿呼韵母。普通话中共有9个齐齿呼韵母。③合口呼韵母。凡韵腹或韵头是u的韵母，均属于合口呼韵母。普通话中共有10个合口呼韵母。④撮口呼韵母。凡韵腹或韵头是ü的韵母，均属于撮口呼韵母。普通话中共有5个撮口呼韵母。

这是我国传统语音学对韵母的一种分类方法，根据韵母开头元音的特征，可将韵母分为"开口呼""齐齿呼""合口呼""撮口呼"四类，俗称"四呼"。这种分类方法有利于揭示普通话的声韵拼合规律，因为声母在跟韵母配合成音节时是有一定的选择性的，也就是说，有些可以组合，有些却不能组合，这种选择性主要取决于声母的发音部位以及韵母的"四呼"特征。普通话韵母总表（见表2-7）总结了以上分类方法。

表2-7 普通话韵母总表

按结构分	开口呼		齐齿呼	合口呼	撮口呼	按韵尾分
单韵母	-i[ɿ][ʅ]		i[i]	u[u]	ü[y]	无韵尾韵母
	a[A]	后响复韵母	ia[iA]	ua[uA]		
	o[o]			uo[uo]		
	e[ɣ]					
	ê[ɛ]		ie[iɛ]		üe[yɛ]	
	er[ɚ]					
复韵母	前响复韵母	ai[ai]	中响复韵母		uai[uai]		元音韵尾韵母
		ei[ei]			uei[uei]		
		ao[au]		iao[iau]			
		ou[ou]		iou[iou]			
鼻韵母	前鼻韵母	an[an]		ian[iɛn]	uan[uan]	üan[yan]	鼻音韵尾韵母
		en[ən]		in[in]	uen[uən]	ün[yn]	
	后鼻韵母	ang[aŋ]		iang[iaŋ]	uang[uaŋ]		
		eng[əŋ]		ing[iŋ]	ueng[uəŋ]		
					ong[uŋ]	iong[yŋ]	

（二）韵母的结构

普通话韵母可分为韵头、韵腹、韵尾三部分，其中韵腹是核心，是韵母必不可少的部分。有了韵腹，才能进一步确定韵头和韵尾。

1. 韵腹

韵腹指韵母的主干，发音比韵头、韵尾清晰响亮，如果韵母还有韵头和韵尾，则韵腹位于这两者之间。

2. 韵头

韵头指韵腹前的元音，因韵头介于声母与韵腹之间，所以又叫介音或介母。普通话中的韵头只有i、u、ü三个元音可以充当。

3. 韵尾

韵尾指韵腹后的元音或辅音，表示韵母发音滑动的方向。普通话的韵尾只能由元音i、u和鼻辅音n、ng四个音素充当。

(三) 韵母的发音训练

我们可以按韵母的结构类别来进行韵母发音训练。

1. 单元音韵母

单元音韵母的发音就是单元音的发音，发音时要注意两点：①发音时舌位和唇形要始终保持不变，否则就成了复合元音；②发音时软腭要向上抬起堵塞鼻腔通道，不能夹带鼻音色彩，否则就会成为鼻化元音。

a [A]：舌面中、低、不圆唇元音；发音时，打开上颚，下巴放松，口自然张开。

o [o]：舌面后、半高、圆唇元音；发音时，注意打开后口腔，双唇自然拢圆，嘴唇不要前突。

e [ɤ]：舌面后、半高、不圆唇元音；发音时，要适当地上提软腭，嘴角不要向两边拉得过开，舌根部不要有摩擦。

i [i]：舌面前、高、不圆唇元音；发音时，嘴角咧开，保持舌面前部肌肉的均衡紧张，以免舌面肌肉的松弛而产生摩擦成分。

u [u]：舌面后、高、圆唇元音；发音时，注意提起软腭，舌位后缩，打开后口腔；双唇尽量拢圆；双唇不能发生摩擦。

ü [y]：舌面前、高、圆唇元音；发音时，舌位前移，嘴角用力收缩，使唇形撮圆；保持圆唇肌肉的均衡紧张状态不松弛，以免产生摩擦成分。

ê [ɛ]：舌面前、半低、不圆唇元音；发音时，舌面前部隆起，舌尖抵住下齿背，口腔半开，舌位半低，唇形不圆，声带颤动，ê [ɛ] 只能给"欸"这一个汉字注音，此外还能进入"ie、üe"这两个复韵母中。

-i [ɿ]：舌尖前、高、不圆唇元音；发音时，保持舌尖前肌肉的均衡紧张，舌尖前伸靠近上齿背（但与上齿背不要发生摩擦）；口腔开口度很小，嘴角向两边展开，声带颤动。单独练习时可用声母 s 来带，把"思"字的音拉长，取后半截。

-i [ʅ]：舌尖后、高、不圆唇元音；发音时，保持舌尖后肌肉的均衡紧张，舌尖靠近硬腭（但与硬腭前部不要发生摩擦）；口腔开口度很小，嘴角向两边展开，声带颤动。单独练习时可用声母 sh 来带，把"师"字的音拉长，取后半截。

er [ɚ]：卷舌、央、中、不圆唇元音；发音时，翘舌过程与央元音的发音同步。

2. 复元音韵母

复元音韵母是由两个或三个元音构成的，所以它们的发音不像单元音韵母那样始终不变，而是有一个变动的过程。它有两个特点：从一个元音逐渐滑动到另一个元音，舌位、唇形都会发生变动；一个复元音韵母中只有一个发音响亮的主要元音（即韵腹），主要元音在复元音韵母的发音过程中所占的时值最长，其他都是次要元音，发音轻短，其中韵尾的发音较模糊。

普通话里的13个复元音韵母根据主要元音所处的位置，可以分为三类：前响复元音韵母，有4个；后响复元音韵母，有5个；中响复元音韵母，有4个。

(1) 前响复元音韵母。前响复元音韵母由两个元音复合而成，前一个元音是韵腹（响音），后一个元音是韵尾。发音时，前重后轻，前长后短，前紧后松。

ai [ai]	（开采）	（爱戴）	（白菜）
	（灾害）	（买卖）	（海带）
ei [ei]	（蓓蕾）	（肥美）	（配备）
	（黑煤）	（北美）	（累累）
ao [au]	（号召）	（高潮）	（草稿）
	（跑道）	（照抄）	（早操）
ou [ou]	（收购）	（丑陋）	（欧洲）
	（透漏）	（漏斗）	（抖擞）

(2) 后响复元音韵母。后响复元音韵母也由两个元音复合而成，后一个元音是韵腹（响音），前一个元音是韵头。发音时，前轻后重，前短后长。

ia [iA]	（假牙）	（加价）	（恰恰）
	（掐下）	（下架）	（家鸭）
ie [iɛ]	（贴切）	（结业）	（谢谢）
	（趔趄）	（姐姐）	（爷爷）
ua [uA]	（耍滑）	（花袜）	（娃娃）
	（挂花）	（夸娃）	（画画）
uo [uo]	（硕果）	（过错）	（蹉跎）
	（骆驼）	（堕落）	（阔绰）
üe [yɛ]	（决绝）	（雀跃）	（约略）
	（月缺）	（略略）	（绝学）

(3) 中响复元音韵母。中响复元音韵母由三个元音复合而成，中间一个元音是韵腹（响音），前一个元音是韵头，后一个元音是韵尾。发音时，中间的元音最长最响，两头的元音比较短而弱，口腔开度有从小到大再到小的显著变化过程。

iao [iau]	（巧妙）	（苗条）	（小鸟）
	（缥缈）	（逍遥）	（教条）
iou [iou]	（优秀）	（悠久）	（求救）
	（久留）	（绣球）	（牛油）
uai [uai]	（摔坏）	（外快）	（怀揣）
	（外踝）	（拽歪）	（乖乖）
uei [uei]	（摧毁）	（水位）	（归队）
	（汇兑）	（尾随）	（回味）

3. 鼻韵母

鼻韵母是由元音和鼻辅音韵尾结合而成的韵母，所以发音时也需要注意两点：由元音过渡到鼻辅音是逐渐滑动的；鼻辅音韵尾阻塞部位要落实。由于鼻辅音充当的是韵尾，所以发音时值不能长。

（1）前鼻韵母。前鼻韵母发音时，先发元音，然后舌尖向上齿龈移动，并抵住它，软腭随着下降，鼻音色彩逐渐增加。舌尖抵住上齿龈后，即刻停声，不要拖音。有韵头的鼻韵母，韵头发音要轻短。

an [an]	（肝胆）	（谈判）	（展览）
	（斑斓）	（单产）	（灿烂）
en [ən]	（振奋）	（根本）	（认真）
	（身份）	（门神）	（深沉）
in [in]	（辛勤）	（亲近）	（近邻）
	（拼音）	（贫民）	（信心）
ün [yn]	（均匀）	（军训）	（循循）
	（逡巡）	（芸芸）	（群运）
ian [iɛn]	（天边）	（绵延）	（前线）
	（片面）	（鲜艳）	（简便）
uan [uan]	（宽缓）	（贯穿）	（婉转）
	（专管）	（转换）	（还款）
üan [yan]	（圆圈）	（全权）	（全院）
	（源泉）	（轩辕）	（涓涓）
uen [uən]	（春笋）	（昆仑）	（论文）
	（温顺）	（混沌）	（谆谆）

（2）后鼻韵母。后鼻韵母发音时，先发元音，接着舌根向软腭移动，最后抵住软腭，发舌根鼻音 ng。鼻音不要拖音，有韵头的鼻韵母，韵头发音要轻短。

ang [aŋ]	（帮忙）	（沧桑）	（商场）
	（党章）	（肮脏）	（钢厂）
eng [əŋ]	（更正）	（征程）	（乘风）
	（风筝）	（整风）	（奉承）
ing [iŋ]	（命令）	（英明）	（庆幸）
	（评定）	（定型）	（姓名）
ong [uŋ]	（从容）	（工农）	（隆重）
	（轰动）	（笼统）	（公共）
iang [iaŋ]	（响亮）	（向阳）	（洋相）
	（强项）	（踉跄）	（想象）
uang [uaŋ]	（矿藏）	（状况）	（狂妄）
	（双簧）	（装潢）	（框框）

iong [yŋ]	（汹涌）	（炯炯）	（熊熊）
	（穷窘）	（穷凶）	（雄心）
ueng [uəŋ]	（嗡嗡）	（水瓮）	（渔翁）
	（蓊郁）	（蕹菜）	（老翁）

在后鼻韵母中，ueng和ong发音相近，又有不同，要注意分辨。这两个韵母有不同的用处。ueng只能自成音节，不能同声母相拼；ong却恰恰相反，不能自成音节，只能跟在声母后面作为韵母构成音节。

二 韵母的方音辨正

➤（一）区分-n与-ng

韵尾-n与-ng不分的情况，多分布于吴方言、西南官话、西北方言等地，有-n混入-ng的，也有-ng混入-n的。首先要准确发出-n和-ng，并能在听音时将二者区分开，再逐渐掌握哪些字读-n，哪些字读-ng，可参阅-n和-ng辨音字表，也可根据谐声字来区别-n尾和-ng尾。举例如下。

艮（-n）：根跟哏茛狠很恨痕垦恳褪　　曾（-ng）：赠增憎甑罾缯

申（-n）：审伸神婶绅砷呻胂渖　　正（-ng）：政征证怔钲症惩

-n、-ng辨音字例如下。

经常现象　江山永定　今生今世　条件齐全　阴阳两分

硬性规定　前生因缘　统战宣传　倾听江声　衡量才能

➤（二）区分i与ü

i与ü的混淆，一种是i混入ü，一种是ü混入i，前者如山东青岛话，后者如昆明、湖南、广西等地的一些方言。i和ü的区别在于不圆唇和圆唇，在保持舌位不变的前提下，把嘴唇展开或圆起来，就可发出相应的i与ü。重点是要记住哪些字读i韵头，哪些字读ü韵头。也可以利用谐声字来分辨i和ü，在大多数情况下，它们不会混淆。举例如下。

几（i）：机肌叽饥讥矶玑虮麂　　具（ü）：俱惧飓俱

结（i）：洁秸诘颉拮　　决（ü）：诀抉玦鴃

i、ü辨音字例如下。

经济（jīngjì）——京剧（jīngjù）　　气象（qìxiàng）——去向（qùxiàng）

一掀（yīxiān）——预先（yùxiān）　　节节（jiéjié）——决绝（juéjué）

利率（lìlǜ）——律历（lǜlì）　　机理（jīlǐ）——居里（jūlǐ）

间间（jiānjiān）——涓涓（juānjuān）　　前辈（qiánbèi）——全背（quánbèi）

人勤（rénqín）——人群（rénqún）　　激进（jījìn）——拘禁（jūjìn）

➤（三）区分o与e

o与e不分，有将o读成e的，如新疆、东北等地的方言；有将e读成o的，如西南地区的某些方言。二者同为舌面后半高元音，其区别在于圆唇与不圆唇。可以先通过训练熟练掌握二者的发音，然后再找出哪些字读e，哪些字读o。

根据普通话声韵拼合规律，o只同唇音b、p、m、f拼，而e则同b、p、m、f以外的声母相拼（m同e相拼只有很少的例子），只要把唇音声母后读成圆唇的元音，而其他声母后读成不圆唇的元音就可以了，这样就能把二者区别开来。

o、e辨音字例如下。

哥哥——伯伯　革命——停泊　得到——波浪　核对——渤海　道德——抚摸
动辄——模仿　合格——寂寞　选择——余波　这个——薄膜　职责——揣摩

（四）避免i、u韵头脱落

普通话的复韵母和鼻韵母的韵头i、u，在有些方言区中是没有的。如，广州话把"流"说成[lau]，"钻"说成[tsan]；上海话把"队"说成[de]；西南官话和江淮官话也不同程度地存在这种情况。湖北武汉、仙桃及鄂东不少地方，把"最"说成[zei]，"吨"说成[tan]，"损"说成[san]。此外，在广西桂林话、柳州话，湖南常德话，湖北宜昌话中，还有"咬""袄"同音的现象，这也是一种韵头的丢失。

这些方言区的人学习普通话，应当注意增加韵头，有时声母、韵母、韵尾也要做相应的改变。

辨音字例如下。

电话——淡化　统帅——统晒　天上——摊上　坏河——害河　粘连——难连
灰色——黑色　连连——兰兰　鬼怪——给盖　家家——嘎嘎　亡羊——昂扬

■ 思考练习

1. 根据所提供的发音条件，在括号内写出相应的单韵母。
   (1) 舌面、前、高，圆唇元音：（　）。
   (2) 舌面、后、半高，不圆唇元音：（　）。
   (3) 舌面、后、高，圆唇元音：（　）。
   (4) 舌面、前、半低，不圆唇元音：（　）。
   (5) 舌面、后、半高，圆唇元音：（　）。
   (6) 舌尖、前、高，不圆唇元音：（　）。
   (7) 舌面、央、低，不圆唇元音：（　）。

2. 试述普通话韵母的结构。下列各字音的韵母结构是怎样的？试加以分析。
   航海　表扬　安全　队伍　霞光　流水

3. 有些方言区的人对读en、eng和in、ing两对韵母的字区别不清，导致下列词语读音相混：分化—风化，粉刺—讽刺，禁止—静止，不信—不幸。试问应该采取什么方法分辨？

4. 有些方言区的人对韵母i、ü的发音分辨不清，导致下列词语读音相混：里程—旅程，移民—渔民，饥民—居民，拟人—女人。试说明分辨i、ü发音的方法。

5. 发音练习。
   (1) 念普通话韵母总表，横竖各念一遍。

(2) 朗读下面各词，练习韵母的发音，注意它们的异同。

i: 书籍 shūjí	气味 qìwèi	戏曲 xìqǔ
ü: 书局 shūjú	趣味 qùwèi	序曲 xùqǔ
ai: 改了 gǎile	分派 fēnpài	稗子 bàizi
ei: 给了 gěile	分配 fēnpèi	被子 bèizi
ao: 考试 kǎoshì	稻子 dàozi	牢房 láofáng
ou: 口试 kǒushì	豆子 dòuzi	楼房 lóufáng
an: 反问 fǎnwèn	寒露 hánlù	水潭 shuǐtán
ang: 访问 fǎngwèn	航路 hánglù	水塘 shuǐtáng
en: 申明 shēnmíng	诊治 zhěnzhì	出身 chūshēn
eng: 声明 shēngmíng	整治 zhěngzhì	出生 chūshēng
in: 水滨 shuǐbīn	亲近 qīnjìn	贫民 pínmín
ing: 水兵 shuǐbīng	清静 qīngjìng	平民 píngmín
ian: 皮件 píjiàn	前头 qiántou	潜力 qiánlì
üan: 疲倦 píjuàn	拳头 quántou	权力 quánlì
ie: 夜读 yèdú	竭力 jiélì	猎取 lièqǔ
üe: 阅读 yuèdú	角力 juélì	掠取 lüèqǔ

(3) 朗读下面各词，区别—in 和—ing、—en 和—eng 等前后鼻音。

jīnxīng（金星）　jīngxīn（精心）　jìnlìng（禁令）　píngmín（平民）
xīnqíng（心情）　qīngxīn（倾心）　jìnxìng（尽兴）　mínqíng（民情）
pīnmìng（拼命）　pǐnxíng（品行）　pìnqǐng（聘请）　qīngxìn（轻信）
dìngyīn（定音）　dìngqīn（定亲）　xīnlíng（心灵）　qīngjīn（青筋）
jìnxíng（进行）　qīngpín（清贫）　pǐnmíng（品名）　bìngjìn（并进）
yīnyǐng（阴影）　yǐngyìn（影印）　yīnpíng（阴平）　tǐngjìn（挺进）
fēnfēng（分封）　zhēnzhèng（真正）　shénshèng（神圣）
yùnyòng（运用）　gǔndòng（滚动）　dāndāng（担当）
xiànxiàng（现象）

(4) 韵母方音辨正绕口令，快板练习。

粉红墙上画凤凰，（那个）凤凰画在粉红墙，

红凤凰，（那个）粉凤凰，粉红凤凰花凤凰。

小芹手脚灵，轻手擒蜻蜓；小青人精明，天天学钢琴。

擒蜻蜓，趁天晴，小芹晴天擒住大蜻蜓；

学钢琴，趁年轻，小青精益求精练本领。

你想学小芹，还是学小青？

第四节 声 调

🔍 **学习重点**：能区分调值和调类，并在普通话中适当加以应用。
🔍 **学习难点**：掌握声调的辨正。

一 声调的性质

汉语的音节除了声母和韵母这两部分以外，还有一个不可缺少的组成部分，就是声调。声调的重要性一点也不亚于声母和韵母，因为它同样被用来区别意义，例如，"烟"（yān）和"盐"（yán）的不同就是靠声调来区别的。由于一个音节基本上就是一个汉字，所以声调又叫字调。

声调的性质主要是由音高决定的。音的高低取决于一定时间内音波颤动的频率的高低。发音时，频率的高低靠调节声带的松紧来控制。声带紧，颤动得快，声音听起来就高；声带松，颤动得慢，声音听起来就低。在发音过程中，声带先松后紧，声调就先低后高；声带先紧后松，声调就先高后低。声调就是由音节的高低、升降、曲直等各种音高变化形成的。当然，声调和语音的强弱甚至音质也有一定的联系，但是这些都不是构成声调的主要因素。

二 调值和调类

声调的音高并不是绝对的，例如，成年男人的绝对音高一般都比女人或小孩低一些，即使同一个人，情绪激动时说话的绝对音高也会比平时要高，但是这种绝对音高对于区别言语的意义没有什么作用。声调的音高是一种相对音高。不同性别、不同年龄的人，都念一个"大"字，绝对音高的起点和终点，一定是不相同的，但是相对音高的变化是相同的，都是由高音降为低音。下降的幅度大体上也一样。正因为这样，大家可以毫无困难地互相交谈，彼此了解。

声调的高低升降，一般都用"五度标记法"来表示，也就是把言语中音高的变化幅度即调幅分成五度：高音是5度，半高音是4度，中音是3度，半低音是2度，低音是1度。图中的竖标是音高的尺度，声调的高低升降的变化在竖标的左边用自左至右的线条来表示，左边是开头，右边是收尾。线条所表现的高低升降的类型叫作调型；线条起讫点和转折点的度数可以用数字55、35、214、51等来表示，叫作调值。这样，普通话的四种声调就形成了（见图2-5）。

这样可以把四个声调分开来，举例如下。

调类	例字	调值	调型	调号
阴平	妈（mā）	[55]	高平	ˉ
阳平	麻（má）	[35]	中升	ˊ

| 上声 | 马（mǎ） | [214] | 降升 | ˇ |
| 去声 | 骂（mà） | [51] | 高降 | ˋ |

为了书写和印刷的方便，一般就用55、35、214、51等表示调值，这叫作调值数码法，这样不必把每个声调的调型都画出图来。汉语拼音就更简化一步，只需要在韵母的主要元音上标出ˉˊˇˋ四种调号来表示声调大致的调型，如"盐"，汉语拼音为yán。

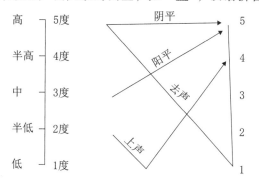

图 2-5　调值和调类

■ 思考练习

1. 什么是调值和调类？

2. 用调值数码法给下列汉字标调。

　　五官：耳²¹⁴　目⁵¹　口²¹⁴　鼻³⁵　舌³⁵　　五方：东　西　南　北　中

　　五脏：心　肝　脾　肺　肾　　　　　　　　　五谷：稻　黍　稷　麦　豆

　　五音：宫　商　角ⱼᵤé　徵ᶻʰ　羽　　　　　　　五金：金　银　铜　铁　锡

　　五行：金　木　水　火　土　　　　　　　　　五岳：泰ₛₕₐₙ　华ₛₕₐₙ　衡ₛₕₐₙ　恒ₛₕₐₙ　嵩ₛₕₐₙ

　　五味：甜　酸　苦　辣　咸　　　　　　　　　五经：易　书　诗　礼　春秋

　　五彩：青　黄　赤　白　黑

3. 朗读下列各字，体会声调的高低升降，并分别指出它们的调值和调类。

　　安定团结　改革开放　齐心协力　建设祖国

4. 拼读下列词语并注上汉字。

zǎocāo	qiánjìn	mínzú	shènglì
liánghǎo	qìchē	bómó	dìlǐ
kèkǔ	qiángdiào	jiānjù	jiǎnjǔ
dàdāo	dádào	zhuǎnhuà	shíxiàn
qīngchú	bǎozhèng	hùlǐ	kǎigē

第五节 音 节

🔍 **学习重点**：熟悉普通话的音节结构，掌握音节的声韵配合规律。
🔍 **学习难点**：掌握音节的拼读拼写规则。

一 普通话的音节结构及其特点

（一）音节

音节是语音的基本结构单位，是自然感到的最小语音片段。从发音器官的状况看，发音时发音器官的肌肉紧张一次，就形成一个音节。从语音的响度看，一个音节一般具有一个响度中心。音节是音素按照一定的方式组合起来的。一般情况下，汉语一个音节写下来就是一个汉字。但是，用作后缀的"儿"字，它不是一个独立的音节，只表示卷舌的动作，所以，儿化词是两个汉字读一个音节，例如"花儿"（huār）、"盖儿"（gàir）。

（二）普通话音节结构的特点

按照汉语音韵的传统分析法，汉语的音节结构分为声母、韵母、声调三个部分，韵母又可分为韵头（介音）、韵腹、韵尾三个部分。因此，一个音节可以细分为声母、韵头、韵腹、韵尾、声调五个部分，但并不是所有的音节必须同时具备这五个部分。普通话音节的结构方式如表2-8所示。

表2-8 普通话音节的结构方式

例字	声母	韵母				声调
		韵头	韵腹	韵尾		
				元音	辅音	
衣 yī			i			阴平
叶 yè		i	ê			去声
爱 ài			a	i		去声
油 yóu		i	o	u		阳平
安 ān			a		n	阴平
远 yuǎn		ü	a		n	上声
资 zī	z		-i[1]			阴平
雪 xuě	x	ü	ê			上声
飞 fēi	f		e	i		阴平
球 qiú	q	i	o	u		阳平
刚 gāng	g		a		ng	阴平
香 xiāng	x	i	a		ng	阴平

从表2-8可以看出，汉语的音节结构有以下四个特点。

①汉语的音节最多可以有4个音素，最少只有1个音素。

②构成汉语音节的声母、韵母、声调三部分中，可以没有声母，但不能没有韵母和声调。韵母中可以没有韵头和韵尾，但不能没有韵腹。

③元音占优势。音节可以没有辅音，但不能没有元音。元音可以出现在音节的开头、中间和末尾，并且必须连续出现。辅音只出现在音节的开头和末尾，没有复辅音音节。由于每个音节都有声调，而且元音占优势，音节结构非常整齐，音节界限分明，所以汉语的音乐性很强，听起来抑扬顿挫，悦耳动听。

④声调能够区别意义。

二 普通话音节的拼读与拼写

（一）普通话音节的拼读

拼读就是拼音，是把声母、韵母拼合成字音。有个拼音口诀叫"前音轻短后音重，两音相连猛一碰"。这个口诀讲的是拼音时应该注意的要点。

1. 声母要用本音

"前音轻短"是说，在拼音时，声母要读得轻些、短些，也就是要读声母的本音，即发出声母时不要带声母表上的韵母（也就是所谓的呼读音）。由于普通话的声母多数是声带不振动的清音，发音时声音很小，不便于单独称说，于是汉语拼音方案就给它们配上一个响亮的元音来呼读它们，叫呼读音，比如b、p、m、f配上o韵母，d、t、n、l配上e韵母，呼读音就是bo、po、mo、fo、de、te、ne、le，但是在拼音时，一定要用声母的本音，不能用呼读音。"后音重"是说拼音时，韵母要比声母读得重些。

2. 声母、韵母之间不要停顿

"两音相连猛一碰"是说拼音时，声母和韵母之间不能留空隙，即一个音节中间是不能停顿的，否则就成了两个音节了。例如拼bài（败）时，b和ai之间如果有了停顿，就会拼成b（o）—ai（博爱）。

3. 读准韵头

对于有韵头的音节，在拼音时要注意把韵头念准，在读声母时就应为念韵头做好准备，把韵头自然地引出来。如果念不准韵头，就可能出现丢失韵头或者改变韵头的情况，例如鄂东、鄂北、陕南人容易丢失一部分合口呼音节的韵头，把"duì（队）"念成dèi，把"duǎn（短）"念成dǎn，有的地方甚至读成齐齿呼。闽语区、客家话区的人在练习拼读普通话音节时，尤其应当注意读准撮口呼的韵头。

（二）拼音的方法

1. 两拼法

用声母和韵母两个部分进行拼音，例如：j-iāng——jiāng（江）。

2. 声介合拼法

先把声母和韵头合成一个部分，然后和韵身（韵母中除掉韵头的部分叫韵身）一起进行拼读，这只适用于有韵头的音节，例如：hu-áng——huáng（黄）。

3. 三拼法

将声母、韵头、韵身三个部分进行连读。这种方法只适用于有韵头的音节，例如 x-i-áng——xiáng（祥）。

4. 整体认读法

整体认读法，又叫音节直呼法，就是直接读出音节，不需要用声母去拼韵母。具体做法是先做好发声母的准备，然后读带声调的韵母，例如"党"字，先摆好发 d 的架势，让舌尖和齿龈构成阻碍，然后用 ǎng 冲开阻碍的部位，就发出了 dǎng。

（三）普通话音节的拼写

用汉语拼音拼写音节，有一些问题需要注意。下面对《汉语拼音方案》的主要规定进行说明。

1. y、w 的用法

y、w 在汉语拼音方案中用来表示齐齿呼、合口呼、撮口呼零声母音节的开头。它们有时代替 i、u、ü，有时加在 i、u、ü 的前头，如何使用和充当韵腹还是韵头有关。

（1）i、u 独立构成音节时（作为韵腹），i、u 前加上 y、w。

ī（衣）—yī　　　　ū（乌）—wū

（2）i 出现在音节开头，该音节中除 i 外没有别的元音时（作为韵腹），i 前加 y。

īn（因）—yīn　　　　īng（英）—yīng

（3）i、u 出现在音节开头，该音节除 i、u 外还有别的元音时（作为韵头），将 i、u 换成 y、w。

iáng（羊）—yáng　　　uán（玩）—wán

（4）ü 单独构成音节或出现在音节开头时，都写成 yu。

ù（遇）—yù　　　　üè（月）—yuè

y、w 是起隔音作用的字母，例如把"阿姨"二字连写成 āí，就会以为是一个音节"哀"，用了 y，写成"āyí"，音节的界限就很分明。同时，这些零声母音节的开头，其实是带有轻微摩擦的半元音。用 y、w 表示，正好可以反映出这一语音特点。

2. ü 上两点的省略

ü 在和 j、q、x 拼合时，上面的两点需省去，因为 j、q、x 不和合口呼韵母相拼，所以，这样拼写不会与合口呼混淆。但是，和 n、l 拼合时，ü 上的两点不能省略。

jūn（军）　　quán（全）　　xū（虚）　　nǚ（女）　　lǚ（吕）　　lüè（掠）

3. iou、uei、uen 的省写

韵母 iou、uei、uen 跟声母拼合时，省去韵腹，前二者调号标在最后一个元音上，如牛 niú、回 huí、纯 chún。

4. 隔音符号的用法

当开口呼零声母音节跟在其他音节后与前面音节的界限发生混淆时，在开口呼音节前用上"'"号，隔开两个音节。

西安 xī'ān　　　皮袄 pí'ǎo

三 普通话音节结构分析

要深入理解普通话的语音构造规律，就必须对普通话的音节结构进行分析。

分析音节结构时，需要注意以下几点。

（1）分清 i、-i。字母"i"代表3个音素：一个是单元音韵母 i[i]，一个是 zi（资）的韵母[ɿ]，一个是 zhi（知）的韵母[ʅ]。这3个音素，第一个单独出现时写作 i；后两个写作 -i[ɿ]、-i[ʅ]。i、-i 在字音中都写作 i，但只有在 z、c、s、zh、ch、sh、r 后面直接拼合的 i，才是 -i。

zī（资）—i[ɿ]　　　cí（瓷）—i[ɿ]　　　sī（丝）—i[ɿ]　　　zhī（知）—i[ʅ]
chī（吃）—i[ʅ]　　　shī（师）—i[ʅ]　　　rì（日）—i[ʅ]　　　jī（鸡）—i[i]
bǐ（笔）—i[i]　　　mǐ（米）—i[i]

分析 zi、ci、si 和 zhi、chi、shi、ri 等音节时，舌尖元音 -i[ɿ]、-i[ʅ] 应当加注国际音标，与舌面元音 i 区别开来。

（2）分清 e、ê。字母 e 代表4个音素：一个是 ei 韵中的韵腹[e]，一个是单独充当韵母的 e[ɤ]（俄），一个是 en、eng 中的韵腹[ə]，一个是 ie、üe 两个复韵母中的韵腹[ɛ]。这4个音素单独出现时，前3个写作 e，最后一个写作 ê。

hēi（黑）—[e]　　　gěi（给）—[e]　　　gē（哥）—[ɤ]　　　dé（得）—[ɤ]
zhé（哲）—[ɤ]　　　gēn（根）—[ə]　　　zhǔn（准）—[ə]　　　kēng（坑）—[ə]
jiě（姐）—[ɛ]　　　nüè（虐）—[ɛ]

分析由韵母 ie、üe 组成的音节时，应把 ê 上面的符号补出来。

（3）韵母 iou、uei、uen 与声母相拼时，中间的韵腹省略，分析时应把省略的韵腹补充完整。

（4）分析 ü 上两点省略的音节结构时，应把上面两点还原。

（5）分析齐、合、撮三呼的零声母音节时，注意前面的 y、w 并不是辅音声母，这类音节是零声母。

四 普通话声韵调配合规律

普通话声母和韵母之间的组合具有严整的规律性。声韵能否配合取决于声母的发音部位和韵母的四呼。一般说来，声母的发音部位相同，和它们拼合的韵母四呼也相同；同样，韵母的四呼相同，与它们拼合的声母发音部位也相同。普通话声母和韵母的配合关系如表2-9所示。

表 2-9 普通话声母和韵母的配合关系

声母		韵母			
		开口呼	齐齿呼	合口呼	撮口呼
双唇音	b、p、m	+	+	只限单元音u	
唇齿音	f	+		只限单元音u	
舌尖前音	z、c、s	+		+	
舌尖中音	d、t	+	+	+	
	n、l	+	+	+	+
舌尖后音	zh、ch、sh、r	+		+	
舌面音	j、q、x		+		+
舌根音	g、k、h	+		+	
零声母	∅	+	+	+	+

▶▶ (一) 从声母和四呼的关系看规律

(1) 双唇音和舌尖中音d、t能跟开口呼、齐齿呼、合口呼韵母相拼,不能跟撮口呼韵母相拼,不过双唇音拼合口呼限于单元音u。

(2) 唇齿音f能跟开口呼和合口呼的韵母u相拼。

(3) 舌尖前音、舌尖后音、舌根音声母能跟开口呼、合口呼韵母相拼,不能跟齐齿呼、撮口呼韵母相拼。

(4) 舌面音只能跟齐齿呼、撮口呼韵母相拼,不能跟开口呼、合口呼韵母相拼。

(5) 舌尖中音n、l的组合能力最强,能跟四呼韵母相拼。零声母音节在四呼中都有。

▶▶ (二) 从韵母看规律

(1) o韵母只拼双唇音和唇齿音声母,而uo和e[ɤ]韵母只拼非唇音声母,与o韵互补。

(2) ê、er、ueng只用于零声母音节,不与辅音声母相拼。-i[ɿ]、-i[ʅ]、ong只能拼辅音声母,不用于零声母音节。

(3) -i[ɿ]只跟z组声母相拼,-i[ʅ]只跟zh组声母相拼。

(4) ua、uai、uang只拼舌尖后音声母,不拼舌尖前音声母。

▶▶ (三) 从声调看规律

(1) m、n、l、r这4个浊声母构成的音节很少有念阴平调的,念阴平调的只限于口语中的一些常用字,如妈mā、抹mā、猫māo、妞niū、捏niē、拉lā、扔rēng等。

(2) 鼻尾韵母字在古代都不是入声字,而读阳平调并以b、d、g、z、zh、j为声母的音节绝大多数来自古入声字,所以这6个声母拼鼻尾韵时没有阳平调(甮béng、哏gén是方言字,属例外)。

普通话21个辅音声母（加上零声母）与39个韵母可以组成400多个基本音节，再配以四声，组成1200多个音节。掌握普通话的声、韵、调配合规律，不但对理论上认识汉语音节的特点有重要价值，而且对纠正发音、学好普通话也是很有帮助的。

■ 思考练习

1. 举例说明普通话的声韵配合规律。
2. 用汉语拼音给下面一首诗注音（声、韵、调）。

登鹳雀楼

白日依山尽，黄河入海流。

欲穷千里目，更上一层楼。

3. 列表分析下列汉字的音节结构。

论　外　推　修　有　权　光　用　文　共

第六节　语流音变

> ○**学习重点**：熟练掌握普通话的变调和轻声、儿化、"啊"等语流音变规律，了解儿化和轻声的作用。
> ○**学习难点**：用语流音变规律规范自己的普通话发音。

我们平时说话或朗读时，并不是一个字一个字孤立地说或读出来，而是将一串音节连续说出，形成一连串自然的语流。在连续的语流中，音节之间、音素之间、声调之间相互影响，会导致各种语音变化。这种变化就叫作语流音变，又叫共时音变。

普通话常见的语流音变有连读变调、轻声、儿化、语气词"啊"的变读。

一　连读变调

连读变调是指在连续的语流（词或短语、句子）中，因相邻音节互相影响而改变单字调调值的现象。

▶（一）上声的变调

上声是普通话中变调最复杂的声调，也是北方方言中最容易发生变调的调类。

（1）两个上声字连读时，前一个上声变得近似阳平，调值由214变为35。

美好　窈窕　洗脸　婉转　演讲

海选　主打　古典　粉笔　早晚

（2）上声在非上声（阴平、阳平、去声、轻声）前变读半上，调值由214变为211。
上声＋阴平：展出　网吧　手机　展销　打拼　陕西　指标
上声＋阳平：洗涤　解读　导航　彩屏　考量　陕南　品牌
上声＋去声：小站　打造　网站　软件　走势　网络　搞定
上声＋轻声：耳朵　走着　好的　椅子　好处　我们　码头

需要注意的是，"上声＋轻声"时，如果轻声音节的原调是上声，则前字有两种不同的变调，一种变得近似阳平，另一种是变为半上（调值211）。不同的变调反映了前字变调与后字轻化的时间先后不同。
①前字先按照连调规律变为35调，后字才轻读，如打手、手脚、水里、小姐、哪里。
②后字先变读轻声，前字才变读半上，如姐姐、嫂子、马虎、姥姥、耳朵。

（3）三个上声字连读时，主要根据词语的节律和结构变调，如果是"2＋1"组合，一般是前两个字变得近似阳平，第三个字不变。
古典美　草稿纸　表演者　洗脸水　总统府　选举法　手写体　老虎口　展览馆

如果是"1＋2"组合，一般是第二个音节变成近乎阳平，第一个音节受第二个音节变化的影响，变为半上，调值211。第三字不变。
买手表　纸老虎　老保守　小拇指　好小伙
老古董　很勇敢　冷处理　耍笔杆　演小品

当4个以上的上声字连读时，要根据词语的意义和组合关系适当分组，按照上面的规律来读。说得很快时，只有最后一个字读上声，前面的字均变读近似阳平，这说明上声的变调与说话速度有密切关系。
岂有／此理　　请你／买把伞　　买／小纸雨伞
展览馆里／挤　　喊小许／打桶水　　老李买酒／很好

（二）去声的变调

两个去声字相连，前一个变为半去，调值由51变为53，这是一种异化变调。
创意　制作　数字　硬件　电信　构建　困难　态度　质量　确定　建设

（三）"一、不"的变调

（1）"一"的单字调是阴平，"不"的单字调是去声。两者单念或在词语末尾时都读原调，表序数的"一"也读原调。
一　万一　唯一　三十一　第一　一楼　不　决不　我不

（2）"一"和"不"在去声前变读阳平。
一个　一架　一概　一致　一定　一切　不去　不动　不要　不用　不论　不错

（3）"一"和"不"在非去声前读去声。
一天　一斤　一年　一群　一口　一秒　不安　不多　不行　不如　不管　不朽

（4）"一"和"不"在词语中间或肯定否定连用时，读轻声。
说一说　闻一闻　数一数　送一送　穿不穿　长不长　走不走　去不去
说不好　拿不动　打不开　去不成

二 轻　声

≫（一）轻声的性质与作用

汉语每个音节都有固定的声调。但是在语流中，有的音节会因弱化而失去原有的声调，变成一种又轻又短、调值模糊的调子，这就叫"轻声"，如"头"的单字调是阳平，但在"木头、石头、手指头"等词中变成了轻声。每个轻声音节都有本调，所以，它是语流中的弱化现象，是四声之外的一种特殊的变调，并不是独立的调类，用拼音字母拼写时一般不标调。

普通话轻声的音高不固定，它取决于前面那个音节的声调。以后缀"子"zi为例：在阴平字后读2度，如"桌子、刷子"；在阳平字后读3度，如"桃子、池子"；在上声字后读4度，如"果子、椅子"；在去声字后读1度，如"胖子、瘦子"。

轻声在普通话中有特殊的表达作用。有些词字面相同，但读不读轻声，词性和词义都有所不同。具体表现在以下两个方面。

（1）区别词义。

冷战 lěngzhàn：国际进行的战争形式之外的敌对行动

冷战 lěngzhan：身体突然发抖

大人 dàrén：敬辞，称长辈（多用于书信）

大人 dàren：成人；旧时称地位高的官员

（2）区分词性。

对头 duìtóu：正确，形容词　　　对头 duìtou：冤家，仇敌，名词

自然 zìrán：自然界，名词　　　自然 zìran：不勉强，不局促，不呆板，形容词

需要强调的是，普通话轻声只是汉语轻声的一种类型，汉语方言中还有其他的轻声类型，如西安话的轻声，就是统一读一种又低又短的调子，并不因为前面的字调不同而发生变化。

≫（二）变读轻声的规律

轻声与词汇、语法有一定联系，大多数语法成分变读轻声是有规律的。以下一些成分多读轻声。

（1）语气词"啊、吗、呢、吧、的、了、嘛"等。

听啊　来吗　谁呢　吃饭吧　要去的　下课了　很好嘛

（2）助词"的、地、得、着、了、过"等。

红的　真切地　唱得好　连接着　送了　吃过

（3）名词后缀"子、头、巴"和表示多数的"们"等。

箱子　棍子　木头　石头　尾巴　我们　孩子们

（4）放在名词、代词后头的方位词，如"上、下、里、边"等。

桌上　底下　沙发上　客厅里　后边

(5) 部分充当补语的趋向动词，如"来、去、进来、起来、下去"等。

拿来　拿去　走进来　跑进去　站起来　坐下去　开过来　飞过去　交出来

(6) 叠音名词、重叠式名词的后一个音节。

妈妈　爸爸　伯伯　奶奶　姥姥　弟弟　姐姐

(7) 重叠动词的后一个音节。

说说　尝尝　聊聊　想想　试试　问问

(8) 量词"个、些、封"等。

五个　买一些　写封信

(9) 一些常用的双音节词，第二个音节习惯上读轻声。

舒服　聪明　凉快　商量　玻璃　清楚　新鲜　学生　人家　麻烦　糊涂　打算
怎么　口袋　父亲　力气　客人　认识　溜达　唠叨　先生　扎实　打听　棉花

三　儿　化

（一）儿化的性质与作用

普通话卷舌韵母er可以构成零声母音节，读er的字有"儿、而、尔、耳、二"等。语素"儿"的主要作用之一是充当名词的后缀，如"哪儿、鸟儿、花儿"等。后缀"儿"不是独立的音节，而是同前一音节融合在一起，使前字的韵母带上卷舌动作。这种现象叫作"儿化"，儿化以后的韵母叫"儿化韵"。普通话儿化的基本性质就是卷舌作用。普通话的韵母，除er、ê外，大都可以儿化。一个儿化音节用两个汉字表示，汉语拼音则在原韵母后加上"r"表示。

事儿 shìr　　活儿 huór　　肝儿 gānr

普通话的儿化词较多。儿化现象与词汇、语法具有密切关系，其主要作用是区别词义，区别词性，表示细小、喜爱、亲切等感情色彩。

(1) 区别词义。

白面（小麦磨的粉）≠白面儿（海洛因）

门（进出的通道）≠门儿（器物可以开关的部分；门径）

头（脑袋）≠头儿（物体的顶端或末梢；事情的起点或终点；头目等）

(2) 区别词性。

拨（动词）≠拨儿（量词）

活（动词、形容词）≠活儿（名词）

调 diào（动词）≠调儿（名词）

错（形容词）≠错儿（名词）

(3) 表示细小、喜爱、亲切等感情色彩。

沫儿　味儿　丝儿　小曲儿　小绳儿　小狗儿
小孩儿　胖墩儿　大婶儿　瘦猴儿　老头儿

（二）儿化的变读规律

由基本韵母变成儿化韵母，要发生增音、减音、同化等语音变化，其规律可以用"原、失、换、加"四个字来概括。具体如下。

（1）韵腹是 a、o、e、ê、u 或韵尾是 u 的韵母不变，直接加卷舌动作。

刀把儿[pA⁵¹]→[pAr⁵¹]　　　　脚丫儿[iA]→[iAr⁵⁵]

短褂儿[kuA⁵¹]→[kuAr⁵¹]　　　肉末儿[mo⁵¹]→[mor⁵¹]

大伙儿[xuo²¹⁴]→[xuor²¹⁴]　　　山歌儿[kɤ⁵¹]→[kɤr⁵¹]

台阶儿[tɕiɛ⁵⁵]→[tɕiɛr⁵⁵]　　　月儿[yɛ⁵¹]→[yɛr⁵¹]

眼珠儿[tʂu⁵⁵]→[tʂur⁵⁵]　　　杏核儿[xu³⁵]→[xur³⁵]

青草儿[tsʻau²¹⁴]→[tsʻaur²¹⁴]　柳条儿[tʻiau³⁵]→[tʻiaur³⁵]

火候儿[xou⁵¹]→[xour⁵¹]　　　短裤儿[kʻu⁵¹]→[kʻur⁵¹]

（2）韵尾是 i、n 的（in、ün 除外），丢掉韵尾，加卷舌动作。其中 ei、uei 韵须将韵腹变为央元音。

男孩儿[xai³⁵]→[xar³⁵]　　　　一块儿[kʻuai⁵¹]→[kʻuar⁵¹]

名单儿[tan⁵⁵]→[tar⁵⁵]　　　　一边儿[pian⁵⁵]→[piar⁵⁵]

烟卷儿[tɕyan²¹⁴]→[tɕyar²¹⁴]　　羊倌儿[kuan⁵⁵]→[kuar⁵⁵]

刀背儿[pei⁵¹]→[pər⁵¹]　　　　麦穗儿[suei⁵¹]→[suər⁵¹]

书本儿[pən²¹⁴]→[pər²¹⁴]　　　三轮儿[luən³⁵]→[luər³⁵]

（3）韵母是 in、ün 的，丢掉韵尾，加 ər。

手劲儿[tɕin⁵¹]→[tɕiər⁵¹]　　　花裙儿[tɕʻyn³⁵]→[tɕʻyər³⁵]

（4）韵母是 i、ü 的，在 i、ü 后加 ər。

鸭梨儿[li³⁵]→[liər³⁵]　　　　蛐蛐儿[tɕʻy⁰]→[tɕʻyər⁰]

（5）韵母是 -i[ɿ] 和 -i[ʅ] 的，丢掉韵母，加 ər。

大字儿[tsɿ⁵¹]→[tsər⁵¹]　　　　小事儿[ʂʅ⁵¹]→[ʂər⁵¹]

（6）韵尾是 ng[ŋ] 的，丢掉韵尾，韵腹鼻化，同时加卷舌动作。

偏方儿[faŋ⁵⁵]→[far⁵⁵]　　　　瓜秧儿[iaŋ⁵⁵]→[iar⁵⁵]

镜框儿[kʻuaŋ⁵¹]→[kʻuar⁵¹]　　板凳儿[təŋ⁵¹]→[tər⁵¹]

胡同儿[tʻuŋ⁰]→[tʻur⁰]　　　　小熊儿[ɕyŋ³⁵]→[ɕyr³⁵]

四 语气词"啊"的变读

语气词"啊"放在句尾，在连读时受前一音节末尾音素的影响，经常发生异化、增音的现象。根据前面音节的不同，"啊"可变读为 ya、wa、na、ra、nga 等。其变读规律如下。

（1）前一音节的末尾音素是 a、o（ao、iao 除外）、e、ê、i、ü 时，"啊"读 ya，有时写作"呀"。

广场真大呀！（dà ya） 你赶紧说呀！（shuō ya）
天气好热呀！（rè ya） 你得好好儿学呀！（xué ya）
这儿的景色真美呀！（měi ya） 好大的一场雨呀！（yǔ ya）

（2）前一音节末尾音素是u（含ao、iao）时，"啊"读wa，有时写成"哇"。
好酷哇！（kù wa） 别急着跑哇！（pǎo wa）
她的手真巧哇！（qiǎo wa） 真愁哇！（chóu wa）

（3）前一音节末尾音素是n时，"啊"读na，有时写成"哪"。
我好羡慕他们哪！（men na） 你可真会算哪！（suàn na）
就该这么办哪！（bàn na）

（4）前一音节末尾音素是ng时，"啊"读nga，仍写成"啊"。
大伙儿快来帮忙啊！（máng nga） 真是洪水无情人有情啊！（qíng nga）
瞧他做得多棒啊！（bàng nga）

（5）前一音节末尾音素是-i[ɿ]时，"啊"读[za]，仍写作"啊"。
你得练练字啊！（zì za） 人生能有多少个第一次啊！（cì za）
真是写得一手好字啊！（zì za）

（6）前一音节末尾音素是-i[ʅ]时，"啊"读ra，仍写作"啊"。
你倒是快吃啊！（chī ra） 怎么撒了一地纸啊？（zhǐ ra）
哪儿来那么多事啊！（shì ra）

掌握语气词"啊"的变读规律，有助于提高口语表达和朗读的质量，做到顺畅协调，语气自然，也有助于写作中正确运用"啊、呀、哇、哪"等字。

思考练习

1. 指出下列上声字的声调变化情况。
   管理者　领导　选举　你好　　补丁　手腕（儿）　好产品　苦涩
   忍者　　采花　本来　两口（儿）揣测　潜水　　　首长好　火爆
   脸颊　　好人　好久　比较　　　绑定　绑好　　　耳朵　　我们
   老好人　手掌　检查　两把　　　指明　努力

2. 朗读下列词语，注意"一"和"不"的变调。
   一心一意　一窍不通　不屈不挠　不骄不躁　考一考　搬一搬　会不会　能不能
   说不定　拉不了　考不上　看一看　一筐　一组　一半　唯一　万一　一切
   不但　不料

3. 朗读下列有轻声的词。
   薄荷　庄家　庄稼　粮食　高粱　芝麻　萝卜　亲家　叔伯　兄弟　弟兄　先生
   丈夫　年头　念头　爱人　黄瓜　蘑菇　豆腐　石榴　核桃　能耐　知识　见识

用处　好处　事情　故事　脾气　记性　忘性　交情　亲戚　朋友　作坊　架势
态度　合同　队伍　动静　部分　意思　意识　应酬　运气　门道

4. 朗读下列词语，注意"啊"的音变。
多高啊　怎么老不动啊　是不是啊　快干啊
说你啊　是我啊　快唱啊　写字啊　没事啊

5. 数一数下面两句话中各有多少个轻声音节。
(1) 弟弟跑来跟我说，有时候我们的面子其实没那么重要。
(2) 一定要记得每天用扫帚扫这里，因为这棵石榴树下的蘑菇是稀罕物。

第七节　语音节律与朗读

> 🔍 **学习重点**：了解普通话节律，掌握朗读技巧
> 🔍 **学习难点**：应用朗读技巧提升表达效果。

语音节律是语句的节奏和韵律，是音节在语流中排列组合所体现出的一种均衡与和谐之美。说话或朗读文章，语句中轻重、升降、停顿的交替出现，可以使整个句子、整篇文章听起来抑扬顿挫、富有变化，增强语言的节奏感。

一　轻　重

说话或朗读需要轻重协调，配合成调，才能避免言语呆板、单调，使言语富有情感和变化。轻重主要是由发音的强弱造成的。重音是指语句中读得比较重的字音，是增加力度而发出来的音，轻音是指语句中读得比较轻的字音。在语音四要素中，除音强对轻重起作用外，音长和音高也有一定的作用。重音一般包括词重音和语句重音两种。

▶ (一) 词重音

词重音是指多音节词中字音轻重的模式。普通话有以下几种常见的轻重模式。
(1) 重轻式：指含有轻声音节的双音词，总是前字读重音，后字读轻声。
孩子　回来　葡萄　甜头　忌讳　嘴巴
(2) 中重式：不包含轻声的双音节词。
祖国　年轻　改善　有限　华侨　青山
(3) 中轻重式：后一音节不读轻声的三音节词或短语。
打字机　动物园　走不动　扛得起　豆腐皮　买卖人

(4) 中重轻式：后一音节读轻声的三音节词或短语。

糖葫芦　毛玻璃　小伙子　大舌头　老豆腐　大兄弟

(二) 语句重音

语句重音指说话或朗读中把一句话里的某些词语读得比较重。其中，由语法结构决定的语句重音叫作语法重音；根据表达的需要，为表示某种特殊思想和感情而把句子某些词语重读的，叫作逻辑重音。逻辑重音往往是句子表达的重心所在。

1. 语法重音

语法重音又叫结构重音，在句子中，某些成分一般情况下总是要重读的。

(1) 短句中的谓语读重音。

雨停了，太阳出来了。

我有我的一套……

今天是个晴天。

(2) 宾语读重音。

赛场就是战场。

关注未来，救助孩子。

好消息传遍了三秦大地。

(3) 句子的定语、状语、补语常读重音。

人类的希望就在于不断地创新。(定语、状语)

我马上就到。(状语)

群众把他抬举得很高很高。(补语)

(4) 某些指示代词和疑问代词读重音。

谁来了？

我们什么困难都不怕！

这么痛快！

2. 逻辑重音

逻辑重音也叫强调重音，是为了表达某种特殊意义或感情，将句子中某个词语突出强调的重音。逻辑重音读得比语法重音要强。

逻辑重音没有固定的位置，而是根据说话的特定环境、意图、思想感情来确定的。同样一句话，由于逻辑重音位置不同，所强调的重点不同，实际表达的意思也就不同。

他母亲是干什么的？——他母亲是医生。

他家里什么人是医生？——他母亲是医生。

谁的母亲是医生？——他母亲是医生。

再如，鲁迅《药》中描写刽子手康大叔手部动作的几个单音动词应该读逻辑重音。

……老栓还踌躇着，黑的人便抢过灯笼，一把扯下纸罩，裹了馒头，塞与老栓，一手抓过洋钱，捏一捏，转身去了。

语法重音和逻辑重音并不是对立的。语法重音是在一般情况下重读某些语法成分；逻辑重音是在特定的语言环境中重读某些强调的词语。语法重音是常态，逻辑重音是非常态。二者都是为了使语意鲜明，使听话人迅速准确地把握语句所传递的信息。

二 升　降

升降是指整个语句的音高变化，也叫句调。句子的升降是贯串全句的，但在句末的词（句尾最后一个非轻声音节）上表现得最为明显。句子的升降大致可分为升调、降调、平调、曲调四种。

▶▶ （一）升调

前低后高，句子语势逐渐上升，句末明显上扬。其中，表达喜悦、兴奋、惊异、号召、鼓动等感情时，升调比较夸张，句尾上升明显；表达疑问时，句调上扬但不夸张，在句中暂停的地方只是略微上升。

努力建设和谐社会！（号召）

全村的收入五年翻了两番！（喜悦、兴奋）

在混沌的灯光里，渗入一派清辉，却真是奇迹！（惊异）

但是，聪明的，你告诉我，我们的日子为什么一去不复返呢？（疑问）

等我睁开眼和太阳再见，这算又溜走了一日。（句中停顿）

▶▶ （二）降调

先平后降，句子语势逐渐下降，句末明显下抑。用来表达感叹、命令、请求时，由较高的调子下降；用来表达自信、沉重、劝阻、允许等时，由中度的调子下降，常用于祈使句中。

焦裕禄是真正的人民公仆！（感叹）

别光站着，聊聊家常吧！（命令）

我们一定能成功！（自信）

▶▶ （三）平调

句子语势平稳舒缓，全句没有明显的高低升降变化，句末音节和句子基调基本持平。常用来表示严肃、庄重、冷淡、思考、迟疑或说明、叙述等。

他活着为了多数人更好地活着的人，群众把他抬举得很高，很高。（严肃、庄重）

这种事情我想——还是……（思考、迟疑）

外婆家的院子里有两棵枣树。（叙述）

▶▶ （四）曲调

由高到低，或由低到高，使全句有上升和下降的曲折变化。常用来表达含蓄、幽默、讽刺、怀疑、恼怒等特殊情感。

他……他能行？（怀疑）

谁不知道你又聪明，又能干！（讽刺）

你的忠实的朋友——从前是个正派人，可是现在成了伪证犯、小偷、盗尸狂、酒疯子、舞弊分子和讹诈专家的马克·吐温。（讽刺）

行了行了，你想怎么着就怎么着吧！（恼怒）

三 停 顿

停顿是词语之间或语句之间出现的间歇。说话时，为了适应不同的表达需要，说出来的句子有长有短，短句子可以一口气说完，长句子中间则需要停顿，分成几段说完。停顿的作用有两个：一是让说话人换气，掌握语句的节奏；二是让听话人思索听到的内容，更好地理解领会。说话或朗读时，停顿恰当与否，直接影响着思想内容和情感能否完整表达出来。语句中的停顿，有的是体现语法结构的，在书面上往往以标点符号的形式来表示；有的则是显示语意的，起提示、强调的作用。根据作用的不同，停顿可分为以下两种。

（一）语法停顿

语法停顿是反映语法结构关系的停顿。在书面语里，语法停顿一般以标点为主要标志，停顿时间的长短与标点大致相应，一般为：句号（问号、叹号）>分号、冒号>逗号>顿号。段落之间的停顿又比句子之间的停顿长。在下面的句子中，"|"表示较短的停顿，"||"表示稍长的停顿，"|||"表示较长的停顿。

正是因为说话跟吃饭、|走路一样的平常，||人们才不去想它究竟是怎么回事儿。|||

燕子去了，|有再来的时候；||杨柳枯了，|有再青的时候；||桃花谢了，|有再开的时候。|||

语法停顿除以标点符号为依据外，句中的主语、谓语之间，述语、宾语之间，较长的联合短语之间，以及附加成分和中心语之间，独立语前后，也都可以有语法停顿。

那晚|月儿|已瘦削了两三分。|||她|晚妆才罢，|盈盈的|上了柳梢头。|||天|是蓝得可爱，|仿佛|一汪水似的；||月儿|便更出落得|精神了。|||

立足|脚下的|土地，|展现|自我的|风采！

（二）逻辑停顿

逻辑停顿，也叫强调停顿，是指在没有标点的地方，为了强调语意、观点或表达某种感情所做的停顿，或者在有标点的地方做比常态下更长的停顿，以引起听者对前面词语的思考、体味，或引发听者对后面词语的期望和关注。

有的人活着，他|已经死了；有的人死了，他|还活着。

更妙的是，这只鹅从盘子上跳下来，背上插着刀和叉，蹒跚地在地板上走着，一直向这个穷苦的小女孩走来。||这时候，火柴灭了，||她面前只有一堵又厚又冷的墙。

上述第一个例句在画"|"的地方做停顿，通过声音的对比，鲜明有力地表达作者的强烈感情。在第二个例句中，在画"||"的地方，应当有比语法停顿更长的停顿，表现小女孩幻觉中看到烧鹅向她走来的情景和幻觉消失后的情景，表达对小女孩的无限同情。

四 快　慢

快慢就是语速，是指说话和朗读时每个音节的长短和音节之间连接的紧密程度。说话的快慢是由说话人的感情决定的，朗读的快慢与文章的思想内容相适应，同时也以听众的鉴赏需要为前提和标准，应给予听众足够、适当的时间来理解、品味。一般在情绪起伏较大时，如快乐、焦急、慌乱、愤怒时，语速快些；在情绪平静或沉重时，如沉着、镇定、从容、悲哀、失望时，语速慢一些。

快慢大致可分为快速、中速、慢速三种。表现紧张的场面，表达激动、兴奋、欢快、惊恐的心情，刻画活泼开朗、聪明机警或狡诈、鲁莽急躁的人物，表现欢呼、畅谈、争辩、质问、斥责、叫喊时，宜用快速；一般的叙述、说明、议论或交代某件事时，宜用中速；表现悲伤、痛苦的场面，表达低沉、忧伤、庄重、肃穆的感情，塑造老实憨厚、愚钝迟缓的人物，表现日常生活中的闲谈，或给某人以暗示、嘲讽时，宜用慢速。

语速快慢并无规定，需根据说话时的情景灵活处理，但切忌过快、过慢或速度均等。语速过快，听者的神经处于过度紧张的状态，来不及思考领会，且容易疲劳；语速过慢，听众的情绪过于松弛，容易产生厌倦情绪；语速均等，语调呆板，容易抑制、麻痹听众，导致听觉疲劳，甚至败坏听众的鉴赏兴致。

五 朗　读

（一）朗读及其作用

朗读是把书面语言转化为发音规范的有声语言的再创作活动。朗读可以提高人们的阅读和欣赏水平，陶冶情操。在语文课堂中，朗读可以使学生学习经过文章作者精心加工的规范语言，吸收养料，培养良好的语感，提高听、说、读、写能力，提高语文教与学的质量。此外，朗读还有助于人们克服语病，形成标准发音，进一步推广和普及普通话，达到语音规范化和标准化的目标。朗读在各科教学中都有不同程度的应用。

（二）朗读的要求

（1）深入、准确地分析、理解、体会文章主旨，并忠实于文本。朗读者需对文本进行充分有效的解析，形成强烈的共鸣，将文本的思想变成自己的思想，将文本的情感转化为自己的情感，通过富有感染力的声音，准确生动地再现作品，加深听者对作品的理解，引起共鸣，激起感情，从而达到朗读的目的。

（2）严格用普通话朗读文本，读准字音，避免方音。

（3）语流清晰、流畅。做到念词完整，不读破句，不加字、减字、改字，不出现音值模糊、嘶哑等情况，不结巴，不重复。呼吸得当，换气自然，吐字清楚，连贯畅通。

（4）行腔自然、富于美感。在文本语言的基础上，尽可能口语化，又要有适度的夸张。它不同于未经加工提炼的生活语言，也不同于话剧舞台的表演语言。要克服念字式、念经式、八股式、演戏式、固定式等矫揉造作的腔调。

(5) 正确运用朗读技巧，进行表情朗读。朗读者应综合运用停顿、重音、升降、快慢等手段，以真挚充沛的感情，将作者寄寓字里行间的情态形之于声。

(三) 朗读的技巧

在朗读中，轻重、升降、停顿、快慢是必不可少的语音手段，这些手段互相联系，互相影响，因此需要熟练掌握并灵活运用。下面从呼吸、发音、吐字、基调四个方面简要谈谈朗读的技巧。

1. 呼吸

朗读者要想使发出的声音坚实有力，音质优美，且传送较远，就应该学会自如地控制自己的呼吸。科学的方法是，以较充足的气流，采用胸腹式呼吸，即胸腔、腹腔配合着呼吸进行收缩或扩张，特别是注意横膈膜的运动，可进行缓慢均匀的呼吸训练，从中体会用腹肌控制呼吸的方法。避免使用单一的胸式呼吸，造成上气不接下气的现象。

2. 发音

朗读者要学会用柔和、动听、富有表现力的嗓音表情达意。要注意提高对嗓子的调控能力，切忌始终高声大叫。另外，还要注意调节共鸣，有意识地改变口腔或鼻腔的条件，使音色产生变化，比如，要想使声音清脆，就将舌位略微靠前；想使声音刚强洪亮，就将舌位略微靠后。

3. 吐字

吐字好坏直接关系到音节是否清晰，声音是否圆润、饱满。朗读时，要熟悉每个音节声母、韵母、声调的标准读音，克服发音含糊、吐字不清的毛病。发音时，要有一定的力度和足够的时值，保证每一个音素的口形都到位。

4. 基调

朗读的基调要平易、自然，让人听得清、听得懂。调子不可过高或过低。调子过高，易使听众过于紧张，影响对内容的正确理解；调子低沉，音量太弱，不能保证每个听众都能听清楚。所以，一般叙述语言、交代背景及时空环境、解释说明的部分，均应采用中庸、平易的调子，语速不急不慢，语调起伏较小，停顿、轻重都依照正常话语应有的样子，使听众在轻松自然的环境中接收信息。

思考练习

1. 试把下面两句话按自己的理解断开（加斜线），再与别人的理解比较，看有什么不同，并说明停顿的运用在表达上的作用。

我赞成他也赞成你怎么样？

无鸡鸭也可无鱼肉也可一盘煮豆足矣！

2. 朗读下面的句子，试着变换重音的位置，并分析所能表达出来的意思（在重读的字或词下边加点号）。

我买了一盆玫瑰花。
3. 语调和声调有什么不同？二者又有什么关系？

第八节　语音的规范化

🔍 **学习重点**：了解普通话中语音的规范化要求并指导实践。
🔍 **学习难点**：推广标准音。

语音的规范化，主要是根据语音发展的规律来确立和推广标准音。这主要包含了两方面的内容：第一，确立正音标准；第二，推广标准音。

一　确立正音标准

普通话以北京语音为标准音，这在1955年就已经明确了。然而在北京语音内部，还存在着一些分歧现象，这种分歧现象对学习和推广普通话是不利的。

北京语音的内部分歧有两种。第一种是北京土音成分，例如：

把"不言语"（不说话）读作"bù yuán yi"；

把"蝴蝶"读作"hútiěr"；

把"我们"读作"[m²¹⁴mə⁴]"。

像这样的土音，显然是不能进入普通话的。

北京话里，儿化、轻声现象特别多，把它们都算作普通话成分，要求全国人民学习是有困难的，也是没有必要的。一般说来，能区别词义和词性的那些读音，可承认它们是普通话成分，例如：

信儿（消息）与信（书信）不同；

头儿（群体的领导人）与头（脑袋）不同；

滚儿（名词）与滚（动词）不同；

兄弟（xiōngdi，弟弟）与兄弟（xiōngdì，哥哥和弟弟）不同；

地道（dìdao好，真，形容词）与地道（dìdào地下的通道，名词）不同；

大意（dàyi，形容词）与大意（dàyì，名词）不同。

有些读音虽然没有区别意义的作用，但习惯上必须读轻声、儿化，否则就不像普通话，普通话也应该对其进行吸收，例如：

哑巴　玻璃　耳朵　姐姐

小孩儿　冰棍儿　好玩儿

吸收这些儿化及带轻声的词，可使普通话更加丰富多彩。

至于不起上述作用的和在习惯上儿化、不儿化皆可的，普通话就不需要吸收了，如北京话的"地点儿、伙伴儿"，普通话就可以念"地点、伙伴"，再如"职业（轻）、措施（轻）"，第二音节就不必念轻声了。

第二种北京语音的内部分歧是北京话里的异读词，即习惯上有几种不同读音的词。例如：

波　bō　pō　　　　　扔　rēng lēng
暂时　zàn zhàn zǎn　　侵略　qīn qǐn

上述各字的第一个读音已被确定为规范的读音。但是，同一个汉字，虽然有不同的读音，却只出现在不同的词里，或者它的不同读音所表示的意义并不相同，这种同字异音是一种正常的现象，必须同上面所说的同词异音加以区别。例如：

睡觉 jiào　　觉悟 jué　　长短 cháng　　长幼 zhǎng
恶劣 è　　　厌恶 wù　　散布 sàn　　　松散 sǎn
重要 zhòng　重复 chóng　拗口 ào　　　执拗 niù

异读词中的字，有的是声母、韵母或声调之一可能不同，有的是声、韵、调都不同。举例如下：声母不同的，如"酵母"（jiào—xiào），"赏赐"（cì—sì）；韵母不同的，如"拂晓"（fú—fó），"怯懦"（qiè—què）；声调不同的，如"啥"（shá—shà），"教室"（shì—shǐ），"讨伐"（fá—fà），"拙劣"（zhuō—zhuó）；其他情况，如"炊帚"（zhǒu—zhù），"沸腾"（fèi—fú），"摄影"（shè—niè）。

以上这些异读词，已经确定前一个读音为规范的读音。

北京话里一字多音的原因很多，主要有以下几种。

▶ （一）文白异读

一些汉字在方言中有两种读音。一种是读书识字所使用的语音，称为文读，又叫读书音、文言音、字音；另一种是平时说话时所使用的语音，称为白读，又叫口语音、白话音或话音。文白异读就是读书音和口语音不同。例如"薄"字，口语音说 báo，读书音念 bó。又如：

	剥	削	疟	露
读书音（文）	bō	xuē	nüè	lù
口语音（白）	bāo	xiāo	yào	lòu

▶ （二）方音影响

有的方言词的读音为北京音所吸收，同北京话原有的读音并存，因而造成异读，例如"揩油"（kāyóu）来自吴方言，同普通话的 kāiyóu 读法并存。

▶ （三）讹读影响

有些字被人读错了，影响扩大，正误并存，形成异读，例如"商埠"中的"埠"原读 bù，但被很多人讹读为 fù。

（四）背离规律

有些词按语音发展规律应读某音，但又出现了一个不合规律的读法，两音并存。例如"帆"字是古浊声母平声字，按规律应读阳平 fán，但又出现阴平的读法 fān，造成异读。现在人们把 fān 作为"帆"的规范读音了。

中华人民共和国成立以来，国家十分重视语音规范化的工作，于1985年公布了《普通话异读词审音表》。它的初稿在1957年、1959年发表了正续两编，1962年发表了初稿第三编，1963年将三者汇辑成审音总表初稿，现在普通话异读词的读音、标音都应以1985年公布的审音表为准。

二 推广标准音

推广标准音是语言规范化工作中的另一任务，它要求我们发音符合普通话的语音规范。这对不同的人应该有不同的要求。北京人或者北京话说得比较好的人，应该尽量符合标准，每个北京人说的话并不一定都符合正音的标准，但必须努力克服土音土调的影响。教师，特别是语文教师，不论基础如何，都应该严格要求自己。至于一般方言区的人学习普通话语音，则应从实际出发，一方面，不能要求自己很快就说得很标准，另一方面，也不能满足于"差不多"，应要求自己逐渐向标准靠拢。

《普通话水平测试等级标准（试行）》把普通话水平划为三个级别（一级可称为标准的普通话，二级可称为比较标准的普通话，三级可称为一般水平的普通话），每个级别内划分甲、乙两个等次。

（一）一级

甲等朗读和自由交谈时，语音标准，词语、语法正确无误，语调自然，表达流畅。测试总失分率在3%以内。

乙等朗读和自由交谈时，语音标准，词语、语法正确无误，语调自然，表达流畅。偶然有字音、字调失误。测试总失分率在8%以内。

（二）二级

甲等朗读和自由交谈时，声韵调发音基本标准，语调自然，表达流畅。少数难点音（平翘舌音、前后鼻尾音、边鼻音等）有时出现失误。词语、语法极少有误。测试总失分率在13%以内。

乙等朗读和自由交谈时，个别调值不准，声韵母发音有不到位现象。难点音（平翘舌音、前后鼻尾音、边鼻音、fu hu、z zh j、送气不送气、i 不分、保留浊塞音和浊塞擦音、丢介音、复韵母单音化等）失误较多。方言语调不明显。有使用方言词、方言语法的情况。测试总失分率在20%以内。

(三) 三级

甲等朗读和自由交谈时，声韵母发音失误较多，难点音失误超出常见范围，声调调值多不准。方言语调较明显。词语、语法有失误。测试总失分率在30%以内。

乙等朗读和自由交谈时，声韵调发音失误多，方音特征突出。方言语调明显。词语、语法失误较多。外地人听其谈话有听不懂的情况。测试总失分率在40%以内。

思考练习

1. 什么是异读词？下面各词语中加着重号的字，哪些是属于异读范围的，哪些不是，为什么？对于不规范的注音，请改正。

校对（jiàoduì）——学校（xuéxiào）　　发酵（fāxiào）——酵母（jiàomǔ）

麦芒（màiwáng）——光芒（guāngmáng）　　五更（wujīng）——更换（gēnghuàn）

挑水（tiāoshuǐ）——挑战（tiǎozhàn）　　安宁（ānníng）——宁可（nìngkě）

理发（lǐfà）——奋发（fènfā）

2. 下列这些词读轻声或不读轻声，读儿化或不读儿化都没有区别词义的作用，但北京语音却都要读成轻声或儿化。你认为这类词怎样读才是规范的读音？

衣裳　　庄稼　　委屈　　泥巴

冰棍儿　　玩意儿　　遛弯儿　　农活儿　　黑枣儿　　水彩画儿

第九节　语音知识在小学语文教学中的运用

> **学习重点**：熟悉语音知识在小学语文教学中的运用。
> **学习难点**：在拼音教学中综合运用各种趣味教学法。

《义务教育语文课程标准》（2022年版，以下简称《课程标准》）明确规定，在小学阶段对于汉语拼音部分的要求是，学会汉语拼音，能读准声母、韵母、声调和整体认读音节，能准确地拼读音节，正确书写声母、韵母和音节，认识大写字母，熟记《汉语拼音字母表》。除此之外，还应能借助汉语拼音认读汉字，用音序检字法查字典。同时，汉语拼音教学要尽可能地有趣味性，宜以活动和游戏为主，与学说普通话、识字教学相结合。在汉语拼音能力评价方面，重在考查学生认读和拼读的能力，以及借助汉语拼音认读汉字、纠正地方音的情况。语音知识在小学语文教学中的运用主要体现为：识字、写字教学中的汉语拼音教学；阅读教学中指导学生朗读；口语交际中指导学生用普通话交谈。

一 把握小学汉语拼音教学的目标要求

汉语拼音是学生学习生涯的起点，作为认读汉字和学习普通话的工具，汉语拼音教学立足于用，起着"拐杖"的作用。

《课程标准》明确规定了小学阶段汉语拼音教学的总目标是学会汉语拼音、能说普通话。具体目标是：学会汉语拼音，能读准声母、韵母、声调和整体认读音节，能准确地拼读音节，正确书写声母、韵母和音节。认读大写字母，熟记《汉语拼音字母表》；能借助汉语拼音认读汉字，能用音序检字法查字典。这个目标与《九年义务教育全日制小学语文教学大纲（试用修订版）》相比，要求降低了，内容减少了。具体体现在：声母、韵母、音节只要求正确书写，不要求默写；只要求能准确地拼读音节，不要求达到直呼音节的水平；要求熟记《汉语拼音字母表》，不要求背诵《汉语拼音字母表》。

《课程标准》没有像以往那样，把汉语拼音作为一个独立的模块提出其教学目标，而是在总目标中将其融在"识字与写字"教学这一模块提出，充分体现了汉语拼音教学的基本意义：汉语拼音只是识字和学习普通话的工具。汉语拼音教学目标的调整，有利于改变拼音教学内容过多、教学时间过长、学生感到单调困难的状况，这对刚入学的小学生来说，可以消除其厌学情绪。

二 正确理解小学汉语拼音教材的特点

▶▶ （一）小学汉语拼音教学内容

1. 学会23个声母、24个韵母、16个整体认读音节

（1）声母（23个）。

b p m f d t n l g k h j q x zh ch sh r z c s y w

（2）韵母（24个）。

①单韵母（6个）。

a o e i u ü

②复韵母（9个）。

ai ei ui ao ou iu ie üe er

③鼻韵母（9个）。

an en in un ün ang eng ing ong

（3）整体认读音节（16个）。

zhi chi shi ri zi ci si yi wu yu ye yue yin yun yuan ying

2. 学会读四声

学生学习声调，包括以下内容。

（1）懂得每个音节都带有声调。

（2）掌握四声的读法。

（3）会书写四声。

（4）懂得声调符号都要标在韵母主要元音上。

（5）知道轻声音节不标调，会读轻声音节。

3. 准确拼读音节

学会拼音方法，能准确拼读音节，要求学会两拼法和三拼法。

此外，还要会正确书写声母、韵母、音节；认识26个大写字母，熟记《汉语拼音字母表》；认识隔音符号；能借助汉语拼音读准字音，学会用汉语拼音帮助识字、正音、学习普通话；学会用音序检字法查字典。

（二）小学拼音教材的变通处理

小学拼音教材是按照《汉语拼音方案》编写的，教材根据小学生的认知特点，对《汉语拼音方案》的内容进行了变通处理，具体表现在以下方面。

1. 把隔音符号y、w当声母教

隔音符号y、w，加上《汉语拼音方案》固有的21个声母，于是小学生头脑中就有了汉语拼音共有23个声母的概念。y、w作为声母教学，在教学韵母时，只要教会a、o、ai、ao、an、ang、eng、ong，就可以用y或w拼出ia、iao、ua、uo、uai和ian、iang、iong、uan、uang、ueng这11个韵母的读音。因此，小学拼音教材不再单独教这11个韵母，从而减少了教学内容，提高了拼音教学的效率。

2. 声母、韵母拼成音节

小学拼音除采用两拼法之外，还采用了三拼法。声母与没有韵头的韵母相拼时，可采用两拼法，如d和i拼成di即可；声母与有韵头的韵母相拼时，就采用三拼法，如x和iao拼成xiao，小学拼音教学里，把韵母拆为韵头i和韵身ao两部分，然后声母x与韵头i与韵身ao连读，拼成音节xiao。

采用三拼法可以省略教授所有含韵头i、u、ü的韵母，这样就可以减轻小学生的学习负担。普通话复韵母、鼻韵母共29个，其中17个含有韵头，它们是ia、ie、ua、uo、üe、iao、iou、uai、uei、ian、uan、üan、uen、iang、uang、ueng、iong。这些韵母本可以全部省略教授，但考虑到其他因素，实际省略教授12个，其中的ie、üe、iou、uei、uen没有省略教授。

在声韵拼合中采用三拼法有利有弊，它固然可以减轻学生的学习负担，但采用三拼法拼出的音节有时不够准确，或由于小学生年龄小难以顺利地三拼成一个音。道理很简单，有韵头的韵母并不是韵头和韵身简单相加，比如ian的发音不等于i+an，ian中的a和an中的a发音有区别，前者是[ɛ]，后者是[a]。应该说，x+ian与x+i+an拼出的音节，其听上去性质是有差异的，教学时必须进行有效指导，消除差异，以保证三拼法拼出的音节质量等同于用两拼法拼出的音节质量。

采用三拼法不能省略教授ie、üe、iou、uei、uen这几个复韵母、鼻韵母。ie、üe中的e实际表示ê，教了ie、üe、ê就可以省略教授；iou、uei、uen教的是省写形式iu、ui、un。《汉语拼音方案》规定iou、uei、uen这三个韵母，前面有声母时一律省写韵腹，教了省写形式iu、ui、un，其原形前拼声母时的省写问题就不需要再强调了。

3. 整体认读音节

《汉语拼音方案》没有整体认读音节，但小学拼音教材中有16个整体认读音节。整体认读音节是独立的音节，它的内部构造不是拼合关系，所以认读时就不需要拼音。整体认读有四个好处。一是单韵母-i（后）和-i（前）发音比较困难，既难教又难学，小学生不易掌握。小学拼音教材把它们和声母放在一起，组成7个整体认读音节，即zhi、chi、shi、ri、zi、ci、si，这样就可以避开-i（后）、-i（前）的单独教学。二是ye音节中的e是ê，因为ê不单独教学，整体认读后既可以回避这一矛盾，又便于小学生学习。三是yi、yin、ying、wu、yu、yue、yun、yuan这8个音节不便于用声韵相拼的方法拼读，整体认读后，不但排除了拼音的困难，还可以少教一个鼻韵母üan。四是可以省教《汉语拼音方案》中加y、w或改y、w的规则。

4. 部编版小学语文教材把er作为复韵母教学

在普通话语音系统中，er是用两个字母代表一个音素的单韵母。因er外形与复韵母相近，小学生容易混淆，故把er列入了复韵母进行教学。

5. 不单独教学字母名称音和隔音符号

小学拼音教材还有一点与《汉语拼音方案》不同，即不单独教学字母名称音和隔音符号。

综上所述，小学拼音教材与《汉语拼音方案》之间有十分密切的关系，但是它们又有不同。小学拼音教材从小学一年级学生的实际情况出发，采用变通的方法，尽量减少拼音教学内容，把y、w作为声母教学，规定16个整体认读音节，省略教授15个韵母和儿童难以理解的各种拼音规则，不教字母表和隔音符号，尽量将汉语拼音教学化繁为简、化难为易，这有利于加快小学生学习汉语拼音的速度。

三 拼音教学中的趣味教学法

《课程标准》指出，汉语拼音教学要尽可能地有趣味性，宜以活动和游戏为主，与学说普通话、识字教学相结合。小学生天性活泼，追求新奇有趣，最忌讳枯燥单调的教学方法和教学内容，因此，在汉语拼音教学中，必须选用富有变化、趣味性强的教学方法，在轻松的氛围中完成拼音教学。

（一）编顺口溜

为了便于学生记住拼音的音和形，在教学时，可以给每个字母编上顺口溜。例如，在讲解汉语拼音的四个声调时，可编顺口溜："一声平，二声扬，三声拐弯，四声降。"这样既可以提高学生学习汉语拼音的兴趣，也可以培养学生的语言能力。

（二）故事教学

低年级的学生喜欢听故事，所以在教学过程中，将教学内容与故事联系起来或将教学内容变成简短的小故事也很有必要。例如，教师在讲解 i、u、ü 时，可以将三个单韵母编成简短的小故事："i"就是一只蚂蚁，上面的点是蚂蚁黑黑的脑袋，下面的一竖是蚂蚁长长的身子；"u"是乌龟背壳的花纹，出来的那一小竖是乌龟小小的尾巴；"ü"是一只小金鱼，上面两点是金鱼的小眼睛，下面是金鱼的小身子，它也有一条小尾巴。这种方法把书写时需要注意的内容融入故事，便于引起学生的注意。

（三）穿插游戏

针对小学生爱动的特点，在汉语拼音教学中，可以创造设计很多游戏。例如，在讲解声母和韵母的拼读时，可以设计这样的游戏。首先，将一个小学生命名为 l，让其跑上讲台和大家说："小朋友们，我是 l。"然后，将另一个小朋友命名为 a，再让其跑上讲台说："小朋友们，我是 a。"这时，教师可以问其他小朋友："l 和 a 可以做好朋友吗？如果可以，请你们把他们拼出来吧！"其他小朋友便会很容易地拼出"la"这个音节。

（四）开展表演

为了提高学生学习汉语拼音的兴趣，在教学时，也可以开展表演。例如，为了让学生记住声母表和韵母表，可以做"汉语拼音健美操"，如"点点头，扭扭腰，我们来做汉语拼音健美操。拍拍手，跺跺脚，我们来背声母表，b、p、m……扭扭脖子，伸伸腰，我们来背韵母表，a、o、e……"这样可以帮助学生将字母化难为易，让学生在表演中轻松学习。

四 注重朗读指导，加强朗读训练

朗读教学是小学语文教学的重要组成部分，是学习语文行之有效的方法。学生在朗读中领会内容、体验感情、陶冶情操；朗读能起到以读代讲、以读促思的特殊功效；还能使学生在反复朗读中训练语感、规范语言。在小学阅读教学中，《课程标准》特别强调要加强朗读训练，而且要贯穿于各学段的目标之中。

（一）朗读的目标

《课程标准》对于各学段朗读的目标是这样表述的：

第一学段（一、二年级），学习用普通话正确、流利、有感情地朗读课文；

第二学段（三、四年级），用普通话正确、流利、有感情地朗读课文；

第三学段（五、六年级），熟练地用普通话正确、流利、有感情地朗读课文。

《课程标准》在具体的教学建议中指出："各学段关于朗读的目标中都要求'有感情地朗读'，这是指要让学生在朗读中通过品味语言，体会作者及作品中的情感态度，学习用恰当的语气语调朗读，表现自己对作者及其作品情感态度的理解。朗读要提倡自然，要摒弃矫情做作的腔调。"

(二) 朗读的要求

在分析了《课程标准》提出的各学段朗读目标及教学建议后,我们在运用朗读知识指导学生进行朗读训练时,对朗读的要求应当明确以下两个问题。

1. 朗读的要求包括三个层次

(1) 正确地读。用普通话标准音,发音清楚响亮,忠实于作品的语言原貌,不丢字,不添字,不改字。

(2) 流利地读。在正确的基础上,要读得连贯自然,不重复,不结巴,不读破词句,做到语言流畅。

(3) 有感情地读。在读得正确、流利、停连恰当的基础上,处理好声音的快慢、轻重以及高低的变化,准确表达文章真挚自然的情感,摒弃装腔作势、矫揉造作的腔调。

2. 不同学段的朗读要求不同

《课程标准》中关于各学段朗读目标及教学建议的三段表述乍看几乎一样,其实它们是有差别的。低年级要求"学习用普通话正确、流利、有感情地朗读课文",中年级要求"用普通话正确、流利、有感情地朗读课文",高年级要求"熟练地用普通话正确、流利、有感情地朗读课文"。正是这看似细微的差别,既明确了朗读教学所指向的是最终使学生形成一种朗读的能力,也就是拿到一篇课文后,能用普通话独立地按照"正确、流利、有感情"的要求朗读出来,同时又提示了不同的年级在朗读要求上的不同。教学时应注意在不同的学段,对小学生的朗读指导有所侧重,循序渐进。第一学段是"学习用",强调以教师教为主,要逐步教给学生自然段、逗号、句号不同的停连处理,教给学生课文中对话的提示语的作用,让学生联系自己的生活经历想一想感叹句、问句应该用什么样的语气读等。第二学段是"用",强调的是学生要开展使用普通话进行朗读实践的过程,并要求形成用普通话朗读的习惯,教师应处于帮助、指点的位置。第三学段是"熟练地用",强调学生已经有了一定的朗读能力,逐步摆脱对教师的依赖,自己能用普通话正确、流利、有感情地朗读课文了,教师的引领和指点应更加精准。

指导小学生进行朗读,要讲求指导策略。譬如,在学生每次朗读前,教师要把要求提得明确、恰当,使学生对朗读的内容产生浓厚的兴趣;在学生质疑的基础上,结合自己的教学设计,引导学生形成有价值的朗读理解;在学生朗读的过程中,通过点拨、示范、讲解等进行指导,引领学生入境入情、逐渐深入地放声朗读,培养语感。这样的指导训练能促进学生做到有理解地读,有体验地读,传情达意地读,形成良好的语言习惯。

五 小学语文教学必须重视普通话语音的规范化

(一) 正确理解和处理小学语文教材中的音变现象

1. 正确理解和处理轻声现象

一、二年级的课文全部采取汉字和拼音对照的全注音形式,轻声音节都按实际读法注音,如"衣服""狐狸""秋姑娘"的注音分别"yī fú""hú li""qiū gū niáng",朗读时读轻声。对于排在田字格里的生字,要按原调进行字音教学,并按原调组词。从第五册开始,有了用括号给生字注音的课文,括号里的注音标的是生字的原调。对于这类生字,朗读时要按实际读音来读。

2. 正确理解和处理儿化现象

一、二年级的全注音课文,儿化音节的"儿"都不是按实际读音注音,如"一会儿""小鱼儿"的注音形式分别是"yí huìr ér""xiǎo yú ér"。这是因为小学生没有学过按词连写的规则,没有学过儿化音节的拼写形式,因此只好这样注音。朗读时要按儿化音节来读。

3. 读准小学语文教材中的儿化音节要注意的几种情况

(1) 音节后面带有"儿"字,一般要按儿化韵来读,如"快点儿""真带劲儿"。

(2) 有些音节后面没有"儿"字,但具有区分词性、词义的作用,或是表达了细小轻微等意义,应该读出儿化韵,如"小男孩""巴掌大的一块"。

(3) 有些音节后面没有"儿"字,又不具有词汇、语法上的区分意义,既可以读出儿化韵,也可以不读,如"解闷""几个钟头"。

(4) 有些音节后面带有"儿"字,但不是儿化韵,而是轻声词尾,要按轻声音节来读,如叶圣陶的儿童诗《小小的船》中的"小小的船儿"。

▶▶ (二) 在口语教学中奠定标准规范的普通话基础

小学口语交际教学以学讲普通话、用好普通话为前提,要求用标准、流利的普通话来进行人际沟通和社会交往,因此奠定标准规范的普通话基础是首要问题,在此基础上培养人际交往的文明态度和语言修养,真正达到培养人格素养的目的。

▶▶ (三) 小学语文教师应当成为使用普通话标准音的榜样

小学语文课的主体内容是言语教育,以培养学生运用祖国语言文字的基本能力为目标。

小学生运用母语听、说、读、写的四种能力无一不与普通话密切相关。普通话既是小学语文教学必须使用的教学语言,又是课程始终涉及的教学内容。教师的普通话表达能力不仅影响教学效果,而且影响学生运用语言的规范程度,甚至影响国家通用语言文字的推广和规范化,因此,使用规范的国家通用语言是小学语文教师必须具备的职业素养。小学语文教师一定要学好普通话,以期产生语言的示范效应,让自己成为学生学习使用普通话标准音的榜样。

■ 思考练习

1. 请列表比较普通话语音系统与小学汉语拼音教材在声母、韵母上的异同。
2. 在小学汉语拼音教学中,为什么要教整体认读音节?
3. 去小学听低年级语文课,学习体会小学语文教师进行拼音教学的方法。

第三章

汉 字

本章导读

本章主要讲述汉字的性质和作用，汉字的形体和构造，汉字的结构与书写，汉字的规范化，以及汉字知识在小学语文教学中的运用，使学生正确地认识和使用汉字。

第一节 汉字概说

> 学习重点：了解汉字的特点，理解汉字的作用。
> 学习难点：了解汉字的特点。

一 文　字

　　文字是记录语言的书写符号系统，是最重要的辅助性交际工具。人类有了文字，就突破了语言在时间和空间上的限制，扩大了语言的交际功能。现代虽然有记录语言的录音机，有传播语言的通信广播设备等，但文字仍然具有最重要、最简便、使用范围最广泛的特点。人类社会用文字记载，历史、知识、技术和经验才得以系统地流传下来，并传播开来，促进了社会的发展。文字产生了书面语言。有了书面语言，人类就可以更好地对语言进行加工，所以，文字促进了语言的发展，使语言更加严密和丰富。

二 汉　字

　　汉字是记录汉语的书写符号系统。汉字是世界上起源很早的文字之一。殷商的甲骨文，距现在已有3000多年的历史了，从形体和造字法来看，甲骨文已经是相当成熟的文字。由此可以推测，汉字产生的时间应该还要更早。距今6000多年的半坡遗址出土的彩陶上有一些重复出现的有规则的简单刻画符号。属于同一时期的其他古代文化遗址的出土文物上也有类似的符号。这些符号同流传下来的古代汉字有某些相同之处，具备简单文字的特征，很可能是古汉字的前身。

　　关于汉字的起源，中国古代文献上有种种说法，如"结绳""八卦""图画""书契"等，古书上还普遍记载了黄帝史官仓颉造字的传说。汉字是仓颉一个人创造出来的说法，已经把汉字神秘化了，这显然是不正确的。实际上，文字是为了满足日益复杂的交际的需要，在原始的画画记事的基础上，人们共同创造出来的。文字一般起源于图画。鲁迅先生说："文字在人民间萌芽……在社会里，仓颉也不止一个，有的在刀柄上刻一点图，有的在门户上画一些画，心心相印，口口相传，文字就多起来，史官一采集，便可以敷衍记事了。"① 这种说法是可信的。萌芽时期的原始文字可能是分散的、不成系统的。经过整理，图形或符号同语言中的词完全固定下来，并能够代表语言用来记事，这样文字就逐步成熟了。成系统的文字工具不可能完全由一个人创造出来，如果确实有仓颉这个人，那他应该是文字整理者或颁布者。

---

① 见鲁迅《门外文谈》。

三 汉字的特点

(一) 汉字属于表意体系的文字

人类造字记录语言，可以只从语义入手，也可以只从语音入手。从记录语义入手，用符号（字形）直接表示语义，造出义符，以义符带音，即间接表音，这种用义符直接表示语义的文字，叫义符文字，即表意文字，如汉字和埃及古文字。从记录语音入手，用符号直接表示语音（音素或音节），造出音符，凭音符得义，即间接表示语义，这种用音符直接表示语音的文字叫音符文字，即表音文字。其中，由音符直接表示音素的称音素文字，如英文；由音符直接表示音节的称音节文字，如日文假名。汉语形声字的形旁是义符，声旁是音符，形声字也能从某种程度上表示字的义和音，因此有人据此说汉字是意音文字。应该说，形声字的形旁和声旁合起来整个表示语素之义。其形旁只表示语素之义类，是类义符，声旁表语素之音类，是类音符，要一音一符，才是真音符。声旁本身来自义符，假借义符表音类，又不是专门表某音，有的声旁还可兼作形旁。所以，汉字的形声字的音符不同于表音文字的字母，汉字不是意音文字，是属于表意体系的文字。

一个汉字的读音是一个音节，但汉字不是音节文字。汉语一个音节不是只用一个汉字记录的，汉语音节有400多个，却用几万个字表示。表音文字中的音节文字，例如日文的假名，一般是一个音节用一个假名表示，读书人见到生字并不难读出音来，听到生字的音也不难写出字来。汉字不是音节文字，汉族读书人见到生字，往往要查字典；听到汉字的读音，也常常难以写出字形来，例如听到姓zhāng，不知是写"张"还是写"章"。

汉字的象形、指事、会意等造字法可以证明汉字是从意义入手创造出来的，所以有人说汉字是语素文字。从甲骨文到楷书，一脉相承，字体改变了，但文字性质并没有改变。

(二) 汉字是形体复杂的方块结构

汉字不像拼音文字那样呈线形排列，而且线条有长有短。无论笔画多的汉字还是笔画少的汉字，所有笔画都写在同样大的方块中。这些笔画在一个又一个方块内纵横交错地组成形体各异的字形，结构自然很复杂，笔画多的汉字，有的有二三十个笔画，必然难记。那些形体和读音相近的字容易写错读错，这是汉字比较难读、难写、难记、难排检的原因之一。不过，汉字复杂繁多也带来了表音文字做不到的优点，主要是辨义力强，下文即将进行说明。另外，词形较简单的汉语写下来更节省篇幅。在联合国档案室里，同样内容的文本，汉字文本比表音文字的文本都薄一些，这同汉字复杂多样的形体都放在方块结构里不无关系。

(三) 汉字分化同音词能力强

汉语同音词比较多。如果使用表音文字，同音就同形，容易产生歧义，人们理解的速度就慢了。汉字能使用几千年，并且不为易读、易写、易排检的表音文字所代替，能分化同音词、辨义能力强是主要原因。

(四)汉字具有一定的超时空性

我国历史悠久,幅员辽阔,方言复杂,汉字同语音无直接的、固定的联系,这一特点使有一定文化基础的人能够阅读一两千年前用汉字写的诗文,使广大方言地区的人用书面交际成为可能。它能表示古今方言不同的音,能为古今不同方言的人所使用。这说明汉字适应记录汉语的需要,在客观上为维护民族团结和国家统一、保存和传播历代优秀文化都做出了巨大的贡献。

四 汉字的作用

一个国家、民族的文字表达承载着一个国家、民族的文化,汉字因国家、民族文化的发展而传承,国家、民族文化也因汉字的传承而延续、发展。中华民族创造的光辉灿烂的古代文化,如哲学、政治、经济、军事、科技、历史、文学、艺术等方面的重大成果,都靠汉字记载下来,传播到四面八方,流传到现在,成为中华民族和全世界人民共同的宝贵财富。

现在,汉字是国家法定的通用文字。我国各少数民族为了参与国家大事,同汉族人民相互学习、交流经验,也在学习和运用汉字,汉字在增进民族团结、维护国家统一方面发挥着非同寻常的作用。

汉字是古典文字中唯一流传并使用至今的文字,它与中华大地上的各民族文字交融影响,并传播至日本、朝鲜、越南等国家和地区,形成了包含30多种文字的汉字文化圈。至今,日本还在使用部分汉字。新加坡、马来西亚先后发布实施同我国完全一致的《简化字总表》,把汉字作为他们国家运用的正式文字之一。因此,汉字对保存这些国家的文化遗产,对促进我国同这些国家的交往与文化交流,也发挥着重要的作用。

思考练习

1. 简述汉字的特点。
2. 结合实例,谈谈汉字的作用。

第二节 汉字的形体

学习重点:了解汉字形体的演变。
学习难点:能够归纳汉字形体演变的规律。

一 汉字字体的演变

汉字的形体简称"字体",字体是指同一种文字的各种不同体式,既包括历时的不同体式,也包括共时的不同体式。汉字从甲骨文开始,发展至今已有3000多年,形体不断简化,伴随着历史的演进先后经历了甲骨文、金文、大篆、小篆、隶书、楷书、草书和行书的字形变化,成为我们今天使用的文字。

(一)甲骨文

甲骨文是我国目前所能见到的最早的、成批的、成体系的、较为成熟的汉字,它是3000多年前殷商时代通行的文字(出土的甲骨文中,也有极少量是西周早期的)。这种文字因为是刻在龟甲和兽骨上,所以叫甲骨文。甲骨文随殷商朝代的消亡而掩埋在废墟中,于1899年在河南安阳附近的小屯村商朝都城遗址的废墟中被发现,所以甲骨文又叫殷墟文字。目前已经发掘出的龟甲兽骨多达10万多片,已发现的汉字总数达5000多个,其中已经考释出意义的汉字约有1700多个,尚未认识的字多是人名、地名、族名等专名。

甲骨文的主要特点是字形由细瘦的线条构成,多直笔,拐弯处多是方笔,棱角分明,外形参差不齐,字的大小也不统一,这是因为甲骨文一般是用刀刻的,而且龟甲和兽骨质地坚硬(见图3-1),所以甲骨文又称殷契、契文,"契"就是用刀雕刻的意思。

甲骨文是古老的汉字,不含有表音成分的字占绝大多数,图画特征比较明显,而且文字尚未经过统一,结构尚不定型,许多字可以正写、反写,笔画繁简不一,偏旁不固定,且可有可无,异体字较多。

图 3-1 甲骨文

尽管如此,甲骨文已经是相当发达的文字了,可以用来记录较为复杂的内容,有些字已经含有表音成分,有了假借字。

从记录的内容来看,甲骨文主要是商代王室占卜的记录,刻在龟甲和兽骨上的文字就是卜辞。

(二)金文

古人把青铜称作"金",所以把浇铸或刻在青铜器上的文字称作"金文"。青铜器以钟鼎为多,所以,金文又称钟鼎文,其文辞被称作铭文。在青铜器上铸字,商代晚期即有,但不普遍,我们在本书中所说的"金文"主要指西周时代青铜器上的文字,后代于青铜器上浇铸的文字多是对西周金文的模仿。

金文和甲骨文的文字体系一脉相承,但也有差异,由于金文是浇铸而成的,所以笔画肥大厚实、丰满圆润(见图3-2)。

图 3-2　金文

在结构和行款上，金文更趋于整齐、匀称、方正，图画特征减少，文字的符号性增强，但异体字依然较多。可见，金文也还是典型的古文字。

（三）篆书

大篆是春秋战国时期主要通行于秦国的文字，字形同西周末年的金文接近，以秦国的籀文和石鼓文为代表。籀文传说是《史籀篇》里的字，石鼓文因刻在鼓形石上而得名（见图3-3）。大篆的主要特点是：象形符号的图画性进一步削弱，笔画愈加线条化，字形更加工整，构型较复杂。

图 3-3　大篆"石鼓文"

小篆是秦始皇统一六国后采用的标准字体，是在大篆的基础上发展而来的。秦始皇统一六国之后，为巩固政权，进行了一系列改革，其中包括统一文字。秦王朝在大篆的基础上整理出小篆，作为标准字体向全国推行。从字形上看，小篆比大篆简化了许多，笔画比大篆简单，结构上更加匀称、整齐，线条略带弧形，偏旁也较为固定，减少了异体字，字形进一步定型化。小篆以泰山刻石为代表（见图3-4）。

小篆是汉字第一次规范化的字体，小篆的诞生标志着汉字的统一，对汉字的规范化和符号化起到了重要的作用。

（四）隶书

图 3-4　小篆"泰山刻石"

隶书分秦隶（见图3-5）和汉隶（见图3-6）。秦王朝以小篆为标准字体，同时还通行隶书。隶书是下级人员（徒隶）用于日常书写的辅助字体，这种字体起初接近于小篆，但比小篆方正一些，实际上是写得潦草一点的小篆。

秦隶发展到汉代更加简单易写，从而形成汉隶，是汉代通行的正式字体。汉隶又叫今隶，相对地，秦隶又称古隶。

图 3-5　秦隶

图 3-6　汉隶

隶书的诞生在汉字发展史上具有重要意义，它是古汉字演变为现代汉字的转折点。其重要意义体现为以下三点：①开始用点、横、竖、撇、捺转写篆书，使汉字的书写发生隶变，笔画的概念逐渐形成；②隶书使汉字完全摆脱了图画形，正式步入抽象化、符号化的新阶段，是对古汉字形体的一次突破；③隶书方扁，为汉字最终定型为方块形奠定了有利的基础。

（五）楷书

楷书又称"真书""正书"，"楷书"就是端端正正可做楷模的字体。一般认为楷书始于汉代，魏晋以后开始流行，是现代汉字的标准字体。

楷书是从隶书演变而来的，它的特点是隶书的波磔笔法被取消，笔画更加平直，字形方正，也更加简化，易于书写，楷书使汉字完全变为由笔画组成的方块形符号（见图 3-7、图 3-8）。

图 3-7　楷书：钟繇《宣示表》

图 3-8　楷书：颜真卿字

（六）草书

每种字体都可以写得潦草，不过这里的"草书"专指汉代以后形成的一种字体。草书又分为章草和今草。章草是与汉隶相对应的一种字体，起于秦末汉初，因为是用于奏章的一种草体，故称章草，一说流行于汉章帝时代，故名。章草仍保留了隶书的法式和风格，横画仍然上挑，左右波磔分明。但章草简化了隶体，笔画可以相连，更趋于简便。不过，章草书写时字和字之间仍然分开。总之，写章草，横竖要古朴如隶书，而笔画连绵处，则旋转如今草（见图3-9）。

今草是从楷书变化出来的，它一字内点画相连，一气呵成；字和字之间往往牵连不断，书写更加简易快速，但不易辨识（见图3-10）。

唐代以后出现狂草，狂草往往混同偏旁，任意连写，变化多端，因而极难辨认，多作为书法艺术作品进行鉴赏（见图3-11）。

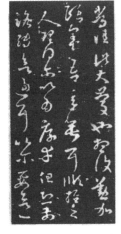  

图3-9　章草：《秋凉平善帖》　　图3-10　今草：王羲之《十七帖》　　图3-11　狂草：怀素《自叙帖》

（七）行书

行书大约是在东汉末年以后今草和楷书盛行时出现的一种字体，它是介于今草和楷书之间的一种字体。楷书工整，但书写速度慢；今草书写速度快，但不易辨识；行书近于楷书而不拘谨，近于今草而不放纵，笔画虽连绵但每个字独立，清晰易认（见图3-12）。

行书有楷书和草书的优点，是楷书的草化或草书的楷化，字形清晰易认，书写速度快，实用性强，很受欢迎，因而行书能长期流行，一般人手写汉字多用行书，行书也长期以来成为楷书的主要辅助字体，其使用价值不在楷书之下。

图3-12　赵孟頫行书作品

二　汉字字体演变的趋势

汉字的演变过程是汉字字形和字体逐步符号化、简易化、规范化和稳定化的过程。就符号化来看，汉字从古代汉字的带有图画性的较多象形的文字，经篆书、隶书，到楷书，逐步变成不象形的符号化的书写符号。就简易化来看，汉字符号化的过程也就是简易化的过程，主要反映在同字异形的减少，字的写法和结构的简化。就规范化来看，小篆是汉字规范化的一个转折点，隶变之后汉字字形结构基本确定，楷书形成之后，字形进一步规范。就稳定性来看，小篆使汉字的笔画数和偏旁分布、书写形式固定下来，异体字减少；隶变之后形成新的笔形系统，字形成为扁方形；楷书之后，汉字字形基本稳定，方块形体和结构基本定型。1000多年来，楷书一直是汉字的标准字体。

三 现代汉字的形体

现代汉字是指现代汉语用字，即记录现代汉语的书写符号。一般来说，用于记录现代汉语普通话的汉字是现代汉字，当然也包括古今通用的汉字。

现代汉字也经过了一个不断发展的过程，这个发展过程主要是简化的过程，包括精简笔画和淘汰异体字。20世纪五六十年代，国家有关部门陆续公布了一些关于文字改革的文献，如1955年公布了《第一批异体字整理表》，1964年公布了《简化字总表》，1965年公布了《印刷通用汉字字形表》，这些文献是现代汉语用字的基础，对现代汉字起到了规范和稳定的作用。规范的现代汉字专指这些文献公布以后所通用的汉字。

从形体上看，现代汉字经常运用的是楷书和行书，有时在某些特殊场合也运用草书、隶书、篆书，甚至甲骨文、金文。随着计算机技术的普及，存储在计算机字库中的字体可能更多，如粗圆体、幼圆体、琥珀体、魏碑体等。不过，现代汉字的标准字体是楷书，主要的辅助字体是行书，国家正式公布的文件和一般的报刊、书籍，用的都是楷书，而日常书写中一般都使用行书。

现代汉字的字体从使用手段上看又分为手写体和印刷体。手写体汉字主要用楷书、行书，有时也运用草书、各类艺术字体及其他字体。手写体汉字按书写工具的不同被分为硬笔字和软笔字。随着计算机的普及，手写汉字的机会在逐步减少，青少年手写汉字的能力包括正确率、美观性在下降，这应该引起教育界的重视，要注重加强青少年手写汉字能力的培养和训练。

现代汉字印刷体主要用于制作铅字排版印刷和计算机排版印刷，有固定的模式。现代汉字印刷体的标准字体是楷书以及楷书的各种变体。楷书印刷体常见的变体有宋体、楷体、仿宋体、长宋体、黑体等。

印刷体除了有字体选择外，还有字号选择。如果用计算机排版，字号选择的空间更大，如可以有小初号、小一号、小二号、小三号、小四号、小五号、小六号等的变化，也可以根据实际需要进行字号的放大和缩小。总之，随着印刷技术和计算机技术的发展，印刷用字在字体和字号的选择上更加自由了。

思考练习

1. 填空题

　　（1）汉字在形体演变过程中，出现过_____、_____、_____、_____、_____、_____、_____、_____八种各具特色的字体。

(2) 汉字是表意体系的文字，_____是殷商时代刻写在龟甲或兽骨上的文字，金文是指_____时期铸刻在_____上的文字，也称"_____"。

(3) 隶书分为_____和_____两种。

(4) _____的出现，标志着汉字已基本定型，它是我国历史上使用时间最长的标准字体。

2. 单项选择题

(1) (　) 是汉字第一次规范化的字体，对汉字的规范化和符号化起到了重要的作用。

    A. 大篆　　　B. 隶书　　　C. 金文　　　D. 小篆

(2) 从汉字形体演变的历史看，打破古汉字象形的传统，奠定现代汉字基础的是(　)。

    A. 小篆　　　B. 楷书　　　C. 行书　　　D. 隶书

(3) 汉字字体演变的顺序是(　)。

    A. 甲骨文—篆书—隶书—金文—楷书
    B. 甲骨文—金文—隶书—篆书—楷书
    C. 甲骨文—金文—篆书—隶书—楷书
    D. 甲骨文—隶书—篆书—金文—楷书

(4) 目前最通用的楷书的印刷体是(　)。

    A. 宋体　　　B. 仿宋体　　　C. 楷体　　　D. 黑体

3. 简答题

(1) 什么是隶书？简述隶变在文字发展史上的地位。

(2) 简述汉字字体演变的趋势。

第三节　汉字的构造

学习重点：掌握汉字造字法，能够运用汉字字符分析汉字的构字类型。

学习难点：运用汉字字符分析汉字的构字类型。

汉字有它的构造方法。汉字的构造方法也叫造字法。现代汉字的构造方式基本上传承了古代传统造字法。

一　传统造字法

东汉时期，学者们已经总结出了汉字的几种造字方法，如东汉许慎的《说文解字》用"六书"来分析汉字的结构类型。"六书"包括象形、指事、会意、形声、转注、假借，实际上前四种是造字法，后两种只能作为汉字的使用方式，即用字法。

(一) 象形

象形是用模拟事物形状来表示字义的一种造字方式，用这种方法造出的字就是象形字（见图3-13）。

图3-13 象形字

燕（🐦）：像燕子的形体　　口（ㅂ）：像张开的嘴巴

木（木）：像树木的形状　　贝（⊖）：像贝壳的形状

刀（刀）：像刀形　　　　　牛（牛）：像牛头轮廓

羊（羊）：像羊头轮廓　　　门（門）：像门的轮廓

车（车）：像车的轮廓　　　瓜（瓜）：像瓜蔓上的瓜

如图3-13所示，古代象形字有的像事物的整体轮廓，如"车、舟"等；有的像事物的特征部分，如"牛"像牛角上弯，"羊"像羊角下弯；有的除具体的事物外，还有必要的附带部分，如"瓜"的瓜蔓。在现行汉字中，大部分古代象形字已经丢失了原物的样子，如"牛、马、豕、鱼"等。后起字中也有象形字，如"丫、凹、凸、伞"等。象形字是古老的文字，它像事物之形，便于对字义进行理解。但用像事物之形来造字的方法有其自身的弱点，如抽象的事物无法象形，复杂的事物难以象形，相近的事物难以区别。所以，象形字在汉字中的总量并不多。伴随着汉字形体的演变和事物自身的发展变化，我们只能在少数现代汉字中看出或想象出所像之物的形状，如"人、口、田、网、井、雨、日、火、山"等，已经很难从大多数古代象形字中看出或想象出其所像之物了，如"燕、鸟、牛、羊、鱼、车、舟、首、自"，等等。

象形这种造字法接近画图，但复杂的事物、抽象的概念无法象形，所以单靠这种方法造的字较少，但它是构成汉字的基础。

(二) 指事

指事是用抽象的符号或者在象形字的基础上加提示性的符号来表示某个语素的造字方式，用这种方式造出的字就是指事字。指事字可以分为两类。一类是使用象征性符号的指事字，例如："上"（⌒），用一条弧线作基准，弧线上面加一个短横，表示"上"这一方位；"下"（⌒），在基准线下面加一个短横，表示"下"这一方位；用"一""二""三""亖"表示一、二、三、四，也是纯粹的象征性符号。纯粹象征性符号指事字数量很少。

另一类指事字是在象形字上加提示性符号构成的，如在刀刃上加一点是"刃"（刃）字，口里加一短横是"甘"（甘）等。此外，在人形符号的两臂下面加点是"亦"（亦，即"腋"的古字）；在箭头下面画一条线，提示箭头落地，是"至"（至）字，再如"立""寸"等，也都是指事字。这类指事字的数量稍微多些。

现行的指事字,基本上是从古代的指事字演变来的。有些古代的指事字,在现行汉字中还可以作为指事字,如"一、二、三、刃"等。有些古代的指事字,现在已不能看出其指事的意图,如"甘、朱、末"等;又如"寸",古文字原义为手的"又"字加一短横,表示寸口的所在,本是指事字,现在也很难作为指事字了。后起字中的指事字极少。"乒""乓"是近音字"兵"减去一画,"刁"是近音字"刀"的"丿"变"⼃",都可作为特殊指事字。"卡""甩"也可以作为指事字。

不过,总的来说,指事字的数量是很少的,因为用抽象的简单的符号表示或提示复杂的字义是十分困难的。

▶▶（三）会意

会意是汇合两个或两个以上的字来构成一个字的造字方式,用这种方法造的字就是会意字,如双木为"林",三木为"森",日月为"明",人有目为"見"(见),止戈为"武"等。"伐、采、杲、涉、信、取、从"等也都是会意字。

如图3-14所示,会意字有异体会意字、同体会意字两类。异体会意字由不同的部件组成,如"武",从戈从止,"止"是"趾"的本字,戈下有脚,表示人拿着武器走,有征伐或显示武力的意思;"休",从人在木(指树)下,表示休息;"取",从耳从又,"又"是"右"的本字,作为部件用时可理解为手,"取"是手拿一只耳朵,古代战争中对敌方的战死者割左耳,用以记功;"明",从日从月;"涉",从水从步,像两脚过河;"益",从水从皿,水从皿中流出,是"溢"的本字。同体会意字由相同的部件组成,如"从",两人一前一后,有随从的意思;"森",从三木,表示森林。

图3-14 会意字

现行的会意字多数是从古代会意字演变来的。古代有些会意字,现在我们还能理解它的意思,如"步氵(水)"为"涉","日月"为"明",三"石"为"磊",双"木"成"林"等。古代的有些会意字,如"弄、祝、祭、集、香"等,由于字形的演变、字义的变化,从现行汉字看很难了解它们是如何会意的。有些古代的会意字如"繭、繖、筆"等,简化成"茧、伞、笔",会意更清晰了。有些过去的会意字如"郵、竄",简化后变成了形声字"邮、窜"。有些过去的会意字如"轟、聶"等,简化成"轰、聂",称会意字就比较勉强。有些过去的会意字如"義、韋",简化成"义、韦",成了独体字,从现行汉字看就很难说它们是会意字了。后起的会意字数量较少,但一般容易理解,如"孬、夯、拿、歪、尖、氽、凼、掰、搞、咩"等。有的后起会意字的偏旁兼表意义和读音,如"不用"为"甭";有机化合物中含氢和硫的基(氢硫基),称为"巯"(qiú)等。这类字可以称为合形合音会意字。

合成会意字的原字在过去都是现成的字，随着字形的演变，有的单独不再成字，只能作为偏旁使用。会意字整合了象形字和指事字，成为新字，从而提高了造字的效率。

合字表义的造字方式也有局限性。首先，可以用来合字的象形字、指事字数量不多；其次，复杂的事物或抽象的事物依然难以表达；最后，有些字的所会之意并不好琢磨，如"武"从止从戈，解释起来就不太容易，手抓耳朵为什么是"取"，现代人也难以理解。

古代的会意字有的在现在还可以看出来，有的会意字随着字形的演变往往难以看出是会意字了，如"弄、祝、集、友、兵、典、死"等，有的会意字后来变成了形声字，如"郵—邮"和"竈—窜"。

>> **（四）形声**

所谓形声，就是一个表意成分跟一个表音成分合起来组成一个新字的造字方式，用这种方式造出来的字就是形声字，如"淋"字，"氵"表示字义的类属，"林"表示字音；"扶"字的"扌"表示字义的类属，"夫"表示字音；"斧"的"斤"表示字义类属，"父"表示字音；"花"的"艹"表示字义的类属，"化"表示字音。

形声字的表意部分被称为意符，也叫形符、形旁，表示该字的意义范畴，即意义类属，跟某类事物、动作、状态等相关。形声字的表音部分被称作音符，也叫声旁、声符，表示该形声字的读音。形声字都是合体字。

形声字的形旁大都是象形字，如"芬、吩、氛、纷、汾、忿、份、盆"的形旁"艹、口、气、纟、氵、心、亻、皿"。象形字、指事字、会意字、形声字都可以作形声字的声旁，如"沐、沫、沽、湖"的"木、末、古、胡"。

有的形声字有省形和省声的情况。省形，是把充当形旁的字省写了一部分，如"亭"从高省，丁声；形旁"高"省写成了"亠"。"考"，从老省，丂声；形旁"老"省写成了"耂"。省声，是把充当声旁的字省写了一部分，如"薅"，从蓐，好省声，声旁"好"省写成了"女"；"绳"从纟（糸），蝇省声，声旁"蝇"省写成了"黾"。

还有一种亦声字，是会意兼形声字，如"牺"，四岁牛，从牛从四，四亦声；"政"，从攴（pū）从正，正亦声；"娶"，从女从取，取亦声；"功"，从力从工，工亦声。

形声字有表音成分，同语言的声音有一定的联系，比没有表音成分的象形字、指事字、会意字有一定的优越性。同一个形旁加上不同的声旁，可以造出意义有关而读音不同的一批形声字，如形旁"木"，在通用字中就有"杠、杖、村、材、杉、权、杨、枝、枇、松"等大量的意义同树木有联系的形声字。同一个声旁，也可以加上不同的形旁，组成读音有关而意义不同的一批形声字，如用"主"充当声旁的"拄、麈、注、疰、炷、柱、砫、驻、蛀、住"等。汉字中的形声字最多，《说文解字》中收录了7697个形声字，占其收录汉字总数的82.3%。

下面重点谈谈与形旁和声旁有关的问题。

1. 形旁和声旁的部位

形声字中形旁和声旁的部位大体有下列六类。

①左形右声，这类最多，如"河、梧、锡、堆、挑、谈、惜、肝"等。

②右形左声，如"都、切、劲、攻、战"等。

③上形下声，如"芳、竿、宇、露、翠"等。

④下形上声，如"勇、型、贷、岱、袋、姿"等。

⑤外形内声，如"囤、阁、匣、裹"等。

⑥内形外声，这类最少，如"问、闻、瓣、辩"等。

另外，有些字的形声部位比较特殊。有的左上形，右下声，如"厅、府、病、屠"。有的左下形，右上声，如"进、越、飓"。有的右上形，左下声，如"翅、匙"。有的形或声在一个角上，如"荆"，从艹（艸），刑声；"颖"，从禾，顷声；"徒"，从辵（chuò），土声；"旗"，从㫃（yǎn），其声。

有时，同样的形旁和声旁由于部位不同，能形成不同的字，例如"架"和"枷"、"帛"和"帕"、"紊"和"纹"、"含"和"吟"、"忘"和"忙"、"召"和"叨"、"裹"和"裸"、"怠"和"怡"、"忠"和"忡"、"旱"和"旴"等。

2. 形旁的作用和局限性

形旁的主要作用是表示字的意义类属，帮助了解和区别字的意义，例如，"扌（手）"表示同手的动作行为有关系，如"扑、扒、扔、扛、扪、扠"等；又如，用"劳"充当声旁的形声字，在通用字中有"捞、崂、铹、唠、痨、耢、涝"等，对于这些字，可以通过形旁了解并区别其意义类属。只有少数形声字和形旁意义相同，如"爸、爹、船"等。适当运用汉字形体演变的知识，了解形旁在古时的形体和意义，有利于对字义的理解和辨析。

形旁的表意功能有很大的局限性。首先，由于社会的发展和客观事物的变化，有些形旁的意义不好理解，如"篇、简"为什么从竹，"货、贷"为什么从贝，如果不了解古人曾在竹简上写字，曾用贝壳作为货币，就不会懂得这些形旁的作用。其次，由于字义的演变，以及假借字的存在，形旁也不好理解，如"颁、颗"为什么从页，"治、渐"为什么从水，如果不知道"颁"本是大头、"颗"本是小头，原义都同"页"的原义（头）有联系；如果不知道"治、渐"原义都是水名，那么，这些字的形旁也不好理解。最后，由于字形变化或位置特殊，有的形旁不好辨认了，例如："辨"从刀辡声，"恭"从心共声，"刀"和"心"都变了形；"疆"，从土彊声，形旁在左下角；楷书的形旁"月"，有的是"月"（朗、期），有的是"肉"（肺、脏），有的是"舟"（服）。

3. 声旁的作用和局限性

声旁的主要作用是表示读音，大约有四分之一的形声字声旁和整个字的读音完全相同，例如，"潢、璜、磺、癀、蟥、簧"和"换、唤、涣、焕、痪"等。有些形声字同声旁的读音不完全相同，但也有一定的规律，可以帮助我们区别形似字，例如，用"仑"充当声旁的字一般读 lun（抡、沦、轮、伦）；用"仓"充当声旁的字，韵母一般有 ang（伧、抢、沧、枪)。了解这个特点,"抢"和"抢"、"伧"和"伧"、"沧"和"沧"的区别就不难理解了。学习普通话可以利用声旁类推法纠正方音,例如,有的方言n、l不分,只要记住有关n读音声旁和l读音声旁的代表字,就可类推并分清字音。

声旁的表音作用有很大的局限性。首先,由于古今语音的演变等原因,大约有四分之三的形声字的声旁同整个字的读音不完全相同。如,用"寿"作为声旁的"筹、畴、帱、踌、俦、铸、涛、祷、焘"等没有一个跟声旁的读音全同。还有的声旁在不同的形声字中表示多种读音,很不容易掌握,例如,用"勺(sháo)"充当声旁的字有"sháo(芍)、zhuó(灼、酌)、shuò(妁)、bào(趵、豹)、yuē(约¹)、yāo(约²)、diào(钓)、liào(钌)、dì(的¹)、de(的²)"等读音。其次,有的声旁不容易分辨出来,如"在",从土才声;"布",从巾父声。省声字更不好分辨,如"夜",从夕亦省声。另外,有些声旁现在不单用,一般人不知道它的读音,如"宅、温、谬"中的"乇zhé、昷wēn、翏liù"等。

汉字虽然至今仍属于表意文字体系,却产生了大量形声字。殷商时代,形声字只占当时汉字总数的20%左右;东汉许慎的《说文解字》中,形声字占所收9353个字的80%以上;清代的《康熙字典》中,形声字约占90%。形声字大量增加,成为汉字新造字的主流。

古代讲的"六书",除上面讲的四种造字法以外,还有转注、假借。一般认为转注和假借是用字法,不是造字法,这里就不介绍了。

二 从造字法看现代汉字

现代汉字大多数是从古代汉字传承而来的,因而上面介绍的四种造字法也适合分析现代汉字中的大部分汉字,只不过经过隶变和楷化之后,我们从许多象形字和指事字中已经不能明显看出其原有的造字方式,一些会意字的偏旁也发生了变化,一些形声字的意符不能准确表示义类,音符不能准确表音。同时,现代汉字的造字法跟古代汉字相比也有了一些变化。

近100年来,新出现的汉字主要采用形声造字法,如:炸、烤、煨、叼、氧、氟、铱、氦、氖、氩、氪、氙、矽、碘、癌、腺、胺、嘧、啶、噻、碚、佤、畬、傣、吨、煲、咖、啡、啤、泵、哎、啦、嗨……

一些简化字也采用了形声的方法来简化,如:补、极、积、歼、讲、沟、护、钻、肿、运、惊……

早期的简化字如"迟、灯、响、犹、窃、炉、胆"等,也是采用形声方法构造的。

新造字中,也有少数会意字,如"牮、夯、籴、粜、凼、汆、仨"等,一些简化字也采用了会意的方法,如"灭、泪、帘"等。"孙、尘、笔、灶、从、体"等用会意方式形成的简化字早已有之。

此外,简化字中还使用了少数既不表意也不表音的符号,如"区、风、赵"等字中的"乂","难、鸡、凤、邓、圣、发、仅、戏、轰、聂、欢、叹、汉、权、劝"等字中的"又",它们既不是意符,也不是音符,只是一种同语音和字义都没有联系的构字记号,这种记号有区别和显示字义的作用。当然,用"乂"和"又"作为构字记号来简化汉字的方法古已有之,如"难"见于明代,"鸡、凤、轰、赵"在清代也已经出现。

另有一些简化字采用了草书楷化的方法,使得原有的字形构造发生了变化,如:長—长,專—专,書—书,為—为。这种方法也是古已有之,如"书"字在敦煌文献中已经有草书形体了。

新生字或新造字在现代汉字中的总数不多,但它们是汉字大家族中的新兴成员,新出现的造字法也反映出汉字造字法的新发展。

■ 思考练习

1. 填空题

从造字方法来看,汉字有_____、_____、_____、_____四种,东汉人许慎《说文解字》中"六书"的后两书"转注"和"假借"实际是_____。

2. 单项选择题

(1) 从汉字的造字方法来看,属于象形字的一组汉字是( )。
  A. 上 瓜 明 刀   B. 禾 衣 果 首
  C. 末 火 亦 兵   D. 门 步 休 江

(2) 从汉字的造字方法来看,属于指事字的一组汉字是( )。
  A. 朱 刃 下 甘   B. 下 门 田 林
  C. 磊 聂 烦 看   D. 亦 本 明 森

(3) 下列汉字属于形声字的一组是( )
  A. 相 尘 峰 界   B. 歌 杆 田 菜
  C. 瞪 剌 露 袋   D. 苗 供 旷 河

3. 什么是象形?什么是指事?它们有什么区别?

第四节　汉字的结构与书写

🔍 **学习重点**:了解汉字的结构特点,正确运用汉字的笔顺。
🔍 **学习难点**:掌握汉字笔画的组合方式。

■ 一　结构单位

现行汉字的结构单位有三级:一是笔画,二是部件,三是整字。部件是由笔画构成的,所以笔画是构成汉字的最小单位，独体字、合体字都是由笔画构成的。部件是构成汉字的预制构件，是高一级的构字单位。

▶（一）笔画

笔画是构成汉字字形的最小单位。从落笔到起笔所写的点、线，叫一笔或一画。基本笔画是书写时笔画的方向始终没有变化的笔画。基本笔画一般指横（一）、竖（丨）、撇（丿）、点（丶）、折（㇀）。它们不仅是构成汉字的最基本的笔画，而且也制约着众多汉字按笔画和笔形排序的方式。《现代汉语通用字笔顺规范》《GB13000.1字符集汉字笔顺规范》《GB13000.1字符集汉字字序（笔画序）》等文件规定了汉字笔画的基本排列顺序：横—竖—撇—点—折。基本笔画组合起来，还可形成派生笔画。

知识拓展

汉字笔画名称表

正确计算笔画数目，对于汉字教学、查字典和索引都是必要的，排列人名也往往按姓氏笔画的多少和笔画的顺序。以前和现在有些字的笔画数目计算方法不一致，如"阝"写起来是2画，旧字形作3画；"比"写起来是4画，旧印刷字形（比）是5画。《印刷通用汉字字形表》和《现代汉语通用字表》发布之后，字形统一，笔画数目也固定下来，如"阝"是2画，"比"是4画。

汉字都是由笔画组合而成的，除了单字之外，笔画与笔画之间还有一个笔画组合问题。按照现行汉字笔画与笔画之间的空间关系，它们的组合关系可以划分出相离、相接、相交几种类型。

①相离，如"二、三、儿、心、小、川"等。

②相接，如"人、下、刀、广、入、山"等。

③相交，如"十、力、丰、丈、又、也"等。

多数汉字的笔画之间都存在着多种笔画组合的关系，有时候笔画相同，但由于组合方式不同，所构成的汉字也就不同，如"八"和"人"、"工"和"土"等。

▶（二）部件

部件由笔画构成，是中级构字单位，也是合体字的基本构形单位。合体字和独体字是相对的概念，合体字指两个或两个以上的部件构成的汉字。独体字只有一个部件，有些字尽管可以分出部件，但是余下的部分不是一个部件，也应整体作为独体字，如"串、日"等。

1. 部件的分类

现行汉字中的部件，按照不同的标准，可以分成不同的类型。

按照现在能否独立成字，现行汉字中的部件可以分为成字部件和非成字部件两类。成字部件可以独立成字，如"取、男、坐、盆、胡"等字中的"耳、又、田、力、人、土、分、皿、古、月"等，其中有的在独立成字时笔画会有细微变化，如"坐"中的"人（人）"。非成字部件不能独立成字，如"安、杉、侍、熬、恭、利、限、牧"中的"宀（mián，房屋）、彡（shān，毛饰物）、亻（人的变体）、灬（火的变体）、忄（心的变体）、刂（刀的变体）、阝（在左，阜的变体）、攵（pū，攴的变体）"。

按照能否再切分成小的部件，现行汉字中的部件可以分为基础部件和合成部件两类。基础部件又称单一部件、末级部件，不能再被切分成小的部件，如"分、仍"中的"八、刀、亻、乃"。合成部件又称复合部件，可以再被切分成小的部件，例如"舍"，第一次切分出"人、舌"，其中"舌"是合成部件；第二次切分出"千、口"，"舍"字中的"人、千、口"都是基础部件。

按照笔画的多少，现行汉字中的部件可以分为单笔部件、多笔部件两类。单笔部件只有一个笔画，如"一、丛"中的横，"旧、引"中的竖，"气、系"中的撇，"良、兔"中的点，"孔、乱"中的折；多笔部件有两个或两个以上笔画，如"寺"中的"土、寸"。

按照部件切分先后的层次，现行汉字中的部件可以分为一层部件、二层部件、三层部件等。例如，在"瓒"中，"王、赞"是一层部件，"兟、贝"是二层部件，"先、先"是三层部件。"礴"的部件有四个层次，如图3-15所示。"礴"中的"石、艹、氵、甫、寸"是基础部件，其他部件是合成部件。

知识拓展

现代汉字笔画表

知识拓展

部分汉字的易错笔画

图3-15　"礴"的部件有四个层次

同一个部件在汉字的不同部位，可能有不同的写法，这可以称为部件的变体（见图3-16）。

图3-16　部件的变体

汉字的数量很多，但部件是有限的。部件分析的关键是对部件的切分。汉字部件的切分应该有一个统一的原则，这个原则应能使每一个人对任何汉字的切分结果都是一致的。考虑到汉字的结构，我们应该遵循从形切分的原则，即把一个汉字从字形上分解为若干个组成部分。

根据汉字部件的多少，汉字可分为独体字和合体字。由一个基础部件构成的字是独体字，如"人、也、巾、弓、专、农、韦、日、秉、禹、事、女"字。

由两个或两个以上基础部件构成的字是合体字。合体字部件的组合方式主要有以下五大类。

第一类是左右组合：①左右结构，如"明许把粘保貌"；②左中右结构，如"粥辨街班掰"。

第二类是上下组合：①上下结构，如"岩笔类姜骂是"；②上中下结构，如"器葬曼率哀禀"。

第三类是包围组合：①两面包围，包括三种，一是上左包围，如"厅庆病居房虎"，二是上右包围，如"旬司氧式可"，三是左下包围，如"远赶题建翘"；②三面包围，包括三种，一是上三包围，如"问凰同网冈向"，二是下三包围，如"凶凼函幽山"，三是左三包围，如"区医匠匠臣巨"；③四面包围，如"国围回困园"。

第四类是框架组合，如"巫坐乘噩爽乖"。

第五类是品字组合，如"晶森矗磊"。

绝大多数汉字属于左右组合和上下组合，包围组合较少，框架组合、品字组合极少。

结构复杂的汉字可分析出多层次组合。例如，"霜"有两层组合，一层组合是"雨、相"，上下结构；二层组合是"相"的"木、目"，左右结构。"崮"有三层组合，一层组合是"山、固"，上下结构；二层组合是"固"的"囗、古"，四面包围；三层组合是"古"的"十、口"，上下结构。"糜"有四层组合，一层组合是"未、磨"，左右结构；二层组合是"磨"的"麻、石"，上左包围；三层组合是"麻"的"广、林"，上左包围；四层组合是"林"的"木、木"，左右结构。

2. 汉字部件中的结构部位

在汉字教学和汉字应用中，为了有效地利用部件，还必须给每个部件确定一个名称。要确定汉字部件的名称，首先要确定汉字结构部位的名称。汉字结构部位的名称，可以概括为以下五组（八种）。

知识拓展

汉字间架结构表

（1）左"旁"右"边"。左右结构的字，左边的部位定为"旁"，右边的部位定为"边"，如"位"是单人旁、立字边，"杠"是木字旁、工字边。

（2）上"头"下"底"。上下结构的字，上面的部位定为"头"，下面的部位定为"底"，如"觉"是学字头、见字底，"烈"是列字头、四点底。

（3）内"心"外"框"。全包围和三面包围的字，外面的部位定为"框"，里面的部位定为"心"，如"因"是大口框、大字心，"国"是大口框、玉字心。

（4）中"腰"。上中下结构和左中右结构的字，中间的部位定为"腰"，如"树"是又字腰，"赢"是口字腰，"辩"是讠字腰，"爱"是秃宝盖腰。

（5）四"角"。字的左上、左下、右上、右下部位定为"角"，如"骑"右上角大、右下角可，"攀"左上角木、右上角木，"赢"左下角月、右下角凡。

至于部件本身的名称，一般来说，成字部件就用该字的读音去称说，"日"作为部件读"rì"，"车"作为部件读"chē"。多音的成字部件可以选用常用读音去称说，如"长"作为部件可以读"cháng"，"中"作为部件可以读"zhōng"。不成字部件有的有习惯性的称说名称，如下列部件。

宀：宝盖　　冖：秃宝盖　　忄：竖心旁　　亻：单人旁

艹：草字头　　辶：走之底　　廴：建之儿　　灬：四点底

刂：立刀　　冫：两点水　　讠：言字旁　　卩：单耳旁

阝：双耳旁　　　扌：提手旁　　　囗：国字框　　　亻：双人旁

彡：三撇　　　　犭：反犬旁　　　攵：反文旁　　　氵：三点水

有些不成字部件目前还没有比较一致的称说，可以选用一个以该部件组成的常用字来称说，如下列部件。

丬：将字旁　　　凵：凶字框　　　䒑：共字头　　　⺌：当字头

⺍：党字头　　　旡：既字边　　　厶：私字边　　　巛：巡字心

巜：邻字边　　　勹：勾字框　　　廾：弄字底　　　攴：敲字边

爿：戕字旁　　　彐：雪字底　　　牜：特字旁　　　癶：登字头

（三）偏旁和部首

传统上对汉字字形的分析采用的是偏旁分析法，即用偏旁来分析合体字的构成。偏旁分意符（也叫形旁、形符）和音符（也叫声旁、声符）两种。会意字只有意符，形声字既有意符，又有音符，如"尘"由两个意符"小"和"土"组成，"男"由两个意符"田"和"力"组成；"蚜"由意符"虫"和音符"牙"组成，"梨"由意符"木"和音符"利"组成。偏旁中意符表示该字的字义类属，音符表示该字的大致读音。

知识拓展

常用汉字偏旁

偏旁和部件一样，都是介于笔画和整字之间的构字单位，两者有一致的地方，如"男"的"田"和"力"既是偏旁，也是部件，再如"休、江、件、村"等字的两个部分既是偏旁，也是部件，但偏旁和部件并不完全相等。偏旁是对会意字、形声字中表义或表音成分的分析，而部件是对现代汉字内部结构系统分析的结果，部件可以表义、表音，也可以不表义、不表音，如"绣"从偏旁来看，只有"纟"和"秀"两个偏旁，而从部件分析来看，则有"纟""禾""乃"三个部件，"禾"和"乃"作为部件，在"绣"字中，既不表义，也不表音，只是构字的单位。再如"磨"从偏旁来看，只有"麻"和"石"两个偏旁，而从部件来看，则有"广、木、木、厂、口"五个部件，作为部件的"广、木、木、厂、口"在"磨"字中既不是意符，也不是音符。部件可大可小，是有级别的，而偏旁是固定的。

在汉字分析中，还经常使用部首这一概念。部首是具有字形归类作用的偏旁，是专为汉字分类检索而设立的部目，即字书、字典（包括部分词典）中各部的首字，如字典中可以把从"山"的字编为一部，"山"就是该部的部首；把从"纟"的字编为一部，"纟"就是该部的部首。字典中大部分部首都是由汉字中有表义作用的偏旁充当的，如"日、木、土、力、子、女、大、目、瓜、鸟、皮、虫、鱼、米"，以及"纟、亻、攵、扌"等，都是具有表义作用的部首。不过，部首不同于部件。有些部首还可以再分为几个部件，如"鼻、革、黑、鼠、音、鹿、鬼"等都是《新华字典》中的部首，也都可以再分出两个或两个以上的基础部件。有些独体字不能再分为更小的部件，但可以以起笔笔形的笔画作为部首，如"丁、三、于、上、下、丈、丰"等独体字都以"一"（横）作为部首，"也、中、凸、凹、且"等独体字以"丨"（竖）作为部首，"人、九、乃、川、升"等独体字以"丿"（撇）作为部首。可见，部首既可以是意符，也可以是某些笔画，实际上在《新华字典》

中,"问、闷、闻"等字是以音符"门"作为部首的。

部首是字书中各部领头的部件或笔画,具有字形归类作用。大部分部首是合体字的一个多笔部件,如"指、持"的部首"扌";少数部首是一个笔画,如"九、久"的部首"丿";有的部首可以分成几个部件,如部首"音"可分成"立、日"两个部件。因此,部首不等于部件。教育部、国家语言文字工作委员会2009年1月12日发布、2009年5月1日试行的《汉字部首表》规定了201个主部首,100个附形部首。

总之,部件、偏旁、部首三者虽有联系,但都不完全一致。

二 笔 顺

笔顺就是书写汉字时笔画的先后顺序。书写时笔顺安排得合理,可以使字写得准确、快速、匀称、美观。汉字笔顺安排的基本原则有以下几点。

(1) 从上到下:二、丁、三、早、皂、杂、衰、曼、劳。
(2) 从左到右:卜、八、川、州、从、汉、街、辩、班。
(3) 先横后竖:十、丰。
(4) 先撇后点:义、人、入、八。
(5) 先外后内:月、用、甩、冈、同、风、问。
(6) 先开门后进入再关门:日、曰、目、四、囚、团、圆。
(7) 先中间后两边:小、水、办。

汉字笔顺的补充规则有以下几点。

(1) 下三包围结构,先内后外:凶、函、凼、豳。
(2) 左三包围结构,先上后内再竖折:区、医、臣、匡。
(3) "辶、廴"包围结构,先内后外:造、近、进、建、延。
(4) 其他左下包围结构,先外后内:题、起、爬、昶、勉、旭。
(5) 上左包围结构,先外后内:厅、质、盾、库、庆、房、屋。
(6) 由"刀、勹、乀、气"等构成外框的上右包围结构,先外后内:刀、司、句、匍、虱、氧。
(7) 由"丁、弋、戈"构成,或以"弋、戈"为主件构成外框的上右包围结构,先上后内再右:可、式、忒、戒、武、载。
(8) 点在右上角,最后写点:书、犬、我、尤、戈、龙、成、戒、钱、术。

多数字的写法是以上规则的综合运用,如"撒"的笔顺是:一十才扌扩扩扩扩拼拼捎捎撒撒撒。从部件看,是从左到右;从"扌"看,是先横后竖再提,从上到下;从"昔"看,则是先上后下,上面先横后竖再横,下面先外后内;从"攵"看,是从上到下,先撇后捺。

关于汉字的笔顺,在文化部、中国文字改革委员会(成立于1954年12月,1985年12月16日改名为国家语言文字工作委员会,直属国务院)1965年1月发布的《印刷通用汉字

部分笔顺易错的汉字

汉字笔顺规则

字形表》和国家语言文字工作委员会、新闻出版署1988年3月发布的《现代汉语通用字表》中已经有了具体的规定。国家语言文字工作委员会、新闻出版署1997年4月又专门发布了《现代汉语通用字笔顺规范》。同时，国家语言文字工作委员会、新闻出版署在发布的联合通知中指出，《现代汉语通用字笔顺规范》是在《现代汉语通用字表》的基础上形成的，将隐性的规范笔顺变成显性的，列出了三种形式的笔顺，明确了字表中难以根据字序推断出规范笔顺的"火、叉、凸、爽"等一些字的笔顺，调整了"敝、脊"两个字的笔顺。国家语言文字工作委员会1999年10月1日发布、2000年1月1日实施的《GB13000.1字符集汉字笔顺规范》规定了所收的20902个汉字的笔顺规范。2013年6月，国务院公布的《通用规范汉字表》是体现上述规范的最新文件，按照这个规范，对于有些字应当特别注意，否则很容易写错。

■ **思考练习**

1. 填空题
   （1）汉字的结构单位有两级：一是_____；二是_____。
   （2）笔画是构成汉字字形的最小书写单位，现代汉字有五种基本笔画：_____、_____、_____、_____、_____。
2. 部件、偏旁、部首三者既有联系，又有区别，举例说明它们之间的关系。
3. 汉字笔顺安排的基本原则有哪些？
4. 汇总书写时笔画易错、笔顺易错的字。

第五节　汉字的规范化

学习重点：掌握规范汉字。
学习难点：能正确使用规范汉字，辨析、纠正不规范用字。

《国家通用语言文字法》规定，国家推行规范汉字。

规范汉字，指国家有关部门发布的经过简化和整理的字表规定的现行汉字。和规范汉字对立的是不规范汉字，不规范汉字包括两类：一类是不符合国家发布的汉字整理的字表规定的汉字，例如国家已经简化的繁体字、已经淘汰的异体字、旧字形等；另一类是写错或读错的错别字。要正确使用规范汉字，必须掌握国家发布的《通用规范汉字表》和其他有关汉字整理的字表，并能切实纠正错别字。

一 掌握整理过的汉字

中华人民共和国成立后，国家有关部门发布的汉字整理方面的字表主要有《简化字总表》《第一批异体字整理表》《现代汉语通用字表》《部分计量单位名称统一用字表》《通用规范汉字表》等，应当认真学习掌握。

知识拓展

现代汉语常用字表

≫（一）掌握简化字

掌握标准简化字，必须认真学习《简化字总表》、《通用规范汉字表》和《规范字与繁体字、异体字对照表》。

学习《简化字总表》，要注意以下几点。

1. 掌握类推简化的范围

简化字和简化字的偏旁是不能类推简化的。已经简化的繁体字，如果作为别的字的偏旁，不能类推简化。例如：

儿（兒）：倪 猊 鲵 霓　　　复（復複）：覆

么（麽）：嬷　　　　　　　干（乾幹）：擀

习（習）：熠 褶 摺

繁体字的偏旁简化了，不能用这些简化偏旁类推简化其他的字。例如：

灯（燈）邓（鄧）证（證）：噔 蹬 凳 澄 橙

敌（敵）适（適）：嫡 滴 嫡 镝

堕（墮）随（隨）椭（橢）：惰 隋 髓 隳

沟（溝）构（構）购（購）讲（講）：篝 講 遘 媾

获（獲穫）护（護）：劐 嚄 蠖 镬

环（環）还（還）：寰 澴 缳 镮 鬟

栋（棟）练（練）炼（煉）：柬 楝 谏

阶（階）：皆 偕 楷 揩

仅（僅）：谨 瑾 勤

腊（臘）蜡（蠟）：鑞 邋 躐

烂（爛）栏（欄）拦（攔）：阑 谰 澜 斓 镧

辽（遼）疗（療）：撩 僚 嘹 獠 潦 燎 缭

怜（憐）邻（鄰）：郯 鳞 遴 辚 磷 鳞 麟

脑（腦）恼（惱）：瑙

酿（釀）让（讓）：囔 壤 攘 瓤 禳

朴（撲）仆（僕）朴（樸）：噗 璞 濮 镤

有的简化字的繁体偏旁是单独简化的，不能把它们当作简化偏旁类推。例如：

洒（灑）晒（曬）：丽（麗）俪 鲡 骊 郦 逦 鹂 酾

偿（償）：贝（貝）员（員）赏（賞）

疖（癤）：节（節）栉

炉（爐）庐（廬）芦（蘆）驴（驢）：卢（盧）泸栌轳舻鲈颅鸬胪

伤（傷）阳（陽）：𠃓汤（湯）疡炀扬杨场肠畅荡

药（藥）：乐（樂）泺铄烁栎砾轹栋

用简单符号简化的字，不能类推简化。例如：

戏（戲）　鸡（鷄）　邓（鄧）　赵（趙）

2. 区分简化字的细微差别与笔画、笔顺

首先，有些简化字有细微差别，应当进行区分。

（1）有些字点的位置不同，如"庆"和"厌"、"庄"和"压"。

（2）有些字无点，有些字有点，如"韦、尧、写、厅"和"书、发、国、缠"。

（3）有些字要注意是竖还是撇，如"临、监、篮、蓝、滥、褴、槛、坚、鉴、览、揽、缆、榄、紧"和"师、帅"，以及"旧"和"归"。

其次，要区分"仓"和"仑"（仓、沧、苍、伧、枪、抢、呛、戗、炝、跄；仑、论、轮、抡、伦、沦、纶、囵），区分"圣"和"𢀖"（圣、怪、蛏；经、茎、痉、泾、颈、到、迳、劲、径、胫、轻、氢），还要区分"东"和"朿"（东、冻、栋、崬、胨、鸫；练、炼、拣）。

最后，要弄清有些笔画、笔顺易错的简化字和偏旁。例如：

长（4画）：丿 一 ᅡ 长

马（3画）：乛 马 马

鸟（5画）：丿 𠃌 ㇇ 鸟 鸟

讠（2画）：丶 讠

亇（3画）：丿 ㇇ 亇，第二笔是横折。

钅（5画）：丿 一 ㇒ 𠂉 钅，第二笔是横，第五笔是竖提。

3. 辨析代替字的音义

采用同音或异音代替法简化的字，代替字本来就有自己的音义，应当注意辨析。有的是同音代替字，例如：

后：①皇～；②（後）～面，～来。

秋：①～天；②（鞦）～千。

有的是异音代替字，例如：

别：①（bié）分～，区～，～走；②（彆）biè～扭。

朴：①（piáo）姓～；②（pō）～刀；③（pò）～树；④（樸）（pǔ）～素。

有的情况比较复杂，例如：

了：①（le）完～；（liǎo）末～，～不得；②（瞭）～解，明～。

瞭：（liào）～望，～望台。

借：①（jiè）～钱，～光；②（藉）～口，凭～。

藉：(jiè) 枕～，慰～；(jí) 狼～，姓～。

干：①(gān) ～戈，天～；②(乾) ～燥，～脆；(gàn)(幹) 树～，～部。

乾：(qián) ～坤，～县，～隆。

采用代替法简化的汉字在进行简繁转换时，要注意和同形的非简化字区分开来。例如：

台：天台（山名）、兄台（两者都是非简化字）

湾、柜台（檯）、台（颱）风（简化字）

系：系列、外文系（非简化字）

关系（係）、把鞋带系（繫）上（简化字）

4. 注意一简多繁字

一简多繁字，指一个简化字是几个繁体字的简化。例如：

纤：(縴)(qiàn) 拉～；(纖)(xiān) ～细，～弱。

脏：(臟)(zàng) 心～，内～；(髒)(zāng) ～脏，～衣服。

历：(歷) 经～，～史；(曆) 阴～，日～。

5. 不写不规范简体字

不规范简体字，指不符合国家规定的简体字。这类简体字有的是国家已经废止的《第二次汉字简化方案（草案）》中的字，例如"播（拚）、部（卩）、餐（歺）、副（付）、建（迠）、酒（氿）、龄（令）、停（仃）、舞（午）、萧（肖）"等。有的是社会上长期流行的不规范简体字，例如"食（仐）、两（両）、收（収）、围（囲）、学（孝）、齐（齐）"等。周恩来在《当前文字改革的任务》中指出："这种滥造简字的现象，应该加以适当的控制。一个人记笔记，或者写私信，他写的是什么样的字，谁也无法管。但是写布告或者通知，是叫大家看的，就应该遵守统一的规范。特别是在印刷物和打字的文件上，必须防止滥用简字。"

▶（二）不用已淘汰的异体字

国家公布的《第一批异体字整理表》，把那些通行时间长、使用范围广以及笔画少的字定为规范字，另一些不太通行、笔画也比较多的字定为异体字。2013年公布的《通用规范汉字表》对《第一批异体字整理表》进行了调整，其附件1《规范字与繁体字、异体字对照表》成为最新的认定异体字的字表。我们应该掌握表中所定的规范字，不用已淘汰的异体字。

整理异体字，遵循从俗、从简和照顾书写方便三个原则。

1. 从俗

从俗就是选用通行的字，不用生僻的字，如"冰（氷）、皂（皁）、污（汚汙）、蝎（蠍）、碗（盌椀）、吊（弔）"等。有的字虽然比同组的其他字笔画多些，但是通行范围广，因此也选定为规范字，如"睬（倸）、船（舩）、雕（琱、彫）"等。

2. 从简

在通用的前提下，选用笔画少的，不用笔画多的，如"冗（宂）、瓮（甕、罋）、棕

(樱)、泄(洩)、汹(洶)、咱(喒、偺)、岳(嶽)"等。

3. 书写方便

有上下和左右两种部位格式的异形字，为了便于书写，一般选用左右结构的字为规范字，如"略(畧)、峰(峯)、群(羣)、裙(裠)、锹(鐅)、峨(峩)、槁(槀)"等。也有少数几个上下结构的字，如"拿(舒)、蟹(蠏)"，因为群众通用，仍选定为规范字。

（三）区别新旧字形

1965年国家公布了《印刷通用汉字字形表》，1988年公布了《现代汉语通用字表》，2013年公布了《通用规范汉字表》，这些表中规定的印刷体字形，就是现在书报上通用的规范的印刷体字形，同它们不一致的旧印刷体字形已经废除不用了。规范的字形跟旧字形有以下几个方面的不同。

1. 笔画省简

道(**道**)、即(卽)、郎(郞)、者(**者**)、宽(寬)、奂(奐)、温(溫)、高(髙)、蚤(**蚤**)、吕(呂)、争(爭)、巨(**巨**)、黄(黃)。(括号内的字是旧字形，下同)

2. 笔画连接

草(**草**)、着(**着**)、鬼(**鬼**)、捷(**捷**)、敢(**敢**)、片(**片**)、牙(**牙**)、成(**成**)、卑(**卑**)、骨(**骨**)、敖(**敖**)。

3. 笔画延伸

另(**另**)、角(**角**)、灰(**灰**)、拔(**拔**)、黾(黽)。

4. 调整部位

默(**默**)、鼬(**鼬**)、感(**感**)、惑(**惑**)。

5. 其他

全(**全**)、佘(**佘**)、录(**录**)、丰(**丰**)、平(**平**)、爱(**爱**)、吴(吳)、羽(羽)。

《现代汉语词典》和《新华字典》等附有新旧字形对照表，表中列的例字，基本上概括了印刷体新旧字形的调整情况。

掌握规范汉字，还要掌握经国家批准的30多个地名中的生僻字改用的常用字和《部分计量单位名称统一用字表》。前者如新疆的"和阗"改为"和田"，江西的"雩都"改为"于都"，四川的"酆都"改为"丰都"，陕西的"鄠县"改为"户县"等。后者如英制计量单位"哩、呎、吋"等字，读成双音节，违反了一个汉字一个音节的规律；读为单音节lǐ、chǐ、cùn，又容易与我国市制的"里、尺、寸"相混，因此确定废除"哩、呎、吋"，用两个字"英里、英尺、英寸"来表示。同理，公用计量单位的旧用字，如"糎、瓩"等，也已被废除，改用"厘米、千瓦"。

二 纠正错别字

错字，指写得不成字、规范字典查不到的字，如"染（染）、含（含）、衷（衷）、猫（猫）、策（策）、茫（茫）"等。别字，又叫"白字"，指把甲字写成乙字，如"欣尝（赏）、贬（眨）眼、克（刻）苦、惨（残）酷、脉博（搏）、恣（姿）态"等。读错字，指把字音念错，如把"绚丽"念成"xún丽"，把"破绽"念成"破dìng"等。

错别字也可简称错字，因为写"别"字也是写错字，我们通常所说的写错字也包括写别字。

产生错别字的原因有主观的，也有客观的。主观原因是自己不重视，认字不细心，不会写时也不查字典，粗枝大叶，草率从事。客观原因是汉字本身很复杂，难认、难写、难记。汉字的这三难主要表现在字数多、同音字多、形近字多。

一个人随便写字，让别人不认识，或者引起误会，那就失去了文字的交际作用，甚至给工作带来损失。我们必须端正认识，认真学习汉字，注意纠正错别字。

▶（一）纠正写错字

要想避免写错别字，必须注意汉字的字形、字音、字义。

1. 注意字形

有些形似字是声旁相同、形旁不同的形声字，要注意辨析不同形旁的意义。如"狐、孤、弧"这几个字的声旁相同而形旁不同。"狐"的形旁是"犬（犭）"，用"犬（犭）"充当形旁的字，原义一般同兽类有联系，狐狸属于兽类。"孤"的形旁是"子（孑）"，用"子"充当形旁的字，原义一般同小孩有联系，孤儿是父母双亡的孩子。"弧"的形旁是"弓"，用"弓"充当形旁的字，原义一般同弓箭有联系，"弧"的原义是木弓，引申作为圆周的一段。了解这几个形旁的意义，这几个字就不会写错、用错了。下面再列举易写错的几组字。

（1）目、月（肉）。用"目"充当形旁的字，原义一般同眼睛有联系。现代汉语中的"月"旁字，一部分从"肉"变来，楷书过去将其作为左偏旁用，现在同月亮的"月"（如"朗、朔"中的"月"）没有区别了；用"月（肉）"充当形旁的字，原义一般同肉体有联系。例如：

盲（máng）：~人、夜~、文~、~目、~动。
肓（huāng）：中医称心脏和膈膜之间。病入膏~。

瞠（chēng）：瞠着眼睛看。~目结舌、~乎其后。
膛（táng）：胸腔，引申为器物中间空的部分。胸~、枪~。

睑（jiǎn）：眼皮。眼~。
脸（liǎn）：面部。洗~、~面。

（2）木、禾。用"木"充当形旁的字，原义一般同树木有联系；用"禾"充当形旁的字，原义一般同庄稼有联系。例如：

枇（pí）：～杷。
秕（bǐ）：不饱满的谷粒。～子、～糠。

桔（jié）：～梗。
秸（jiē）：农作物收割后的茎。麦～、高粱～。

棵（kē）：一～树。
稞（kē）：青～。

梢（shāo）：树～、眉～。
稍（shāo）：～微。

（3）木，扌（手）。用"扌（手）"充当形旁的字，原义一般同手的动作有联系。例如：

栓（shuān）：木～、枪～、消防～。
拴（shuān）：～车、～马。

杨（yáng）：～树。
扬（yáng）：～手、宣～、～弃。

枢（shū）：门上的转轴。户～不蠹、中～、～纽。
抠（kōu）：用手指或细小的东西挖。～洞、～字眼。

枪（qiāng）：～支、步～。
抢（qiǎng）：～劫、～先。

此外，还有"杠"和"扛"、"札"和"扎"、"模"和"摸"、"杯"和"抔"、"板"和"扳"、"柱"和"拄"、"栏"和"拦"、"柢"和"抵"、"档"和"挡"、"桶"和"捅"、"棒"和"捧"、"楷"和"揩"、"檀"和"擅"、"枝"和"技"、"朴"和"扑"、"楸"和"揪"、"楼"和"搂"、"桃"和"挑"、"柏"和"拍"等。

有些形似字不都是形声字，要抓住特点进行比较。例如：

灸 jiǔ：形声字，从火久声。针～。

炙 zhì：会意字，从夕（"肉"作上偏旁的变体）从火，像火烤肉。脍～人口、～手可热。

戊 wù：象形字，在甲骨文中像一种斧，武器。"茂"下是"戊"。

戉 yuè：象形字，在甲骨文中像大斧，古代一种武器，是"斧钺"的"钺"的本字。"越"的声旁是"戉"。

戌 xū：象形字，在甲骨文中像平口大斧，古代一种武器。中间是一短横。

戍 shù：会意字，一人持戈，原义是守边。楷书形体改变，人形不像了，中间变成一点。"蔑"和"篾"下都是"戍"。

戎 róng：会意字，从戈从甲（甲胄），原义是武器，引申为军队、军事。如：～马生涯，投笔从～。"绒"的声旁是"戎"。"贼"，从戈，则声，现在"则"的"刂"变成"十"，右边是"戎"。

戒 jiè：会意字，在甲骨文中像双手持戈，原义是警戒。"诫、械"的声旁是"戒"。

有些错字是受相似的偏旁的影响而写出来的,应该注意。例如:

$\begin{cases} 丌\,qí:鼻 痹 \\ 廾\,gǒng:弄 弃 \end{cases}$ $\begin{cases} 土:寺 社 尘 \\ 士:志 吉 壮 \end{cases}$ $\begin{cases} 爪:爬 抓 \\ 瓜:狐 孤 \end{cases}$

$\begin{cases} 朿\,cì:枣 策 刺 \\ 束:速 辣 刺 \end{cases}$ $\begin{cases} 曰\,yuē:昌 唱 \\ 冃\,mào:冒 帽 \end{cases}$

$\begin{cases} 正:慌 孤 染 轨 旅 迅 \\ 误:慌 孤 染 轨 旅 迅 \end{cases}$ $\begin{cases} 正:含 协 朽 淹 步 试 \\ 误:含 协 朽 淹 步 试 \end{cases}$

有些错字是受上下字影响(部件同化)而写错的。例如:

跋踄(涉)　编缉(辑)　粉粹(碎)　按(安)排

灯炮(泡)　清浙(晰)　忘(妄)想　模(模)糊

2. 注意字音

有些同声旁的形声字读音相同或相近,因此,可以用声旁来纠正错别字。例如,用"段"作为声旁的字,一般读 duàn,如"椴、煅、缎、碫"等,用"叚"jiǎ作为声旁的字,韵母一般有 ia,如"葭、假、瘕、遐、霞、暇、瑕"等。

下面再举几组例子:

$\begin{cases} 舀\,yǎo:蹈 dǎo,稻 dào,滔、韬 tāo。 \\ 臽\,xiàn:陷、馅 xiàn,阎 yán,焰 yàn,谄 chǎn。 \end{cases}$

$\begin{cases} 凡\,fán:帆 fān,矾 fán,梵 fàn。 \\ 凡\,xùn:汛、讯、迅 xùn。 \end{cases}$

$\begin{cases} 氏\,shì:舐 shì,芪 qí,纸、抵 zhǐ。 \\ 氐\,dǐ:低 dī,底、抵、柢、诋、砥、邸 dǐ,鸱 chī。 \end{cases}$

$\begin{cases} 未\,wèi:味 wèi,寐、昧、魅、妹 mèi。 \\ 末\,mò:抹 mǒ(涂~),沫、茉、秣 mò,抹 mā(~桌子)。 \end{cases}$

$\begin{cases} 艮\,gèn:根、跟 gēn,哏 gén,茛 gèn,痕 hén,狠、很 hěn,恨 hèn,垦、恳 kěn,银、垠 yín。 \\ \end{cases}$

良 liáng:粮、踉 liáng,娘 niáng,郎 láng,朗 lǎng,浪 làng。

3. 注意字义

了解字义对纠正错别字很有好处,如"颗粒归仓"的"颗"常有人误写为"棵",这是因为对这两个字的意义分不清楚。"颗"是形声字,从页(原义是头),果声,原义是小头,引申作为量词用,指形圆或粒状的东西,如"一颗红心、一颗珠子"。"棵"也是形声字,从木,果声,作为量词用,指植物,如"一棵树、两棵白菜"。粮食是粒状的,所以用"颗",不用"棵"。了解字义,就不会把"树梢"写成"树稍",把"草稿"写成"草槁",把"责无旁贷"的"贷"写成"代",把"恪守成法"的"恪"写成"格"了。

有些词,通用的是引申义,原义已不常用。需要了解词的原义,才能辨清错误在哪里。

如"提纲"常有人误作"题纲",这是因为不了解"提纲"这个词的原义。"纲"是鱼网的总绳,引申指事物最主要的部分。"提纲"的原义是提着网的总绳子,引申为内容要点。了解了词的原义,就不会把"提纲"误写成"题纲"了。把"贡献"写作"供献",把"针砭"写作"针贬",把"规矩"写作"规距",也是类似的错误。

有些成语来自古代的寓言或历史故事,如果不了解它们的出处,就容易写错。如"滥竽充数"的出典是:齐宣王爱听吹竽(一种乐器,类似笙),喜欢凑足300人的乐队一齐吹奏,南郭先生不会吹竽,混在里面凑数,宣王死后,湣王也爱听吹竽,但喜欢听独奏,要每个人单独吹给他听,南郭先生只能偷偷溜走了。这个成语比喻没有本领充作有本领,或以次的充当好的。如果知道这个来历,就不会把"滥竽"写成"烂芋"了。把"班门弄斧"的"班"写作"搬",把"为虎作伥"的"伥"写作"帐",把"暴殄天物"的"殄"写作"珍",都是类似的错误。

▶ (二) 纠正读错字

要使读音合乎规范,就要注意以下几点。

1. 注意形声字的声旁

大部分形声字的声旁,表音是不准确的,因而,按声旁的读音读形声字,大都是错误的,例如"厩(jiù)肥、烙(lào)印、停滞(zhì)、粗糙(cāo)、嗔(chēn)怒、焙(bèi)干、怙(hù)恶不悛(quān)"等。

有少数形声字按声旁读是对的,但又往往有人不按声旁读,如"同胞(bāo)、麻痹(bì)、汲(jí)取、谛(dì)听"等。这也应该引起我们的注意。

2. 记住多音多义字

一个字的字音不同,字义也不同,这叫多音多义字。如"长",读cháng是形容词,读zhǎng是动词。

一部分多音多义字(语素)词性不同。如"担"就是多音多义字:①dān,动词,承担、担负;②dàn,名词,如:扁担、担子。"都",①dū,名词,首都、都市;②dōu,副词,如:都去。"好",①hǎo,形容词,如:好人、很好;②hào,动词,如:爱好、好恶。记住不同词性的不同读音,有利于掌握这类字。

有的多音多义字除通常读音外,还有充当姓氏、地名、外来语等用法时的特殊读音。记住这些特殊读音,有利于掌握多音多义字。如"解",①jiě,解放、解决;②xiè,姓解、解虞县;③jiè,押解、解运。"单",①dān,单独、传单;②shàn,姓单、单县;③chán,单于(古代匈奴的君主)。

3. 掌握多音同义字

有的字,在不同词里字音不同,但字义相同,这叫多音同义字。有的独立成词和在复合词里读音不同。如"薄",独立成词读báo(纸很薄),在复合词里读bó(单薄、薄弱);"削",独立成词读xiāo(削铅笔),在复合词里读xuē(削弱、剥削)。有的字在个别词语中的读音和一般读音不同。如"巷",一般读xiàng(大街小巷),在"巷道"中读hàng;

"臂",一般读bì(臂膀、螳臂当车),在"胳臂"中读bei。有的在书面语和口语里读音不同,如"吓",在"恫吓、恐吓"中读hè,在"吓唬、吓了一跳"中读xià。

4. 记住《普通话异读词审音表》规定的读音

1985年发布的《普通话异读词审音表》收录异读词839个,其中统读字586个,多音字253个。我们应当记住该表规定的有关字的读音。统读字,如:"痹(bì)、濒(bīn)、炽(chì)、呆(dāi)、导(dǎo)、踱(duó)、徊(huái)、迹(jì)、鲸(jīng)"等。多音字,如"差",①chā,~别、~错,②chà,~不多、成绩~,③chāi,出~、~遣,④cī,参~;"卡",①kǎ,~车、~片,②qiǎ,关~、~子等。

普通话异读词审音表

■ 思考练习

1. 汉字的整理在过去取得了哪些成果?你是如何看待这些成果的?汉字能不能不断地简化?你是如何看待汉字拼音化问题的?

2. 在目前的情况下,为什么要加强现代汉字的标准化工作?怎样才能实现现代汉字的标准化?

第六节 汉字知识在小学语文教学中的运用

学习重点:了解识字教学中存在的问题,熟悉汉字知识在小学语文教学中的运用。
学习难点:了解在小学语文识字教学中运用传统汉字文化的具体措施。

根据国家颁布的《全日制义务教育语文课程标准(实验稿)》,在整个小学语文教育中,识字是最重要的任务之一,教师通过汉字知识指导学生识字,帮助小学生正确认识3000个常用汉字,熟练掌握其中2500个左右的常用汉字。但对于很多小学阶段的学生来说,中华文字过于博大精深,所以总是有些字不会写,或者混淆了一些形近字。而识字方面的难度也极大地增加了学生学习语文的难度,很多学生都出现了错别字的问题。两个相像的字往往意义相去甚远,所以学生必须要牢记这些汉字,从而避免一些不必要的错误。

一 识字教学中存在的问题

(一)相似字较多,学生易混淆

很多时候,虽然学生认真记忆了那些生字,但是往往又会因为学习了某个生字的形近字而出现混淆的情况。如"裁、载、栽"这三个字，很多学生就会出现混淆，从而把"裁缝"写成"栽缝"，或者将"裁衣"写成"载衣"。这三个字都是动词，所连接的都是名词，因而学生更加容易弄错。特别是"载"和"栽"，这两个字的读音还非常相似，也在一定程度上增加了学生的学习难度。运用了错误的字，会造成学生无法较好地表达自己的意思，可能闹出不少笑话。小学阶段的学生年龄小，总是写错别字也会损害他们的自信心，从而产生自我怀疑。小学阶段学生的理解能力也无法使他们完全熟练地区分这些生字。

（二）汉字数量多，学生难以记忆

除了形近字较多，学生们容易出现混淆之外，还存在一个问题，那便是汉字的数量太多，学生难以记忆。即使是成年的、经验丰富的教师，也不敢夸口说自己认识所有的汉字，所以学生很难掌握较多的汉字也就不足为奇了。掌握的汉字较少，不仅会在一定程度上影响学生的阅读活动，而且会影响学生的写作活动。即使学生想表达自己内心的想法，但是他们不会写的字太多，也会使学生难以写出优美的文章。掌握的汉字较少，会在一定程度上影响学生的语文学习，不利于学生的成长发育。学生也不可能把所有的时间都花在记忆汉字上，所有往往掌握汉字的多少会拉开学生之间的差距。学生需要掌握好的办法，来快速记忆汉字，并且真正理解、掌握这些汉字。

二 传统汉字文化对小学语文识字教学的促进性作用

为了让学生更好地识字，教师可以引入传统的汉字文化，通过普及汉字文化，使学生更好地学习汉字知识。汉字文化伴随着中华民族历史的发展而发展，同时也融汇了不少先辈们的心血，因而学生能够更好地进行识字学习。传统汉字文化不仅包含汉字的变化，还包含汉字的起源。通过学习汉字起源方面的知识，理解造字规则，学生能更好地理解汉字表达的意思，因而不会再出现混淆汉字的问题。同时，学生们也能更好地根据造字法去区分不同的汉字，这可以降低他们学习汉字的难度。此外，传统汉字文化中包含许多关于汉字的小故事，能够吸引学生的注意力，从而让学生能够更加喜欢学习汉字，促进学生学习效率的提高。

三 在小学语文识字教学中运用传统汉字文化的具体措施

（一）结合传统造字法进行识字教学

汉字的特点有很多，其中汉字的表意特点可以指导识字教学。教师在进行识字教学时，也可以加入传统造字法的知识。教师自己要掌握一批常用的象形字、指事字、会意字，学会这些字的甲骨文、金文的写法，能用简笔画的形式熟练地画出有关的实物，并与相对应的古文字形体加以对照，生动展示从实物到图画，再到古文字形体的演变过程，这能调动学生的好奇心，激发学生的学习热情，帮助学生更好地理解字义、记忆字形。如在学习"牛、羊"等字时，教师便可以让学生看看甲骨文的"牛、羊"。这样学生便会发现最早的

"牛、羊"等汉字与这些动物的外形都是非常相似的,所以学生在书写时也会因为注意到牛和羊外形的不同而注意到这两个汉字的不同。在学习表示和水有关的汉字时,教师也可以先展示"水"的象形文字,然后让学生们看看"江、河"等有关水的汉字象形文字有什么相似之处。通过比较,学生便会发现与水有关的汉字都会有一样的偏旁,因此也就避免了学生将"湖水"写成"胡水"。当学生再看到和"江、河"一样偏旁的字时,即使他们不认识这些字,也能知道这些字肯定和水有关。

(二)通过区分偏旁进行汉字分类

我们也可以利用偏旁来区分汉字。如"裁、栽、载"这三个字,它们非常相似,这导致学生特别容易把它们混淆。教师在进行这三个字的教学时,就要注意让学生区分它们。"裁"里面有个"衣"字,那么这个字表示的动作肯定与衣服有关,所以这个字便是"裁缝"的"裁"。同样,"栽"和"载"这两个字中有"木"和"车",那么它们所表示的动作肯定也与植物和汽车有关系,因此学生便能够很好地找出哪个是"栽树"的"栽",哪个是"载物"的"载"了。汉字虽然千变万化,但是它们也有着自身的规律,只要学生掌握了一定的规律,学习汉字也会变得更加容易。

(三)图片与文字合理搭配,促进学生理解

小学阶段的学生自制力不够,学习时也难免会注意力不集中,再加上汉字的识记非常乏味,所以教师需要改进教学方法,让教学活动变得丰富多彩,从而使学生喜欢上汉字识记,提高学生的学习效率。如在学习"休"的时候,教师可以讲解这个字的组成。"休"由一个单人旁和一个"木"字组成,就可以将这个字理解为一个人靠在一棵树上,而人靠在树上肯定是为了休息,所以这个字便是"休"。为了加深学生的印象,教师还可以用一张人靠在树上的图来表示这个"休"字。在讲解了这个汉字之后,教师还可以找出更多这种类型的汉字,将它们用图片表示出来,让学生用猜谜语的方式去猜是哪些字。这样学生也会更有学习兴趣,也能够更加认真地进行识字记忆活动。

■ 思考练习

1. 怎样利用汉字的表意特点指导小学生识字?
2. 怎样利用形声字的特点指导小学生识字?
3. 举例说明在小学语文教材中哪几类字容易误读。

第四章

语　汇

本章导读

本章讲述现代汉语组词造句的规则和有关的分析方法，汉语词类的划分、各类实词与虚词的性质和用法，短语和句子的结构类型等，使学生具有辨识词性、分析句子和辨别句子正误的能力。

第一节 语汇概说

> 🔍 **学习重点**：理解语汇的概念，能区分出几种语汇单位。
> 🔍 **学习难点**：能准确区分几种语汇单位。

一 什么是语汇

语汇，也叫词汇，是一种语言中全部的词和熟语的总汇。例如，我们说"汉语语汇""英语语汇""俄语语汇"等，这里的"语汇"就是指这几种语言所使用的全部词语的总和。

语汇也可以指某一种特定范围的词语的总汇，例如"古代汉语语汇""近代汉语语汇""现代汉语语汇"是指汉语三个不同发展阶段所使用的词语的总汇；"吴方言语汇""粤方言语汇""北方方言语汇"是指汉语三种不同方言的词语的总汇；"鲁迅语汇""老舍语汇""《红楼梦》语汇"是指作家或作品所使用的词语的总汇。

总之，语汇是一种语言中的词以及熟语的集合体。单个的词语是不能称为语汇的。词语是个别的，语汇是集体的，由一个个具体的词语构成。一种语言中的词语有数万、数十万之多，而语汇则只有一个。平时有人说话，常常把语汇和词语混为一谈，用语汇代称词语，例如"我不理解这个语汇的意义""读了这部小说，我学会了好几个语汇的用法""你这篇文章中有好几个语汇使用不当"等，这里的"语汇"都应该换成"词语"才算正确。

语汇是语言的重要组成部分，是构成语言的建筑材料。人们平常使用语言进行交际，无论是同时同地的口头交际，还是异时异地的书面、媒体交际，都离不开词语的运用，都是通过一定的语法规则把语汇中的词语有机地组合成句子来表达自己的思想。如果说语言是一座巍峨的大厦，那么语汇就是构成这座大厦的全部建筑材料。语汇材料越丰富，就越容易建造出各式各样的房子，语言大厦就越绚丽多彩。同样的道理，一个人掌握的语汇材料越多，对这些材料的功能特点了解越细致，就越能精确地表达自己的思想和感情；一个人在交际时选择词语的余地越大，语言表达就越生动。古今中外著名的作家，之所以能够写出动人的篇章，与他们掌握的丰富的语汇材料不无关系。

汉语是世界上最发达的语言之一，这与汉语语汇的丰富和发达是分不开的。

现代汉语语汇的丰富性主要表现在以下几个方面。

第一，构成语汇的成分丰富多彩，数量众多，各种不同来源的词兼收并蓄，如古语词、外来词、方言词、各种熟语等，蔚为大观。2012年，《现代汉语词典》第六版出版，收词6.9万余条；2016年，《现代汉语词典》第七版正式发行，与第六版相比，新增了400多条词语，如"榜单""电商""地王""网媒""微信""民宿""协警""清流""裸官""创客""硬菜""泪点"等。伴随着时代的发展，新词语还在源源不断地出现，可见汉语语汇之丰富。

第二，语汇的构成方式丰富多样，如词的构成方式有组合、附加、重叠等，熟语也有不同的构成方式。

第三，词义丰富，容量大。现代汉语语汇中有许多多义词，常用词大都是多义的，有的词其义项多达十几项。多义词以同一语音形式表达多种意义，既满足了交际需要，又减少了语汇系统中词语的数量。

第四，拥有相当丰富的同义词。同义词的千差万别，使语言表达更加精密、细致。汉语语汇的丰富为人们运用语言提供了更加广阔的选择余地，我们可以在众多材料中细致地选取最能表达思想的成分组成句子、篇章，使话语更加精确生动，更加富有感染力。

现代汉语语汇也具有非常明显的特点。第一，语素单音成义，十分活跃，具有很强的组合能力。第二，词以双音节为主，词形简明。第三，词的构造方式灵活多样。由于汉语的词语一般都是以单音成义的语素为基础构成的，因此词的意义都比较明确，易于理解把握。例如，语素"录、音、像、机"构成"录音""录像""录音机""录像机"这样的词，意义非常清晰明显，不用解释人们就可以明白其意义。

二 现代汉语语汇系统

现代汉语语汇系统由词和熟语两大部分构成，其中词是语汇中最主要的成员。

▶▶ （一）词

词是最小的能够独立运用的语言单位。词是由语素按一定方式构成的，具有固定的语音形式、明确的意义内容、独立的造句功能。例如：

我们/伟大/的/祖国/十分/繁荣/富强。

这句话可以分成7个语言单位，每个单位都有固定的语音形式和确定的意义内容，其中的实词"我们""伟大""祖国""十分""繁荣""富强"都独立充当了句法成分，虚词"的"独立地表示语法结构关系。这7个语言单位都是词。

▶▶ （二）熟语

熟语是由词或语素构成的现成用语，它是语言中因长期习用而形成的固定短语，是语汇中比较特殊的成员。

熟语从结构形式上看大于词，表义容量也比词大，但在习用性、现成性、定型性方面与词相同，在造句功能上相当于一个词，可以充当各种句子成分，因而熟语是词的等价物。熟语具有一般词语所没有的表现力和独特魅力，可以使表达更加精练、更加生动，所以许多熟语从古代使用至当代，而且长用不衰。例如，下面使用了熟语的句子，十分生动形象，具有较强的表现力、感染力，比起使用一般词语的句子，表达效果要好得多。

①如果守株待兔，永远也不会有收获。

　如果坐等现成，永远也不会有收获。

②不深入基层了解情况就下结论，无异于盲人摸象。

　　不深入基层了解情况就下结论，是非常片面的。

③你思想上可千万不要背包袱。

　　你思想上可千万不要有顾虑。

　　熟语都是定型化的固定短语，使用中应将其看作一个整体，一般不能随意拆开、颠倒词序或更换词语。例如，成语"胸有成竹"不能改为"心有成竹"或"胸有成林"，"掩耳盗铃"不能说成"掩耳盗钟"或"掩眼盗铃"；歇后语"千里送鹅毛，礼轻情意重"不能说成"千里送鸡毛，礼轻情意重"；惯用语"吹牛皮"不能说成"吹猪皮"。这是因为，熟语在形式上已经固定了，已经约定俗成了，如果随意改变，不但破坏了熟语意义的表达，而且减弱了熟语的生动性和表现力。

　　熟语的意义是完整的，只能从整体上对其进行理解。例如成语、惯用语等，其意义大都不是构成要素的意义的简单相加，而是互相融合成新的意义，因此不能从字面去理解其含义。例如，"不分青红皂白"是指该区分而没有区分，不分好歹是非，而不是指区分颜色；"口若悬河"形容人说话滔滔不绝，犹如河的水流那样，具有夸张色彩。又如，惯用语"敲竹杠"并非指敲竹杠子，而是指敲诈人。我们从字面上是分析不出这些意义的，其感情色彩更不易从字面上看出来。

　　熟语包括成语、惯用语、歇后语、谚语等，它们的共同特点是结构具有固定性，意义具有完整性，它们在结构、意义、用法上还有各自的特点。熟语是一定历史文化积淀的结果，因而有着非常丰富深刻的内涵，在表义上具有别的表达形式所不可替代的作用，是汉语语汇中的一朵奇葩，是汉民族宝贵的精神财富和文化遗产，值得深入学习和研究。

三　语汇的学习

▶▶（一）注意规范

　　语汇同社会有着极为密切的联系，直接反映着社会的发展变化，直接反映着社会对客观事物的认识水平，因为社会的任何变化都会首先在语汇系统中体现出来。随着我国改革开放的不断深入，国内地区间的交往和与国际上的交流不断增多，社会变化速度越来越快，新事物、新概念层出不穷，这些事物、概念要进入交际领域，必须具备一定的词语形式。许多新词就在这种情况下如雨后春笋般地涌现出来，方言词、外来词也在日益频繁的交流中不断进入语汇系统。尤其是现代社会传播媒介十分发达，有些新词（例如代表新产品、新现象、新观念的词语），通过广播、电视、报刊等媒体的新闻和广告，甚至可以在一夜之间走进千家万户，旋即进入语汇系统，融入人们的语言和生活中。

　　在社会变革的过程中，语汇表现得最为活跃，各种五花八门的词语不断涌现，令人眼花缭乱，因此，语汇变化最快，也最易产生分歧、混乱，例如生造词语，滥用方言词，随意使用外来词给产品、店铺起"洋名"等。这些无疑会影响语汇的纯洁性，所以，学习语汇、注意语汇的规范性就显得十分重要了。

普通话的语汇规范是以北方方言语汇为基础的。语汇规范的原则包括普遍性原则、需要性原则、明确性原则三个方面。普遍性是指普通话语汇要吸收使用普遍、使用频率高的词语,例如选用"玉米",不选用"苞米""苞谷""珍珠米"这类词。需要性是指创造新词和吸收古语词、方言词、外来词等,要根据实际需要,不能盲目创造吸收,如果普通话没有相应的词语,而交际又十分需要,就可以吸收进来,例如普通话过去有"心理状态"这个短语,同样的意思在我国台湾、香港用"心态"这个词表示,显然比用普通话中的短语要简练、经济、方便,所以这个词就为普通话语汇吸收了,而在台湾和香港通行的"飞弹""身立声""因应"等词,因为普通话中已有现成的一类词"导弹""立体声""适应",因此就没必要用别的词来代替,所以普通话语汇就不吸收这类词。明确性是指吸收词语要选取那些意义明确、容易被人们所理解的词语,吸收外来词尤其要注意这一点。例如"激光"就比"镭射""莱塞儿"明确,"科学"就比"赛因思"明确,"话筒"就比"麦克风"明确,所以这几组词,后面的基本都被淘汰了。

(二) 注意积累

语汇中的成员,数以万计,因此,学习语汇,在认识、把握语汇规律特点的同时,要注意积累词语,扩充语汇量。一个人语汇量的大小,与他的语言表达水平密切相关。一个人掌握的词语越多,语汇越丰富,运用时选择余地越大,表达思想感情就会越细致、生动。

语汇的学习不像语法那样,可以通过有限的规则来类推造出数量无比多的句子,而必须一个一个地学习、积累,了解其读音、意义、用法。同语音、语法相比,语汇同社会的联系更加密切,因而其变化更为迅速,新词语随着时代的变化不断产生。据统计,《辞海》(第七版) 总条目近13万条,新增条目 (含义项) 11000余条,逾75%的条目都有不同程度的修订或更新,并首次设立多个学科分科,"大数据""5G""物联网"等入选,与时俱进反映时代精神。改革开放以来,我国每年新增加的词语不胜枚举,如"上网""网校""数码相机""物联网相机"等,这些新词语反映了社会的变迁和发展。在新词不断涌现的同时,原来的一些词在使用过程中,意义也在不断发生变化,例如,我们平常使用的"窗口""菜单""文件"等,在计算机中都有不同的含义。说语汇是社会生活的一面镜子,这是一点也不夸张的。正确运用这些词语,就必须弄清它们的意义、用法特点。由此可见,即使母语掌握得很好的人,面对语汇日新月异的变化,都要注意积累词语,扩充语汇量。如果不注意积累词语,不了解这些词语的意义和用法,就很难适应社会发展的需要。

(三) 正确运用

学习语汇,积累词语,最终是为了运用。要做到正确运用,必须弄清楚词与词的意义差别,不能望文生义,乱用词语。有些词语,尤其是熟语,意义不能从字面上来理解,如"不刊之论"不能理解为不能刊用的言论,"万人空巷"不能理解为街上空无一人;有些词的感情色彩、风格色彩不同,在使用时不能混淆,如"自作聪明""天花乱坠"都有贬义色彩,不能用来描写正面人物;有些词适用于特定的场合,如"贵姓""幸会""失敬""久仰""高见""高寿"等;有些词有特定的含义,如"令尊""家严""先严"等。词语的搭配有一定的规律，如可以说"发挥作用"，不能说"发扬作用"；可以说"提高水平"，不能说"培养水平"。运用词语，注意词的这些组合关系特点，才能造出正确的句子。

此外，还要注意结合特定的语言环境选择运用词语。语言中的词语，地位是完全平等的，没有好坏优劣之分，只要运用得当，极为平常的词语，也能绽放出耀人的光彩。因此，运用词语只有切合语境，才能增强词语的表现力，收到更好的表达效果。下列古诗句中划线的词，都是非常普通和常见的，但是因为词语运用恰切，因而无比生动。

绿杨烟外晓寒轻，红杏枝头春意闹。（宋祁《玉楼春·春景》）

鸟宿池边树，僧敲月下门。（贾岛《题李凝幽居》）

一道残阳铺水中，半江瑟瑟半江红。（白居易《暮江吟》）

春风又绿江南岸，明月何时照我还。（王安石《泊船瓜洲》）

学习语汇，规范、积累与正确运用，三者的关系密不可分。提高语汇的运用能力，要靠认真的学习和长期的积累，因此要学好语汇，单从理论上把握是远远不够的，必须长期坚持实践，才能真正提高运用水平。

 **思考练习**

1. 单项选择题

    （1）下列关于语汇和语言的关系，说法正确的一项是（　　）。

    　　A.语汇就是语言。　　　　　　　　B.语言中的语汇就是词。

    　　C.语汇是语言的建筑材料，是一种语言中所有的词及相当于词的作用的固定结构的总汇。

    　　D.语汇和语言之间没有任何关系。

    （2）下列哪项不属于语汇？（　　）

    　　A.成语　　　　B.歇后语　　　　C.惯用语　　　　D.语素

2. 简答题

    （1）简述现代汉语语汇系统。

    （2）语汇的学习，要注意哪些方面？

第二节　词的构成

学习重点：能从不同角度对语素进行分类；掌握词的构造知识，能区分单纯词、合成词。

学习难点：掌握语素的辨别方法，运用词的构造知识区分单纯词、合成词。

一 语 素

(一) 什么是语素

语素是最小的语音语义结合体,是最小的有意义的语言单位。

如果对一个语言片段层层进行切分,让切分出来的语言单位既有一定的语音形式,又有独立的意义,那么切分出来的最小语言单位就是语素。例如,"我们非常珍惜今天的幸福生活"这句话,可以进行如下切分:

我们|非常|珍惜|今天|的|幸福|生活。

这个句子一共切分出"我们""非常""珍惜"等7个单位,这7个单位都是词,因为它们都能独立运用。但这7个单位并不都是最小的语言单位,例如"珍惜"中的"珍""惜","生活"中的"生""活"等都有意义,而且还有一定的语音形式,说明这些语言单位还不是最小的语音语义结合体,因此还可以进一步往下切分,可切分为:

我|们|非|常|珍|惜|今|天|的|幸|福|生|活。

这样切分出来的13个单位,每个单位都有独立的音节形式,有一定的意义。如果再往下切分,就只能得到没有意义的音素了。可见,这13个单位都是音义结合的最小单位,都是语素。

语素是语言符号系统中的最小单位,具有一定的语音形式和一定的意义。这两个方面在具体的语素中是统一的、不可分割的,也就是说,每个语素都是一定的声音和一定的意义的结合体,缺少其中一个要素,就不是语素。例如"风"的语音形式是 fēng,意义是跟地面大致平行的流动的空气;"开"的语音形式是 kāi,意义是把关闭的东西打开。如果一个单位只有语音形式而没有意义,就不能独立构成语素。例如"猢"和"蝴"的语音形式是 hú,"琵""枇"的语音形式是 pí,但它们都没有意义,只是代表一个音节,因而都不是语素。不过,它们同别的音节组合起来,可以构成语素,例如"猢狲""蝴蝶""琵琶""枇杷"。

语素同音节和汉字有比较密切的关系,因为语素大多是单音节形式,书面上用一个汉字记录,三者之间有一种对应关系。一般而言,一个语素就是一个音节、一个汉字。但是语素、音节、汉字又属于不同的范畴,语素是语言单位,音节是语音单位,汉字是记录音节的书面符号,因此三者就不是绝对的对应关系了。例如,表示谷类植物去掉壳和皮的果实这个意义的语素,音节形式是 mǐ,用汉字"米"记录,独立地看,这个语素是一音一字,同音节、汉字是一种对应关系,但会合别的语素看,就不完全对应了。例如,同样是 mǐ 这个音节,还表示"米"(长度单位),这样,汉字"米"代表了两个不同的语素。另外,mǐ 这个音节还可以用"芈""弭""敉""脒""靡"等表示。

(二) 语素的分类

从作用和功能看,语素主要用于构词,是造句的最基础的备用单位。为了弄清语素是怎样构成词的,需要对语素进行分类。

1. 按内部构成音节的数量分类

按内部构成音节的数量多少，可以将语素分为单音节语素、双音节语素和多音节语素。

（1）单音节语素是指只有一个音节的语素，如"人、马、走、看、大、好、他、头、啊、呀"等。从古代到现代，汉语语素一直以单音节为主。可以说，单音节语素是汉语语素的基本形式，在数量上占绝对优势。从书面形式看，一个汉字多数情况下就是一个语素。

（2）双音节语素是指具有两个音节的语素，是两个音节共同指向一个语义内容，如"枇杷、烂漫、杜鹃、徘徊、参差、荡漾、囫囵"等。

（3）多音节语素是指具有三个或三个以上音节的语素，是三个或多个音节共同指向同一个语义内容，如"苏维埃、巧克力、阿弥陀佛、阿司匹林、奥林匹克、布尔什维克"等。

2. 按外部构词职能分类

按外部构词职能，可以将语素分为成词语素和不成词语素。

（1）成词语素是能够独立成词的语素。它既可以独立成词，也可以"单说"（直接形成交际中的语言片段。如"——你拿了什么？——书。"答句中的"书"就是单说形式的自由语素），又能与别的语素自由构词。又如：

山　山脉　山峰　山河　山水　江山　冰山
看　看法　看齐　看见　看望　查看　偷看
美　美丽　美观　美妙　美好　优美　精美

现代汉语中还有一些能够独立成词，但一般不能与别的语素构成合成词的单音节语素，尤其是一些表示语气和感叹的语素，如"吧、吗、哩、呗、喽、哼、哦、噢、哇、嘿、呸、哟、咄、咦、嘘、啧、嘻、嘀"等，但这类语素在现代汉语中数量有限，所占比例很小。

（2）不成词语素是指不能独立成词的语素。它只能和别的语素组合成词。如：

器　器官　器皿　器材　机器　仪器
悉　悉心　悉数　获悉　得悉　熟悉
乎乎　胖乎乎　热乎乎　傻乎乎　蔫乎乎
蒙蒙　灰蒙蒙　雾蒙蒙　蒙蒙亮

3. 按构词时的位置分类

按构词时的位置，可以将语素分为定位语素和不定位语素。

（1）定位语素又叫词缀，是指不能独立成词的、与别的语素组合成词时位置固定的语素。它往往表示一些附加的意义，起一定的语法作用。如：

老　老师　老虎　老鼠　　　第　第一　第六　第十
阿　阿姨　阿爸　阿强　　　子　桌子　裤子　被子
员　演员　学员　船员　　　家　画家　作家　艺术家
者　读者　学者　记者

（2）不定位语素是指与别的语素组合成词时位置不固定的语素。由于它位置自由，且

多承担所组成词的全部或部分基本意义,故又称为词根。如:

明　光明　开明　明灯　明亮　　亮　照亮　光亮　亮度　亮色
技　科技　杂技　技术　技巧　　体　身体　机体　体育　体会
树　榆树　果树　树木　树林　　余　多余　业余　余额　余生
粮　粗粮　杂粮　粮食　粮草

4. 按照语汇意义分类

按照语汇意义,可以将语素分为实义语素和虚义语素。

(1) 实义语素是指有实在语汇意义的语素。如"灯(灯火)、技(技术)、书(书本)"等。

(2) 虚义语素是指一般不具有实在的语汇意义的语素,或者说语素本身不直接负载意义,但当与其他成分组合成更大的单位时,虚义语素能使该单位获得某种新的意义。如"者(学—学者)、头(看—看头)、家(画—画家)"等。

现代汉语里的语素,多数是由古代汉语的词演变来的。由于汉语的词逐渐由单音节向双音节发展,古代汉语的很多词在现代汉语中变成了语素,如"习、妇、民、谋"等,它们只是在一些文言格式和成语或其他熟语中仍然被当作词用,如"习以为常、妇孺皆知、爱民如子、足智多谋"等。

▶▶ (三) 语素的鉴定方法

语素的鉴定,除了从定义入手外,主要还可采用替换法。所谓替换法(也叫"同形替换法"),就是用已知语素替代有待确定是不是语素的语言单位,也就是对某个语言片段(一般是双音节)的各个成分进行同类替代。

以下以双音节单位AB式为例进行说明。

如果A可以被替换,形成CB、DB等,则B是一个语素。

　　例如:学习 ？习　温习　复习　实习—B"习"为语素
　　　　　清洁 ？洁　整洁　纯洁　圣洁—B"洁"为语素

如果B可以被替换,形成AC、AD等,则A是一个语素。

　　例如:学习　学？　学校　学业　学长—A"学"为语素
　　　　　清洁　清？　清爽　清纯　清白—A"清"为语素

如果AB都可以被替换,则AB都是语素。

　　例如:汉语 ？语　话语　言语　英语—B"语"为语素
　　　　　　　汉？　汉族　汉字　汉人—A"汉"为语素

如果A可以被替换,B不可以被替换,B是语素,A不是语素,AB是一个语素,即非语素音节+语素=1个语素;如果B可以被替换,A不可以被替换,A是语素,B不是语素,AB是一个语素,即语素音节+非语素音节=1个语素。

　　例如:蝴蝶 ？蝶　粉蝶　彩蝶　幼蝶—B"蝶"为语素
　　　　　　　蝴？　蝴×—A"蝴"不是语素

　　　　蝴+蝶=1个语素

采用替换法时，需注意以下两点。

（1）一个双音节的或多音节的语言片段，在替换时必须是两个或多个成分同时都可以分别被替换，否则这种替换是不符合要求的。如：

　　蜘蛛：檐蛛

　　　　　蜘×

"蜘×"这样的语言单位在现代汉语中是不存在的，所以说，"蜘"就不是语素，只是一个音节。"蛛"在"檐蛛"中是语素，"蜘"与"蛛"合起来是一个语素。

（2）替换时，必须保持结构单位意义的基本一致。替换后的语素义和原来语言片段的语义要有一定的联系。

　　马虎　老虎　猛虎　幼虎
　　　　　马车　马匹　马蹄

这样的替换显然是不符合要求的。因为，"马虎"中的"马"和"虎"与"马车""老虎"中的"马"和"虎"在意义上并没有什么联系，无法保持结构单位的基本一致。其实，两者的读音也不一样。"马虎"的"虎"读轻声，"马虎"是一个双音节语素，表达的意思是"草率、疏忽大意"。这一点，还可以从词的书写形式上得到证明，因为"马虎"有时也可作"马糊"。

▶▶（四）语素和词的区别与联系

1. 语素和词的区别

语素是最小的语音语义结合体，是语言的最小单位，词是最小的能独立运用的单位。虽然语素和词都是最小的语言单位，但它们有本质不同。语素和词的区别主要在于功能方面：语素的主要功能是构词，作构词的材料；词的主要功能是造句，充当各种句法成分。它们的区别可以从语音形式、意义、功能三个方面来加以认识。

从语音形式看，语素以单音节为主，虽然语素也有两个以上音节构成的多音节语素，如"吉他""沙发""玻璃"之类，但这毕竟是少数，90%以上的语素是单音节形式；现代汉语的词则以双音节形式为主，三个以上音节构成的词也不少。例如，"我们认真学习现代汉语"这句话，由十个音节构成，书面上用十个汉字记录，正好也是十个语素，但词则只有"我们""认真""学习""现代""汉语"五个词。两者在语音形式上有比较明显的差别。正是因为二者这种形式上的差别，所以书面上，根据汉字就可以把大多数语素辨识出来，但辨识词就不那么简单了。人们常说汉语划分语素比较容易，划分词则要困难一些，道理就在于此。当然，有些词是由一个语素构成的，如"走、说、读、听、看、唱"等常用动词。

从意义上看，语素的意义不够稳定、明确，意义往往随所构成的词的不同而有所变化；词的意义比较明确、固定。例如语素"直"，就有"不弯曲""坦率""公正""径直""笔画竖"等多种含义，单看"直"很难确定它是哪一种意义，只有同别的语素组合起来，意义才能明确并固定下来。词的意义则比较明确，如"直线""直言""直达""笔直""正直"等词，由于有别的语素义的限制，所以意义就十分明确了。

108

从功能上看，语素和词的主要区别在于能否独立运用，即是否能独立用作造句材料，这是词和语素最根本的区别。语素是构成词的要素，不能直接用来造句，例如"我们都要学习现代汉语"这个句子，有十个语素，其中的语素"我""们""都""要""学""习""现""代""汉""语"，都是词的构成部分，而不是句子的成分。词则可以直接构成句子或短语，充当句法成分，例如"我们都要学习现代汉语"中有"我们""都""要""学习""现代""汉语"六个词，它们或充当句子成分，或充当短语成分，都具有造句功能。

语素中，有一类语素可以像词那样独立运用，我们将其称为成词语素，具有造句功能。不过，这类语素用作短语或句子成分时是词，用作构词成分时是语素，例如，"春"是成词语素，在"春来了""盼春归"短语中是词，在"春天来了"短语中是语素。成词语素可以说是语素与词两种语言单位在形式上的重合，从不同角度着眼，它们是不同的语言单位。至于非成词语素，根本就没有充当句子成分的能力，只能用作构词材料，例如"式""普""及""誉""容"等语素。

2. 语素与词的联系

作为构词的材料，现代汉语语素具有极强的活动能力。可以从以下几个方面来认识语素同词的联系。

（1）从构词功能看，现代汉语语素同词的联系主要有以下三种情况。

第一，有的语素能独立成词，但不能同别的语素组合成词。这类语素属于成词语素，大多没有什么实在意义，主要是构成表示某种语法关系的虚词，例如"的""地""得""着""了""过""吗""呢""呀""为""自""把""向""与""和""同"这类语素。

第二，有的语素只能同别的语素组合成词，作为专门的构词材料。这类语素都是非成词语素，只能充当词的构成要素，例如"民""辅""兄""裕""们""机""湍""艳""仆"等。

第三，有的语素既能独立成词，又能同别的语素组合成词，这类语素占大多数。例如"书"，可以独立成词充当句子成分（如"我买了一本书"这句话中的"书"充当宾语成分），又可以与其他语素一起构成像"书包""书本""书写""书斋""书橱""书信""书记""书房""书柜""书评""草书""藏书""丛书""史书""图书""诏书"这样的词。

（2）从构词时的位置看，语素有固定与灵活两种情况。

第一，构词时位置固定。构词时位置固定的语素主要是定位语素，这类语素在词中的位置是固定不变的，或者只出现在词的前面，或者只出现在词的后面。"老""可""阿"等语素构词时位于词的前面，如"老虎""可亲""阿姐"等词；"子""手""头""们"等语素构词时位于词的后面，如"领子""舵手""想头""他们"等词。这些构词位置固定的语素，意义都比较虚化，往往只表示某种抽象的意义，例如"家"指家庭，意义是比较实在的，但是在"画家""作家""歌唱家""文学家""音乐家"一类词中意义就虚化了，笼统地表示从事某种专门活动的人。

第二，构词时位置灵活。构词时位置灵活的语素是非定位语素，这类语素在词中的位置是十分灵活的，它们同别的语素构成一个新的词时，既可以出现在词的前面，又可以出现在词的后面。例如语素"电"，位于词的前面时，可以构成"电报""电波""电力""电话""电灯""电磁""电笔""电池""电表""电场""电动""电讯""电扇""电能""电炉"等词，位于词的后面时，可以构成"风电""火电""专电""发电""停电""家电""触电""漏电""来电""回电""贺电"等词。又如语素"人"，可以构成"人家""人民""人们""人类""人种""人口""工人""小人""高人""爱人""众人""行人""待人""诗人""文人"等词，语素"灯"可以构成"灯火""灯光""灯笼""灯塔""灯台""灯罩""灯谜""红灯""纱灯""宫灯""街灯""油灯""路灯""心灯"等词。

总的来看，语素构词无论位置固定还是灵活，都表现出很强的活动能力，尤其是常用语素，构词能力相当强，像"门""面""民""目""木""定""地""道""水""气"等语素，都能构成数十个，甚至数百个词，例如语素"人"能构成400多个词和成语。了解语素的这些特点，对于进一步认识词的构成特点和理解、把握词的意义是非常重要的。

二 词

（一）词的概念

词是由语素构成、比语素高一级的单位，是语言中能够独立运用的最小的音义结合体。这里所说的"独立运用"和"最小"解释如下。

1. 独立运用

"独立运用"是指能够单说（单独成句）或单用（单独做句法成分或单独起语法作用）。例如：

小李	和	小刘	去	散步	了。
单说	单独起语法作用	单说	单说	单说	单独起语法作用

这	是	我们	的	学校。
单用	单用	单用	单独起语法作用	单用

2. 最小

"最小"意味着词不能扩展，内部一般不能再加入别的造句成分，即使是两个自由语素组成的词也不能分开，如"白菜、黑板、开关、骨肉、美好"不能扩展为"白的菜、黑的板、开和关、骨和肉、美和好"。

确定一个语言单位是不是词，关键就看该单位是否是能够独立运用的最小的语言形式。如果只看"最小的"，语素比词小，但语素不能独立运用，如果只看"能够独立运用"，那短语也可以，但短语不是最小的，所以必须把两者结合起来。

（二）词的鉴定方法

1. 问答法

问答法就是看一个语言单位能不能单用，能单用的、能独立回答问题的就是实词；反之，很可能是不自由语素或虚词。如对于"她们特别喜欢鲜花"这句话，可以分别提问。①——谁很喜欢鲜花？——她们。②——她们很喜欢什么？——鲜花。③——她们觉得鲜花怎么样？——（很）喜欢。因此，"她们""鲜花""喜欢"是三个实词。又如"——你走吗？——嗯。"此处"嗯"是独立回答问题的，也应被视为实词。

2. 提取法

提取法是将一个句子中可以单用的实词提取后，再确定剩余的成分是不是词，一般来说，虚词都不能单独回答问题，所以提取实词后剩下的都是虚词。如"我和朋友终于回到了阔别多年的母校"，提取可以单用的成分后，剩下的"和""了""的"都是虚词。现代汉语的副词虽然归入实词，但副词具有黏着、定位的特点，所以有些双音节的副词适用问答法，有些则不行；而单音节副词一般只适用提取法。如"——他什么时候走的？——刚刚/刚走。"或者"——你什么时候走？——马上走/就走。"

3. 扩展法

扩展法是指一个语言单位的中间能不能插入其他成分，譬如联合式中插入"和"、偏正式中插入"的"。凡是能插入"和""的"的，就是短语，反之则是词。比如"过去""大车"和"来去""大船"。前二者不能对应扩展为"过和去"（"过去"是动词或名词，不是动词"过"和动词"去"并列）、"大的车"（"大车"是一种牲畜或人力拉的车，并不是体积大的车）；而"来去"却可以扩展成"来和去"，"大船"可以扩展成"大的船"。由此可见，"过去""大车"是词，"来去""大船"是短语。又如，"白布"和"白菜"、"新书"和"新娘"的差异也是如此，每一组的前者可以扩展，是短语；后者不能扩展，是词，即"白布"就是"白的布"，"新书"就是"新的书"，而"白菜"不是"白的菜"，"新娘"也不是"新的娘"。

三 词的构造：单纯词与合成词

（一）单纯词

由一个语素构成的词，叫单纯词。单纯词从音节的角度看，可以分为单音节、双音节词、多音节词三种。

单纯词都是由一个语素构成的，绝大多数的单音节单纯词都既可以作为语素，又可以作为词。

双音节和多音节的单纯词，主要有以下几类。

1.联绵词

联绵词是指两个不同的音节连缀表示一个意义，而不能拆成两个语素的词。根据读音，联绵词可以分为以下三类。

（1）双声的：两个音节声母相同；若两个音节都是零声母，也可以归入双声。如：

惆怅　慷慨　琵琶　坎坷　琉璃　伶俐　拮据　犹豫　逶迤

（2）叠韵的：韵母相同，或者说主要韵母相同，即介音（韵头）的有无、同与不同都可以不计较。如：

霹雳　迷离　蜻蜓　汹涌　伶仃　烂漫　窈窕　妖娆　哆嗦

（3）其他（声韵都不同的），如：

牡丹　珊瑚　芙蓉　蝙蝠　疙瘩　磅礴　妯娌　峥嵘　垃圾

联绵词中的两个音节连缀只表示一个意义，但有时其中的一个音节和其他语素相结合，表达的也是所在的联绵词的语素义，如"蝴蝶"中的"蝶"可以构成"粉蝶、彩蝶"、"蜘蛛"中的"蛛"可以构成"蛛网、蛛丝马迹"等。

2. 叠音词

由不成词语素的一个音节相叠构成。叠音词中的音节在现代汉语中都是不能单独表义的，比如"孜、脉、炅、猩、惺、蛐、蝈"等，在现代汉语中都是不能单用的。构成叠音词的每一个字在词典中一般都没有单独的解释，必须看它们的叠音形式才能了解其意义。从句法功能看，叠音词有名词、副词、形容词、动词等多种。从表达功用看，大致分为以下三类。

（1）情状类，如：

依依　切切　脉脉　落落　沾沾　堂堂　孜孜　翩翩　炅炅　冉冉
姗姗　津津　洋洋　汹汹　济济

（2）指称类，如：

饽饽　姥姥　猩猩　奶奶　蝈蝈　蛐蛐

（3）拟音类，如：

淙淙　潺潺　咕咕　汩汩　嗷嗷　侃侃

3. 音译外来词

音译词是以读音相近的字翻译外来词语而形成的单纯词。如：

咖啡　克隆　逻辑　吉普　沙发　尼龙

三个音节以上的单纯词有很多都是音译外来词。如：

巧克力　奥林匹克　歇斯底里

音译词之所以是单纯词，是因为构成该词的两个或多个音节同该词的意义没有必然的联系，这并不是说该词在它的源语言中一定就是单纯词。

4. 拟声词

模拟自然界和人类自己声音的词，都是拟声词。拟声词也是单纯词，如"哐啷、呼噜、滴答、哈哈、嘻嘻、咔嚓、哗啦、轰隆"等。

根据所模拟声音的性质，拟声词可以分为象声和感叹两大类。象声类，如"扑通、叮当、哗啦、轰隆、布谷、知了、乒乓、轱辘"等；感叹类，如"哎呀、啊呀、啊唷、哎哟、呜咽、嗫嚅、嘀咕、嘟哝、唏嘘"等。象声词主要模拟自然界的声音，只要音近就可以。感叹词一般同人的感情的发泄、身体的条件反射有关。大多数拟声词的字形标志是"口"字旁，但也不一定，比如"噗通"可以写成"扑通"，"叮咚"可以写作"丁冬"。拟声词可以充当定语和状语，也可以单独使用。

➤ （二）合成词

合成词是指由两个或两个以上的语素构成的词。构词语素分两种：一种叫词根，指的是意义实在、在合成词时位置不固定的语素；另一种叫词缀，指的是意义不实在、在合成词时位置固定在前或在后的语素。合成词包括词根加词根构成的，也包括词根加词缀构成的。合成词有复合式、附加式（派生式）两种构词方式。

1. 复合式

复合式至少由两个不相同的词根结合在一起构成。从词根之间的关系看，主要有五种类型（以"词根A＋词根B"两个词根构成的复合词为例）。

（1）联合型（并列式）：由两个意义相同、相近、相关或相反的词根并列组合而成。

同义：途径　休息　计算　制造　声音　根本　恭敬　喜欢
类义：领袖　心肠　血肉　手足　江山　骨肉　细软　眉目
反义：早晚　动静　好歹　开关　买卖　横竖　始终　教学
偏义：国家　质量　忘记　窗户　人马　人物　睡觉　师傅

同义是指两个词根意义相同，可以互相说明；类义和反义是指两个词根结合起来后产生新的意义；偏义是指两个词根组合成词后一个词根的意义在起作用，另一个词根的意义完全消失。

（2）偏正型（限定式）：前一词根修饰、限定后一词根。一般来说，偏正型的中心语素位置在后，决定这个词的词性。主要包括以下几种情况。

①名词性的语素为中心成分。

名＋名：草帽　冰箱　腕表　火车　马路　毛笔
形＋名：绿茶　黑板　平台　美德　新房　香肠
动＋名：试卷　开水　住宅　考场　摇篮　走狗

②动词性的语素为中心成分。

名＋动：囊括　瓦解　龟缩　响应　席卷　鱼贯
形＋动：热爱　小看　轻信　重视　痛恨　广播
副＋动：暂停　顿悟　稍息　胡闹　漫谈　再生

③形容词性的语素为中心成分。

名＋形：碧绿　雪白　笔直　漆黑　火热　肤浅
形＋形：嫩绿　深蓝　浅紫　微妙　鲜红　蔚蓝
动＋形：飞快　滚圆　通红　喷香　透明　镇静

中心成分为名词性的，属偏正型的定中关系；中心成分为动词性、形容词性的，属偏正型的状中关系。

（3）补充型：后一词根补充说明前一词根。

动+动：看见　打倒　放开　扩展　推翻　展开

动+形：改善　纠正　证明　提高　降低　冻僵

名+量：竹竿　稿件　花朵　枪支　钟点　房间

名+名：雪花　熊猫　月球　脑海　耳朵　心扉

"名+名"补充型与"名+名"偏正型的区别在于语义的重心在前还是在后，是后补充前还是前修饰后。比如，"雪花"是像花的雪，同"雪景（有雪的风景）"内部语义关系不同；"花朵"是"朵（指植物花苞的形状）"补充"花"，与"花瓣"的内部语义关系也不同。再比如，"熊猫"和"猫熊"所指相同，但前者是补充型，后者是偏正型。

（4）动宾型（支配式）：构成支配式合成词的两个语素，前一个语素表示动作行为，后一个语素是动作行为支配的对象，二者有支配和被支配的关系。例如：

①干事　中肯　裹腿　管家　司机　失色　解毒　伤心　捐躯　揭底

②革命　注意　上当　吹牛　跳舞　鞠躬　洗澡　叹气　操心　丢脸

第一组支配式合成词，两个语素结合较紧，中间不允许插入别的成分；第二组合成词，两个语素之间结合关系较松，中间可以插入别的成分，具体运用时可以有多种形式，如"跳舞"可以说"跳了舞""跳一次舞""跳一会儿舞"等。通常把第二组词叫作离合词，即两个语素合起来是词，拆开插入别的成分后是短语，不过其成分的独立性仍然很弱。

（5）主谓型（陈述式）：这类合成词，前一个语素多表示事物，后一个语素表示性质、状态或动作，二者构成陈述与被陈述的关系。例如：

神往　口红　口吃　月亮　肉松　民主　日食　脸红

心疼　自私　自卫　发指　眼花　人为　性急　海啸

复合式合成词除了上述五种构造方式以外，还有以下三种较为特殊的组合式。

第一种是重叠式。由两个相同的词根语素重叠在一起，构成一个词。例如：

爸爸　妈妈　姐姐　哥哥　爷爷　星星　刚刚　常常　明明　场场

注意：AA式重叠组合的合成词不同于单纯词中的叠音词，它们的区别有三点。其一，叠音词的单个音节不是语素，不表达意义，如"勃勃"中的"勃"没有意义；而AA式重叠词中的A是语素，能表达意义。其二，AA式重叠词中的A作为语素，可以与其他语素构成合成词，如"场场"中的"场"可以再构成"离场、菜场、菜场"等。其三，许多AA式重叠词还具有对应的A式单纯词，如可以说"一颗星""他刚走"等，叠音词中的单个音节一般不能与其他语素再构词，也不能单个使用。

第二种是连动式，如：

认领　报销　扮演　接管　查封　抽查　抽调　割让　借用　退休

第三种是兼语式，如：

请教　召集　召见　逗笑　遣返

2. 附加式

附加式是由定位语素与非定位语素构成合成词的方式。在附加式合成词中，非定位语素是词根，表示整个词的主要意义，定位语素是词缀，附加在词根上，表示某种抽象概括的意义。根据定位语素的位置，附加式合成词可分为前附式与后附式两种。

（1）前附式（前缀式）。

定位语素附加在非定位语素的前面，这类定位语素常见的有"老""阿""可""非""以""小""打"等。例如：

老：老师　老鹰　老鼠　老虎　老乡　　阿：阿姨　阿妈　阿爸　阿飞　阿贵
可：可恨　可气　可怕　可叹　可怜　　非：非凡　非常　非分　非法　非命
以：以前　以后　以内　以外　以上　　小：小姐　小偷　小丑　小工　小费
打：打扫　打听　打开　打扮　打探

（2）后附式。

定位语素附加在非定位语素的后面，这类定位语素常见的有"者""子""头""乎""化""性""手""气""员"等。例如：

者：读者　编者　记者　作者　患者　　子：条子　筷子　棍子　头子　刀子
头：苦头　念头　行头　木头　罐头　　乎：热乎　似乎　在乎　断乎　合乎
化：绿化　西化　恶化　深化　优化　　性：党性　弹性　中性　酸性　慢性
手：舵手　水手　歌手　新手　猎手　　气：土气　洋气　小气　娇气　客气
员：会员　队员　团员　演员　船员

定位语素在合成词中具有相当大的作用，它们或者表明词的意义类属，或者给词义增加某种色彩，或者表示词的语法类别。例如，"者"是名词的标志，具有动词、形容词性质的语素加上"者"，就构成了一个名词，如"使者""侍者""学者""弱者""长者"等；"化"是动词的标志，具有名词、形容词性质的语素加上"化"就构成了动词，如"氧化""炭化""奴化""淡化""丑化""强化"等。

附加式在现代汉语中是一种具有强大生命力的构词方式，许多定位语素构词能力极强，能构成数十个词，如"头"能构成的词多达200余个。附加式近年还有进一步发展的趋势，一些非定位语素在发展过程中，意义又呈现虚化的一面，构词上趋向于定位，例如"家""热""坛""圈""度""师""士"等语素，它们既是非定位语素，也是定位语素，作为非定位语素可以构成组合式合成词；作为定位语素，它们的意义已经虚化，经常与别的语素一起构成附加式合成词。例如：

家：作家　画家　专家　行家　冤家　　坛：足坛　排坛　歌坛　乒坛　论坛
度：力度　湿度　温度　深度　浓度　　手：歌手　鼓手　打手　扒手　旗手
师：军师　厨师　技师　律师　讲师　　式：老式　新式　款式　样式　仪式
次：场次　车次　层次　架次　初次

以上列举的各种合成词，都是由两个语素构成的。有些合成词由三个甚至更多的语素构成，它们内部的结构关系，也不外乎上面的几种，只是综合了多种结构方式而已，例如在"计算机"中，"计算"与"机"组合成限定式，"计算"是并列式；又如在"慢性病"中，"慢性"与"病"组合成限定式，"慢性"是后附式。这类合成词，组合方式多样，组合有一定的层次性。

四 单音节词与多音节词

(一) 单音节词

单音节词是由一个音节构成的词，也包括书面上用两个汉字记录的儿化词。例如：

天 花 红 人 水 大 鸡 万 土 山 书 树 会 羊 牛 马 小
上 香 流 棍儿 把儿 弯儿 圈儿 面儿 子儿 盆儿

古代汉语语汇中单音节词占绝对优势，两个音节以上的词较少。将一篇文言文和现代白话文对照，就可以看到古今汉语语汇在音节方面的不同特点。

现代汉语语汇中的词大多数是合成词，而合成词由两个以上语素构成，反映在语音上，单音节词自然就少多了。所以现代汉语语汇中的单音节词数量较少，约占词语总数的10%。常用动词多数是单音节词，这在口语中尤为突出，例如"走、看、跳、跑、听、说、读、写、打"等。表示各种语法关系的虚词，如助词、介词、连词、语气词等，也多是单音节词。现代汉语语汇中的新词，大多是多音节形式。新词采用单音节形式的，主要是一些表示化学元素的词，如"氢、氧、氡、氨、碳、碘、硫、硒、钙、铑、钚、锑、锗、酞、酮、酶、醛、炔、烃、烯、烷、焓"等，其他单音节新词极少见。

现代汉语中的单音节词大多是从古代汉语单音节词承袭而来的，由于它们反映的是一些最基本的事物、行为和现象，因而能长期沿用下来，并处于比较稳定的状态。单音节词由于历史久远，使用频率很高，在长期使用的过程中又不断地产生新的意义，所以大多数单音节词都有丰富的语义信息，是现代汉语多义词中的主体。

(二) 多音节词

多音节词是指由两个及两个以上音节构成的词。同单音节词相比，多音节词在现代汉语语汇中占有绝对优势。根据音节的多少，多音节词又可分为以下几种。

1. 双音节词

双音节词是现代汉语语汇的基本形式，约占现代汉语语汇总量的85%，例如"我们、人民、刻苦、学习、理解、争取、利益、日记、心得、思考、希望、电视"等。词的双音节化倾向在现代汉语中还有进一步发展的趋势，这成为汉语语汇发展的一大特点。古代汉语语汇中的许多单音节词，到现代汉语中已增加了音节，发展成为双音节词。例如：

习：练习　　学：学习　　肤：皮肤　　亡：死亡　　齿：牙齿　　耳：耳朵
虎：老虎　　龟：乌龟　　鹰：老鹰　　雀：麻雀　　蝇：苍蝇　　雁：大雁

现代汉语词的双音节特点，解决了语音形式和词义内容的矛盾，使词义更加明确，而且双音节词形式匀称、平稳，具有整齐、和谐的美感，符合汉民族使用语言的习惯和心理。双音节词既解决了音义矛盾，使词义显豁，又符合语言运用简便经济的要求，因而得到了很大的发展，成为现代汉语词的主要形式。

2．三音节词

典型的三音节词如：

共和国　青年团　解放军　青霉素　单身汉
巧克力　拖拉机　亚热带　录音机　太阳能

三音节词比较类型化的词有两种。

（1）在双音节词的基础上加一个单音节语素构成，即"AB＋C"式，如加上"性、队、感、热、族、力、界、家"等单音节语素，这些语素构词时逐渐趋向于定位。例如：

纪律性　民主性　思想性　强制性　可能性
工作队　生产队　仪仗队　啦啦队　宣传队
使命感　优越感　自豪感　责任感　历史感
旅游热　读书热　摄影热　外语热　文凭热
工薪族　打工族　追星族　上班族　擦车族
免疫力　感染力　离心力　说服力　战斗力
教育界　体育界　学术界　科技界　影视界

（2）在单音节词的基础上加一个双音节定位语素，即"A＋BC"式，构成一个形象生动、具有程度加深意义的形容词。例如：

闹哄哄　乱糟糟　水淋淋　红艳艳　绿油油
白花花　黑漆漆　雄赳赳　气昂昂　惨兮兮
沉甸甸　恶狠狠　乐滋滋　甜蜜蜜　急匆匆
香喷喷　泪汪汪　热乎乎　金灿灿　红彤彤

3．四音节词

四音节词较少，典型的如：

希望工程　遗传工程　人造卫星　宇宙飞船　超级市场
马列主义　个人主义　知识分子　积极分子　社会关系
罗马尼亚　巴基斯坦　马来西亚　阿塞拜疆　奥林匹克

现代汉语语汇中五个音节以上的词很少，主要是一些音译外来词，例如"加利福尼亚""阿尔及利亚""布加勒斯特""英特纳雄耐尔""陀思妥耶夫斯基""布宜诺斯艾利斯"，等等。

总的来看，在多音节词中，双音节词和三音节词占绝大多数；四音节以上的词很少，可以说达到了汉语词形长度的极限；音译词的音节数量是由原词语音形式决定的，所以不能代表汉语的词形特点。从普遍性看，现代汉语的词以双音节为主要形式，三音节的词也有一定的发展趋势，四音节以上的词很少，汉民族也不习惯用四个以上的音节来表达一个单纯的意义。因此,一个四音节以上的单位,人们往往要采取压缩音节的办法,使之回缩到双音节形式上去,例如,"外交部部长"回缩为"外长","彩色照片"回缩为"彩照","彩色电视机"回缩为"彩电","心理状态"回缩为"心态",等等。

▶▶ (三) 单音节词与多音节词的运用

单音节词与多音节词在语句中各有特点。在使用上,单音节词往往要受到限制,不如多音节词自由。如表示姓名、地名、数目的词,单音节形式一般要扩展为双音节形式才便于运用。例如回答"姓什么",单音节的姓氏一定要加上"姓",如"姓刘""姓张";双音节的可以不加,直接用姓氏回答即可,如"欧阳""司马"。称呼别人,名字是双音节的可以直呼其名,以示亲近,如"雨真""志强",单音节的名字一般要加上姓氏,不能单独称呼,除非是非常亲近的关系。又如国名,单音节的后面一定要加上类名,如"法国""美国",双音节的则不必加类名,如"巴西""智利""波兰"等,只有表示并举,单音节词方可单用,例如"中美关系""英法联军""印巴局势",等等。

有些双音节词,在使用上有一定要求,只与双音节词配合运用,不能与单音节词搭配。例如:

"讨论"可搭配:问题、方案、计划、半天
"禁止"可搭配:喧哗、攀登、通行、赌博
"停止"可搭配:战斗、比赛、休息、供应
"亲自"可搭配:动手、打扫、过问、参加
"百般"可搭配:劝解、挑剔、阻挠、解释
"大力"可搭配:支持、推广、提倡、宣传
"日益"可搭配:发展、壮大、兴旺、萧条
"予以"可搭配:通报、批评、表扬、支持

双音节是现代汉语中占优势地位的基本语音段落和主要的节奏倾向,所以在词的搭配上对语音形式就有所选择,以使节奏均衡平稳,语句匀整和谐。上面列举的八个双音节词,如果后面配上单音节词,如"禁止赌""百般劝""亲自问""日益旺",念起来拗口,语句节奏的和谐美感也丧失了。

因此,运用词语组织句子,要充分注意词的语音上的特点,尤其是匀整形式的句子,如对偶句、排比句等,前后句之间的音节应匀称一致,互相呼应。从音节的配合上看,词语如果全是双音节的,语音形式则显得呆板,缺少变化,只有将单音节词、多音节词配合使用,使语句生动流畅,富有节奏感,才能收到更好的表达效果。所以选择运用词语,要注意各种音节的词的巧妙配合,形成明快的节奏、整齐和谐的旋律,从而增强语句的音乐性和感染力,丰富词语的表现力。下面几例,就充分注意了音节的配合,语句音节十分匀称,读起来句句顺口,听起来声声悦耳,极富感染力,表达效果很好。

①我终于还不知道分别铜和银;还不知道分别布和绸;还不知道分别官和民;还不知道分别主和奴;还不知道……

②春江融融，柳絮如雪，鹦鹉洲前，又是一年芳草绿；黄鹤楼下，依然十里桃花红。

③我含泪伫立橘子洲头，漫步湘江两岸，回清水塘，登岳麓山，徘徊板仓小径，依恋韶山故园……

④烈火映红了长江，映红了安源，映红了井冈，映红了陕北、华北、中原、江南。

除了前后句子、短语之间要讲究音节的匀称配合外，一个句子内部，使用词语也要注意音节的协调一致，这样句子的节奏才平稳，念起来才朗朗上口。下面几例，词语的音节配合就不匀称，读起来很别扭。

①天上一弯月，地上灯万盏。

②本村90%的户都有电视。

③这样教学的结果，造成了学生的高分低能力。

④我们应该为祖国做出大贡献。

例①前后句音节形式不对应，破坏了节奏，宜将"灯万盏"改为"万盏灯"。例②单音节词"户"不顺口，可改为"家庭"。例③短语前后音节不匀称，有倾斜感，可将"分"改为"分数"，或将"能力"改为"能"。例④在众多双音节词中夹了一个单音节词"大"，前后显得极不协调，可改为"更大"或"较大"。

思考练习

1. 举例说明什么是词，什么是语素。
2. 语素和词有哪些区别与联系？
3. 什么是单纯词？什么是合成词？请举例说明。
4. "老汉"和"老虎"、"变化"和"美化"、"氧气"和"土气"这三组合成词，它们各自的结构方式是否相同？如不相同，请说明理由。
5. 指出下列合成词的构成方式。

解放　减轻　地震　司令　火热　可气　捐躯　夏至　多少　帘子　老人　自爱
动人　人口　好歹　心血　心疼　证明　泰斗　明星　莲子　来者　囊括　轻敌

第三节　词　　义

🔍 **学习重点**：了解词义的特点和词义的构成，掌握同义词的差异、辨析方法及其表达作用，掌握反义词的类型及其表达作用。

🔍 **学习难点**：词义的构成，能够准确地辨析同义词及反义词，在表达中正确运用同义词及反义词。

一 词　义

❯❯（一）什么是词义

词义就是一个词所代表的意义，包括词汇意义和语法意义。词义也即词的内容，词的形式是语音。词汇学讲的词义通常是指词汇意义，即狭义的词义，广义的词义还包括词的语法意义，即词性，相关内容将在第五章"语法"部分讲解。例如"书"这个词，它的内容有二：一是词汇意义，它的语音是 shū，意义是"装订成册的著作"；二是语法意义，"书"的词性是名词。

任何一个词，作为语言符号系统的一个单位，都是语音和语义的结合体，即既有一定的语音形式，又有一定的语义内容。从产生的根源看，词义是人们对词所反映的客观事物本质属性的概括，是客观对象在人的意识中的反映，是人们认识活动的成果。在长期的社会实践中，人们通过各种感觉器官感知客观事物或现象，经过大脑的综合加工分析，概括出其本质属性，形成概念，并用一定的语音形式记录下来，于是就形成了词义。可见，词义是表达概念的，概念是形成词义的基础，二者有非常密切的关系。

❯❯（二）词义的特点

词义具有客观性、主观性、概括性、模糊性、民族性、发展性六个特点。

1. 词义的客观性

词义来源于客观现实，是客观对象在人们的主观意识中的反映。客观事物和现象是词义形成的基础，正因为客观世界中有山、有水、有树、有草、有牛、有羊，相应地才有"山""水""树""草""牛""羊"这类词的意义。任何一个词的意义，都不是凭空产生的，而是客观作用于主观的结果。有些词反映的是客观世界所不具有的事物，也仍然有其客观性，如文学作品中虚构的人物、事件、场景等，来源于客观现实生活，有一定的客观依据。至于像"鬼""阎王""天堂"一类词，它们的意义同样具有客观基础，只不过这些词义是现实在人的头脑中歪曲的反映而已。因此，词义是具有客观性特点的。

2. 词义的主观性

词义的主观性是指在人们对词义的认识基本相同的情况下，又可因文化背景、年龄、生活条件等各方面情况的不同而理解有所差异。如对"电"的词义的认识，小孩子和物理学家的理解就不会完全相同；"文化"的词义，普通人和文化学家在理解上也不可能完全相同。因为这种主观性并没有而且也不可能超出词义概括性的范围，所以主观性所表现出来的差异是合理的存在。我们从不同词典对相同词的词义所做的释义存在的差异中，也能体悟到词义的主观性。

3. 词义的概括性

词义是对客观事物、现象的本质属性的概括和反映，是人类抽象思维的成果，因而具有概括性特点。词义反映的是客观事物、现象的共同特点，舍弃了个别事物的具体特征，例如"树"的词义是"木本植物的总称",这个定义就将自然界各种各样具体的树的特征进行了概括,舍弃了具体的树的特点,使"树"同"草""藤"之类的植物区别开来。又如"水果"这个词的意义,指"能吃的含水分较多的植物果实的总称",它舍弃了个别水果如"桃子""苹果""西瓜"之类的具体特征,而是对所有水果的共同特征的概括。

4. 词义的模糊性

词义还具有模糊性特点。由于人们对客观事物的边界、状态的认识有一定的局限,具有不确定性,因而人类在认识活动中形成的概念,其外延往往是不固定的,没有明确的界限,反映在词义上,就是词义的模糊性。例如"高"与"矮"、"深"与"浅"、"大"与"小"、"多"与"少"、"咸"与"淡"这几组词的意义,它们的意义界限是不清晰的,都具有相对性。在日常生活中,人们描述某个男子个子偏高,身体较胖,戴深度近视眼镜,比说身高一米七五,腰围九十五厘米,七百度近视,更容易使人感到明确。不妨说,词的模糊性适应了交际的实际需要。

5. 词义的民族性

词义的民族性源于语言同文化的同化整合过程,同类事物不同的语言用什么词、用几个词来表示可以不同,词义概括的对象范围也可以不同,它体现了词义的民族性。例如汉语用"哥哥、弟弟、姐姐、妹妹"表示同一父母所生的子女,而英语用 brother 表示哥哥或弟弟,用 sister 表示姐姐或妹妹。这实际上是历代等级森严的制度沉积在汉语中的表现。梵语的"塔"原指"高僧的坟墓",到了汉语中就成了"佛教的建筑",其意义按汉族的文化理解进行改造,带上了民族性。汉语量词的丰富,也体现了汉语历史悠久、表意精确的民族性。

词义不仅在理性意义上有民族性,在附加色彩上也可以显示出民族性。例如"猫和老鼠"的形象,虽然汉族与美利坚民族对"猫"这种家畜都是喜爱的,但"老鼠"用于指人或作为艺术形象时,褒贬就大不相同。汉语中有"猫儿"这一儿化词,但是没有"老鼠儿"这一儿化词。另外,"鼠目寸光、贼眉鼠眼、鼠窜、胆小如鼠"都是有贬义的,而美利坚民族中的这类与"老鼠"相关的词语大都没有贬义,甚至有褒义。米老鼠的聪明活泼、富有生命力是广受大众欢迎的,《猫和老鼠》里的不畏强权、在逆境中以智慧求生存并快乐享受生活的小老鼠形象更是让人们百看不厌。

6. 词义的发展性

词义一旦形成后,总是相对稳定的。但它绝不是一成不变的。词义有深化、扩大、缩小、转移、感情色彩改变等方面的变化。因为社会是前进发展的,客观事物的变化,人们认识的不断提升和改变,以及人们使用时的不同技巧,都会使词义发生变化和发展。从历时层面上来说,我们常遇到的古今义不同的情况,就具体表现了词义的发展性。如"土",《说文解字》释为"地之吐生物者也",《现代汉语词典》释为"土壤、泥土"。

词义的发展性不但存在于语言历时现象中,同时也可以存在于语言的共时现象中,如"舌头",除指"口腔中能辨别滋味、帮助咀嚼和发音的器官"外,又增加了"为侦讯敌情而活捉来的敌人"的新义项。再如"代价",最初指"获得某种东西所付出的钱",又扩大到"泛指为达到某种目的所耗费的物质或精力",这种情况就是在现代汉语这一共时阶段出现的词义发展的情况。

(三) 词义的构成

前面说过,广义的词义包括词的词汇意义和语法意义。词的词汇意义主要指词在语言组合中显示出来的功能意义,它主要是语法研究的对象。词汇学研究的重点是词的词汇意义。

1. 词汇意义

词汇意义包括词的理性意义及各种各样的色彩意义。实词都有一种与概念相联系的核心意义——理性意义,此外还有可能有附着在理性意义上面的色彩意义。

(1) 理性意义。

词义中同表达概念有关的意义部分叫作理性意义,或叫概念意义、主要意义。理性意义常常指某种人、事物、现象、行为、关系、情状等。如:

【笔】写字画图的用具。(事物)

【拿】用手或用其他方式抓住东西。(行为)

【硬】物体内部的组织紧密,受外力作用后不容易改变形状。(情状)

【原因】造成某种结果或引起另一件事情发生的条件。(关系)

词典对词目做出的解释,主要是理性意义。我们一般所说的词义正是指这种概括反映客观对象特征的理性意义。理性意义的作用就在于给词所联系的事物划一个范围,凡是该词所指的事物都包括在内,凡不是该词所指的事物都不包括在内。例如,"笔"的理性意义就在于该词所指的"写字画图的用具",因此,凡不是"写字画图的用具"都不在"笔"之列。

(2) 色彩意义。

词的色彩意义是指依附于理性意义的各种各样的表达色彩。因为它总是依附于理性意义,所以也叫附属意义。理性意义是词义的主体部分,词的色彩意义附着在词的理性意义之上,表达人或语境所具有的特定感受。

色彩意义类别较多,大体而言,包括感情色彩、语体色彩、形象色彩等。

①感情色彩。色彩意义并不像理性意义那样每个词都有,具有色彩意义的词各有其侧重点。有的词语除理性意义外,还带有一定的感情色彩,有的感情色彩是词语所指对象本身自然伴随的感情活动,带不带感情色彩,取决于词语可否用来表示说话人自身的感情。

大部分词只表示客观的事物或现象,不带感情色彩,例如"山脉、河流、理由、电脑、课本、教育、学习、走、吃"等,这一类词被称为中性词。

有些词表明说话人对有关事物和事件的赞许、欣赏、尊敬、喜爱的感情,这就是词义中的褒义色彩,这样的词叫褒义词。例如,"崇敬"具有尊敬的感情色彩,"祖国"具有亲切的感情色彩。

有些词表明说话人对有关事物和事件的厌恶、憎恨、反感、贬斥的感情，这就是词义中的贬义色彩，这样的词叫贬义词。例如，"恶棍"具有憎恶的感情色彩，"青面獠牙"具有惧怕的感情色彩。

表示人的性格品质的词，几乎都带有感情色彩，而且往往是成双成对的，有一个褒义词，就有一个和它相对的贬义词，例如"诚实"和"虚伪"、"高尚"和"卑鄙"、"忠诚"和"奸诈"、"聪明"和"愚蠢"、"勤快"和"懒惰"、"敏捷"和"迟钝"、"活泼"和"呆板"、"刚强"和"懦弱"、"简朴"和"奢华"、"节俭"和"奢侈"、"大方"和"小气"、"正直"和"阴险"、"开朗"和"孤僻"等。

随着社会的发展，某些词的感情色彩会发生转化。例如，"清高"过去是褒义词，指人的品德高尚，不同流合污，现在具有了贬义色彩，指不愿合群，孤芳自赏；"泼辣"过去是贬义词，表示凶悍的意思，现在多用于褒义，指胆大、有魄力；"逢迎"在古代是中性词，表示迎接的意思，如"新妇识马声，蹑履相逢迎"（《孔雀东南飞》），现在"逢迎"变为了阿谀、奉承的意思，有了贬义色彩；"风流"过去是褒义词，指才华出众并有所建树，现在变成了贬义词，指感情不专一，到处拈花惹草。

②语体色彩。语体色彩是指适用于不同社会交际范围、不同文体的情况，例如"会谈/聊天儿、生日/诞辰、盐/氯化钠、脑袋/头部、半夜/子夜"等。

③形象色彩。一般所说的形象色彩是指人们在接触到某词时会引起该词所表示的客观对象的形貌在人脑中浮现的现象。例如：

牛　羊　山　花　树　鸟　湖　海
红　绿　黑　黄　苦　酸　甜　辣
嗖嗖　呼呼　哗哗　轰隆隆　噼里啪啦

只有反映具体事物形貌状态的，反映对象有个体存在、有形貌状态表现的词，才可能有形象色彩，反映抽象的事物、动作、状态的词等是没有形象色彩的，例如"政治、道理、具有、存在、好、努力、已经"等。

2. 语法意义

语法意义是词的表示语法特点和语法作用的意义。例如，对"报纸""黑板"的语法特点加以概括，可以得出"名词"的语法意义；对该类词的语法作用进行概括，可以得出"主语""宾语"等的语法意义。由此可见，语法意义是一种概括性更强、概括程度更高的意义类型。因为语言中的任何一个词都无法脱离语法意义的类聚，所以任何词都有语法意义。实词既有词汇意义，又有语法意义；虚词大多只有语法意义，而没有词汇意义。有些词在特定语境中，还会产生临时意义，这种意义一般被称为修辞意义。

（四）词义同语素义的关系

词是由语素构成的，有的由一个语素构成，有的由多个语素构成，但无论哪种情况，词义与语素义都有比较密切的关系，一个词选定某一个或几个语素作它的构成材料，其基本依据就是语素本身所具有的意义与词的意义之间的联系。例如,"水"在"水坝、水泵、水表、水彩、水池、水稻、水利、汗水、脱水、茶水、跳水"等词中的意义,"山"在"山城、山峰、山川、山丘、山洪、山色、矿山、江山、刀山、雪山"等词中的意义,都与词义都有着非常密切的联系,为词的构成贡献了自己的意义。

不过,词和语素毕竟是不同层级的语言单位,在意义上不可简单等同。一般而言,单纯词由一个语素构成,这个语素的意义就是词的意义。合成词由几个语素组合而成,但是合成词的意义不是几个构词语素的意义的简单相加,而是互相融合,构成一个词的意义。例如,"白菜"不是白色的菜,"黄瓜"不是黄色的瓜,"轮船"不是有轮子的船,"眼红"不是眼睛红了。合成词的意义同语素义的联系情况比较复杂:有的语素义与合成词的意义一致,如"明亮""忧愁"等;有的语素义在合成词中消失了,如"国家"中的"家","动静"中的"静","老虎"中的"老"等;有的语素在合成词中已看不出意义联系了,例如"领袖"指领导人,"不惑"指40岁,"东床"指女婿,"泰山"指岳父,"香花"指有益的文艺作品,等等。

由于词义的发展变化,或词所代表的事物发生了变化,许多合成词的意义同语素义不一致,我们在语素义与词义之间看不出直接联系,看不出构词的理据了。例如"轮船",最初的轮船外面是有轮子的,语素义与词义联系紧密,现在的轮船已经没有轮子了,语素"轮"的意义与词义的联系就看不出来了,其作用是作为与"渔船""木船""帆船""驳船"一类词相区别的符号。因此,理解这些词语的意义,不能凭构词语素的意义来推测,而必须查检词典,结合语句推敲,才能正确把握。尤其是一些新词,如果主观臆测,望文生义,就会弄错,闹出笑话来,如"电子枪"并不是枪,"热线"不是线,"因特网"不是网,"千年虫"也不是虫。

二 单义词与多义词

一个词在刚刚创造出来时,往往都只有一种意义。在语汇的发展过程中,有的词仍然只有一种意义,没有发展出新的意义;有的词则在原有意义的基础上派生出了多种意义,出现了一词多义现象。从所拥有的义项多少看,词可以分为单义词和多义词两类。

▶▶ (一) 单义词

单义词是只有一种意义的词。单义词主要有以下类别。

(1) 常见事物的名称,如"衣服、桌子、钢笔、电视、茶几、文具"。
(2) 专有名称,如"北京、上海、台湾、香港、鲁迅、中国"。
(3) 科学术语,如"压强、化合、元素、血压、外科、氧化"。

新词由于刚进入交际领域,词义没有引申发展,一般都是单义词,例如"倒爷""打假""抢手""走穴""承包""互联网""影碟机""立交桥",等等。

▶▶ (二) 多义词

多义词是具有几种互有联系的意义的词。多义词都是由单义词发展而来的。在多义词中，有一种意义是本义，也就是一个词最初所具有的意义，它是多义词各种意义发展的源头。多义词中除本义以外的各种意义，因为都是在本义的基础上派生发展起来的，因而被称为派生义。例如，"日"的本义是太阳，在本义基础上产生出了以下四种派生意义：

①白天：夜以继日；　　　　　　　②天、一昼夜：一个星期有七日；
③每天：日产电视一千台；　　　　④时间：来日方长。

又如，"口"的本义是"人或动物进食的器官"，在此基础上又派生出下面六种意义：

①容器通往外面的部分：碗口、瓶口；　②出入通过的地方：关口、大门口；
③破裂的地方：衣服被划破了一道口；　④锋刃：刀还没有开口；
⑤骡马等的年龄：这匹马口还轻；　　　⑥量词：三口人、两口锅。

一个词从单义派生发展到多义，这是人们创造性地使用语言的结果。在长期的语言实践过程中，人们根据表义需要，通过各种方式、手段，把一个词同多种客观对象联系起来。当这种联系由偶然、暂时变为经常、固定时，一个词就在原来意义的基础上派生出了新的意义。

从派生义和本义的关系看，词义派生发展的方式有直接引申、比喻引申、借代引申、通感引申四种。例如"老"，本义是"年岁大"，后来人们又用来指称年岁大的人，并且长期这样使用，于是"老"就获得了"老年人"这种意义，如"尊老爱幼"。由于派生义是直接在本义的基础上发展起来的，这种方式就是直接引申。又如"迷雾"本义是"浓厚的雾"，由于迷雾常妨碍人看东西，人们就用它来比喻使人迷失方向、脱离实际的事物，开始是偶尔使用，后来这种用法固定下来，于是"迷雾"一词就有了新的意义。这种通过比喻方式产生新意义的方式就是比喻引申。同样，通过借代用法也能使词产生新的意义，例如"干戈"本义是古代的两种兵器，由于战争都要使用兵器，于是后来人们就用"干戈"指代战争。这种词义引申的方式就是借代引申。另外，通感用法也能使词产生新的意义，例如"尖"本义是"锐利的末端或细小的部分"，属视觉感受，后来人们用"尖"形容"声音高而细"，变为听觉感受了。这种词义引申的方式就是通感引申。

一词多义是语言中的普遍现象，任何一种历史悠久的语言，都有非常丰富的多义词。一个词从古到今使用的时间越长，使用的频率越高，派生出来的意义就越多。有些词，意义从本义到派生义，辗转派生，意义往往多达十几种，例如"地""老""打""土"等词，负载的意义都十分丰富。

多义词虽然具有多种意义，但在具体语句中只使用其中一种意义，而不是几种意义同时出现在一个句子中。这是因为，句子与特定的语境有着密切的联系，加之语句中又有前后词语意义的限制，所以多义词在具体语境中都变成了单义词，只有在不同的语句中，才能表示出不同的意义。交际中，说听双方都能根据语境对多义词的意义进行筛选，把其中同语境相符的一种意义保留下来，把同语句内容无关的其他各种意义排除在外。所以在一般情况下，多义词不会产生歧义，不会引起听话人的误解。例如，"死"有多种意义，但在下列各个句子中，就只有一种意义。

①有的人已经死了，可是他还活着。（失去生命）
②那是一条死胡同，过不去。（不能通过）
③听到这个消息，我简直高兴死了！（表示到达极点）
④他这个人是死脑筋，转不过弯来。（固定、死板、不灵活）
⑤这两个人可真是死对头。（不可调和）
⑥这个人极好面子，所以输了也死不认输。（至死，表示坚决）
⑦你们一定要把阵地死守住，不让敌人逃走。（不顾生命，拼死）

当然，如果多义词运用不当，在句子中的意义不明确，便会造成歧义，使别人无法准确把握句子的意义，甚至产生误解，影响交际。例如：

①他的包袱可真是不轻啊！
②这个人又上台了。
③我过去看了。
④他确实有功夫。

这四个例句中的多义词，意义不明确，如果没有前后词语确定具体使用的是哪一种意义，那么可做出多种理解，就有歧义。例①中的"包袱"，有"包裹、包东西的布"和"影响思想和行动的负担"两种含义。例②中的"上台"有"到舞台或讲台上去"和"出任官职或掌权"两种含义。例③中的"过去"有"以前"和"走过去"两种含义。例④中的"功夫"有"时间"和"武功"两种含义。这些多义词的各种意义在句子中都讲得通，作为听话人，就难以准确把握到底使用的是哪一种意义。

可见，由多义词造成的歧义句，妨碍语句意义的正确理解，影响正常的语言交际，具有消极作用，因此运用时要注意避免。

三 同义词

（一）同义词及其类别

1. 同义词

同义词是指意义相同或相近的一组词。语言中有许多词，表达的概念意义基本相同，但在附加意义、使用功能等方面有一些细微的差别，这样的一些词就属于同义词。例如：

忧愁—悲愁　事情—事件　高兴—快乐　边境—边疆　激烈—猛烈　美丽—漂亮

同义词是语言中的普遍现象，是语汇丰富发达的标志。汉语是世界上最古老的语言之一，它在长期发展的过程中，形成了相当丰富的同义词，同一对象往往有几个甚至几十个同义词来表示。丰富多彩的同义词，为人们运用语言提供了选择的广阔天地，为人们区分客观事物的细微差别、表达细腻的感情和使表义手段更加丰富提供了语汇基础。正确选用同义词，对于语言表达的准确、生动具有十分重要的作用。

2. 同义词的类别

同义词可分为等义同义词和近义同义词两类。

（1）等义同义词。

等义同义词简称等义词，它们的意义几乎完全相等，只是在风格上有细微差别，在一般情况下可以互相替代而不影响表达。例如：

衣服—衣裳　士兵—兵士　讲演—演讲　铁路—铁道　粮食—食粮　知道—晓得

从语汇发展的规律看，在意义和用法上毫无区别的等义词不可能在语言中长期并存，它们在并用一段时间后，往往会逐步淘汰一些词，将一两个常用的活跃的词保留下来。例如，汉语中表示太阳、玉米两个概念的词各有十几个，像"日头""阳婆""苞米""珍珠米"等，但只有"太阳""玉米"最为通行，因而为普通话语汇吸收了。一般来说，等义词是语汇规范的对象。

（2）近义同义词。

近义同义词简称近义词。近义词指称的现象相近或相似，在理性意义、风格色彩、使用功能方面有种种细微差异，在应用上不能任意替换。例如"儿童"与"孩子"，在"奶孩子""我的孩子"中，不能用"儿童"代替"孩子"；在"六一儿童节""少年儿童"中，不能用"孩子"代替"儿童"。这是因为，"孩子"具有口语色彩，在口语中使用显得亲切、自然；"儿童"是书面词语，具有庄重、严肃的意味，所以这两个词不能混用。语汇中大量存在的同义词，主要是近义词，它们在语言表达中具有非常积极的作用，可以使表达严密、细致，避免用词重复，使语言富于变化，还可以加强语势、语气，调节语言的色彩。因此，近义词是我们学习研究的对象。

（二）同义词的辨析

同义词之间的差别是多方面的，归纳起来，主要是概念意义不同、附加意义不同、用法不同，因此辨析同义词，可从这三个方面着手。

1. 概念意义的差别

（1）范围大小不同。

范围大小有区别的同义词，指称的都是同一事物现象，但所代表的概念外延有大小之分，有些同义词的意义范围有包含和被包含的关系，有些同义词有指称个别、具体与指称集体、概括的差别。例如，下列各组同义词，前一个词指称的范围就比后一个词的范围大：

局面—场面　　支援—声援　　纸张—纸　　年代—年月　　粮食—食粮
机械—机器　　性质—品质　　书籍—书　　信件—信　　　河流—河
事情—事件—事故　　　　　边疆—边境—边界　　　灾难—灾荒—饥荒
战争—战役—战斗　　　　　气象—气候—天气
时代—时期—时间—时刻　　家族—家属—亲属—家眷

（2）词义轻重不同。

词义轻重不同是指一组同义词的意义在程度上有高低、强弱、轻重之分。例如"爱惜"

和"珍惜",基本意义都一样,但"爱惜"只是一般性的重视,"珍惜"含有像爱护珍宝那样爱惜的意味,词义较"爱惜"要重。又如:

希望—盼望　　损坏—毁坏　　抢夺—抢劫　　努力—竭力　　灾害—灾难
鄙视—蔑视　　爱好—嗜好　　改良—改革　　秘密—机密—绝密
劝止—阻止—制止　　　　优良—优秀—优异　　　　伤害—损害—危害
请求—祈求—恳求—哀求　　喜爱—心爱—钟爱—珍爱—酷爱
相当—非常—万分—及其—最　　慈爱—怜爱—疼爱—偏爱—宠爱—溺爱

以上同义词词义均从轻逐渐变重。

（3）词义着重点不同。

词义着重点是对所指称的事物对象的特点、性质、状态或动作行为的方式、方法、方向、结果等某一方面的突出强调,它对细致分辨事物现象的差异具有十分重要的作用。这类同义词,结构上往往都有一个相同的语素,表示意义的共同点;不同的语素,正好体现了词义的着重点,正是同义词意义差别所在。例如"制造"和"创造",二者的共同点都是制作,但"制造"的着重点是"制",是一般性的制作,"创造"的着重点是"创",着重指重新制作。又如同样表示向远处看,"凝望"着重指聚精会神地看,"观望"指四下张望,"仰望"指抬头向上看,"展望"指对前景的预测。再如以下几组。

精细、精致、精巧、精美:"精细"着重指细密、细致,"精致"着重指别致、新奇,"精巧"着重指巧妙、玲珑,"精美"着重指美好、漂亮。

热爱、酷爱:"热爱"着重指爱的感情强烈,"酷爱"着重指爱的程度极深。

清脆、清亮:"清脆"着重表示清楚悦耳,"清亮"着重表示清楚响亮。

坚定、坚决:"坚定、坚决"都表示意志坚强不屈,但是"坚定"侧重于"定",即立场不动摇;"坚决"侧重于"决",即态度不犹豫。

解除、废除:"解除"侧重于"解",即去掉约束;"废除"侧重于"废",即废止不用。

爱惜、爱护:"爱惜"重在珍惜,"爱护"重在保护。

公平、公正:"公平"侧重平等,"公正"侧重不偏不倚、刚正不阿。

隐藏、隐瞒、隐蔽:"隐藏、隐瞒、隐蔽"都是把真相和实际情况掩盖起来;"藏"是躲起来不让人发现,"瞒"是蒙骗别人不说出真相,"蔽"是掩盖起来不让人发现。

侵犯、侵凌、侵占:"犯"重在进犯别国领土或损害别人的利益,"凌"重在冒犯欺凌,"占"重在将别国的领土和别人的财物据为己有。

（4）适用对象不同。

有些同义词,适用对象有上下、内外之别,有长幼、性别之分,选用哪个词语要看说听双方的身份、地位。例如"爱戴"与"爱护","爱戴"用于对上级、长辈,"爱护"用于人或物,可以用于对下级,也可以用于对上级,"爱戴"只用于人,并且不能由上级对下级。同样称呼父母、子女等,"令尊""令堂""令爱"等只能用于指听话人的亲属。又如,同样表示年龄,"年纪""岁数"用于一般人,"高寿""贵庚"适用于老年人,"芳龄"适用于女性。"希望"可以对自己,也可以对别人;"期望"只用于对别人或别人对自己,不能用于自己对自己。"采纳"适用的对象较窄,常见的只是某些抽象事物;"采用"适用的对象很广,可以是一些抽象事物,也可以是某些具体事物。

对于许多同义词,一般情况下要分清对象使用。在日常交际中,出于某种修辞目的和需要,也可以适当活用,如把只适用于女性的"玉照""玉体"用于男性,把适用于老年人的"贵庚""高寿"用于年岁不太大的人,会收到幽默的效果,可以活跃气氛。但使用要分清场合、对象,使人能够领会、理解,否则,就达不到应有的表达效果,反而给人以油嘴滑舌之感,那就适得其反了。

2. 附加意义的差别

(1) 感情色彩不同。

感情色彩是词义中表示人的主观评价的色彩,是人们对客观事物所采取的主观态度。有些词含有肯定、赞许、喜爱的色彩,叫褒义词;有些词含有否定、贬斥、厌恶的感情色彩,叫贬义词;有些词没有明显的褒贬色彩,是中性词。基本意义相同而感情色彩不同的一组词,形成同义关系。例如"倡导""发动""煽动"三个词,基本意义都是促使他人行动起来,但"倡导"指激发推动,是褒义词,"发动"是指使别人开始行动,是中性词,"煽动"指挑动、指使别人做坏事,是贬义词。表4-1中列举了几组意义相近,但感情色彩不同的词语。

表4-1 意义相近,但感情色彩不同的词语举例

分类	词语举例									
褒义词	爱护	牺牲	成果	团结	理想	鼓励	雄辩	创造	成果	聪明
中性词	保护	死亡	结果	联合	幻想	鼓动	论辩	制造	成就	精明
贬义词	庇护	完蛋	后果	勾结	空想	煽动	诡辩	杜撰	成绩	狡猾

有些词的感情色彩是固定的,褒贬色彩十分突出,或用于正面,或用于反面,不能混淆。例如,"团结、倡导、聪明"等是褒义词,用于正面人物;"勾结、煽动、狡猾"等是贬义词,用于反面人物。有些词没有褒贬色彩之分,但有不同的使用对象,在特定的语境中使用,也就有了感情色彩。例如"爪子""肥"一般用于动物,是中性的,如果用来写人,则带有某种贬义的色彩。

褒义与贬义的含义包括的范围实际上是比较广的,并不仅仅局限于我们日常所理解的褒和贬两个方面,像羡慕、赞扬、爱戴、崇敬、亲昵等都属于褒义范围,像愤恨、憎恶、讽刺、鄙视、轻蔑、呵斥等都属于贬义范围。语言中类似这些表达感情色彩的词语,其意义往往都有褒贬之分。

运用词语,注意词的感情色彩的调配,不但可以鲜明地表现出个人爱憎好恶的感情、肯定或否定的态度,而且也有助于拉近说听双方的关系,使听话人能根据词的色彩快速预测,领会语句内容。例如,说"这位……"时,听话人就能预测出整个语句表示的是赞赏性内容,说"这伙……"或"这帮……"时,听话人就能预测出整个语句所表示的是鄙视

性内容。因此，必须清楚词的褒义、贬义色彩，才能正确运用。如果褒贬运用不当，就会使语义变得含混、模糊，使听话人产生误解，达不到应有的表达效果。如：

①他办事十分<u>武断</u>，深得群众拥护。
②经过努力奋斗，他终于夺得了<u>垂涎</u>已久的冠军。
③他<u>扬言</u>要继续为我国的教育事业做出贡献。
④歌颂光明，<u>诽谤</u>黑暗。

例①中的"武断"是贬义词，从后半句看应该选用褒义词"果断"，原词的运用使句子前后感情色彩互相矛盾，使得句义肯定、否定的态度变模糊了。例②中的"垂涎"指看见别人的好东西想得到，是贬义词，应改用中性词"盼望"。例③中的"扬言"指故意说要采取某种行动，有贬义色彩，应改用"表示""说"之类的中性词。例④中的"诽谤"指毫无根据地乱说，是贬义词，应改用中性词"批判"。

（2）语体色彩不同。

由于经常使用的场合不同，词就附加上了不同的语体色彩。有些词经常用于口头交际，具有口语色彩；有些词经常用于书面语，具有书面语体色彩；还有的是口头和书面都常用的普通用语（也称"通用语""一般用语"），于是就形成了语体色彩有差别的同义词。例如：

口语：爸爸　聊天　点头　麻利　清晨　合计
书面语：父亲　闲谈　领首　敏捷　黎明　磋商
通用语—书面语：可以—准予　私自—擅自　现在—兹　这—此　任用—录用

同义词在语体风格方面的差异是多种多样的，主要是普通用语与一些特殊领域用语的不同，如"乾坤""年华""思绪""情怀""驰骋""绮丽"等是文艺作品用语，与之相对应的"天地""年头""思想""感情""奔跑""美丽"是一般用语；"氧""氢""银""叶""花蕾"用于专业性文章，与之相对应的"氧气""氢气""银子""叶子""花骨朵"用于一般口语。

具有不同语体色彩的词，风格特点不一样，使用环境也有所区别。口语词生动活泼，生活气息浓厚，多用于口头交际，如"嚷、搡、拎、老伴儿"之类；书面语具有庄重、文雅的风格，多用于书面或严肃场合，如"光临、华诞、寿辰、寒冷、斧正"之类。分清不同的语体色彩，才能使词语运用得自然、贴切，否则就会显得生硬、别扭，影响意义的表达。例如，公文用书面语词，显得严谨、雅致；口头交际用口语词，显得亲切、自然。

当然，对一些具体词的运用，应灵活处理，不能一概而论。例如，古语词一般情况下多用于书面语，但是一些表示说话人自谦的词语和一些对听话人表示尊敬的词语，尽管书面色彩非常浓，也常常用于口头交际，例如"敝校""敝姓""鄙人""寒舍""拙作""管见""愚见""愚兄""恭候"是谦辞，用于说话人自称，"贵姓""贵庚""贵单位""尊姓""府上""令尊""令堂""令郎""贤弟""贤婿""高见""光临""久仰""赏光""赐教""包涵"等是敬辞，指称与听话人有关的人和事。这类词语，日常口头交际中大量使用，既显得文雅、得体，又显得谦虚、礼貌。

(3) 形象色彩不同。

一组同义词中，有的词只表达概念意义，有的词表达概念意义，但还具有一定的形象色彩，使人能从视觉、嗅觉、听觉、触觉、味觉等方面产生联想，因而在表义上形成了细微差别。例如"红"与"火红"、"蓝"与"天蓝"、"直"与"笔直"、"快"与"飞快"，这四组词中，后一个词语形象色彩就十分突出。具有形象色彩的词，或者直接以比喻手段构成，或者是词的比喻、借代用法形成了派生义，例如"羞愧"与"汗颜"、"大笑"与"喷饭"，后者的意义就具有形象感。恰当选用富有形象色彩的词，可以传达出丰富的信息，给人以多方面的联想，可以增强语言的鲜明性和生动性，起到强调突出的修辞效果。下列各组词，后一个都具有形象色彩：

妇女—巾帼　男子—须眉　少量—零星　躲藏—龟缩

言辞—唇舌　高兴—雀跃　再婚—续弦　嫉妒—眼红

3. 用法上的差异

(1) 词性和句法功能不同。

大多数的同义词词性是相同的，但有一些同义词词性不同，因此句法功能也不一样。如"突然"和"忽然"，前者是形容词，可作为定语、状语，后者是副词，只能作为状语；"发展"和"发达"，前者是动词，可带宾语，不受程度副词修饰，后者是形容词，不能带宾语，可受程度副词修饰。又如"掌握"与"把握"，二者都可带宾语，但"把握"兼有名词功能，可以充当宾语，"掌握"没有这个功能。有些同义词词性相同，但句法功能不一样，如"充分"和"充足"都是形容词，可以作为定语、谓语、补语，但"充分"还可作为状语，如"充分认识""充分相信"等，"充足"没有这个功能。

(2) 搭配功能不同。

这一类同义词的差别，主要体现在与别的词的组合关系上，它们各有比较固定的搭配对象，彼此不能混用。例如"改善""改正""改进"和"改良"这一组同义词，搭配对象就各不相同，"改善"常与"关系""生活""条件"等搭配，"改正"常与"缺点""错误"搭配，"改进"常与"工作""方法""技术"搭配，"改良"常同"品种""产品""土壤"搭配。又如：

"发扬"常搭配：优点、传统、作风。

"发挥"常搭配：优势、作用、干劲、才能。

"交流"常搭配：思想、经验、文化。

"交换"常搭配：意见、看法、资料、礼品。

"侵犯"常搭配：主权、利益、领空、人权。

"侵占"常搭配：土地、领土、财产、公款。

"扩大"常搭配：范围、面积、生产、影响。

"扩充"常搭配：人力、实力、军备、资金。

"扩张"常搭配：势力、疆土。
"发表"常搭配：意见、声明、演说、作品。
"发布"常搭配：命令、指示、新闻、战报。
"公布"常搭配：法令、条例、方案、名单。
"宣布"常搭配：纪律、罪行、弃权。
"宣告"常搭配：诞生、成立、破产、失败。
"维持"常搭配：秩序、生活、状态、治安。
"保持"常搭配：水土、记录、清洁、联系。
"担任"常搭配：工作、任务、课程、职务。
"担负"常搭配：工作、任务、费用、责任。
"理由、准备、时间"常和"充分"搭配。
"精力、雨量、体力"常和"充沛"搭配。
"光线、经费、资源"常和"充足"搭配。
"时间、经济、物质"常和"充裕"搭配。

以上介绍的是同义词差别的常见情况。不过，一组同义词的差别实际上是多方面的，不限于某一个方面，所以辨析同义词要注意多方面综合分析。例如"死"和"逝世"，二者既有适用对象的不同，也有感情色彩的不同，语体风格也有差异。它们的语法功能也不一样，因为"死"除了有述语功能外，还可充当定语、状语、补语，"逝世"只能充当谓语；同样作为动词，"死"可以带宾语，"逝世"不能带宾语。从适用对象看，"死"可以用于人、动物、植物，适用面较宽；"逝世"只能用于人，而且一般还是上年纪的、有一定社会地位的人，适用面较窄。

（三）同义词的作用

1. 可以使语言表达准确严密

她紧咬着下唇，狠狠地盯着已经去远了的飞机，呼吸急促起来了。正在这时，山顶上有人喊道："玉敏快来，敌人快到了，你看，目标向东倒了。"她向西山望了一眼，果然山顶上那棵报告信号的杆子已经倒下了。（峻青《女英雄孙玉敏》）

上例中连用了三个同义词"盯、看、望"，"盯"表示注意力很集中，目不转睛地看，突出了对敌人的刻骨痛恨；"看"更口语化一些，用在人物对话中，表示让对方注意新情况，语义表达得很精确；"望"表示向远处看，因为目标远在山顶，用"望"恰如其分。

我是主张把本民族的东西搞通，吸收外国的东西要加以溶化，要使它们不知不觉地和本民族的文化溶合在一起。这种溶合是化学的化合，不是物理的混合，不是把中国的东西和外国"焊接"在一起。（周恩来《在文艺工作座谈会和故事片创作会议上的讲话》）

"溶化"是指固体吸收热量而变为液体的过程；"溶合"表示两种以上的事物融汇在一起；"化合"是指两种或多种物质经过化学反应而形成一种新物质；"混合"是指掺杂在一

起，或两种或多种物质掺和在一起而不发生化学反应，原来的各种物质并不改变其性质；"焊接"指的是采用加热、加压力等方法把金属工件连接起来，或是用熔化的锡把金属连接起来。

在这段话中，作者选用"溶化、溶合、化合、混合、焊接"五个意义上有联系但又有区别的同义词（依据上下文而形成的临时性同义词，或叫条件同义词），精确而严密地阐明"溶化"是这样的，不是那样的。

2. 可以使语体风格鲜明

鲁迅先生逝世，噩耗传来，全国震悼。（中国共产党中央委员会、苏维埃中央政府《致许广平女士的唁电》）

上例中，"逝世、噩耗、震悼"是具有浓厚书面语色彩的词，既庄重又简洁，含有敬仰之意，充分体现了唁电的语体风格。

"没错！"祥子立起来："睡觉去，送给你老人家一包洋火！"他放在桌子上一包火柴，又愣了愣，"不用对别人说，骆驼的事！"（老舍《骆驼祥子》）

上例中的"洋火"与"火柴"指同一种东西，祥子称其为"洋火"，是因为祥子是一位普通的人力车夫，"洋火"的说法自然符合人物的身份、经历及教养。作者的叙述语则称其为"火柴"，这是普通话用语，更容易为广大读者所理解，也与小说的行文风格相一致。

人民解放军所到之处，深望各界人民予以协助。兹特宣布约法八章，愿与我全体人民共同遵守之。（《中国人民解放军布告（一九四九年四月二十五日）》）

上例中，"深望""予以""兹""愿""之"等具有浓厚书面语色彩的词用于布告中，体现出郑重、严肃的语体色彩。

3. 可以使文句生动活泼，富于变化

读书人家的子弟熟悉笔墨，木匠的孩子会玩斧凿，兵家儿早识刀枪。（鲁迅《不应该那么写》）

指称同一代人，文中用了"子弟、孩子、儿"这一组同义词，巧妙配合，既避免了单调重复，又使语言充满变化，显得生动活泼。

我们以我们的祖国有这样的英雄而骄傲，我们以能生活在这个英雄的国度而自豪！（魏巍《谁是最可爱的人》）

"骄傲"本来着重于自高自大，自以为了不起，瞧不起人家，"自豪"则着重于个人或集体具有优良品质或取得较大成绩而感到光荣，值得赞许，可用于自己，也用于赞扬他人。但在此处，"骄傲"含"自豪"义，二者并用，含有强调"自豪感"的意思，突出了对"最可爱的人"——志愿军战士的赞扬、敬仰之情。

4. 可以使语气委婉

为了适应交际的需要，或为了避讳避忌，表达一种委婉的语气，可以选用不同色彩的同义词。例如，针对不同的对象和环境，把"死"说成"老了、走了、逝世、去世、仙逝、永别"等，把"受伤"说成"挂彩"，把"胖"说成"富态、丰满"，把"生病"说成"欠安、抱羔",把"落后"说成"后进"等。委婉的表达方式使对方容易接受,使言语交际能在和谐的气氛中顺畅地进行。

5. 同义词连用,可以加强语势、丰富语意

凡是搞特权、特殊化,经过批评教育而又不改的,人民就有权依法进行检举、控告、弹劾、撤换、罢免,要求他们在经济上退赔,并使他们受到法律、纪律处分。(《邓小平文选》292页)

上例连用了"检举、控告、弹劾"一组同义词,强调了人民群众对以权谋私者斗争的合法性,增强了语势。

用同义语素构成的合成词及同义词并列连用或交叉搭配构成的成语,语义鲜明,语气强烈,表现力突出。例如:

寒冷　离别　喜悦　书写　美好　伟大　泥土　炎热
称心如意　铺张浪费　繁荣昌盛　光明磊落　粗枝大叶　零敲碎打
奔走呼号　聚精会神　心满意足　评头论足　轻描淡写　粉身碎骨
不屈不挠　赤手空拳　丰功伟绩　真凭实据　奇形怪状　粗心大意

四 反义词

(一) 反义词及其类别

1. 反义词的概念和特点

(1) 什么是反义词。

反义词是意义互相矛盾、互相对立的词。例如:

战争—和平　成功—失败　高兴—悲伤　伟大—渺小
干净—肮脏　高大—矮小　骄傲—谦虚　天堂—地狱

反义词是客观事物、现象的矛盾对立在语言中的反映。客观现象的性质、状态、行为具有大与小、多与少、长与短、进与退、上与下、死与活的对立,语言中才有"大"和"小"、"多"和"少"、"长"和"短"、"进"和"退"、"上"和"下"、"死"和"活"这样的反义词。因此,客观世界的矛盾对立现象是构成反义词的基础。

(2) 反义词的特点。

能构成反义关系的几个词,必须属于同一意义范畴。例如,"冷"和"热"都属于温度这个范畴,"黑"和"白"都属于色彩范畴,"快"和"慢"都属于速度范畴,"男"和"女"都属于性别范畴。不是同一意义范畴的词,就不能构成反义词,例如"大"和"矮"、"粗"和"瘦"、"白色"与"黑暗"、"败仗"和"胜利",就不能构成反义词。

反义词的意义一定是相反相对的,但具有这种关系的词并不都是反义词,如"好"与"不好"、"红"与"不红"、"远"与"不远",这三组概念都有矛盾对立关系,但并不是反义词,因为反义词是就词与词的关系而言的,不是说词与短语的关系,这三组概念中的

"不好""不红""不远"都是词组，因而不是"好""红""远"的反义词。

由于词的多义性以及词义之间的复杂关系，有的词往往有多个反义词。例如"老"有"年龄大""陈旧""有经验""蔬菜长得过了适口的时期""（食物）烹调时间过长"等意义，"老"就与若干个意义相反的词构成了不同的反义关系，例如"少""幼""新""嫩"等。不过，与"老"相对立的几个反义词，只是在某一个意义范畴与"老"构成反义关系，并不是同"老"的所有义项都构成反义关系，例如"新"只与"老"表示"陈旧的、有经验的"这两个义项构成反义关系，不同"年纪大"构成反义关系。如果一个词的反义词有许多同义词，那么这个词也可能同这些同义词构成反义词，例如"痛苦"的反义词是"高兴"，而"高兴"又有"快活""快乐""愉快""愉悦""喜悦""幸福"等同义词，这些词都能同"痛苦"构成反义词。"痛苦"本身又有"悲苦""愁苦"等同义词，所以这两组同义词中的任何一个词均有好几个反义词。"失败"的反义词可以是"胜利"，也可以是"成功"；"正"的反义词分别有"反""邪""歪""偏""副""负"等也就不奇怪了。

不是每个词都有反义词。如"的""沙发""葡萄"等就没有反义词。

因此，反义词要符合范畴相同、词性相同、结构相当、色彩一致（如"买"与"卖"、"购入"与"售出"）、约定俗成（如"浪费"对"节约"，而不是"吝啬"）等要求：词性不是同类的不能算作反义词（如"炎热"与"冬天"、"傻子"与"聪明"）；不是同一意义范围、适用对象不同的词，不能算作反义词（如"细"和"胖"）；词与词组不能构成反义词（如"认真思考"与"马虎"）；词与其否定形式的词组不能构成反义词（如"香"与"不香"）。同时，也不能简单地通过添加语素的方式去寻找反义词。如"热"与"凉"构成反义词的关系，因此就简单地认为"热心"的反义词就是"凉心"；同理，"重"与"轻"是反义词，但"重点"的反义词并不是"轻点"。

2. 反义词的类别

反义词可分为绝对反义词和相对反义词两类。

（1）绝对反义词。

绝对反义词是指在两个反义词之间没有表示中间状态意义的词，两个词的意义"非此即彼"，互相排斥，互相对立，完全相反。例如：

生—死　　完整—残缺　　　反—正　　出席—缺席
动—静　　存在—消失　　　曲—直　　主观—客观

绝对反义词可以用"不""没""无""没有"表示否定，意义上等于它的反义词。绝对反义词表示的是同一上位概念中仅有的两个下位概念，它们互相对立、排斥，非此即彼，肯定了一方，就是否定了另一方，否定了一方，就是肯定了另一方。例如"死"就是"没活"，"活"就是"没死"；"真"就是"不假"，"假"就是"不真"。现实生活中绝对没有既不死又不活、既不真又不假这样完全矛盾对立的状态存在。

（2）相对反义词。

相对反义词意义上不是互相排斥的，在两个反义词之间还有表示其他意义的词存在，

两个词的意义相对。例如"老年"的反义词是"少年",但它们之间还有"中年""青年""壮年"一类词存在。又如:

  黑—白 前进—后退 冷—热 快乐—忧愁
  大—小 朋友—敌人 方—圆 开头—结尾

  相对反义词也可用"不""没"等表示否定,但否定后意义上并不等于它的反义词,否定了一方,不一定就肯定了另一方,即肯定了甲就否定了乙,但否定甲却不一定肯定了乙,中间还有丙、丁等情况。所以,相对反义词同属于一个上位概念,但在它们之间有同级的其他概念,因而有表示第三种及更多种意义的词存在。例如"白"与"黑",肯定了"白"就否定了"黑",但否定了"白",意义上不等于肯定了"黑",因为还有"黄""绿""红""灰""橙"等颜色存在。又如"苦"与"甜",否定了"苦",意义上未必就是"甜",否定了"甜",意义上也不一定是"苦",因为还有"酸""咸""辣""辛"等存在。

▶ (二) 反义词的作用

  反义词是客观事物矛盾对立关系在语言中的反映。因此,恰当地运用反义词,可以鲜明生动地将事物的矛盾对立面揭示出来,给人以启示,使人在对照中分清是非、善恶、美丑,从而留下深刻的印象。

  1. 正反对照,突出矛盾

  反义词具有非常好的修辞作用,对举运用,可以构成映衬、对偶辞格,形成鲜明的对照,有助于揭示、突出事物的矛盾对立性,使是非清楚,黑白分明,使阐述的道理更加透彻,从而增强语言的感染力和说服力。例如:

  ①当我沉默着的时候,我觉得充实;我将开口,同时感到空虚。(鲁迅《野草》题辞)

  ②旧社会把人逼成鬼,新社会把鬼变成人。(贺敬之《白毛女》)

  ③真的、善的、美的东西总是在同假的、恶的、丑的东西相比较而存在,相斗争而发展的。(毛泽东《关于正确处理人民内部矛盾的问题》)

  2. 构成对偶,精警含蓄

  一个句子使用几个反义词,成为表面上矛盾而实际上包含着深刻哲理的句子。句子内部由于矛盾对立而寓意深刻,极富感染力,格外精警动人,给人的印象也特别深刻。许多格言、警句、作品的标题都采用这种方式。例如:

  ①有的人活着,

  他已经死了;

  有的人死了,

  他还活着。(臧克家《有的人》)

  ②时髦很浅薄,时髦很深刻。时髦很古老,时髦很新潮。(金士《戏说时髦》)

  ③平凡的伟大 (曹靖华作品名)

  ④失败是成功之母。(格言)

3. 作为语素，构成新词

反义词具有特殊的造词功能，就是用来仿拟词语。根据上下文已有的格式，利用反义词经常对举使用的原理，临时仿造一个反义词，构成对比，以揭示客观事物的矛盾对立，表义明快犀利，具有诙谐、讥刺的色彩。例如：

①一个阔人说要读经，嗡的一阵一个狭人也说要读经。（鲁迅《这个和那个》）

②咱们都是大老粗，好好学习，变他个老细。（西虹《家》）

③有些天天喊大众化的人，连三句老百姓的话都讲不来，可见他就没有下过决心跟老百姓学，实在他的意思仍是小众化。（毛泽东《反对党八股》）

④希望大家积极支持文字改革工作，促进这一工作而不要"促退"这一工作……（周恩来《当前文字改革的任务》）

反义语素可以构成合成词；反义词也可以正反并用，构成内涵丰富、表义深刻的成语。例如：

是非　早晚　动静　开关　利害　深浅　死活　始终　胜败　吞吐

阳奉阴违　东奔西走　厚今薄古　少见多怪　大同小异　深入浅出　出生入死

七上八下　貌合神离　苦尽甘来　喜新厌旧　弃暗投明

思考练习

1. 举例说明词义的构成。
2. 一个词有多种意义，这个词就是多义词。这个说法对吗？试分析之。
3. 什么是同义词？举例说明同义词的类别。
4. 什么是反义词？构成反义词的条件有哪些？
5. 请为下列词语各写出三个同义词。

   责怪　尊敬　讨厌　喜欢　鼓励　望风而逃　接踵而来

6. 指出下列各词的反义词。

   战争　团结　稀薄　专制　建设　娇气　经常
   紧张　谬误　绝对　违反　文明　高贵

7. 改正下面句子中使用不当的词语。

   （1）规律是客观存在的，不是主观捏造出的。

   （2）"失败乃成功之母"的格言，传播至今已不知多少年了。

   （3）科学在发展，书籍也在不断演变，它以越来越丰富的成分，培育着勤苦学习的人们。

   （4）香港回归的礼炮声使我的心猛然地战栗起来。我们不住地蹦呀，跳呀。我们尽情歌颂，与全国人民一起，共度九七难忘的时刻。

   （5）祖冲之很早就对天文学和数学产生了深厚的兴趣，他在自己的著作中说，他从小就"专功数术，搜练古今"。他很注意收集自古以来的观测记录和有关文献，但是决不"虚推古人",决不把自己约束在典籍文献之中。他研究问题,总是亲自做精巧的测量和小心的推算。

第四节 熟 语

学习重点:了解汉语中成语、惯用语、歇后语、谚语的特点,了解各类熟语的表达作用。
学习难点:能够准确运用各类熟语。

熟语又叫习用语,是人们常用的定型了的固定短语,是一种特殊的词汇单位。在结构上相当于一个短语,使用时则相当于一个词的语言单位。由于熟语的性质和作用相当于词,人们好像运用词一样,把它当作一个语言单位来用,因而,它是词汇学研究的对象,属于一般词。

熟语包括成语、惯用语、歇后语、谚语。熟语具有丰富的内容与精练的形式,概括了人们的认识成果,充实了词汇的宝库。熟语大都源远流长,运用普遍,极富表现力。从总体上看,熟语的特点可以概括为"四性":结构的定型性、语义的融合性、功能的整体性、风格的民族性。当然,从内部看,熟语又各有自己的特点,它们既有区别又有联系。除此以外,现代汉语中还有不少搭配固定的专用短语以及一些尚未完全凝固的固定短语。

一 成 语

成语是汉民族长期习用的定型化的短语,以四个音节为主要形式构成,书面上用四个汉字记录,具有形式整齐、音律和谐、结构固定、言简意赅的特点。成语数量繁多,历史悠久,运用广泛,是汉语熟语中的主要成员。

(一)成语的来源

汉语成语具有十分悠久的历史,源远流长,有的成语至今已有几千年的历史。了解成语的来源,有助于准确把握成语的意义,正确使用成语。成语的来源主要有以下四个。

1. 来源于古代寓言和神话传说

古代寓言,是古人用讲故事的方式说明某种深刻的道理,流传很广;神话传说在人们的口头语中更是广为流传。因此,古代寓言、神话传说故事的有关内容,在长年累月的流传过程中就逐渐凝固成一个个具有独特含义的成语。例如:"自相矛盾"来源于《韩非子·难势》;"夸父追日"来源于《山海经》;"世外桃源"来源于陶渊明《桃花源记》;"黄粱美梦"来源于沈既济《枕中记》;"杳如黄鹤"来源于《南齐书》;"叶公好龙"来源于刘向《新序》;"愚公移山"来源于《列子·汤问》;"杞人忧天"来源于《列子·天瑞》;"鹬蚌相争"来源于《战国策》;"与虎谋皮"来源于《太平御览》。

这类成语相当多,又如"精卫填海""按图索骥""滥竽充数""南辕北辙""掩耳盗铃""守株待兔""买椟还珠""刻舟求剑""盲人摸象""天衣无缝""对牛弹琴""画蛇添足",等等。

2. 来源于历史事件和历史故事

在我国几千年的历史中,发生过许多惊心动魄、可歌可泣的事件,这些历史事件和历史故事,常常被人们概括、凝缩为一个成语。举例如下。

①"甚嚣尘上"。《左传·成公十六年》载:楚国与晋国作战,楚王登车窥探敌情,对侍臣说:"甚嚣,且尘上矣。"意思是晋军喧哗纷乱得很厉害,而且尘土也飞扬起来了;形容忙乱喧哗的情状。后以"甚嚣尘上"比喻对某人某事议论纷纷;多指某种言论十分嚣张;在句子中可充当谓语、宾语、定语;含贬义。

②"图穷匕见"。《战国策·燕策三》载:勇士荆轲奉燕太子之命去刺杀秦王,他以献燕国督亢的地图为名,将匕首暗藏于图中。秦王展开地图,图尽,匕首露了出来。荆轲用匕首刺秦王不中,结果被秦王卫士杀害。这个故事后来凝缩为成语"图穷匕见",比喻事情发展到最后阶段,终于显露出真相来。

③"负荆请罪"。《史记·廉颇蔺相如列传》载:赵国大将廉颇与上卿蔺相如不和;蔺相如为了国家利益处处表示退让。"廉颇闻之,肉袒负荆,因宾客至蔺相如门谢罪,曰:'鄙贱之人,不知将军宽之至此也。'"这个故事后来凝缩为成语"负荆请罪",形容主动向人认错、道歉,对自己进行严厉的责罚。

④"闻鸡起舞"。《晋书·祖逖传》载:晋代的祖逖是个胸怀坦荡、具有远大抱负的人。为了实现报效国家的愿望,他与好友刘琨每天鸡叫后就起床练剑,剑光飞舞,剑声铿锵。功夫不负有心人,经过长期的刻苦学习和训练,他们终于成为能文能武的全才,既能写得一手好文章,又能带兵打胜仗。成语"闻鸡起舞",形容发奋有为,也比喻有志之士及时振作。

⑤"破釜沉舟"。《史记·项羽本纪》载:项羽与刘邦大战,军队渡河后,便将渡船沉入河底,砸碎了炊具,烧掉了庐舍,打算以死相拼。这段史实后来演化出成语"破釜沉舟",比喻下最大的决心,一拼到底。

⑥"价值连城"。《史记·廉颇蔺相如列传》载:战国时,赵国的赵惠王有一块叫和氏璧的宝玉,十分珍贵。秦昭王妄图凭其强国地位夺之,假称以秦国十五城换取和氏璧,但其诡计却为蔺相如识破。后来,人们用"价值连城"来比喻极其珍贵的东西。成语"完璧归赵""连城之璧""连城之价"等也是由这段史实演化而来的。

⑦"毛遂自荐"。《史记·平原君虞卿列传》载:战国时,秦兵攻打赵国,平原君奉命到楚国求救,他的门客毛遂主动请求跟着去。到了楚国,平原君同楚王谈了一上午也没有结果。这时毛遂挺身而出,向楚王陈述利害关系,说动了楚王。最后楚王答应派春申君带兵去救赵国。后来人们就用"毛遂自荐"比喻自己推荐自己。

这类成语还有很多，如"吴下阿蒙""秦晋之好""退避三舍""一鼓作气""卧薪尝胆""草木皆兵""暗度陈仓""指鹿为马""风声鹤唳"，等等。

3. 来源于古典作品名句

举例如下。

"惩前毖后"出自《诗经·周颂·小毖》："予其惩而毖后患。"

"逃之夭夭"出自《诗经·周南·桃夭》："桃之夭夭，灼灼其华。"

"进退维谷"出自《诗经·大雅·桑柔》："人亦有言，进退维谷。"

"门庭若市"出自《战国策·齐策》："群臣进谏，门庭若市。"

"舍生取义"出自《孟子·告子上》："生，亦我所欲也；义，亦我所欲也，二者不可得兼，舍生而取义者也。"

"锲而不舍"出自《荀子·劝学》："锲而舍之，朽木不折；锲而不舍，金石可镂。"

"天长地久"出自《老子》："天长地久。天地所以能长且久者，以其不自生，故能长生。"

"一日千里"出自《庄子·秋水》："骐骥骅骝，一日而驰千里。"

"吐故纳新"出自《庄子·刻意》："吹呴呼吸，吐故纳新。"

"因势利导"出自《史记·孙子吴起列传》："善战者因其势而利导之。"

"瓜田李下"出自汉乐府《君子行》："君子防未然，不处嫌疑间，瓜田不纳履，李下不整冠。"

"赴汤蹈火"出自晋代嵇康《与山巨源绝交书》："长而见羁，则狂顾顿缨，赴汤蹈火。"

"兴高采烈"出自南朝刘勰《文心雕龙·体性》："叔夜俊侠，故兴高而采烈。"

"披肝沥胆"出自唐代刘赟《应贤良方正直言极谏科策》："或有以系危之机，兆存亡之变者，臣请披肝沥胆，为陛下别白而重言之。"

"飞黄腾达"出自唐代韩愈《符读书城南》"飞黄腾踏去，不能顾蟾蜍。"

"水落石出"出自北宋欧阳修《醉翁亭记》："野芳发而幽香，佳木秀而繁阴，风霜高洁，水落而石出者，山间之四时也。"

来源于古典作品名句的成语，有的是原封不动地使用现成词语，有的是经过增删改造形成的，如"明哲保身""未雨绸缪""教学相长""诲人不倦""似曾相识""黯然销魂"，等等。

4. 来源于群众的口语

这类成语有的历史相当悠久，在古代文献中就有记载，因而得以流传下来。举例如下。

"投鼠忌器"出自贾谊《治安策》："里谚曰：'欲投鼠而忌器。'此善喻也。"

"狼子野心"出自《左传·宣公四年》："谚曰：'狼子野心。'是乃狼也，其可畜乎？"

"利令智昏"出自《史记·平原君虞卿列传》："鄙语曰：'利令智昏'，平原君贪冯亭邪说，使赵陷长平四十余万众，邯郸几亡。"

"水涨船高"出自《传灯录》："水涨船高，泥多佛大；莫将来问，我也无答。"

其他来源于群众口语的成语有很多，如"七手八脚""七上八下""不三不四""三心二意""三长两短""一清二楚""一穷二白""一干二净""一团和气""人山人海""大惊小怪""鸦雀无声""顺水推舟""昏头昏脑""掌上明珠""水落石出""正大光明""铁树开花",等等。

此外,还有少部分成语是从其他民族语言中吸收进来的,例如"火中取栗""杀鸡取卵""以牙还牙""天方夜谭""梦幻泡影"等。外来成语,尤其以从佛经中吸收的为多,它们进入汉语已有相当悠久的历史,加之形式与内容的改造,所以使人感觉不到是外来成语了,例如"大千世界""天花乱坠""昙花一现""五体投地""在劫难逃""不可思议""现身说法""一尘不染""六根清净""聚沙成塔""心花怒放""味同嚼蜡",等等。这些成语原是宣传宗教教义的,但在流传过程中逐渐失去了宗教色彩,获得了新的意义,使用范围也更加广泛。

(二) 成语的内部结构

从音节角度来看,成语以四音节居多,但也有非四音节的,如"坐山观虎斗""冒天下之大不韪""醉翁之意不在酒""失之毫厘,谬以千里""不入虎穴,焉得虎子"等。

从语法结构看,成语是由语素或词按一定方式组合而成的,内部关系多种多样,主要可分为以下几种。

1. 联合关系

这类成语前后两截不分主次,并列结合在一起,前后两截内容或者相近,或者相反相对,互相衬托,以加强语势,强调语意。例如:

千方百计　流言蜚语　心平气和　凶多吉少　口是心非　人面兽心
轻歌曼舞　花好月圆　节衣缩食　万紫千红　良师益友　日新月异
矫揉造作　交头接耳　融会贯通　身败名裂　平易近人　同床异梦

2. 主谓关系

这类成语前面部分相当于主语,后面部分对主语加以陈述,相当于谓语。例如:

众怒难犯　飞黄腾达　黔驴技穷　手足无措　愚公移山　夜郎自大
众志成城　道貌岸然　万马齐喑　毛遂自荐　泾渭分明　身经百战
气贯长虹　鹤立鸡群　道貌岸然　目不窥园　金蝉脱壳　壮志凌云

3. 偏正关系

这类成语前面部分修饰、限制后面部分,前后是修饰、限制关系。例如:

近水楼台　衣冠禽兽　火中取栗　侃侃而谈　豁然开朗　步步为营
世外桃源　孑然一身　与虎谋皮　不约而同　莫逆之交　康庄大道
锦囊妙计　轩然大波　满腹经纶　金玉良缘　纸上谈兵　随遇而安

4. 述宾关系

这类成语前面部分表示动作,后面部分是动作支配的对象,构成支配与被支配的关系。例如:

力争上游　横扫千军　震撼人心　平分秋色　虚张声势　初露锋芒

另起炉灶　巧立名目　顾全大局　包罗万象　首屈一指　别出心裁
畅所欲言　不求甚解　不落窠臼　暴殄天物　沁人心脾　不知所措

5. 述补关系

这类成语前面部分表示动作行为，后面部分对动作行为进行补充。例如：

绳之以法　垂涎三尺　置之度外　料事如神　操之过急　嫁祸于人
高人一等　无动于衷　处之泰然　惨绝人寰　问道于盲　逍遥法外
轻于鸿毛　死得其所　迫在眉睫　爱不释手　心乱如麻　决策千里

6. 其他关系

有类成语，前后两部分或者是两个动作连续发生的连动关系，或者是条件、转折、因果关系的紧缩，或者是特殊的兼语关系。

（1）连动关系。

刻舟求剑　打草惊蛇　掩耳盗铃　改弦更张　画蛇添足　画饼充饥　哗众取宠

（2）紧缩关系。

宁死不屈　欲盖弥彰　药到病除

（3）兼语关系。

引狼入室　令人生畏　指鹿为马　放虎归山　望子成龙
引人入胜　点石成金　请君入瓮　化险为夷

（三）成语的作用

1. 有助于丰富语言知识

不少成语都是古代流传下来的，记载着古代的信息，经历着时代的变迁。我们可以通过成语了解其中的知识。例如，通过"负荆请罪"可以了解"将相和"的典故，通过"短兵相接"可以了解"兵"的词义变迁，通过"鱼肉百姓"可以了解古汉语语法知识。

2. 有助于加强表现力

成语历经提炼，结构紧凑，表现力强，能反映深刻的思想意义，描绘鲜明生动的形象，表达复杂曲折的意思。因此，恰当地使用成语，可以使语言简洁、形象生动，从而增强表达效果。例如：

对于他们，第一步需要还不是"锦上添花"，而是"雪中送炭"。（毛泽东《在延安文艺座谈会上的讲话》）

其中，"锦上添花"生动地表达了好上加好的意思，"雪中送炭"形象地表达了及时、急需的意思。

（四）成语的运用

1. 弄清成语的意义

在表义上，成语具有言简意赅的特点，具有独特的魅力，它以简短的形式，传递丰富的信息，表达深刻的内容，其表达效果是一般语言形式所没有的。例如，用"一日千里"表示社会的巨大变化，就比说"发展很快""飞速发展"有气势；用"雷霆万钧"表示很有力量，就比说"力量强大""很大的力量"有气魄，而且感染力、生动性也是其他语言形式所不能及的。正因为成语言简意赅，极富表现力和感染力，所以千百年来，成语得到了广泛的运用。

要注意的是，成语是一种定型的短语，它的意义是由各个构成要素互相融合而成的，不是构成要素意义的相加。绝大多数成语往往都具有表里双层含义，而真实意义常隐含于字面意义中，引发人们广泛的联想。因此，运用成语应注意弄清成语的意义，对成语意义的理解要从整体上把握，不能从字面出发望文生义。例如，"叶公好龙"字面意义是叶公喜欢龙，真实含义是说表面爱好某事物，其实并不爱好；"一毛不拔"字面意义是一根毛都不拔，实际意义是指极其吝啬。

成语构成成分的意义与整个成语意义的联系有以下三种情况。

一是通过字面意义可以推导出成语的意义，例如"一清二楚""三心二意""十全十美""百发百中""千方百计""万众一心""手足无措""六神无主""出口成章""无恶不作""无价之宝""面不改色""仁至义尽""弃暗投明""不骄不躁"，等等。

二是成语中有些成分保留了古义，不能用今义去理解，这类成语使用时最容易出错。例如：

无法无天（"天"指天理，不是天空）

贼去关门（"去"是离开，不是"走过去"的"去"）

耳闻目睹（"闻"是听见，不是今天的嗅）

亡羊补牢（"亡"是丢失，"牢"是关牛羊的圈）

徒劳无功（"徒"是白、空，不是徒弟）

独树一帜（"树"是树立，不是树木）

短兵相接（"兵"是兵器，不是士兵）

不速之客（"速"是邀请，不是快速）

扬汤止沸（"汤"是开水，不是菜汤）

图穷匕见（"穷"是完、尽，"见"是出现）

三是成语的实际意义是本义的引申，与字面意义相差很远，对于有些成语的意义，要弄清楚成语的出处，才能有确切的理解和认识。例如：

子虚乌有：本义指汉代司马相如《子虚赋》中的两个人物，引申为虚假的、不存在的东西。

川流不息：本义指河水不停地流，引申为人、车辆、船只很多，来来往往不停。

黔驴技穷：本义指驴的技能有限，实际意义指坏人把所有本事都使完了。

东窗事发：本义指秦桧谋害岳飞的事暴露出来了，今指罪行被揭露，坏事被揭发。

钩心斗角：本义指宫室建筑结构错综精巧，引申为坏人之间各用心机，明争暗斗。

胸有成竹：本义指画竹子时心里有竹子的形象，比喻做事之前已经有通盘考虑。

因此，运用成语时必须弄清楚成语的意义，不能主观臆测。如果不注意成语意义的整体把握，而仅从字面出发，就会误解成语的意义，例如把"不刊之论"理解为不能刊登的言论，把"万人空巷"理解为街上空无一人，而实际上这两个成语的意义与上述意义恰好相反；又如，有人把"七月流火"理解为天气炎热，把"明日黄花"错写成"昨日黄花"，都是因为没有弄清楚成语意义的缘故。

2. 注意成语的读音

成语中有些字容易读错。这些字，有的在现代汉语中用得很少，一般只出现在成语中，有的是多音多义字，在成语中的读音与其他地方不同。例如：

怙恶不悛（"怙"念hù，指依靠、依仗；"悛"念quān，指悔过、悔改）

暴虎冯河（"冯"念píng，同"凭"，凭借、依靠）

草菅人命（"菅"念jiān，指野草）

无声无臭（"臭"念xiù，指气味）

卖官鬻爵（"鬻"念yù，指卖）

鳞次栉比（"栉"念zhì，梳篦的总称）

一丘之貉（"貉"念hé，一种动物）

刚愎自用（"愎"念bì，指顽固、倔强）

同仇敌忾（"忾"念kài，指愤怒、愤恨）

一蹴而就（"蹴"念cù，指踏）

好逸恶劳（"恶"念wù，指厌恶）

心广体胖（"胖"念pán，指安泰、舒适）

3. 注意成语的字形

成语中的一些汉字，或者因为生僻，或者因为形近声近，使用者在读错字音的同时，常常也写错了字形。也有些是因为使用者对成语的出处、意义认识不全面而写了错字。因此运用成语，要特别注意成语的字形。例如（括号中是容易出现的错别字）：

瞠（膛）目结舌　苦心孤诣（意）　如火如荼（茶）　草菅（管）人命

火中取栗（粟）　病入膏肓（盲）　川（穿）流不息　惴惴（揣揣）不安

滥竽（芋）充数　弱不禁（经）风　原形毕（必）露　完璧（壁）归赵

墨（默）守成规　班（搬）门弄斧

4. 成语的活用

成语有固定的形式和独特的意义，所以一般情况下不能变更结构，曲解意义，但有时出于修辞的需要，可以临时改变成语的结构形式和意义内容，活用成语，给人以新颖别致的感觉，往往也能收到很好的表达效果。活用成语的方式多种多样，主要表现在形式和意义两个方面。

(1) 形式方面的活用。

形式方面的活用主要是通过换字、增字、减字、变序等手段改变成语的形式。例如，针对一些人满口脏话的情况，有人把成语"出口成章"换字变为"出口成脏"加以讽刺批评，把"求全责备"扩展为"对青年人不要求全，也不必责备"，把"越俎代庖"简写为"代庖"，把"叶公好龙"变序改为"好龙的叶公"，等等。

(2) 意义方面的活用。

意义方面的活用一般是指抛开成语的实际意义或适用对象，故意曲解，或者故意颠倒意义的褒贬色彩，常常造成一种幽默效果。例如，"一日千里"本指社会飞速发展，多用于积极方面，如果反过来用于消极方面，说"他这学期的成绩直线下降，一日千里"，就是误解了成语的意义。又如，"异想天开"的含义是想法离奇，不切实际，具有贬义色彩，把它用在"科学研究既要实事求是，也要异想天开"中，贬义用为褒义，改变了成语的感情色彩。由于成语意义的活用具有令人耳目一新的感觉，极富幽默感，所以许多相声、小品等都用这种方式活用成语，有些广告、幽默故事也活用成语，别具一格，精警动人，给人留下的印象十分深刻。

不过，成语的活用应巧妙、自然，只能偶一为之，而且必须分清交际场合和交际对象，不能随意滥用，否则，就收不到积极的表达效果。

二 惯用语、歇后语、谚语

(一) 惯用语

惯用语是广泛流传于人民群众口头的一种结构固定、意义有所引申的习惯用语，是口语中较为通行的固定短语。同成语一样，惯用语的结构也是定型的，以整体结构表示一个特定的意义。例如：

领头羊　主心骨　对台戏　碰钉子　护身符　定心丸　跳龙门
耳边风　闭门羹　眼中钉　开小差　打头阵　爆冷门　吃老本

惯用语的实际意义都不能从字面来理解，它们用的都是比喻义。例如，"穿小鞋"作为一般短语，意思是指穿号码较小的鞋子，作为惯用语，是指故意刁难别人；"半桶水"作为一般短语，是指桶里的水只装了一半，作为惯用语，是指对某种学问略知一二。

惯用语在结构上以述宾关系和偏正关系为主，其他结构关系较为少见。

述宾关系：咬耳朵　出风头　敲边鼓　开夜车　走过场　敲竹杠
　　　　　泼冷水　和稀泥　露马脚　扣帽子　拉山头　吹牛皮
偏正关系：车轮战　铁饭碗　无底洞　恶作剧　敲门砖　绊脚石
　　　　　下坡路　耳边风　保护伞　冒失鬼　拦路虎　摇钱树

惯用语有以下几个方面的突出特点。

1. 形式简练

惯用语是语音形式最简单的熟语，绝大多数惯用语由三个音节构成，这是惯用语外部形式的突出特点。三个音节以上的惯用语很少，如"快刀切西瓜""一个鼻孔出气""鸡蛋里挑骨头""不管三七二十一""八竿子打不着"等。

2. 用法灵活

惯用语在运用上的突出特点是可以以原型为基础灵活变化，插入其他成分，这个特点在述宾关系的惯用语中最为突出。例如，"摆架子"在口语中可以说成"摆摆架子""摆臭架子""摆空架子""摆什么架子"，"脚踩两只船"可以说成"脚踏两只船"，我们也经常能听到"碰（了一个不大不小的）钉子""打（打小）算盘"等言语表述。

3. 口语特征鲜明

惯用语是极为口语化的熟语，构成材料都是人们熟知的、活生生的口语词。如"鬼把戏""哑巴亏""打官腔""马后炮""枕头风"等，其构成成分都是口语中十分通行的词语。惯用语极少使用古代汉语的语汇成分和语法结构，冷僻、难读、难懂的字也很少使用，字面上一看就懂，生活气息十分浓厚，具有很强的通俗性。

4. 多讽喻

在意义上，惯用语大多表示对一些现象的批评、贬斥，鄙视意味较浓，往往具有讽刺特点，感情色彩十分鲜明突出。由于惯用语的实际意义大多是通过借喻方式获得的，所以表义上的讽刺特点通常都十分含蓄，抹上了一层幽默色彩，例如"走后门""打棍子""钻空子""碰钉子""醋坛子"等。

（二）歇后语

1. 歇后语概述

歇后语是由类似谜面与谜底、前后有解说关系的两个部分组成的、带有隐性性质的现成语句，结构相对固定，口语色彩浓厚。例如：

买个帽子当鞋穿——不对头　　　山洞里的火车——不知道拐弯
黄鼠狼给鸡拜年——没安好心　　兔子的尾巴——长不了
老母猪打架——光知道使嘴　　　芝麻开花——节节高

歇后语区别于熟语中其他成员的突出特点是它的结构形式。歇后语一般由两个部分构成，有的前一部分是比喻，后一部分是意义的解释，例如"风箱里的耗子——两头受气"；有的前一部分说出一个事物或现象，后一部分用一个双关词语加以解说，例如"电线杆上绑鸡毛——好大的掸（胆）子"。歇后语前一部分像个谜面，着重从形象方面给人以暗示，启发人展开联想，后一部分解释意义，类似于谜底。歇后语前后两部分之间有一定的语音停顿，书面上常用破折号或逗号隔开。在口语中，一些大众熟知的歇后语在使用时也可以不说出后一部分，让听话人自己去领会，如"猫哭老鼠（假慈悲）""黄鼠狼给鸡拜年（没安好心）"。

2. 歇后语的分类

根据前后两部分的关系,可将歇后语分为喻意性的和谐音性的两种。

(1) 喻意性的歇后语。

前面部分是比喻,后面部分进行解释、说明,这部分词语的字面意义或者转化义就是整个歇后语的意义。

①字面义就是比喻的直接说明。例如:

八仙过海——各显神通　　　小和尚念经——有口无心
狗逮耗子——多管闲事　　　大海里捞针——没处寻找

②转化义是字面义的引申和使用范围的扩大或改变。例如:

石板上钉钉——硬碰硬　　　骑着毛驴看唱本——走着瞧
快刀切豆腐——两面光　　　擀面杖吹火——一窍不通

(2) 谐音性的歇后语。

谐音性的歇后语是利用语言中的同音、近音现象构成的。它的前面部分说明事物现象,后面部分是解释、描写,其中某个词或语素与另一个词或语素谐音,一语双关,书面上常用括号把真正要说的词语注释出来。例如:

孔夫子搬家——尽是书(输)　　　纸糊的琵琶——弹(谈)不得
窗外吹喇叭——鸣(名)声在外　　　狐狸讲话——一派狐(胡)言
二三四五六七八九——缺一(衣)少十(食)　　　老虎拉碾子——谁赶(敢)

歇后语在表义上具有生动活泼、幽默风趣的特点。它以形象的事物隐喻意义,使意义生动形象地展示出来,又通过解说进一步强化,表义手段别具一格,给人的印象十分深刻,所以歇后语为广大群众所喜闻乐见,在口语中运用得十分广泛。汉语中的歇后语到底有多少,数量很难统计,因为人民群众在语言实践活动中,可以根据需要随时随地创造歇后语来表达思想感情,因而歇后语具有开放性特点,其活跃程度是成语和惯用语所不能比的。

在运用时,我们要选择内容健康文明的歇后语,同时要根据语言的环境恰当地使用,以突出歇后语的依存性、民族性和通俗性。

(三) 谚语

1. 谚语概述

谚语又叫俗语、俗话,是为总结某种经验知识而创造出来的,流传于群众口语中的固定语句。谚语是人民群众生产生活经验的总结,所以每条谚语总要说明某种道理,从而给人以教益。许多谚语能代代相传,常用不衰,与其传授知识和教化作用是分不开的。

利用谚语总结并传授经验知识,在汉民族中有悠久的历史。从文献记载看,春秋战国时就有谚语在民间流传,例如《战国策·楚策》载:"臣闻鄙语曰:'见兔而顾犬,未为晚也;亡羊而补牢,未为迟也。'"这里的鄙语指民间流传的俗语,实际上就是今天的谚语。我们现在常用的劝戒谚"良药苦口利于病,忠言逆耳利于行",在《史记》中就已经定型了,在流传过程中还演化出了"良药苦口""忠言逆耳",并进入成语领域。许多成语,如

"亡羊补牢""唇亡齿寒""七零八落""投鼠忌器"等,其实都是由谚语演化而来的,谚语在社会生活中的巨大影响由此可见一斑。

2. 谚语的分类

根据表义作用,可将谚语分为以下两类。

一类是关于自然和农业生产的谚语,例如农谚、气象谚等,是人们长期观测天气变化和农业生产的经验总结。这类谚语较多,这可能与我国长期以农业生产为主有关。例如:

春雨贵如油,夏雨满地流。　　　　庄稼一枝花,全靠粪当家。
三耕四耙五锄田,一年庄稼吃两年。　春天不忙,秋后无粮。
春天孩儿面,一天变三变。　　　　日晕三更雨,月晕午时风。
云走东,雨要空;云走北,雨没得;云走西,披蓑衣;云走南,雨撑船。

另一类是关于社会生活方面的,这类谚语涉及面较广,如政治、品德、学习、卫生等。例如:

天下乌鸦一般黑。　　　　　　　画虎画皮难画骨,知人知面不知心。
有理走遍天下,无理寸步难行。　路遥知马力,日久见人心。
少壮不努力,老大徒伤悲。　　　活到老,学到老。
要打当面锣,莫敲背后鼓。　　　一寸光阴一寸金,寸金难买寸光阴。
三个臭皮匠,赛过诸葛亮。　　　一把钥匙开一把锁。
饭后百步走,活到九十九。

从构成形式看,谚语有单句型的和复句型的两种。单句型的谚语如"瑞雪兆丰年""新官上任三把火""有钱能使鬼推磨"等。复句型的谚语如"不到黄河心不死,不撞南墙不回头""一个和尚挑水吃,两个和尚抬水吃,三个和尚没水吃",等等。复句型的谚语又以双句型的为多见,这种形式的谚语,大多音节一致,结构工整,形成对偶句式,易于传诵,例如"人心齐,泰山移""上有天堂,下有苏杭"等。谚语在表义上有一个突出的特点,就是直来直去,少用比喻,字面意义往往就是谚语的真实意义,如"笑一笑,十年少""活到老,学到老""世上无难事,只怕有心人",等等。

思考练习

1. 单项选择题

(1) 从形式上来说,最常见的惯用语是(　　)个字的。
　　　A.二　　　　B.三　　　　C.四　　　　D.五

(2) 下列结构不相同的一组成语是(　　)。
　　　A.毛遂自荐　胸有成竹　　　B.中流砥柱　孜孜不倦
　　　C.天翻地覆　营私舞弊　　　D.守株待兔　异想天开

(3) 下面各种说法,只有(　　)不正确。
　　　A.成语以四个音节为主要形式。

B.惯用语的书面色彩较浓。

C.歇后语的后半截有的时候可以不说出来。

D.谚语是劳动人民生活经验的总结，具有教育作用。

(4)"厉"字使用不当的词语是（　）。

　　A.厉害得失　　　B.变本加厉　　　C.再接再厉　　　D.厉行节约

2. 简答题

(1) 什么是熟语？熟语包括哪些类型？

(2) 使用成语时应注意哪些问题？

(3) 解释下列惯用语的意义。

背包袱　碰钉子　绊脚石　翅膀硬　开夜车　穿小鞋　打折扣

耳边风　高帽子　打牙祭　老油条　磨洋工　翘尾巴　开绿灯

3. 按照下列句子的意思写出成语。

(1) 通过不同的途径，到达共同的目的地。

(2) 肩并肩，脚并脚，形容人很多、很挤。

(3) 接连不断地到来。

(4) 像刮风、闪电那样，速度很快。

(5) 风里吃饭，露天睡觉。

(6) 在前进的道路上清除障碍，克服重重困难。

(7) 十分固执自信，不采纳别人的意见。

(8) 站得高，看得远，比喻眼光远大。

第五节　现代汉语语汇的组成

学习重点：了解基本语汇和一般语汇的特点，以及新词、古语词、方言词、外来词等一般语汇的表达作用。

学习难点：区分基本语汇和一般语汇。

一　基本语汇和一般语汇

（一）基本语汇

有些词是全民族使用最多的，一般在生活中最必需，意义最明确，为一般人所共同理解，几乎用不着做什么解释，这样的词是语汇中最主要的成分，叫基本词。基本语汇是基本词的总和，是语汇的基础，它和语法一起构成语言的基础。基本语汇包含的词反映了自然界和人类社会生活中一些最基本的概念，所以，这些词使用频率高，生命力强，是构成新词的基础。举例如下。

表示自然界事物的词：山、水、土、云、雨、风、雷、雪、江、河、海、天。

表示数量的词：一、三、十、百、千、万、个、元、斤、尺、次、趟。

表示人体各部分名称的词：头、口、手、脚、脸、心、眼睛、耳朵、牙齿。

表示亲属和社会关系的词：爸爸、妈妈、哥哥、姐姐、弟弟、妹妹、同志、老师、妻子。

表示动作行为的词：走、跑、站、坐、睡、看、听、想、唱、做、笑、喜欢、起来、变化。

表示生活资料的词：锅、灶、刀、碗、油、盐、米、菜、衣服、桌子、凳子。

表示政治、经济、文化范畴的词：党、资本、历史、工业、农业、歌曲、电视。

表示动物、植物的词：猪、牛、羊、马、鸡、狗、树、草、花、叶、苗。

表示方位、处所和时间的词：下面、里头、北边、去年、下午、冬天、之前、以后。

表示事物现象的性质、状态的词：红、黄、黑、白、大、小、多、少、高、好、美丽、快乐、辛苦、勇敢。

表示指称和代替的词：你、我、他、她、我们、你们、他们、谁、什么、自己、这、哪里。

表示程度、范围、语气、语法关系的词：很、太、最、都、吗、呢、和、的、得、或者、因为、为了。

这些基本词，有实词，也有虚词。它们的生命力最顽强，其所组成的基本语汇具有以下三个特点。

1. 稳固性

基本语汇在千百年中为不同的社会服务，并且服务得很好，例如"一、二、牛、马、家、门、山、水、上、下、左、右、斗、高、多"，等等，基本语汇远在三千多年前的甲骨文里就存在了，今后也还会继续存在。基本语汇之所以具有这么强大的稳固性，是由于它所标志的事物和概念都是极为稳定的。

说基本语汇有稳固性，并不是说基本语汇是一成不变的，有的古代基本词不再是现代汉语的基本词，它们已为新词所取代。有些古代的单音节基本词发展到现在已经复音化了，这是汉语词汇发展的一条内部规律，例如：

眉—眉毛、眼眉　耳—耳朵　舌—舌头　发—头发　鼻—鼻子

有些单音节的基本词为后起的合成词所代替，例如：

目—眼睛　颔—下巴　秫—高粱　日—太阳

此外，还产生了一些新的基本词，例如：

冲击　腾飞　打造　品牌

2. 能产性

用基本词作为语素创造出来的新词，最易于人们理解和接受，最便于流传，所以，那些千百年来流传下来的基本词，便成了构成新词的基础。它们一般有很强的构词能力。例

如，用"水"开头构成的词，在《现代汉语词典》中就有约200个，像"水泵、水笔、水表、水兵、水草、水产、水车、水稻、水道、水分、水缸、水汪汪、水浮莲、水玻璃、水成岩、水电站"，等等；另外，还有相当数量的以"水"结尾的词，像"潮水、茶水、洪水、风水、钢水、海水、淡水、胶水、口水、苦水、泪水、卤水、露水、墨水、油水"，等等。

以基本词为基础构造的新词，也有一些进入了基本语汇。例如，"民主""工厂""飞机""火车""铁路""汽车""公路""轮船""机器"等，都是在现代社会进入基本语汇的合成词，"电气""原子"等也逐渐成为一般人经常用的词了。可见，现代汉语的基本语汇是不断发展变化的。

当然，基本词也有构词能力弱或几乎没有什么构词能力的，例如"你、我、谁、姓、没有"，等等。

值得注意的是，那些被后起的合成词取代的古代基本词，在现代汉语里依然有很强的构词能力，成为构成新词的词根。例如：

目——目前、目光、目送、目标、目力、目测

冠——冠冕、冠状、冠子、皇冠、桂冠、王冠

眉——眉睫、眉目、眉梢、眉心、眉眼、眉头

阅——阅读、阅览、阅历、阅兵、传阅、阅卷

3. 全民常用性

基本语汇的上述两个特点是以全民常用性为前提的。全民常用性是说它为全民族所共同理解，流行地域广，使用频率高。它的使用，不受阶级、行业、地域、文化程度等方面的限制。人们可以因受文化程度的限制而不用某些古语词，也可以因是"外行"而不用某些行业语，更可以因受地域限制而不用某些有方言色彩的词，但是却不能不使用基本词。不用基本词而要进行交际，是不可能实现的。

总而言之，基本语汇具有全民常用性，为全民族全体成员经常使用，因而不能轻易变动，自然就具有稳固性，人们也愿意将其作为构成新词的基础。稳固性和很强的构词能力，又促使基本语汇的全民常用性更为突出，使基本语汇在词汇系统中的重要地位更为巩固。

上述三个特点是就基本语汇的整体来说的，不是说所有的基本词都具备这三个特点。就现代汉语来讲，不能把这三个特点，特别是不能把有无能产性当作辨识基本词和非基本词的唯一条件。现代汉语词汇的双音化趋势，使得许多双音节的合成词成为基本语汇，而双音合成词的构词能力远不如单音节词。如果单纯强调构词能力，就会把许多双音节的基本词排除在基本语汇之外。认识、了解基本语汇的属性特点，对学习、掌握语言词汇，对于揭示语言词汇系统的规律和学好语言均有积极意义。

▶▶ （二）一般语汇

语言中基本语汇以外的语汇就是一般语汇。

人们交际频繁，要指称复杂的事物，要表达细致复杂的思想感情，单单用基本语汇是

不够的，还需要用大量的非基本语汇——一般语汇。例如，在学校里要经常使用"课堂、讲义、自习、辅导、讲授、提问、作业、考试、备课"等词。这些词尽管不是基本词，但都是反映学校生活不可缺少的词，离开它们，在教学领域里进行交际、交流就会发生困难。

一般语汇的特点是没有基本语汇那样强的稳固性，却有很大的灵活性。一般语汇是经常变动的。随着社会的发展，大量新词不断产生，一些旧词用得越来越少，在社会急剧发展时期更是这样。社会的急剧发展，在语言中首先反映在一般语汇上。一些新词总是先进入一般语汇，然后有一部分可能进入基本语汇。一般语汇数量多，不一定为全民族的成员所普遍掌握。哪些人掌握哪些一般词，情况不一样。人们在生活实践和交际过程中，往往习惯掌握和使用一些与自己的工作生活环境和素养密切相关的一般词，因而形成了个人在掌握词语的数量上的不同以及在使用语言上的特点和风格。

基本语汇和一般语汇是核心和外围的关系。

第一，基本语汇是构成新词的基础，不断给语言创造新词，充实、扩大一般语汇，让语汇日益丰富，如"天"构成"天空、天气、春天、今天、冬天"等。

第二，一般语汇中有的词，在语言发展过程中，又能逐渐拥有基本词的性质，转为基本词，从而使基本词的范畴不断扩大，如"革命、电子、手机、电脑"等。

基本语汇与一般语汇是相互依存、相互渗透的。基本语汇是构成新词的基础；一般语汇中有的词，在语言发展过程中，可能转为基本词。例如，"革命"和"电子"这两个词，原来并不是基本词，现在已加入了基本语汇的行列，人们用它们创造了大量的新词，丰富了语言的语汇，如"革命家、革命者、革命性、革命化、反革命"和"电子管、电子枪、电子琴、电子表、电子眼、电子秤、电子计算机"等。基本语汇是在漫长的历史发展过程中逐渐积累和丰富起来的。这个过程，在一定意义上讲，就是一般词转化为基本词，再进入基本语汇的过程。

在语汇系统中，一般词要比基本词多得多。根据来源情况，现代汉语一般词包括新词、古语词、方言词、外来词、行业语、隐语等。

二 新词、古语词、方言词、外来词

（一）新词

新词是随着社会的发展创造出来的词。由于社会生活是不断发展变化的，新事物、新现象、新观念层出不穷，它们要进入语言，进入交际领域，就必须有相应的词来称呼，于是新词就应运而生了。例如，近几年十分流行的"躺平""内卷""直播带货""凡尔赛文学""光盘""飒""走穴""后浪""逆行者""神兽""打工人"等，就是记录社会上出现的新事物、新观念的新词。新词客观真实地记录了社会的发展变化，可以说是社会生活的一面镜子。新词不是个人主观随意创造出来的，它必须反映社会现实，与语言的交际需要相配合。也就是说，创造新词必须具有社会基础，具有语言基础，并且还要有明确的意义，这样的新词，才能为社会所接受。

(二) 古语词

古语词包括我们一般所说的文言词和历史词,它们来源于古代汉语。古语词与古代汉语中的词不是一个概念。古语词是现代汉语中仍使用的那部分古代汉语词语,是现代汉语词汇的组成部分,因为它们可以表达特殊的意义或感情色彩、语体色彩,所以才为现代汉语所吸收。文言词所表示的事物和现象还存在于本民族现实生活中,在语言使用中常有浓重的书面语色彩。例如"底蕴、磅礴、如此、余、其、之、以、与、及、亦、甚、哉、乎、而已"等。

表示历史上的事物或现象的古语词,一般叫作历史词,例如"宰相、丞相、尚书、太监、驸马、众庶、黎民、天子、鄙夫、弓矢、戟、钺"等。它们同文言词不同,在一般交际中不使用,在叙述历史事物或现象时才使用它们。例如,"鼎里的水却一平如镜,上面浮着一层油,照出许多人脸孔:王后,王妃,武士,老臣,侏儒,太监……""又过了不少工夫,才看见仪仗,什么旌旗,木棍,戈戟,弓弩,黄钺之类……"(鲁迅《铸剑》),这两段文字中就用了一些历史词。

有些历史词,在如今的国际交往中还使用,例如"皇帝、亲王、大臣、公主、酋长、陛下、殿下、公爵、男爵"等。

古语词在表达上有以下三个作用。

(1) 可使语言简洁匀称。例如:

惟独共产主义的思想体系和社会制度,正以排山倒海之势,雷霆万钧之力,磅礴于全世界,而葆其美妙之青春。(毛泽东《新民主主义论》)

这个例句恰当运用了"惟独""以""之""于""其""葆"和成语"排山倒海""雷霆万钧",把共产主义的思想体系和社会制度蓬勃兴旺的景象及势不可挡的发展趋势描绘得淋漓尽致,用语十分精练。

(2) 可以表达庄重严肃的感情色彩。例如"铭记、教诲、瞻仰、拜谒、吊唁"等词,在语言表达上,都可以表示庄重严肃的感情色彩。

(3) 可以表达幽默、讽刺等意义。例如:

①半年前,他被落实了政策,名画家的桂冠重新戴在头上。求画的、求烟斗的,让他忙得不亦乐乎。(冯骥才《雕花烟斗》)

②这些朋友们的心是好的,他们也是爱国志士。但是"先生之志则大矣",先生的看法则不对,照了做去,一定碰壁。(毛泽东《论持久战》)

文言词一定要得体,否则,文章就会成为半文半白、不伦不类的东西,影响表达的效果。

(三) 方言词

方言词是指普通话从各种方言中吸收的词。方言词本来只通行于某一个方言区,在社会发展过程中,由于社会经济的交融和人口的流动,一些使用较多的词就逐渐被吸收到普通话语汇中来了。例如,粤方言中的"炒鱿鱼"、吴方言中的"尴尬"、港台地区常用的"创意、按揭、心态、认同",运用都比较广泛。有的方言词形象生动,表现力强,或者其所代表的意义在普通话语汇中没有相应的词可以替代，而这些词使用得比较广，有相当大的影响力，因此就为普通话语汇所吸收了，例如"名堂、把戏、垃圾、二流子、搞垮、拆烂污、别扭、尴尬、陌生、蹩脚、溜号、赶趟、忽悠、磨蹭"等。

人们的口语里往往混杂着各种各样尚未被吸收进普通话的方言词，愈接近口语的文章，这种方言词就愈容易出现。不同类型的文章使用方言词的频率是不同的。公文、科技著作中不用或很少用方言词，文学作品中由于描写风土人情的需要，方言词往往用得比较多。不少方言词正是通过文学作品或广播、电视等媒介而扩大了流通的范围，逐渐进入普通话语汇。但是文学作品如果不恰当地使用方言词，会使读者难以理解，削弱作品的表达效果。

（四）外来词

外来词也叫借词，指的是从外族语言里借来的词，例如"法兰西、巴尔干、镑、加仑、模特儿、摩托、马达、幽默、浪漫、取缔、景气"，等等。引进外族有、本族无的词语的方法，不外是采用或交叉采用音译、意译和借形这三种方法。例如，外语词"science"，汉语没有相当的词，最早曾被译成"赛恩思"，这是用汉语的同音字对译外语的音节的纯粹音译法，每个字的原义与外来词不相干，从字面上看不出其表达的意义；后来改译成"科学"，这是照外语词的意义用汉语表示相关语素的字来翻译的方法，叫意译法。借用外文字母、不做翻译的方法叫借用法，如DVD（数字激光视盘）。用纯粹意译法构成的新词，一般不算外来的，因为它是根据外语词所反映的事物或词义，用汉语的语素按汉语的构词法造出来的。

1.外来词的类型

根据吸收和构造方式，可大致将外来词分为以下四类。

（1）音译。

照着外语词的声音，用汉语的同音字对译过来的，一般叫音译词。有的是纯音译的，例如：休克（shock）、扑克（poker）、奥林匹克（Olympic）、比基尼（bikini）、高尔夫（golf）、巧克力（chocolate）、雪茄（cigar）、迪斯科（disco）、沙龙（salon）、摩登（modern）、坦克（tank）、阿司匹林（aspirin）、荷尔蒙（hormone）、蒙太奇（montage）、苏打（soda）、巴士（bus）、沙发（sofa）、咖啡（coffee）等；还有的选用与外语词声音和意义相同或相似的汉字来翻译，例如：苦力（coolie）、逻辑（logic）、幽默（humor）、模特儿（model）、维他命（vitamin）等。

（2）半音译半意译或音意兼译。

把一个外语词分为前后两部分，音译一部分，意译另一部分，两部分合成一个汉语词。例如，把外语的"romanticism"的前半段音译成"浪漫"，后半段意译成"主义"，合成"浪漫主义"，又如"chauvinism（沙文主义），Marxism（马克思主义）"。也有反过来先意译后音译的，如"ice-cream（冰激凌）"。

（3）音译加汉语语素。

去掉音译词中的一个音节，在其前面加注汉语语素。例如，"的士"（taxi）去掉"士"，在前面分别加注汉语语素"面""货",构成"面的""货的","巴士"(bus)去掉"士",在前面分别加注汉语语素"大""中",构成"大巴""中巴"。

将外来词音译之后,加一个表示义类的汉语语素。例如"卡车"的"卡"是car(英语"货车")的音译,"车"是后加上去的汉语语素。又如:

卡介苗("卡介"是法国人Albert Calmelle和Camille Guerin两人名字的缩略语)

沙皇("沙"为俄国皇帝чарь的音译)

芭蕾舞("芭蕾"为法语单词ballet的音译)

香槟酒("香槟"为法国地名Champagne的音译)

桑拿浴("桑拿"为英语单词sauna的音译)

沙丁鱼("沙丁"是英语单词sardine的音译)

啤酒("啤"为英语单词beer的音译)

在音译词之后加上表示义类的汉语词也属此类。例如"丁克家庭"(或称"丁克夫妻"),"丁克"(DINK)是英语double income no kids的音译缩写,意思是"双倍收入,不要孩子","家庭"是后加的汉语词。

(4)借形。

借形有两种,一种是字母式借形词,现在通称为字母词。这类直接由外文缩略字母(主要是拉丁字母和希腊字母)与汉字或者数字组合而成的词,它不是音译,而是原形借词,是汉语外来词的新形式。例如:

MTV(英语music television的缩略,音乐电视)

CT(英语单词computerized的缩略,计算机体层成像)

CD(英语compact disc的缩略,激光唱盘)

PK(英语player killer的首字母缩略,比赛双方彼此对打、对决、对阵)

WHO(英语World Health Organization的缩略,世界卫生组织)

有的字母词在字母后还有汉语相关语素。例如:B超(B型超声诊断的简称)、α射线(阿尔法射线)。

有的字母词在字母前或后加上数字。例如3D(三维,英文"three dimensions"的简称,中文指三维、三个维度、三个坐标)、18K(18K金,黄金的纯度用"开"表示,写作"K",18K金是黄金纯度至少达到75%的合金)、MP5(MPEG Layer 5的简称,一种音效档格式)。

有的在音译词前加拉丁字母形状,再加注汉语语素。例如"T恤衫","T"是字母形状,"恤"是英语单词shirt的音译,"衫"是汉语语素。

还有一种借形是借用日语中的汉字词,是日本人直接借用汉字创造的,汉语借回来不读日语读音而读汉字音,叫汉字式借形,如"景气、引渡、取缔、瓦斯、茶道、俳句、共产、元素、资本、直接、体操、主观"等。

2.外来词对汉语的促进作用

外来词在汉语的发展过程中起到了巨大的促进作用,总体可以概括如下。

(1) 扩充了汉字文化的内涵。

引进的外来词不仅在数量上扩充了汉字词汇，而且使汉字对世界万物的描述更为准确，更为全面。比如，中国人原本不制作沙拉、比萨和牛排，自然原始没有这些说法，如果没有引进这些食物词汇，汉字在沙拉、比萨和牛排这些实际存在事物面前就变得苍白无力。

(2) 促进了中国与其他国家的文化交流。

语言是文化的载体和思想交流的媒介。如同汉语中的八卦、风水、太极和气功等文化词汇已经进入英语一样，西方的宗教、习俗、影视和价值观等方面的文化术语也大量进入汉语，加强了国与国之间的文化和艺术交流。

(3) 加强了中外科技交流和经济合作来往。

近年来，随着中国整体实力的崛起，特别在经济和科技领域，与国外展开了大大小小的商业合作和核心技术的转移，大量西方科技和经济术语也进入了汉语，既丰富了汉语中的专业术语，也促进了我国经济与全球接轨和我国科技实力的发展。

此外，外来词的作用还表现在增强了某些词语结构的能产性；使词的内部结构复杂化；增加了词语理据的复杂性；增加了汉语词与结构的复杂性；增加了新汉字并促进汉语书面书写多符号化；增加了异形词、同义词、同音词；增加了新的语音形式等。

外来词进入汉语，往往会对已有的汉语词语规范造成冲击，但经过"沉淀"，可以丰富汉语的词汇。吸收外来词，是丰富和充实现代汉语词汇的途径之一。随着历史和社会的发展，今后现代汉语词汇会更多地吸收外来词。汉语词汇的发展历史表明，汉语词汇系统只会在吸收外来词语的过程中丰富、发展，而不会因吸收外来词语而衰败。随着社会的发展和进步，以及对外交流的深入，汉语中的外来词也会更加丰富而多样，科学而严谨。

不过，如果我们共同语中已有适当的词表示外民族或外国的某些词的意思，就不用再吸收别民族或别国的词汇了。滥用外来词，会损害我们祖国语言的纯洁和健康。

三 行业语、隐语

(一) 行业语

行业语是各种行业应用的专有词语，它们对各行各业的语言交际有十分重要的意义。例如：

数学界：正数、负数、代数、函数、系数、小数、微分、通分
生物界：胚层、胚根、胚盘、胚胎、胚叶、胚轴
物理界：电荷、电压、电阻、电流、电热器、电磁场、折射、透镜
化学界：化合、分解、氧化、干馏、电解、氮化、硫酸、铵盐
医学界：血型、内科、理疗、脱水、休克、骨科、气胸
哲学界：同一、对立、理性、感性、理论、实践、反映、能动
教育界：课时、德育、教具、课程、教案、电教
经济界：消费、交换、资本、价值、流通、劳动日、期货、贸易

戏曲界：青衣、花旦、花脸、行头、水袖、老生、走边、导板

工业界：车刀、刨刀、铣刀、车床、刨床、厂房、流水线

行业语受社会专业范围的限制，但不受地域的限制，同一行业的词语，不管山南海北，意义都是一样的。

吸收行业词语也是丰富普通话词汇的方式之一。某些行业语，特别是科学术语，在一定的条件下，可以具有全民性，从而成为通用词语，如"比重、水平、渗透、腐蚀、反应、麻痹、洗牌、感染、消化、突击、进军、尖兵、下岗"，等等。

（二）隐语

隐语是个别社会集团或秘密组织内部人懂得并使用的特殊用语。例如：

当哈红与丁芳刚向花丛里走去时，蓦然广播响了，声音又大又清楚："现在广播找人：北方经济开发总公司的荣同志，哈尔滨来的郝师傅找你，请速回，速回！"（陆纪文《纪实精华·贼王》）

文中"荣同志"是窃贼的统称，"郝师傅"是窃贼们对公安人员的统称。广播告诉众贼：哈尔滨的公安人员来抓你们，快逃吧！这就是窃贼团伙用的隐语。

隐语，一般是用赋予现有普通词语以特殊含义的办法构成的。隐语的使用范围相当广泛，只要两个以上的人为了保守秘密，就可以约定一些隐语（实质上就是黑话）。不过，这种临时性的小范围的隐语，比起集团性、固定性的隐语来，涉及面窄，不成系统。

有的隐语是用字谜办法创造的。如旧社会的商贩为了使局外人不知道行情，就创造隐语代替通用的数字，如把"一"叫"平头"，"二"叫"空工"，"三"叫"横川"，"四"叫"侧目"，"五"叫"缺丑"，"六"叫"断大"，"七"叫"皂底"，"八"叫"分头"，"九"叫"未丸"，"十"叫"田心"。

隐语有秘密性，如果失去了秘密性，也就变成全民共同语词，不再是隐语了，如"洗手、挂花、挂彩、清一色"，等等。

思考练习

1. 什么是基本语汇？它有什么特点？
2. 什么是古语词？举例说明运用古语词的积极作用。
3. 简析外来词的类型。

第六节　语汇的规范化

> 学习重点：掌握规范词语。
> 学习难点：能够正确运用规范词语。

语言是发展变化的，词汇在语言三要素中最为活跃，反映生活中种种现象的变化最为敏感，变化也较快。词汇在发展变化的过程中，不可避免地会出现一些不规范的现象。为了使语言词汇健康地发展，必须人为、主动地按照词汇发展规律对其进行调整，使其规范化。

词汇规范化要有一定的标准。我们既要看到词汇规范化的标准具有共时固定性，也要注意到它的历时变动性，要将词汇现象的静态与动态特征统一起来，方能科学、辩证地对待词汇规范化的标准。

要做到词汇规范化，需要做好四个方面的工作。一是调整词汇系统内历史传承下来的不规范现象，主要是对异形词、异序词的整理；二是维护现有词语使用的规范；三是对吸收的方言词、外来词、古语词进行规范；四是对生造词进行规范。下面分别展开论述。

一　异形词、异序词的规范

（一）异形词

异形词是现代汉语的书面语中两个或两个以上并存并用的音同、义同、书写形式不同的词语。例如：

按语—案语　保姆—保母、褓姆　补丁—补钉　笔画—笔划　参与—参预
成分—成份　粗鲁—粗卤　担心—耽心　调头—掉头　订单—定单　含蓄—涵蓄
弘扬—宏扬　驾驭—驾御　侃爷—砍爷　女工—女红　人才—人材　热衷—热中
折中—折衷　姿势—姿式

异形词在词汇中没有积极意义。它的存在对书面语的使用、语文教学、新闻出版、辞书编纂和中文信息处理等方面都带来了困扰，在词汇系统中是一种冗余成分，所以，对其加强规范是十分必要的。2001年12月，我国发布了《第一批异形词整理表》，表中共收338组异形词。该表根据通用性、理据性、系统性三项原则，确定了对异形词的取舍。在异形词中保留一个词作为通用词，其余则废除。它是我国第一个规范异形词的文件，对词汇规范化起着积极作用。

（二）异序词

异序词是语素相同、次序相反、意义相同的一组词。例如：

第一组：蔬菜—菜蔬　介绍—绍介　健康—康健
　　　　士兵—兵士　寻找—找寻　直率—率直
第二组：讲演—演讲　力气—气力　山河—河山
　　　　离别—别离　忌妒—妒忌　伤感—感伤

第一组异序词经过交际活动实践的检验，前者已被认可通用，后者则被否定淘汰，退出现代汉语使用范围。第二组异序词在现代汉语交际生活中仍并行使用，但这类异序词的存在是词汇中的累赘，不利于语言生活的健康发展，也是词汇规范化的对象。

二　维护现有词语使用的规范

维护词语的既有规范，简单说来，就是避免用错已有的词语。它涉及语汇的各个方面，如词义的误解误用、同义词选用不当、成语误用等。

普通话语汇丰富多彩。就个人来说，一生都在不断地学习词语，增加新词。但人们在学习和运用词语的过程中难免出现错误，这些错误通常在交际过程中自发地得到纠正，这是最常见的语汇规范教育，自古以来就有。学校教育兴起之后，在对孩子的语言文字教育中，识字教育得到强化，其中就包含了语汇教育。早年的私塾、后起的学校都是如此。维护语汇规范始终是语文教育的重要内容，在今天，语言学知识的普及使其变得更加有效。

目前，信息高度发展，给作为载体的语言带来了许多新问题，也给词语规范带来了新的挑战。出版事业空前繁荣，但盗版的泛滥使错别字、乱用词语的现象十分严重；广播、电视、电脑、网络的普及，使一些语言水平不高、不合乎语文规范的媒体混杂其间，也造成了很严重的不良影响。在维护词语使用规范的过程中，各级各类学校责无旁贷，但同时也需要全社会的共同努力。当然，如果相关部门能够充分重视，加强引导和管理，传媒也会成为我们推广普通话、促进现代汉语规范化的有力工具。

三　对吸收的方言词、外来词、古语词进行规范

吸收方言词、外来词、古语词是丰富现代汉语语汇的重要渠道，但在吸收的过程中，难免出现不良现象，这就需要我们做好规范化工作。规范时，主要应该遵照三个原则：第一是必要性，就是说要考虑一个词在普通话语汇中有无存在的必要，在表义上是不是不可缺少；第二是普遍性，即选择人们普遍使用的；第三是明确性，就是选用意义明确的、容易为人们理解和接受的。

（一）对方言词的规范

现代汉民族共同语的语汇是在北方方言的基础上发展起来的，它包括汉民族共同使用的和逐渐发展为共同使用的词。1955年，全国文字改革会议和现代汉语规范问题学术会议明确规定普通话以北方话为基础方言，但是普通话语汇比北方方言语汇更丰富，更具有普遍性。因此，普通话语汇的规范不能像语音那样，以一个地点的方言为标准，而应以地区广大的北方话为基础方言。几十年来，普通话语汇发展得比较快，大量基础方言和非基础

方言的词涌进普通话里，这的确起到了丰富普通话语汇的作用，但也使普通话语汇出现了一些分歧和混乱。例如，同在基础方言区内，蚜虫、腻虫、蚁虫、蜜虫、油虫、旱虫等并存，该选哪个词呢？从普遍性看，该选用"蚜虫"；从必要性、明确性、健康性看，这个选择也较合适。

在方言词的规范中，一定要注意到这样一个事实，那就是有些产生于或常用于某些方言地区的词，由于其具有某种特殊表现力或特殊表现范围，已经或将会成为普通话中某同义词群中的有用的一员，例如"老鼠、耗子"，"孩子、娃娃、小嘎儿、儿童、小孩儿"，"名堂、名义、名目"，"搞、弄"，等等。这类词无论在词的理性意义方面，还是在色彩意义或搭配范围方面，都是有差别的，不应将它们作为"规范"的对象。

对方言词加以规范，并不是绝对反对使用未被普通话吸收的方言词。在文学作品中，为了刻画人物、描写环境，适当地使用方言词是完全可以的。方言词用得好，既可以发挥它们独特的表达效果，又可以为丰富普通话语汇提供可以吸收的素材，但是要防止毫无必要地滥用方言词语，特别是那些流行地区狭窄、构词理据不明确、容易让人产生误解的词语。

（二）对外来词的规范

吸收外来词对丰富本民族语言语汇、增强语言表达能力有积极作用，但是应该注意以下几点。

1. 不要滥用外来词

滥用外来词有损语言的纯洁性，能用汉语固有的语素组成词并把意思表达得准确、清楚的，就不需要用外来词。如用"连衣裙"，不用"布拉吉"；用"发动机"，不用"马达"；用"小提琴"，不用"梵阿铃"；用"联合收割机"，不用"康拜因"。要认识滥用外来词的严重性，它不仅会对正常的社会语言生活形成冲击，而且长期延续下去可能对民族自尊心的树立、民族文化的传承产生消极的影响。

2. 统一外来词的汉字书写形式

对外来词采用通用写法和读法，淘汰其他形式。例如，用"托拉斯"，不用"托拉思"，用"雨果"，不用"嚣俄"，用"高尔基"，不用"戈里基"，用"尼龙"，不用"呢隆"。

3. 吸收外族概念，应尽量采用意译方式

除了人名、地名、国名要用音译方式，以及不用音译就不能准确地表达原外来概念的情况外，应尽量采用意译，因为意译更接近民族语言习惯，便于理解和记忆。例如，用"维生素"，不用"维他命"，用"青霉素"，不用"盘尼西林"，用"话筒"，不用"麦克风"，等等。

（三）对古语词的规范

吸收古语词也是丰富现代汉语语汇的一个重要途径，但是应该吸收那些有表现力或适应特殊场合需要的古语词，如"逝世、哀悼、呼吁、秀才、状元"之类，必须反对吸收那些丧失了生命力的词语。鲁迅曾经在《人生识字糊涂始》一文中反对滥用古语词，对"这山是崚嶒，那山是巉岩的"，他说他自己也不知道"崚嶒""巉岩"究竟是什么样子。

要反对在写作中滥用古语词。如：

①昨天小组会上，大家对小王进行了批评，没料到他竟衔泣起来。

②这第三个战役，有个好的滥觞，健康地向前发展。

"衔泣"是强忍着不使泪水流下来的意思，用在句中很生硬，将"衔泣起来"改为"眼泪汪汪"就顺畅得多。"滥觞"是事物起源发端的意思，用在这里和全句的风格很不协调，改为"有个好的开端"，更明白易懂。

四 对生造词进行规范

为适应社会发展和交际生活的需要，必须不断地创造新词。新词适应交际需要，表义明确，其构造符合现代汉语构造规律，是现代汉语语汇中的重要成员。如果已有的词可以表达要表达的思想感情，可以完成或能够基本完成有关交际任务，就不必另造新词，因为另造的所谓词貌似新生词，其实它的表义不明确，不符合语汇内部结构规律，是生造词，是对语言的污染，是词汇规范化的对象。例如：

①为了获取文凭，她甚至抛却我们，赴学他乡。

②……拉着风筝线放风筝的旅客在草地上踏践。

上例中的"赴学"为表义不明确的生造词。"踏践"是"践踏"的意思，已有现成的"践踏"可用，就没必要另造一个不表新义、给语汇徒增混乱的逆序同义词了。

 思考练习

1. 什么是异形词？下列每组异形词中，应选哪一个作为规范的词？请用横线标出。

   谋划—谋画 模胡—模糊 鲁莽—卤莽 倒楣—倒霉 掺杂—搀杂 订货—定货

2. 下面例句中有生造词语吗？为什么？试改正。

   （1）在国庆的文艺晚会上，各种颜色的灯光把会场布饰得非常壮丽。

   （2）这一下出国留学的宿望算是砸锅了。

第七节 语汇知识在小学语文教学中的运用

> **学习重点**：正确理解小学词汇教学的特点，认识到词汇教学在小学语文教学中的重要地位。
>
> **学习难点**：能够运用多种方法有效地指导小学生学习词汇知识，丰富词汇量。

我们知道，词是语言的"建筑材料"，语言又是人们的重要交际工具。无论是口头交流还是书面交流，人们都离不开语言。因此，人们对词语的理解能力、掌握词语的数量和运用词语的能力就显得尤为重要。我们在教学工作中，一定要把提高学生理解词语、运用词语的能力和丰富学生的词汇量作为重要内容。在义务教育阶段小学语文课程的教学中，小学生学习语汇时要正确读出和写出学过的词语，懂得词语的意思并能正确地运用。因此，教师在小学语汇教学中需完成以下任务：运用语素和词语的结构方式知识，指导小学生进行词语解释和词语练习，加深小学生对生词词义的理解，丰富小学生的词汇量，为小学生的阅读、遣词造句和作文打下良好的基础。

一 运用语汇知识，提高小学生理解词语的能力

（一）查字典、词典是帮助小学生理解词义的重要方法

在小学语文教学中，二年级学生要开始学习用音序查字法和部首查字法来查字典、词典，到三年级，学生要学会数笔画查难检字。教师应通过教学让每个学生做到准确、熟练地查出所要查的字或词，注意指导学生提高检索的速度，让他们从小养成查字典、词典的好习惯。因此，对于音序查字法，要让学生熟记汉语拼音字母的排列顺序，熟悉某字母开头的汉字大体上在字典、词典中的位置；对于部首查字法，要让学生熟悉《部首检字表》的排列顺序，能够准确迅速地为生字确定部首。

（二）利用语言环境准确地理解词义

汉语中大多数词是多义的，小学生不可能通过一次学习就掌握某个词的全部意义，教师要引导学生理解词义，经常指导学生联系具体的语言环境来体会和辨析词义。

例如："小松鼠长着一条长长的尾巴。"此句中，前一个"长"是表示松鼠"生了"尾巴，所以这个"长"就是"生了"的意思，并且读的音是 zhǎng，而后面的"长"是表示小松鼠尾巴的长短，应该是"长度"的意思，在这里应该读的音是 cháng。"长长"连用表示长度很长的意思。可见，同样是"长"，但在不同的语言环境中，它的意义完全不同，甚至连读音也完全不同。

另外，对于某些专业性较强的词语（如出自小学语文篇目《草原》的"绿色渲染""黑线勾勒"），教师可以引导学生随文理解，在阅读中联系课文内容来把握词语的意思。当然，借助语境、图片、背景资料等启发小学生深入理解词义，也不失为好办法。

（三）运用溯源的方法帮助学生理解词义

对于有些词语的理解，教师要运用一词多义等知识，或利用语汇知识中的语素知识，帮助学生理解词义。例如，在教词语"照相"和"相片"时，学生可能不明白为什么不用"像"字。教师可以做出类似解释："这是因为'相'的本义是指人的真实相貌，而'像'的本义是参照人物制成的形象，只是相似品，所以用'相'比'像'更准确。"除此之外，教师也可以告诉学生，此处用"相"而不用"像"，与这个词产生的时代背景有关——"照

相"这个词是摄影技术传入我国后产生的新词,最初的"照相"只是为了记录人的相貌,不像现在既有人像照,也有生活照、风景照、明星照,所以"照相""相片"不能写成"照像""像片"。又如,在讲解"审视"一词时,老师可以先从语素的角度出发,逐个分析语素的意义,然后再组合起来解释整个词的意义。"审"指认真,"视"指观察,那么"审视"就是认真观察的意思。

(四)利用语汇中派生义的知识帮助学生理解词义

"陶冶"（小学语文篇目《古井》："陶冶着乡亲们的品格。"）本义是烧制陶器和冶炼金属。因为把黏土制品烧成精美的用品,或把矿石炼成（宝贵的）金属,都是质变的过程,所以它能派生出新的比喻义,比喻给人的思想、性格以有益的影响。

(五)利用组词的方法帮助学生理解词义

所谓"组词",就是让学生将所学的生字（语素）有序地组合成若干个不同的词、成语或短语,这样能够为生字（语素）创设一定的语言环境,帮助学生有区别地理解生字的语素义,熟悉生字的应用范围。例如:

好 { 美好、良好、恰好、友好（好:使人满意）
　　好看、好热、好受、好难（好:表程度深）

"好"的词义有十多种,学生通过组词,为"好"创设了一定的语言环境,这能帮助学生正确理解"好"的词义。

又如,"打"字有二十多种意义。学生学过"撕打"中的"打"是"打架、殴打"的意思;学过"蛋打破了"中的"打"是表示物体因撞击而破碎的意思;也学过"打酱油"中的"打"是"购买"的意思;还明白"打球"中的"打"是"做……游戏"的意思。教师可以根据上述"打"的不同意义,选择其中的某一种意义让学生组词,如限定学生只按照"打架"这个意义组词,引导学生组成"打仗、打败、打垮、打斗、打骂、不打自招"等词语后,再让学生换成另外的意义进行组词练习。

二 运用语汇知识,丰富小学生的词汇量

要丰富词汇量,主要靠平时积累。一方面,小学生可通过阅读,从书本上学习新的词语;另一方面,小学生需要通过社会实践,在生活中学习词语。教师在具体教学过程中,也可以利用语汇知识帮助学生搜寻、积累词语,以达到丰富学生词汇量的目的。其中,组词就不失为一种极好的方法。

张:张开、张扬、一张图、张灯结彩、张口结舌、张冠李戴
走:走运、走路、走开、走神、走狗、走读、走马观花、行尸走肉、走为上计
×来×去:走来走去、直来直去、翻来覆去、颠来倒去、眉来眼去

这样,在教师的引导下,学生的词汇量越来越丰富,思维能力也能得到不断提升。

另外,教师也可以通过引导小学生找同义词和找反义词的办法来丰富他们的词汇量。
找反义词:高—矮　多—少　胜利—失败　主观—客观

找同义词：希翼—希望　雄伟—宏伟　铺天盖地—排山倒海　情不自禁—不由自主

三 运用语汇知识，提高小学生理解词语的能力

提高小学生理解词语的能力，实际上就是提高学生遣词造句的能力。

小学语文课本的练习题中就有许多组词和造句方面的练习。组词和造句也不失为培养小学生运用词语能力的好办法。

上述例子表明，只要抓住词由语素构成、短语由词构成、句子由词或短语构成这样的语汇知识来反复训练，小学生运用词语的能力就会得到大幅提高。

另外，小学语文教材上的许多练习，比如"比一比""认一认"等，都是教师利用语汇知识帮助学生理解词义、丰富词汇量和提高运用词语能力的好机会。教师只要在实际工作中，坚持教学原则，多动脑筋，充分利用语汇知识，扎扎实实地教学，就一定能够取得较好的教学效果。

思考练习

1. 怎样才能提高小学生理解词义的能力？
2. 请选择下列汉字的正确意思并填在相应的括号里。
   (1) 疾：①疾病　②痛苦　③痛恨　④急速猛烈
      群马疾驰（　）　疾恶如仇（　）　积劳成疾（　）　疾苦（　）
   (2) 仰：①脸向上　②敬慕　③依赖
      A.久仰大名，今天认识您太荣幸了。（　）
      B.我躺在草地上，仰望着深邃的夜空，心中有了无限遐想。（　）
      C.我能有今天的成绩，全仰仗老师的指点。（　）
3. 请为下列句子选择正确的词语。
   我顺着小溪，向远处望去，好像看到水越汇越多，越流越大，（　）草地，（　）高山，（　）平原，终于（　）奔腾的黄河，行程五千多米，（　）大海。
      A.流过　绕过　汇成　越过　流入　　B.流过　越过　汇成　绕过　流入
      C.流过　汇成　绕过　越过　流入　　D.流过　绕过　越过　汇成　流入
4. 选词填空。
   (1) 爱戴　爱护
      A.我们要（　）下一代，不能大量消耗地球资源，要给子孙留下蓝天白云、

绿树红花。

B.人民都很（　）总书记，把总书记说的"金山银山不如绿水青山"挂在嘴边。

(2) 抚养　赡养

A.我们不仅有（　）父母的义务，更要在精神上关心他们。

B.他的妻子过世了，这个父亲一个人（　）四个孩子，真不容易。

(3) 事情　事件

A.华为（　）终于出现在反转！当全世界都在联合抵制你，想拒绝你时，却发现已经离不开你了。

B.连续出现的校园欺凌（　）给了我们警示。

C.妈妈很忙碌，每天有做不完的（　），所以此刻，她睡了，睡得那么香。

5. 仿写词语。（各写三个）

湿漉漉　水汪汪_____

绿树依依　月色溶溶_____

归心似箭　温润如玉_____

第五章 语 法

本章导读

本章讲述现代汉语组词造句的规则和有关的分析方法，汉语词类的划分、各类实词与虚词的性质和用法，短语和句子的结构类型等，使学生具有辨识词性、分析句子和辨别句子正误的能力。

第一节 语法概说

🔍 **学习重点**：理解语法的含义和性质，了解现代汉语语法的特点。
🔍 **学习难点**：能准确区分各种语法单位和句法成分。

一 什么是语法

语法是语言的构造规则。语素怎样组合成词，词怎样组合成短语，短语和词怎样组合成句子，都是有一定规则的。例如，"他读了四年大学"这句话表意是明确的，但如果说成"他大学四年读了""四年读了他大学"或者"读了四年他大学"，要么不知所云，要么不符合汉语表达规范。同样是"他读了四年大学"这句话，如果用"哥哥""老师""我"等词分别去替换"他"，句子照样成立，并且结构不变。但是如果用"电脑""坚持""羡慕"等词分别去替换"他"，要么句子不能成立，要么句子结构发生了改变。这说明，词语需要通过一定的规则才能组织起来，表达完整的意思，因此语法是语言不可缺少的有机组成部分。

语法作为语言的构造规则，规范着人们的语言表达，同时也为话语的生成提供了依据。人们掌握了一定数量的词汇之后，利用有限的语法规则便可以造出无限多的句子。例如，依照"我看了三天书"这个句子模式，可以造出"他打了两个小时篮球""我们听了十分钟相声""小王上了五天班"等句子。从听者、读者的角度看，语法又是理解话语的认知规则。例如，"一条船坐十个人"这句话，如果从一般的词义关系去考虑，可能会做出不准确的理解，但如果知道这是汉语中一种特定的句子模式，表示"多少东西供多少人使用"，就会明白整个句子是"一条船供十个人坐"的意思。所以说，语法是语言的结构规则，又是理解话语的认知规则。

语法这个术语有两个含义。一是指语言的结构规律本身，它是存在于语言深层的客观规律和变化规则，是由语言社会集体约定，以自然形态存在于语言之中的客观现象，它随着语言的产生而产生，随着语言的发展而发展。二是指人们对这一客观规律的认识，即语法学。语法学是研究语法规律的科学，以语言结构规律为研究对象，是人们对客观的语法规律的主观认识。由于研究者对客观语法的认识、研究的角度和方法不同，各种语法学说常常表现出种种分歧，有的分歧还相当大。

上述语法的两种含义，前者是客观性的，即语法事实；后者是主观性的，是人们的主观认识。客观存在的语法规律是第一性的，是语法学赖以存在的基础。语法学则是客观语法规律的反映，它的正确与否最终要接受语法事实的检验。语法学一旦建立起来并获得承认，也会反过来对客观语法规律产生一定的限制、引导作用。从认识上区分语法的两种含义非常重要。我们一般所说的语法分歧，多指各种语法学说的分歧。我们应该通过分歧，看到客观语法的本质，同时也应该认识到，各种语法学说存在分歧是正常的现象，不同意见的争论有利于语法现象的描写及人们认识的深化，并促进学术的发展。

二 语法的性质

与语音、语汇相比，语法具有更明显的抽象性、稳固性、系统性和民族性。

（一）抽象性

语法是语言的结构规则，是从众多的语法单位里抽象出其中共同的组合方式或类型及如何表达语义的规则，是将各种语法单位连接起来组成更大的符号序列的手段。例如"写字""读书""养花"，这些短语意思各不相同，但我们却可以从中概括出"述语＋宾语"的结构类型，表示支配与被支配的关系。又如，"看看、听听、学习学习、研究研究、考虑考虑"这一重叠现象就反映出一条词语的变化规律：有些动词可以用重叠的方式来表示动作行为的某一语义类型，即表示少量或短时。再如，"花朵艳丽""生活美好""教室宽敞""我们幸福"这类句子，尽管意思各异，但结构相同，都是名词在前、形容词在后的组合，表示陈述与被陈述的关系，加上语调就构成了主谓句。由此，语法就是抽象出来的公式，舍弃了具体的、个别的内容。语言中语素、词、短语和句子的数量是巨大的，但语法形式、范畴是有限的，人们可以使用有限的语法规则和有限的词汇说出无限多的句子来。语法规则是对语言事实中存在的语法单位、结构以及内在关系、功能等的概括，具有高度抽象的特征。

语法的抽象性是所有语言都有的特征。它使语言中复杂繁多的语法单位形成不同的组合关系，并由此构成关系简练、功能强大的结构网络。同时，语法规则的抽象性使学习者能够举一反三，只需掌握有限的结构规则，便能从容地驾驭复杂的语言，满足表达上的需要。也正是语法的抽象性，决定了我们对语法现象进行研究时，不必过多地考虑结构成分的个体差异，可以将更多的注意力放在抽象的语法格式上。

（二）稳固性

汉语从古代到现代，其语音、词汇和语法都发生了不小的变化。但语言各要素的发展是不均衡的，其中词汇的发展变化最为活跃，随着社会的发展，新词不断产生，旧词不断消亡。汉语语音也发生了较大变化。同词汇和语音相比，语法相对比较稳定，其变化是缓慢的。语法的稳固性体现在其基本特点很少发生变化，比如从古到今，语序一直是汉语重要的语法手段，词类与句子成分之间没有严格的对应关系，等等。

语法的变化，无论是新规则的产生，还是旧规则的消亡，都要经过一个漫长的历史时期。例如，"把"字句是现代汉语中使用最普遍的句式之一，其产生和发展的过程至少可以追溯到唐宋时期。古代汉语中的判断句是由名词或名词性短语作为谓语，如"曹操，枭雄也"，现代汉语中的判断句一般要用判断词"是"，如"他是河北人"，但古代汉语中的这种用法并未完全消亡，如"毛泽东，湖南湘潭人"。

语法的稳固性是语言实现交际功能的客观要求。当然，语法的稳固性并不意味着一成不变，如果做古今的历时比较，我们会发现有些语法规则的变化也是十分明显的，比如古代汉语疑问代词作为宾语时要前置（"且焉置土石"），否定句中人称代词作为宾语时一般前置（"不患人之不己知"）等，这与现代汉语的语序是不同的。我们既要认识到语法的稳固性，同时也应注意汉语语法的古今差异。

（三）系统性

语法是由组合关系和聚合关系构成的严整有序的规则系统。语素、词、短语、句子等语法单位之间互相联系。例如，"我买书"中的"我"和"买书"先构成主谓关系，"买"和"书"再构成述宾关系。从中可以抽象出一个格式来："主＋谓（述宾）"。这种词和词语发生的横向结构关系是"组合关系"。

另外，"我"可以被"张敏""李辉"等词语替代，"买"可以被"借""卖"等替代，"书"可以被"零食""鲜花"等词语替代。能在某一位置上相互替换的词语，语法功能相同，属于同一类别，它们就形成了某种类聚，即"聚合关系"。

组合关系和聚合关系是语法规律中最基本的两种关系。不同的组合关系，决定了句法结构的类型，例如主谓结构、述宾结构、偏正结构等；不同的聚合关系，决定了语法单位的功能类型，例如名词、动词、形容词等。

（四）民族性

语言有自然属性，也有社会属性，而社会属性是语言的本质属性。民族性是语言社会属性的集中表现。印欧语系的语言依靠丰富的形态变化来体现词的句法功能。

I have a new book.（我有本新书。）

My book is new.（我的书是新的。）

He gave this book to me.（他把书给了我。）

上述例句中，"我"分别作为主语、定语和宾语，英语中用"I""my""me"来表示。汉语没有英语那样的形态变化，词在句子里充当什么成分，主要依靠语序和虚词来表示，"雷锋学习"和"学习雷锋"，语序不同，其语法结构也不同，前者是主谓结构，后者是述宾结构。"校长和老师"与"校长的老师"，用不同的虚词表示了不同的语法关系。在不同的语言中，词的组合手段也有差异。现代汉语中的"两张桌子"是数词＋量词＋名词的组合，数词与名词之间要用相应的量词；而英语中的"two desks"则不需要量词。因此，学习语法时要注意不同语言的特点，不可忽视语法的民族性。

三 语法单位和句法成分

（一）语法单位

语法单位主要有四级：语素、词、短语、句子。它们都是语言中的音义结合体。

语素是语言中最小的音义结合体。有的语素可以组合成合成词，有的语素可单独成词。

词是最小的能够独立运用的语言单位，是组织短语和句子的备用单位。一部分词加上句调可以单独成句。

短语是由词组成的、没有句调的语言单位，是造句的备用单位。大多数短语可以加上句调成为句子。

句子是具有一个句调、能够表达一个相对完整的意思的语言单位，句子前后有隔离性停顿。根据语气划分的句子类型叫作句类。以语气为标准，句子可以分为四类：带有陈述语气句调的是陈述句，带有疑问语气句调的是疑问句，带有祈使语气句调的是祈使句，带有感叹语气句调的是感叹句。根据句子结构划分的句子类型叫作句型。首先分出单句和复句：单句由具有一个句调的短语或词构成，单句可分为主谓句和非主谓句；根据谓语的构成材料，可将主谓句分为名词谓语句、动词谓语句、形容词谓语句、主谓谓语句；根据全句主要词语的词性，可将非主谓句分为名词性非主谓句、动词性非主谓句、形容词性非主谓句、叹词性非主谓句、拟声词非主谓句。复句由两个以上分句构成，分句是类似单句而没有完整句调的语言单位。

（二）句法成分

句法成分是句法结构的组成成分。句法结构是由若干词按语法规律组成的。例如，"他来"是由代词"他"和动词"来"组成的句法结构，其中"他"和"来"发生陈述关系，即主语和谓语两个句法成分发生了主谓关系。简单地说，主语、谓语是句法成分，句法成分是依据句法关系确定的。

主语是被陈述的对象，谓语是用来陈述主语的，两者之间是陈述关系。例如：

①老师的态度‖很坚决。　　　②所有学生‖已经完成了语文作业。
③他的脸‖冻得通红。　　　　④教室‖干净得很。

双竖线表示前面是主语，后面是谓语。谓语里如果有宾语（如例②），就会有动词。动词在前，表示动作行为，能支配、涉及后面的宾语成分；宾语位居动词之后，表示人、物或事情，是动作所支配、所涉及的对象。如例②中的"完成"是动词，在前；"语文作业"是宾语，在后。

修饰语是描写或限制中心语的，位于中心语之前。由于整个偏正短语的整体功能有名词性的和谓词（动词、形容词）性的，因此，修饰语可以分为定语和状语两种。

定语是名词性短语里中心语前面的修饰语，状语是谓词（动词、形容词）性短语里中心语前面的修饰语。如例①中的"（老师）的态度"是名词性短语，其中名词"态度"是被修饰的成分，是中心语；"老师"是修饰成分，是定语。"[很]坚决"是形容词性短语，其中形容词"坚决"是被修饰的成分，是中心语；"很"是修饰成分，是状语。一般来说，位居名词前面、修饰名词的成分叫定语，位居动词、形容词前面的修饰成分叫状语。

有的短语由中心语和补语两个成分组成，两个成分组成中补短语，整个短语是动词性或形容词性的。所以说，补语是动词、形容词性短语里中心语后面的补充成分。如例③中的"冻得通红"是动词性短语，动词"冻"是中心语，"通红"是补语；例④中的"干净得很"是形容词性短语，形容词"干净"是中心语，"很"是补语。简言之，补语是位居谓词之后，起补充说明作用的成分。

可以看出，每一个句法成分都和另一个句法成分互相依存（即配对成分是共存共现的，有甲必有乙，有乙必有甲，可以省略一个，但所省略的成分必须在上下文中出现或隐含在语境中，后文将谈到独立语，它不是配对成分），发生一定的语法关系。配对的句法成分如表5-1所示。

表5-1 配对的句法成分

前面的句法成分	后面的句法成分	成对发生的关系	举例
主语	谓语	陈述关系（主谓关系）	他 来了
动语	宾语	支配或涉及关系（动宾关系）	做 作业
定语	中心语	修饰限制关系（定中关系）	（语法）作业
状语	中心语	修饰限制关系（状中关系）	（都）做了
中心语	补语	补充说明关系（中补关系）	做（完）了

下面是一个主谓句的框式图解，它能说明八种一般句法成分之间的关系。

框式图解把每层的每一个短语一分为二，根据两部分的语法关系写出两个句法成分。其中一层中间的中心语是动词"做"，是谓语中心，即全句的核心。核心动词"做"前面有主语"全体同学"和状语"都"，后面有补语"完"和宾语"语法作业"。这说明，一个带宾语的动词在句中有它的"左邻右舍"，它前面可以有主语和状语的位置，它的后面可以有补语和宾语的位置，可以构成"主语＋状语＋动词＋补语＋宾语"这样的结构框架。下面用成分符号标明这一例句里四种句法成分和核心动词的相对位置：

主语位置　　状语位置　　核心位置　补语位置　宾语位置

（全体）同学‖　　[都]　　　做　　〈完〉了 (语法) 作业。

上面例句的汉字下面和旁边都有相应的成分符号。主语符号为"＿＿"，主语右边是谓语，谓语符号是"＿＿"，主语、谓语之间可用符号"‖"表示。状语符号是"[ ]"，宾语符号是"～～"，补语符号是"〈 〉"。运用这种成分符号减半法（又称框架核心分析法）可以避免符号重重叠叠，可以把几层句法成分和它们的符号线性排列出来，显示核心动词和它前后成分的位置，即"动前有主状，动后有补宾"，我们通过这个口诀，可以牢记基础句中各成分的相对位置，为分析句子打下基础。

四 汉语语法的突出特点

人类社会对任何自然现象和社会现象的研究，其重大突破和成果的取得都是建立在对研究对象的本质属性和特点的深刻认识之上的。在长期的汉语语法研究中，一些新的理论与方法的提出，很多语法问题的争论与探讨，无不与汉语的语法特点有关。语言中用来表示语法关系和语法意义的语法手段有多种，如形态变化、语序变化、虚词运用等。有的语言偏重于形态变化，例如法语、俄语；有的语言偏重于语序变化和虚词运用，例如汉语。前者一般被称为综合性语言，后者一般被称为分析性语言。汉语同印欧语言相比，最突出的特点就是没有或缺少严格意义的形态变化，主要借助于语序、虚词等语法手段来表示语法关系和语法意义，具体表现为以下几个方面。

（一）语序不同，语法结构和语法意义往往不同

实际上，在任何语言里，语序都很重要。拿俄语来说，俄语的主谓句一般是主语在前，谓语在后，宾语在谓语动词后。但俄语的这种语序并不带有强制性，在俄语中，句子内部的语法关系可以通过词的形态变化来表示，只要词形表达准确，即使随意颠倒语序，也不会引起人们理解上的混乱。汉语则不然，由于汉语的词没有严格意义的形态变化，语序不同，语法结构和语义关系也往往不同。例如，"祖国伟大"和"伟大祖国"，"支持我们"和"我们支持"，语序变了，语法结构和语义关系也发生了变化。

语序变化与语法、语义的关系比较复杂。有的语序变化了，但语法结构和语法意义没有变化。例如，"这部影片真棒！"与"真棒，这部影片！"，这是言语交际中句法成分临时性的位移，实际上语法关系和基本语义没有变化，属于句子的语用变化。

有时语序变化了，语法关系没有改变，但是语义却有了明显的不同。例如"我喜欢她"与"她喜欢我"，结构关系没有变，都是主谓结构，但由于词语位置的改换，句法结构中的语义角色发生了变化，即施受关系发生了变化，从而带来意义的不同。

有时语序变化之后，基本意思相同，但有细微的差异，这需要我们特别关注。例如，"一锅饭才吃了三个人"与"三个人才吃了一锅饭"，前者的意思是希望一锅饭能供更多的人吃，后者的意思是希望三个人能吃更多的饭。

（二）虚词对语法结构和语法意义有重要作用

汉语的虚词十分丰富，作用也特别重要。用不用虚词，用什么样的虚词，会使语法关系和语义发生变化，例如"看电影"和"看的电影"，用助词"的"和不用"的"，虽然语法结构并不发生变化，但语义却有很大的不同。例如，"南京大学"与"南京的大学"都是偏正结构，但语义不同，"南京大学"是一个专有名词，而"南京的大学"指所有位于南京的大学；"十斤西瓜"与"十斤的西瓜"，前者指西瓜总共有十斤重，后者指一个重十斤的西瓜。

介词在汉语中表示名词和动词之间的各种语义关系，例如表示时间、地点的"在"，表示处置对象的"把"，表示一般对象的"对"，表示协同对象的"和""同"，表示工具的

"用"等。

连词的使用也常常对语义关系造成不同的影响,例如"张老师的学生"与"张老师和学生",前者是偏正关系,后者是联合关系;"他去,因为我不去"与"他去,但是我不去",用了不同的连词,前后分句的逻辑关系就不同。

(三) 词类具有多功能性

汉语词类具有多功能性,这说的是词类和句子成分的关系比较复杂,不是简单的一一对应的关系。在印欧语系里,词类与句子成分的对应关系是比较明确的,例如英语的词类与句子成分的对应关系如下。

词类:　　名词　　动词　　形容词　　副词
句子成分:主语　　谓语　　定语　　状语
　　　　　宾语　　表语

另外,对于部分词,我们从形态上就可以判定其词性,如 - ness、 - ment等都是名词的形态标记。看到词的外观形态,一般就可以判断它能充当何种句子成分。

在汉语里,某一类词常常可以充当几种句子成分,而且词形没有变化。比如名词主要充当主语和宾语,例如,"校园是十分美丽的地方"("校园"为主语,"地方"为宾语),但是,名词也可以充当其他成分,例如,"校园的环境很优美"("校园"这一名词充当定语),"明天星期一"("星期一"这一名词充当谓语),"我们白天要去参加比赛"("白天"这一名词充当状语)。此外,同一种句子成分也可以由多种词类的词充当。例如,"阳光洒满教室"(名词"阳光"充当主语),"微笑是很好的生活态度"(动词"微笑"充当主语),"整齐比不整齐好"(形容词"整齐"充当主语)。总之,汉语的词类与句子成分之间不存在简单的一一对应关系。我们可用图5-1来表示词类与句子成分之间的对应关系(实线连接的部分表示经常充当,虚线连接的部分表示有条件地充当)。

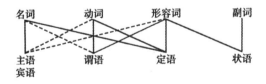

图5-1　词类与句子成分之间的对应关系

应注意的是,名词充当定语,或者动词充当主语、宾语的时候,它本身的词性并没有改变,不能因为充当了不同的句法成分,就说在这里名词已经变为形容词了,或者说动词变为名词了。道理很简单,这里的名词、动词仍旧保留着该类词的语法特点。

(四) 词、短语和句子的构成原则具有一致性

在汉语各级语法单位的构成中,无论是语素组成词,词组成短语,或者词、短语组成句子,基本的构成方式都是相同的,有主谓、动宾、补充、偏正、联合等结构方式。例如,合成词"注意",短语"注意前方",句子"特别注意!"三者分属于不同的语法单位,但都是述宾结构。

词法与句法的结构基本一致，这使我们能较容易地掌握各级语法单位的结构类型。汉语的多音节词主要是从短语的临时性组合发展而来的，所以词的结构和短语的结构也大体一致，例如"国家经营"和"国营"（主谓）、"管理家务"和"管家"（述宾）。

短语的结构分析既可以说明单句的结构规则，又能充分反映结构类型的多样性，所以短语的结构分析在汉语语法分析中具有重要意义。应注意的是，这里所说的只是结构形式基本一致。事实上，因为词、短语和句子是不同层次的语法单位，两者之间还有一些不同之处，例如，黏着短语"所知道""对于他"就不能独立成句。构词法中也有一些短语没有的结构类型，比如重叠（爸爸、宝宝）、添加词缀（阿姨、桌子）等。

（五）有丰富的量词

汉语的数词与名词、动词结合时，一般都需要在数词后面加量词，如"一张桌子""两把椅子""来一趟""走一遭"。汉语里量词很多，既有专门的量词，如"一个人"中的"个"，"两件衣服"中的"件"，还有临时借用的量词，如"一屋子人"中的"屋子"。量词具有丰富的表现力，如"一弯新月""一线希望""一肚子苦水""一抹夕阳"等，给人以鲜明的形象性。

■ 思考练习

1. 什么是语法？语法的性质有哪些？
2. 汉语语法的突出特点有哪些？
3. 语法单位包括哪些？请举例说明。

第二节 词类及其功能

🔍 **学习重点**：掌握各类实词和虚词的词性和用法，并能给实词和虚词定性归类。
🔍 **学习难点**：能准确区分词性易混的词类，如动词和形容词、形容词和副词、介词和连词。

一 词类的划分

词类是词的语法分类，是根据词的语法功能划分出来的类别。划分词类的目的在于说明各类词的用法和语言的构造规则。

汉语中词的分类，主要有以下几个依据。

（一）词的组合能力

词的组合能力即哪类词能与哪类词组合，用什么方式组合，组合后表示什么样的语法关系。例如，"很"可以同"伟大"组合成"很伟大"，但不能说"很人民"。这种组合能力上的差异，反映了"伟大"和"人民"这两类词的不同语法特点。再如，"人民"可以同"伟大"组合，既可以说"伟大人民"，也可以说"人民伟大"，两者的语序不同，代表的语法关系也不同。

▶（二）词的造句功能

词的造句功能即词能不能单独充当句法成分和充当什么句法成分。例如，在"小王走了吗？"这句话中，"小王"和"走"分别充当了句子的主语和谓语，"了"和"吗"都不能充当句法成分。在能否充当句法成分上，"小王、走"和"了、吗"体现出了明显的差别。比如"小王"经常充当主语和宾语，很少充当谓语，不能充当补语，也不能受"不"的修饰；而"走"经常充当谓语和补语，很少充当主语和宾语，可以受"不"的修饰。可以看出，充当句法成分的能力体现了不同词类的语法特点。

▶（三）词的变化形式

词的变化形式即词能不能重叠，能按什么方式重叠，重叠以后附加什么意思。

按照汉语语法的传统，词可以先粗略地分为实词和虚词。过去人们曾经以意义为标准，意义实在的叫实词，意义空灵的叫虚词。现在，人们把功能作为主要依据，认为能够单独充当句法成分，有词汇意义、语法意义的是实词，不能充当句法成分、只有语法意义的就是虚词。实词可再细分为体词、谓词、加词、代词和特殊实词（拟声词、叹词），体词包含名词、数词和量词，谓词包含动词、形容词等；虚词再细分为介词、连词、助词、语气词，如表5-2所示。

表5-2 词的分类

词类			举例
实词	体词	名词	水、树、教师、物资、天堂
		数词	一、二、四、千、万
		量词	个、本、双、对、趟
	谓词	动词	学、有、讨论、想念
		形容词	大、高、甜、高兴、精彩
	加词	区别词	男、大型、超级、民用
		副词	已经、不、很、都、才、亲自
	代词	人称代词	我、你、他
		疑问代词	谁、哪儿、什么
		指示代词	这、那么些、这样
	特殊实词	拟声词	叭、哗啦、轰隆隆
		叹词	啊、哎呀、唉、喂
虚词	介词		从、在、向、对、用、以、依照

续表

词类		举例
虚词	连词	和、跟、同、与、并且、如果
	助词	的、着、似的
	语气词	了、吧、呢、吗、啊

二 实 词

词类是一个有层次的系统。根据词的语法功能，我们把现代汉语中的词分为实词和虚词两大类，能够充当句法成分的词是实词，不能充当句法成分的词是虚词。实词又可以细分为以下几种。

▶▶（一）体词

体词与谓词相对，包括名词、数词和量词。体词的语法功能是经常充当主语、宾语、定语，一般不充当谓语。

1. 名词

名词是表示人、事物或观念名称的词。

（1）名词的分类。

①表示人和事物的名词。

普通名词，如"学生、朋友、记者、汽车、快餐"。

专有名词，如"柏林、浦东、韩愈、孙武"。

集体名词，如"沙滩、车辆、花朵、人口、书本、树木"。

抽象名词，如"学问、知识、水平、宗教、思想、理念"。

②表示时间的名词，如"冬天、傍晚、过去、未来"。

③表示处所的名词，如"非洲、中国、天津、新疆、学校、办公室"。

④表示方位的名词，如"上、下、左、右、前面、后头、东南、西北"。

（2）名词的语法特征。

①主要充当主语、宾语和定语，如"猫吃鱼、雨打芭蕉、女孩的父亲"。

②大多能够受数量短语的修饰，如"五台电脑、一部手机、三匹马"。

③一般不能受程度副词、否定副词的修饰。可以说"这件事""两本书"，但不能说"不事""非常书"。"不+名"可用于一些特殊格式，如成对连说的四字格式"不人不鬼""不前不后"等，但不能单说"不人"或"不鬼"。

④大多可与介词构成介词短语，如"从今天（开始）、在教室（上课）"。

（3）名词的特殊小类。

①时间名词。

表示时间概念，如"今年、明年、今天、早上、上午、傍晚、半夜、清晨、黎明、清早、现在、刚才、春节"。

时间名词突出的语法特征是除了像一般名词那样充当主语、宾语、定语之外，还经常充当状语，如"明天来、现在开始"。

②方位名词。

大致可以分为两类。一类是单纯方位名词，由一个语素构成，如"前、后、左、右、上、中、下、东、南、西、北、里、外、内"。另一类是合成方位名词，一般由两个语素构成。有的合成方位名词是在单纯方位名词的前面或后面加上"头、边、面、之、以"等语素，如"前头、里边、旁边、上面、之后、以前"；有的合成方位名词是将两个表方位的语素正反对举，如"上下、左右、内外、前后"；还有的合成方位名词是由两个相关语素构成的，如"西北、西南、东北、东南、北方、东方、西方、中间、背后、面前、外部、当中、对面、那边、这头"。

方位名词一般加在别的词语后面，组成方位短语，表示处所，如"家里""桌子上"，有时也可以表示时间，如"三天前""二十岁左右"。单纯方位名词单用时要对举才行，例如"前不着村，后不着店""上有老，下有小"。由"面""头""边"等构成的合成方位名词可以独立使用。方位名词可以充当主语、定语、状语等多种句法成分。

一些方位名词有虚化的用法，如"上、下、里、中"等，表示范围、条件等意义，一般同介词配合使用，例如"在这个问题上""在他的领导下""在火红的战争岁月里"。

2. 数词

数词是表示数目和次序的词。

(1) 数词的分类。

①基数词。

基数词表示数目的多少，包括系数词（一、二、两、三、四、五、六、七、八、九、十）和位数词（十、百、千、万、亿）。系数词可以单用，表示十以内的数目，也可以与位数词组合成复合基数词，表示较大的数目，例如"三十、四百、二千、六万、五亿"。

有些基数由一定格式的短语表示，如倍数、分数、概数。

倍数由基数加"倍"组成，如"三倍、五倍"。

分数由"X分之Y"或"X成、X折"的固定格式表示，如"五分之二"；"六成""六折"就是十分之六。

概数表示大概的数字，也有一些常用的表示方法。有的用"几、两"表示，如"过几天再来""说两句话就走"。有的用基数词加"成、近、约、上"等表示，如"成千个""近百人""约三十岁""上千本书"。有的用基数词加"来、几、多、左右、上下"等表示，如"十来个人""二十多位""一百左右"。有的用相邻相近的数字连用表示，如"两三个""三五天""七八十辆"。

②序数词。

序数词表示次序，一般是在基数词前加"第、初、老"等组成，例如"第二、第七、初一、老三"。有时也用基数词的形式表示序数，如"三中学生""家住五楼"，其中的"三、五"是序数。

（2）数词的语法特征。

数词有时可以单独充当句法成分，但更多的情况下是与量词组成数量短语，整体充当一个句法成分。数词单独充当句法成分主要有以下两种情况。一是古汉语用法的保留，特别是在四字格中，如"三言两语、七手八脚、两人家庭、四大发明"，其特点是结构整齐，语义简洁。二是表示大的数目时，数词后面常不用量词，如"十万大军、三亿儿童、铁骑三千"。

数量短语主要充当定语、补语，如"三个人""去两次"，也可以充当主语、宾语、状语，例如，在"一年是三百六十五天"中，"一年"是主语，"三百六十五天"是宾语；在"一把拉住他的手"中，"一把"是状语。

数词的增减有固定的表达格式。

表示数目增加时有几种说法。其一，用"增长（了）、增加（了）、提高（了）"，指净增数，不包括底数。例如由二增加到六，可以说"增长（了）两倍"，不能说"增长（了）三倍"。其二，用"增长到、增加到、提高到"，指增长后的总数，包括底数。例如由二变为六，可以说"增长到三倍"，但不能说"增长到两倍"。

表示数目的减少有几种说法。其一，用"减少（了）、下降（了）、降低（了）"，只指减少的数字，即减少后的数字与原数的差额。例如价格由六十元降到二十元，可以说"减少（了）四十元"或"减少了三分之二"，不能说"减少（了）两倍"。其二，用"减少到、下降到、降低到"，指减少以后剩余的数字。同样，价格由六十元降到二十元，可以说"减少到二十元"或"减少到三分之一"，不能说"减少了两倍"。倍数只能用来表示数目的增加，不能表示数目的减少。

分数既可以表示数目的增加，也可以表示数目的减少，用增加或减少的数字与原来的数字相比较来表示。例如由二变为六，可以说"增加了百分之二百"；由六变为二，可以说"减少了三分之二"。

  3．量词

量词是表示计算单位的词，又叫单位词。

（1）量词的分类。

量词可以从两个方面进行分类。从是否专用来看，可以分为专用量词和借用量词；从单位的性质来看，可以分为名量词、动量词。这里依据第二个分类标准展开分析。

①名量词。

名量词表示人或事物的计算单位，又可以分为专用名量词和借用名量词。

（A）专用名量词。

有表示个体单位的，如"个、本、件、条、根、块、张、片、位、座、间、把、匹、只、辆、艘、架、棵、枝、幅、句、段、篇"。

有表示集体单位的，如"堆、批、帮、群、对、双、副、车、班、伙、套、串"。

有表示度量衡单位的，如"元、角、分、丈、尺、寸、米、斗、升、斤、两、吨、磅、亩"。

有表示不定量的，如"些、点、批、帮、群、车、班、伙"。

（B）借用名量词。

借用名量词是临时借用名词、动词等充当计算单位的名量词。

可借用名词，如"门（一门亲戚）、家（两家商店）、桌（三桌饭）、尾（一尾鱼）、杯（一杯牛奶）、盒（一盒糖果）、桶（一桶水）、手（一手好菜）、碗（一碗饭）、车子（一车货物）、房间（一房间书）"。

也可借用动词，如"挑（一挑水）、捧（一捧花生）、捆（几捆柴）、发（五发子弹）、抹（一抹夕阳）、拨（一拨人）、包（一包点心）、担（一担米）、卷（一卷手纸）、束（一束花）"。

②动量词。

动量词是表示动作行为的计算单位。它与数词组成数量短语，常充当补语。

（A）专用动量词，如"回、次、阵、下、趟、通、顿、番、遭、遍"。

（B）借用动量词，是临时借用名词、动词等充当计算单位的动量词。

借用名词的，如"笔（画一笔）、枪（开两枪）、刀（切三刀）、天（来了三天）、小时（学习三小时）、年（住一年时间）、分钟（走五分钟）、小时（学习三小时）、拳（打一拳）、脚（踢两脚）、棍子（敲一棍子）、眼（看一眼）、圈（转一圈）、步（走一步）"。

借用动词的，如"踢（踢一踢）、看（看了一看、看他一看）、摸（摸了一摸）、碰（碰一碰）、推（推一推）、踹（踹一踹）、比（比一比）"。

还有一些复合量词，由两个或三个量词组合而成，用于综合计算不同的事物，如"人次、架次、吨公里、秒米、秒立方米、架艘次（出动飞机舰艇五百余架艘次）、辆艘次（车船两百辆艘次）"。

(2) 量词的语法特征。

量词通常要和数词一起组成数量短语，充当多种句法成分，如定语（一头牛）、状语（一脚踢开）、补语（看一遍）、主语（两本不多）、宾语（买了两本）。物量词与数词之间有时还可以加形容词，表示对量的评价，如"三大包、五小袋、一长条"等。量词用在指示代词后面，所构成的短语被称为指量短语，如"这只、那本、那件"。数量短语和指量短语统称量词短语。

部分单音节量词可以单用，独立充当一个句法成分。在"动＋量＋名"结构中，如果数词为"一"，往往将其省去，如"买件衣服、吃个苹果"，如果数词不是"一"，则数词不能省略。量词重叠以后有多种作用和意义：重叠后充当主语、定语，表示"每一"或"全部"的意思，如"家家点火、户户冒烟、件件衣服漂亮、个个身体倍儿棒"；重叠后充当谓语，表示事物很多，如"鲜花朵朵、歌声阵阵"；重叠后充当状语，表示方式，如"节节败退、步步紧逼、代代相传"。

量词是很能体现汉语语法特点的词类。量词的成词理据性很突出,哪些量词适用于哪些事物,往往与事物的特点和相关的动作行为有关,例如根据事物形状形成的"粒、颗、条、丝、片、面、块、团"等,根据事物局部特点形成的"口(五口人)、尾(两尾鱼)、杆(三杆枪)"等,根据相关用具形成的"桌(一桌饭)、盘(两盘菜)、箱(三箱衣服)"等,根据相关动作形成的"担、封、堆、束"等,根据相关数量形成的"双、对、副、套"等。对同一事物,着眼点不同,量词的使用往往不同,如骆驼可以用"只",也可以用"峰";鱼可以用"条",也可以用"尾"。

同一事物呈现的特点不同,量词的使用也有相应的变化,例如,用于"花"的"朵、枝、丛、束、捆、盆、瓶、树"等,反映了花的不同状态、形式。量词的使用还有语言风格上的差异,如"一个先生"与"一位先生","两个铜像"与"两尊铜像";有时还有修辞上的考虑,如"一队人马"与"一彪人马","一点希望"与"一线希望",前者平实,后者生动。另外,量词的地域性较强,比如在不同的方言里,用于"羊"的量词有的是"只",有的是"个""头""匹"等。

(二)谓词

谓词包括动词和形容词两个词类。谓词的语法功能是经常充当谓语或谓语中心语,有条件地充当主语、宾语等。

1. 动词

动词是表示动作、行为或存在、变化、消失等多种意义的词。

(1)动词的分类。

动词是一个比较复杂的词类,按照语义可以大致分为以下几类。

①动作动词,如"吃、跑、听、说、读、写、学习、访问、修理"。

②心理动词,如"爱、恨、喜欢、担心、渴望、讨厌"。

③表示存在、变化、消失的动词,如"在、有、存在、发生、出现、发展、生长、死亡、消失"。

④判断动词,如"是、叫、等于"。

⑤使令动词,如"派、叫、请、逼、要求、吩咐"。

⑥状态动词,如"开始、继续、进行、停止、结束"。

⑦能愿动词,如"能、会、敢、要、肯、能够、可以、愿意、应该"。

⑧趋向动词,如"上、下、进、出、来、去、开、起、过、过来、过去、下来、上去、起来"。

(2)动词的语法特征。

①动词主要充当谓语或谓语中心语。如"朋友来了""我们经常游泳","来"充当谓语,"游泳"充当谓语中心语。

②能受副词修饰,如"马上过来""不学习"。但除了心理动词和部分能愿动词以外,

动词一般不受程度副词的修饰。可以说"非常喜欢""很应该",但不能说"非常学习""很休息"。前面能否加"不"是判别动词与名词的有效方法。

③大多数动词可以带宾语。能带宾语的动词被称为及物动词,如"看书、买东西、想念亲人、有理由"中的"看、买、想念、有"都是及物动词。有一些动词不能带宾语,这类动词被称为不及物动词,如"咳嗽、休息、游行、前进、恋爱、闭幕、生长、考试、劳动、游泳、赌博"等。

④大多数动词后边可以带动态助词,如"了、着、过"等。

⑤部分动词可以重叠使用,如"看看、听一听、讨论讨论"等。单音节动词的重叠形式是"XX"和"X一X",后字轻读,双音节动词的重叠形式是"ABAB"。重叠以后表示动量的减小,具有随意、轻松的语用效果。

(3)几种比较特殊的动词。

这里所说的比较特殊的动词,包括能愿动词、趋向动词、判断动词、心理动词。

①能愿动词。

能愿动词又叫助动词,是表示可能、意愿和必要等的动词。表可能的如"能、可、会、可以、可能、能够";表意愿的如"肯、要、愿、敢、愿意";表必要的如"要、应、该、当、得(děi)、应该、应当"。能愿动词有普通动词的功能,充当谓语和谓语中心语,如"可以吗?""不可以。"它与一般动词最大的不同之处是在动词、形容词前充当状语,如"能够来""应该高兴"。此外,能愿动词一般不重叠使用,不能用在名词前面,后面也不跟动态助词(如"着、过")。

②趋向动词。

趋向动词是表示动作方向的动词,包括单纯趋向动词和复合趋向动词两类。单纯趋向动词主要有"来、去、上、下、进、出、回、起、开、过"等。复合趋向动词由"来""去"与其他单纯趋向动词组合而成,如"上来、下去、进来、进去、出来、出去、回来、回去、起来、过来"等。

趋向动词具有一般动词的语法特征,可以充当谓语或谓语中心语,如"你去吧""他已经过来了",但是趋向动词还经常在动词后面充当补语,表示动作的趋向,如"跳下来、钻进去、跑过来、爬起来"。有些趋向补语的语义已经虚化,表示动作的开始或继续,如"干起来、说下去"。

③判断动词。

"是"属于使用频率很高的判断动词,经常用在"主+谓+宾"格式的句子中,用于判断时,表示多种语义:表示存在,如"教室前是花园";表示同一关系,如"弟弟是张明";表示从属关系,如"李白是唐代大诗人";表示特征,如"她是黄头发,大眼睛"。

"是"除了动词用法以外,还有形容词和副词用法,如在"你说得是"这句话中,"是"表示"好、正确"的意思,是形容词充当补语;在"孩子是长大了"这句话中,"是"表示"的确、确实"的意思,是副词充当状语。

④心理动词。

心理动词的突出特点是能受程度副词的修饰，如"很热爱、最痛恨、非常佩服"，这与一般动词不同，而且它可以构成"副＋动＋宾"结构，如"很喜欢他、非常佩服老张"，这又与形容词不同。另外，心理动词经常带谓词性宾语，如"爱劳动、讨厌说假话"，也可以带体词性宾语，如"爱祖国、佩服他"。

2. 形容词

形容词是表示性质状态的词。

（1）形容词的分类。

①性质形容词。

性质形容词指能够受程度副词"很"修饰的词，如"好、坏、美、丑、软、硬、甜、苦、远、近、新、旧、长、短、轻、重、勇敢、热闹、优秀、辛苦、聪明"。

②状态形容词。

状态形容词由性质形容词加上表附加意义的语素构成，前面不能再加"很"，使用时后面一般要加"的"，如"笔直、雪白、漆黑、金黄、冰凉、鲜红、煞白、滚烫、死沉、贼亮、火热、蜡黄、通红、亮晶晶、黑压压、湿淋淋、静悄悄、黑咕隆咚、黑不溜秋、小里小气、古里古怪"。

（2）形容词的语法特征。

形容词经常充当谓语、谓语中心语、定语，如"鲜花漂亮""他很英俊""红房子"。有些形容词还可以充当状语或补语，如"迅速前进""看清楚"。

大部分形容词可以重叠使用。单音节形容词的重叠形式是AA（儿）式，后字不轻读，如"红—红红"、"高—高高"。双音节性质形容词的重叠形式是AABB式，如"漂亮—漂漂亮亮""高大—高高大大"。部分状态形容词的重叠形式是ABAB式，如"笔直笔直""冰冷冰冷"。形容词重叠以后，其语用功能是增强描写的效果，表示程度加深。

性质形容词大都能受程度副词的修饰，比如"很整齐、最干净"。状态形容词一般不受程度副词修饰，因为其本身已具有表程度深的语义特点，同样，形容词重叠以后也不再受程度副词的修饰。

形容词不能带宾语。有些形容词兼有动词的语法功能，如"她红了脸"，"红"后面带上了宾语，是表示变化的动词，此时不能受程度副词的修饰。

（三）加词

加词是在句法结构中专门用作附加成分的词，包括区别词和副词两类。

1. 区别词

区别词是表示事物的属性，具有分类作用的词。因此，不少区别词都是成对或成系列的，如"公、母、男、女、雌、雄、阴、阳、荤、素、金、银、袖珍、低频、高频、活期、无轨、西式、初等、高等、私有、公共、日常、新型、全天候、半自动、便携式、外向型"。

（1）区别词的语法特征。

区别词只能充当定语，不能充当主语、谓语、宾语，如"女医生、男演员、小型轿车、西式服装"。可以说"野生动物、高速公路"，但不能说"动物野生、公路高速"。

区别词表否定时，前面可以加"非"，一般不加"不"，如"非正式、非新型、非私有"。

区别词多数能带"的"，组成"的"字短语，如"男的、金的、少的、小号的、中等的、次要的、彩色的、嫩绿的"。

（2）区别词的辨析。

①区别词与形容词的辨析。

区别词与形容词的共同特点是都可以充当定语，但这两类词也有明显的差别。形容词除能充当定语外，还可以充当谓语、补语和状语，能受副词"不"修饰；而区别词只能充当定语，不能充当谓语，一般不受"不"的修饰，表示否定意义时往往加"非"。形容词可以受程度副词的修饰，如"很高大、很正确"；区别词不能受程度副词的修饰，不能说"很高速、很大型"。

②区别词与名词的辨析。

区别词与名词的共同特点是都可以充当定语，两者的不同点是，区别词不能充当主语或宾语，不能受数量短语的修饰，而名词常充当主语、宾语，常受数量短语的修饰。有些区别词有兼类现象，如"沉默是金""家里有三男两女"，其中的"金、男、女"是名词，而"金首饰、男运动员"中的"金、男"是区别词。从语义上看，名词表示人或事物的名称，区别词表示人或事物的属性与类别。

2．副词

副词是修饰、限制动词、形容词，表示程度、范围、时间等意义的词。

（1）副词的分类。

①表示程度，如"很、挺、太、顶、更、最、极、越、十分、非常、稍、稍稍、稍微、略、略微、格外、极其、几乎、尤其、越发、有点儿、分外、相当"。

②表示范围，如"都、也、总、共、一共、总共、统统、只、就、光、仅、仅仅、净、单、一律、一齐、一道、一概"。

③表示时间、频率，如"正、正在、刚、刚刚、就、先、常、常常、时常、曾、曾经、已经、渐渐、逐渐、终于、立刻、马上、连忙、忽然、永远、从来、一直、一向、始终、随时、偶尔、经常、历来、赶紧、顿时、将要、又、还、再、一再、再三、重新、屡次、反复、不断"。

④表示肯定、否定，如"必须、必然、必定、一定、准、不、没、没有、未、莫、休、勿、别"。

⑤表示语气、情状，如"却、可、倒、竟、也、就、偏、偏偏、简直、索性、幸亏、

难道、到底、究竟、也许、或许、大概、大约、反倒、果然、居然、竟然、何尝、恰恰、未免、只好、不妨、反正、难怪、亲自、互相、大力、大肆、悄悄、赶紧"。

（2）副词的语法特征。

从组合能力看，在一般情况下，副词只能修饰动词、形容词。从句法功能看，副词具有纯状语性，也就是说，一个词如果只能充当状语，这个词一定是副词。例如，"马上过来""都不认识"中的"马上、都"皆为副词。少数副词可以充当补语。能充当补语的主要有"很、极、透、透顶"等词，如"好得很""可爱极了""糟透了"。

副词有时也可以在名词性成分前充当状语，但有一定的条件限制。例如，范围副词"才、就、只、仅、光、刚好"等可以限制人或物的数量，因此可以用在数量短语前，如"报名的才五个人""身上就三块钱"，如果被修饰的名词性成分没有数量短语充当定语，就不能受范围副词的修饰，如不能说"报名的才人""身上就钱"。如果表示某个地方的人或物很多，可以省去数量定语，如"街上净是人""山上光是石头，没有树"。

有时程度副词"最"可以修饰处所名词，如"走在最前面""生活在最底层"，被修饰的名词一般带有表示方位的语素"前、后、上、下、底"等，如果处所词没有方位的差异，如"操场、教室、上海"等，就不能受程度副词的修饰。

时间副词有时可以修饰表示时间的词语，表明时间的长短，如"才两天""已经半年了"，此类时间词语表示时段，在时间上有长短的区分。有时表示时点的名词也可以受时间副词的修饰，如"才三点钟，急什么？""刚秋天，就这么冷"。这类时间词语有共同的语义特征，就是在时间上具有推移性，比如"三点钟"是由"两点钟"推移而来，"秋天"是由"夏天"推移而来。如果没有推移性，如"未来、从前"等，就不能受时间副词的修饰。

程度副词"很"有时还可以用在具有某种突出特点的人或物的名词前，强调其特点，如"很青春、很现代、很绅士"等，属于名词的活用。

副词大多不能单说。个别副词可以单说，用于单独回答问题，主要有"不、没有、也许、有点儿、当然"等，如"你去吗？""不。"

有些副词兼有关联的作用，如"又唱又跳""只有付出才有收获"中的"又""才"。

（四）代词

代词是具有替代和指示作用的词。

1. 代词的分类

代词可以分为人称代词、疑问代词、指示代词三类。

（1）人称代词：用来替代人或事物名称的词。

第一人称，如"我、我们、咱、咱们"。

第二人称，如"你、你们、您"。

第三人称，如"他、他们、她、她们、它、它们"。

此外还有一些特殊的人称代词，如"自己、自个儿"表示某一人称本身，没有固定的人称对象；"彼此"表示有关系的双方；"人家、别人"表示对话以外的人；"大家、大伙儿"表示一定范围内所有的人。

（2）疑问代词：用来对人或情况表示疑问的词。有问人或物的"谁、什么、哪"；有问时间的"哪会儿、多会儿、几时"；有问处所的"哪里、哪儿"；有问程度的"多、多么"；有问方式的"怎么、怎样"等。

（3）指示代词：用来指示和区别人或事物的代词。指示代词有近指和远指两类，如表5-3所示。

表5-3　指示代词的分类和意义

指示代词的分类	指示代词的意义和举例			
	人、物	时间	处所	程度、性状
近指	这	这会儿	这儿、这里	这么、这样
远指	那	那会儿	那儿、那里	那么、那样

除表5-3所列内容外，"各、每、某、另、本、另外、一切、其余、其他"等也属于指示代词，这些词代替、指示的对象和范围各有不同，但一般都可以充当定语，有的还可以充当主语、宾语。指示代词可以和量词组成指量短语，如"这个、那个、这些、那些"。

2. 代词的语法特征

其一，代词可以代替各类实词，其语法功能与所代替的词类相似。代词能够充当多种句法成分，所以缺少与其他词类相区别的语法特点。例如，在"我不认识你"这句话中，"我、你"代替人，语法功能相当于名词；在"他的身体怎样？"这句话中，"怎样"表示性质、状态，相当于形容词，充当谓语。作为词类系统中一个比较特殊的类别，它是根据其广泛的代替性这一语法功能划分出来的。

其二，代词一般不受别的词类修饰。在书面语中，会出现代词被修饰的情况，如"取得了巨大成功的他""初为人母的我"等，这种说法只用于人称代词。

其三，代词指称具有灵活性。代词指称对象的变化可以获得特定的语用效果。在这里，代词指称对象的变化主要包括以下两种情况。

一是人称代词指称对象的变化。为了表示谦虚和委婉，指代复数的"我们"可以专指说话人自己，如"我们认为，这篇文章的观点值得商榷"。在表示领属时，"我"可以指代"我们"，如"我国、我军"。还有人称类别的变化，用"你"指代"我"或"她、他"，例如，在"姐姐真是好脾气，你怎么发火她也不生气"这句话中，"你"实际上指说话人"我"；在"无论什么人，你都要遵纪守法"这句话中，"你"指称"他"。人称代词还用于泛称，如"大家你看看我，我看看他，谁也没了主意"，句中的"你、我、他"没有特定的指称对象。

第一人称代词的指称对象有排除式与包括式之分。一般情况下，"我们"用于说话人一方，称为"排除式"，如在"你别担心，我们会帮你的"这句话中，"我们"指说话人一方。但"我们"也可用于包括式，如"我们一块走吧"，此时"我们"指听说双方。"咱、咱们"可以指听说双方，如"咱回家吧"，这里的"咱"属于包括式；"咱、咱们"也可以指说话人自己，如"你多能干哪，咱不如你"，这里的"咱"属于排除式。

二是虚指和任指。疑问代词不表疑问时，有虚指和任指两种引申用法。虚指是指代不能肯定的人或物，如"你走到哪儿，我就跟到哪儿""不知什么时候我们才能相见"，其中"哪儿""什么时候"表示不肯定的地点和时间。任指是指代一定范围里的任何人或物，如"不管谁敲门，你都别开"，这里的"谁"指任何人。

（五）特殊实词

1. 拟声词

拟声词是模拟自然界声音的词，如"哗、叭、轰、咣、啪、喔、嘎、嗖、哗啦、扑通、咕噜、咔嚓、轰隆、咕咚、叽叽喳喳"。

拟声词单纯描摹声音，使语言生动形象，给人一种如闻其声、如临其境的感觉，经常用于口语和文学作品。

拟声词主要起修饰作用，充当定语、状语，如"走到山边，便听见哗哗的水声"（定语），"雷声轰轰地响着"（状语）；有时也可以充当谓语，如"树林里，鸟儿们叽叽喳喳，热闹极了"。拟声词还可以单独出现，作为独立语，或单独成句，如"扑通，扑通，青蛙纷纷跳进水里"（独立语），"'丁零零零！'电话铃忽然响了"（单独成句）。

2. 叹词

叹词是表示应答、呼唤或感叹的词，如"哎、啊、喂、哼、哦、呸、咦、嗨、哎呀、哎哟"。

叹词具有很强的独立性，很少与其他句法成分发生结构关系，常在句子里作为独立语，或单独构成句子。例如，"哦，这就是我时时记得的故乡"（作为独立语），"哎呀！你怎么还没走？"（作为感叹句），"咦？我的钢笔怎么不见了？"（作为疑问句），叹词有时候也可以作为谓语、谓语中心语、定语和状语。

①他痛苦地哼哼着。（作为谓语中心语）

②电话里发出"喂喂"的声音。（作为定语）

③小张"唉唉"地叹息着。（作为状语）

叹词与拟声词在表音与语法功能上有相似之处。不同之处是，叹词只表现人的呼唤应答的声音，拟声词表现自然界的声音；叹词往往带有说话人不同的感情色彩，如"喂！""哎呀！""唉！""咦！"，其感情色彩是不同的；拟声词是纯粹的模仿，一般不带感情色彩。

三　虚　词

汉语的实词缺乏像英语、俄语实词那样的形态变化，许多语法意义主要通过虚词来表现，因此，虚词在汉语中有着重要的作用。汉语中，虚词的使用非常灵活，使用频率也较高，同一类虚词有共性，而其中的每个虚词又有其个性，许多虚词往往具有多种语法意义。虚词最重要的作用是连接和附着各类实词和词组。

（一）介词

介词是起介引作用，并与介引成分构成介词短语，起修饰作用的词。

1. 介词的分类

根据介引成分语义的不同，可以将介词分为下列类型。

①表示时间、处所、方向的介词，如"自、自从、从、到、打、往、于、在、至、趁、当、沿着、顺"。

②表示关涉对象的介词，如"将、把、对、比、给、同、替、叫、让、对于、关于、跟、除、除了"。

③表示动作方式、依据的介词，如"用、依、照、据、凭、靠、按照、根据、通过、经过"。

④表示原因、目的的介词，如"因、因为、由于、为、为了、为着"。

2. 介词的语法特征

介词不能单说，不能单独作为句法成分，只能组成介词短语作为修饰成分定语、状语、补语，如"对这个问题的看法"中的"对这个问题"作为定语；"从今天开始"中的"从今天"作为状语；"坐在床上"中的"在床上"作为补语。

介词后面不能带动态助词"了、着、过"。这可以成为区分介词与动词的一个重要标准。如"给你带来一件礼物"，"给"是介词；"给了你一件礼物"，"给"是动词。介词"为了、除了、为着"是合成词，其中的"了、着"不是助词，而是构词成分。

（二）连词

连词是连接词、短语、句子，表示一定语义关系的词。

1. 连词的分类

（1）按照连接成分的不同，可将连词分为三类。

只能连接词、短语的连词，如"跟、和、同、与、及、或"。

只能连接句子的连词，如"不但、即使、既然、假如、尽管、虽然、无论、要是、因为、由于、与其、只要、然而、否则、何况、可是、但是、所以、因此、因而"。

既能连接词、短语，又能连接句子的连词，如"并、并且、而、而且、或者、还是"。

（2）还可以依据连词所表示的语义关系，对连词进行分类。

表示并列关系的连词，如"和、跟、同、与、以及"。

表示因果关系的连词，如"因为、由于、所以、因此"。

表示选择关系的连词，如"或、或者、还是、与其、宁可、要么"。

表示递进关系的连词，如"并且、而且、不但、不仅、何况、况且"。

表示假设关系的连词，如"假如、如果、要是、万一"。

表示转折关系的连词，如"但是、可是、然而、而"。

表示条件关系的连词，如"只要、只有"。

2. 连词的语法特征

连词只起连接作用，不单独作为句法成分，这一点与能起关联作用的副词不同。例如，"只有付出艰苦的努力，才能获得好的回报"，这里的"只有"是连词，只起连接作用；"才"在连接两个分句的同时，还起限制作用，所以是起连接作用的副词。

3. 几个特殊的介词与连词

（1）"由于、因为、为了"。

这三个词既可以作为介词，也可以作为连词。如果这三个词后面是体词性成分，那么这三个词为介词；如果其后为谓词性成分，则其为连词。如：

①因为　　　因为你，我们都得到了表扬。（介词）

　　　　　　因为下雨，运动会只能延期举行。（连词）

②为了　　　为了祖国的明天，我们要努力学习。

　　　　　　为了早点到达目的地，我们一大早就启程了。

（2）"和、跟、与、同"。

①换序法：互换"和、跟、与、同"前后的成分，若意思不变，则其为连词；若前后成分互换后意思改变或不能互换，则其为介词。

②添加法：看能否在"和、跟、与、同"前添加状语成分，能添加时，其为介词；不能添加时，则为连词。

③省略法：看能否省略"和、跟、与、同"前的成分，若能省略，其为介词；若不能省略，其为连词。

有时，还要结合语言环境，综合运用上述几种方法进行甄别。

（三）助词

助词是附加在词或短语后面，表示一定的结构关系或附加意义的词。

1. 结构助词"的、地、得"

结构助词"的"的作用主要有两个。一是用在定语与中心语之间，表示定中关系，如"我的朋友、淘气的孩子、艰巨的任务"，这里的"的"是定语的标志。二是附加在词或短语之后，组成"的"字短语，用于指称，如"打球的、吃的、好的、年轻的、刚来的、骑车的、你想要的、大型的"。

"地"用在状语与中心语之间，表示状中关系，如"客观地说、历史地看问题、聚精会神地听着"，这里的"地"是状语的标志。

"得"用于中心语与补语之间，表示中补关系，如"说得透彻、想得很多、笑得直不起腰"，这里的"得"是补语的标志。"得"字连接的补语，主要是状态补语和结果补语可能式的肯定形式，另外部分程度补语也可以用"得"来连接。"得"连接状态补语，如"说得很好、高兴得手舞足蹈、吓得两腿发软、哭得眼睛都红了"；"得"连接结果补语，如"搬得动（搬不动）、吃得完（吃不完）、治得好（治不好）"；"得"连接程度补语，如"好得很、闷得慌"等。

三个结构助词的读音相同，书面上的词形分化有利于句法关系的显示和意义的理解。例如，"红的好看"与"红得好看"，前者表示红的东西好看，后者表示因为红才好看，这种意义的不同是由结构助词的差异带来的。在口语中，"的、得"读音一致，依靠语境因素可以区分。

2. 动态助词"着、了、过"

"着""了""过"主要附在动词之后，表示动态。"着"表示动作和状态的持续。前者如"谈着话""听着音乐"，后者如"躺着""红着脸"。"了"表示动作的完成或实现，如"我来了""看了两页书""写了一封信""送走两个朋友""问了一个问题"。"了"还可以表示将来完成态，即表示前一动作完成之后才出现后面的动作，如"我看完了再给你看"。"过"表示动作、行为曾经发生，如"学过游泳""去过海南""见过这个人""听说过这件事"。

3. 比况助词"似的、一样、般、一般"

比况助词的功能是附着在词或短语之后，构成比况短语，用比喻的形式描写人或事物，例如"苹果似的脸""花儿一样的年华""宝石般晶莹剔透"。比况助词经常与"像、跟、如、犹如"等动词搭配使用，构成述宾短语，如"像／乞丐似的""跟／洪水猛兽一般"。

4. 其他助词"们、被、给、连、等、所"

"们"用在指人的名词或短语后面，表示某一类人，前面不能出现数量短语，如"学生们""女士们"。"你们、我们"中的"们"不是助词，而是构词语素。在拟人用法中，"们"也可以用于表事物的词语之后，如"燕子们轻快地飞着""星星们眨着眼睛"。

"被、给"经常用在动词前表示被动，如"被虐待、给打成残废"。"给"的口语色彩更浓一些。

"连"用在表示强调的词语前面，与"也、都、还"等词呼应，说明事实和情理的矛盾，例如，"连这点事也干不好，你还能做什么？"

"等"有两种用法：第一，表示列举未完，如"我国有北京、上海等四个直辖市"；第二，表示列举已尽后的收尾，这时"等"后常有总计的数字出现，如"我国有北京、上海、天津、重庆等四个直辖市"。

"所"经常用于动词前面构成"所字短语"，如"所见、所闻"。这是古汉语用法在现代汉语中的沿用。"所"在现代汉语中主要出现在三种格式中。一是"被＋名词（名词性短语）＋所＋动词（动词性短语）"，如"被坏人所勾引"。二是"有／无＋所＋动词（动词性短语）"，如"有所发明、无所作为"。三是"名词（名词性短语）＋所＋动词（动词性短语）＋的＋名词（名词性短语）"，如"大家所了解的情况"，这里的"所"用在主谓结构之间，使这个主谓结构带上了定语的性质。

▶▶（四）语气词

语气词主要用于句尾表示某种语气，有时也可以用在句中表示停顿。

1. 语气词的分类

根据所表示语气的不同，可以将语气词分为四类。

①表示陈述语气，如"的、了、呢、吧、啊、着、嘛、呗、罢了、而已、也罢、也好、啦、喽、嘞"。

②表示疑问语气，如"吗、呢、吧"。

③表示祈使语气，如"吧、呀、啊"。

④表示感叹语气，如"哪、呀、啊"。

语气词有时用在句中停顿处，以突出某种语用目的，如"他呀，早就离开这里了"，这里的"呀"提示对方注意后面要说的话。再如，"奖金的事么，就不用再说了"，"么"突出所论及的话题。有时表示多项列举，如"来到李敏的房间，洋娃娃啦，玩具小狗啦，小熊啦，彩色气球啦，摆得满床都是"，这里的语气词"啦"强调了列举的东西多。

2. 语气词的语法特征

其一，语气词一般都是附着在句子末尾，表示种种语气和感情，不能单独出现。

其二，有的语气词可以出现于不同句类中，表现不同的语气。如"吧"可以出现于祈使句末尾，如"你就唱吧！"，还可以出现于疑问句末尾，如"他会来吧？"

其三，有时两三个语气词可以连用，如"你看见他了吗？"，这里的语气词"了""吗"处于不同的结构层次上，可以分析为"你看见他了／吗？"两个语气词表示不同的语气，后一个语气词决定句子的基本语气特点。有些语气词可以产生连读合音现象，形成一个音节，如"钱多了，咱们的日子就好喽"，这里的"喽"是"了"和"哟"的合音；"这不是嫌贫爱富嘛"，这里的"嘛"是"么"和"啊"的合音。

3. 常见的语气词

常见的、最基本的语气词有"的、了、吧、吗、呢、啊"六个。

①"的"：属陈述语气词，表示情况本该如此，用以加强对事实的确定，如"这个人，我们以前见过的"。

②"了"：重在表达新情况的出现，强调当前的相关性，如"我已问过他了""那本书，已经还给李明了"。

③"吧"：表示推测与商量，说话人对自己的看法不太肯定，句中常有"大概、可能、也许"，如"汪小红也不会参加这次活动吧"。

④"吗、呢"：表示疑问。"吗"用于是非问句，要求做出肯定或否定的回答；"呢"用于特指问句、选择问句、正反问句，如"你是这样做的吗？""小杨吗？""你们去吗？""李小可和张玲去了哪里呢？""我们选考物理还是选考历史呢？""这样做好不好呢？""你的自行车呢？"。

⑤"啊"：可用于感叹句末和祈使句末，如"多香的米饭啊！""快走啊！"，还可用于疑问句末，起舒缓语气的作用，如"这么晚了，你们还出去啊？"。

上述六个语气词有时也可以连用,如"的了、了吗、的呢"等。连用时,需按照一定的顺序使用:"的"为A类,"了"为B类,"吧、吗、呢、啊"为C类,连用顺序为AB、AC、BC。如"他妈妈也真够辛苦的了。""你们到家了吗?""我以为妮妮早走了呢。""今天的事情真够多的啊。""你知道他们怎么说的吗?""咱们以前见过刘老师的吧?""这个字是怎么写的呢?"。

4. 语气词的辨析

(1) 语气词与叹词。

语气词与叹词都可以表达感叹的语气,但是,语气词不能单独出现,它只能附着在词语或句子后面;叹词的独立性很强,通常是单独出现的。例如"啊呀,我怎么没有想出来呢?""哦,你就是老杨同志。"这里的"啊呀、哦"单独出现,是叹词。"雷锋啊,你的生命射出来的光辉,照亮了多少人的灵魂!""让我们的人民英雄千秋万代永垂不朽吧!"这里的"啊、吧"附着在词句的末尾,是语气词。以"啊"为例,可以采用如下方法区分语气词"啊"与叹词"啊":①从读音来看,语气词"啊"读轻声;叹词"啊"不读轻声,表赞叹时读阴平,表惊叹或不知道时读阳平,表醒悟时读上声,表应诺时读去声,如:"啊(ā)!太好了!""啊(á)!这么快啊!""啊(ǎ)!原来是这么回事啊!""啊(à)!好吧!"②语气词"啊"不能位于句首,叹词"啊"可以出现在句首、句中或句末。③语气词"啊"是附着性的,与它所附着的成分间不能有停顿,书面上不能有点号;叹词"啊"前后一般有停顿,书面上有点号将它与其他成分隔开。

(2) 语气词"的"与结构助词"的"。

语气词"的"只出现于句末,结构助词"的"一般出现于句中,分布不同,不容易混淆,但是结构助词"的"构成"的"字短语时,往往会出现于句末,就容易混淆。判别时,可以从两个方面进行考虑。其一,如果"的"是语气词,"的"可以去掉,基本上不影响表意,如"我们是一定会胜利的",这里的"是、的"去掉以后意思通顺,"的"是语气词;"胜利是我们的",这里的"是、的"去掉后意思不通,"的"是结构助词。其二,如果"的"是"的"字短语的组成部分,其后可以添加中心词,如"这是我的"("这是我的东西"),语气词"的"后面一般不能添加相关词语,如"我们是会见面的",这里的"的"是语气词。简单而言,可以用表5-4表示。

表5-4 语气词"的"与结构助词"的"的区别

"的"的词类	出现的位置	能否省略	能否添加中心语
语气词	句末	一般能	不能
结构助词	句末、句中	一般不能	能

(3) 语气词"了$_2$"与助词"了$_1$"。

从作用上看,语气词"了$_2$"表示陈述的语气,助词"了$_1$"表示动作已经完成。从位置上看,语气词"了$_2$"一般出现在句子末尾的体词后,如"他已经去学校了";助词"了$_1$"常出现在句子中间,这是语气词所不具备的特点,如"吃了饭再去吧","了"紧跟在动词"吃"之后，表示动态。"了"如果出现在句子末尾，又紧跟着动词，则应具体分析。如果"了"既表示动作的完成，又表示陈述的语气，则是动态助词与语气词的兼用（了$_1$＋了$_2$），如"我已经把书看完了"；如果"了"不表示动作的完成，或者有所祈使，如"妈妈，你应该休息了"，"了"为语气词。

思考练习

1. 什么是词类？划分词类的依据是什么？
2. 现代汉语中的实词包括哪些？各有什么特点？
3. 现代汉语中的虚词包括哪些？各有什么特点？
4. 区别词和形容词的语法功能有何差异？请举例说明。
5. 人称代词在指称对象上有哪些特殊用法？请举例说明。
6. 下面每组结构相似的句子，意思是否相同？
   ①我在上海住了一年。
   　我在上海住了一年了。
   ②我只和他玩过这个游戏。
   　我和他只玩过这个游戏。

7. 指出下列各句中"在"所属的词类。
   ①我在图书馆呢。
   ②老师在黑板上写了个通知。
   ③我们在做实验。
   ④她坐在教室的第五排。
   ⑤李老师拉着张小朋，让他在自己身边坐下。
   ⑥乐乐在和红红玩闹，突然，红红摔倒了。
   ⑦一班和三班在进行气排球比赛。
   ⑧李明不在实验室。

8. "和、跟、与、同"既可以作为连词，也可以作为介词，如何区分？请指出下列各句中划线词的词性。
   ①小张正在跟家里打电话。
   ②老师和家长都赞成这样做。
   ③老李跟老陈说他今天下午来不了。
   ④张明与顾小平都是北京人。
   ⑤和前几天相比，最近凉快多了。
   ⑥小王经常和小刘一起来。
   ⑦你和家里商量一下再做决定吧。
   ⑧我同他一起玩游戏。

9. 指出下列划线词的词性。
   ① 过河时一定要小心啊!
   　我看过这部电影。
   ② 啊!太精彩了!
   　快点跑啊!
   ③ 这本书是他的。
   　情况会好起来的。
   　他姐姐是画画的。
   　我会去找他的。
   ④ 那里没有人。
   　昨天没有下雨。
   　我们没有同意他离开。
   　小明没有红色笔芯。
   ⑤ 来客人了。
   　只来了两个人。
   　他们早就来了。
   　听到这些话,他低下了头。

第三节　短　　语

学习重点：掌握短语的基本结构类型的结构特点,认识其他非基本结构类型的短语,掌握短语的层次分析方法和原则,以及消除歧义短语的方法。

学习难点：如何区分联合短语和同位短语;能准确对复杂短语进行结构分析。

一 短语及其分类

(一) 短语

1. 短语的性质

短语又叫词组,是由语法上能够搭配(包括句法、语义都能搭配)的词组合起来的、没有句调的语言单位。它是大于词而又不成句的语法单位。简单短语可以充当复杂短语的句法成分,短语加上句调,可以成为句子。

词组成短语的语法手段是语序和虚词。语序是词语排列的前后顺序。直接组合的靠语序，语序不同，语法意义往往不一样，例如"意义重大／重大意义""风光好／好风光"（主谓／偏正），是名词和形容词组合时语序不同。非直接组合的靠虚词，例如"猎人和狗／猎人的狗"（联合／偏正），是名词和名词组合时虚词不同。

2. 短语和词的区分

短语和词是两个重要的不同层次的语言单位。汉语的合成词中，有一些既像词又像短语、处于中间状态的单位，需要谨慎地加以分辨。这里介绍一种适用于区别短语和词的界限的"扩展法"。所谓扩展，就是把可疑单位拆开，插一个或几个词，造成一个较复杂的短语形式。经扩展后，说来能成话的，那么这个单位应属于由两个词组成的短语；如果经扩展不成话的，就不是短语，而是词。表5-5是短语和词测试表。

表5-5 短语和词测试表

五种结构方式	中间"测试剂"举例	词（不能扩展）	短语（可以扩展）
主谓式	不、很	眼红	眼睛红
动宾式	着、了、过	司令、动员	看书
中补式	得、不	证明	讲清
偏正式	的、地	白菜	白猫
联合式	和、并、或、而	你们	你我

这些"测试剂"其实就是帮助我们辨认短语类型的标记，例如，连词"和"是联合短语的标记，结构助词"的""地""得"分别是定语、状语、补语的标记等。

要注意，"理发、洗澡"等离合词，合起来算一个词，在扩展之后算两个词，这种词不宜用扩展法。还有"戒什么严""朋什么友""美什么丽"也不是扩展法，它是在词内插入"什么"用来提问，以表示对该概念的否定或不同意。

（二）短语的分类

短语可以从多种角度去观察，从而分出各种不同的类别。最重要的有两种分类。一种是结构类别，主要看构成短语的词与词之间的结构关系，分出主谓短语等结构类别。另一种是功能类别，依据某个短语进入更大的短语后担任"职务"的能力，即根据短语在语法单位中所充当的成分的能力来划分，也就是充当句法成分的能力相当于哪一类词，可以分出名词性短语等功能类别。

除了以上类别外，还有其他的分类标准。按短语构成要素是否凝固，可将短语分为固定短语和非固定短语；从意义上，可将短语分为单义短语和多义短语；按成句能力，加句调后能独立成句的叫自由短语，不能加句调、不能独立成句的叫不自由短语，后者又叫黏着短语，例如"态度的恶劣"等；按照短语的层次多少，可以将短语分为一层短语（又称简单短语）和多层短语（又称复杂短语）两类；按构成要素，可以将短语分为实词短语和虚词短语。总之，不同的分类，服从不同的目的；目的不同，依据的标准不同，就可分出不同的类别。

二　短语的结构类型

❱❱ （一）基本短语

1. 主谓短语

主谓短语由有陈述关系的两个成分组成，前面的被陈述部分是主语，表示要说的是谁或什么；后面的陈述的部分是谓语，说明主语怎么样或是什么。陈述关系用语序而不用虚词表示。例如：

考试‖结束　　　（名‖动）（什么‖结束？）
阳光‖灿烂　　　（名‖形）（阳光‖怎么样？）
明天‖是星期三　（名‖动｜名）
今天‖阴天　　　（名‖名）

2. 动宾短语

动宾短语由有支配、涉及关系的两个成分组成，前面起支配作用的部分是动语，表示动作行为；后面被动作支配的部分是宾语，表示做什么、是什么。支配关系用语序而不用虚词表示。例如：

想｜她　　　　（动｜代）（想｜谁？）
盖｜被子　　　（动｜名）（盖｜什么？）
买｜三碗　　　（动｜数量短语）（买｜多少？）
是｜苹果　　　（动｜名）（是｜什么？）
有｜书　　　　（动｜名）（有｜什么？）
增强｜信心　　（动｜名）
接受｜批评　　（动｜动）
喜欢｜清静　　（动｜形）

3. 偏正短语

偏正短语由有修饰关系的两个部分组成，修饰部分在前面，叫修饰语；被修饰部分在后面，叫中心语。偏正短语可再细分为以下两种。

（1）定中短语。

由定语和名词性中心语组成，它们之间的修饰关系有时用"的"作为定语的标记。例如：

（他）的马　　　（代·名）[（谁）的马？]
（江苏）人　　　（名·名）[（什么地方）的人？]
（昨天）的事　　（名·名）[（什么时候）的事？]
（发展）的脚步　（前进）的步伐　（动·名）
（新）书　　　　（形·名）
（野生）动物　　（区别·名）
（十吨）钢材　　（数量短语·名）

还有一种特殊的定中短语,属于名词性短语。例如:

（中国）的崛起　　（牌楼）的拆除　（名·动）

（文艺）演出　　　（名·动）

（他们）的估计　　（代·动）

（动人）的笑　　　（形·动）

（灯火）的辉煌　　（狐狸）的狡猾　（名·形）

（别人）的精明　　（代·形）

（分析）的精确　　（动·形）

充当这种短语中心语的一般是双音节的谓词性词语,修饰语常常是名词或形容词,它们之间一般有助词"的"。它独立成句的能力很差,只能作为主语、宾语,例如,"妹妹的回家给我们带来了节日的欢乐"。

（2）状中短语。

由状语和动词、形容词性中心语组成,其间的修饰关系有时用"地"作为状语的标记。例如:

[刚]回来　　　　（副·动）　　（[什么时候]回来）

[明天]出差　　　（名·动）

[屋里]说　　　　（方位短语·动）　（[在哪儿]谈）

[绕道]走　　　　（动·动）　　　（[怎样]走?）

[这么]走　　　　（代·动）

[快]跑　　　　　（形·动）

[一下一下]地敲　（数量短语·动）

[叽叽喳喳]地说　（拟声·动）

[为人民]服务　　（介词短语·动）

[能]来　　　　　（能愿动词·动词）

[非常]大　　　　（副·形）

[那么]宽　　　　（代·形）

[三尺]宽　　　　（数量短语·形）

4. 中补短语

中补短语由有补充关系的两个成分组成,前面的被补充部分是中心语,由谓词充当;后面的补充部分是补语,也由谓词充当,起述说的作用,能回答"怎么样"的问题。有的补语前面有助词"得"作为标志。例如:

学得〈好〉　　　（动·形）　　（学得〈怎么样〉?）

看了〈一次〉　　（动·数量短语）　（看了〈多少次〉?）

伤心〈极〉了　　（形·副）　　（伤心得〈怎么样〉?）

打〈死〉　　　　救〈活〉　　（动·动）

听了〈一回〉　　　（动·数量短语）
跑〈到那里〉　　　（动·介词短语）

5. 联合短语

联合短语由语法地位平等的两项或几项组成，它们之间是联合关系，可细分为并列、递进、选择等关系。有时用"和、并、或"等连词表示。一般来说，联合短语中的词语都是同性质的，整体功能和部分功能一致。例如：

去年和今年　　　（名·名，并列）
小张或者你　　　（名·代，选择）
一个或两个　　　（数量短语·数量短语，选择）
柴米油盐　　　　（名·名·名·名，并列）
辱骂和恐吓　　　（动·动，并列）
讨论并且通过　　（动·动，递进）
快乐又幸福　　　（形·形，并列）

也有前后各项词性不同的联合短语，例如"勤快、和气、不怕苦"（形＋形＋动词短语）。

上面五种基本短语类型是由陈述关系等五大语法关系决定的，因此首先应记住五大关系和相对位置。为了判断是哪种短语，可以用插入法和提问法来测试，表5-6右边两栏就是测试用的词和提问的内容。

表5-6　五种基本短语类型

语法关系	短语类型	例子	整体性质	中间常插入的词	能回答什么问题
陈述关系	主谓短语	老师上课	谓词性	副词"不"	主语回答"什么""谁"，谓语回答"怎么样"或回答"是什么"
		你们好			
		明天周五	名词性	是	
支配关系	动宾短语	看电影	谓词性	了、着	宾语回答"什么"
修饰关系	偏正短语	美丽姑娘	名词性	的	定语回答"什么样的"
		悄悄去	谓词性	地	状语回答"什么样地"
补充关系	中补短语	听清楚	谓词性	得	补语回答"怎么样""多久"
并列、选择、递进等关系	联合短语	他和你	名词性	和、或	
		继承并发展	谓词性	并、并且	

（二）其他短语

1. 连谓短语

连谓短语由多项谓词性词语连用组成，共用一个主语，谓词性词语之间没有语音停顿，没有上述五种基本结构关系，也不用任何关联词语。例如：

上房揭瓦（动·动）　　出去闲逛（动·动）　　打电话叫人（动·动）
看了很愉快（动·形）　听了很高兴（动·形）　喝着爽快（动·形）

穿好大衣戴上帽子出去买菜（动·动·动）

2. 兼语短语

兼语短语由前一动语的宾语作为后一谓语的主语，即动宾短语的宾语和主谓短语的主语套叠，合二为一，形成有宾语兼主语双重身份的一个"兼语"。直接包含兼语的短语叫兼语短语。例如：

请他进来　　派你去　　　　（动·代·动）

有人不赞成　称老李为球迷　（动·名·动）

使你快乐　　祝你健康　　　（动·代·形）

3. 同位短语

同位短语多由两项组成，前项和后项的词语不同，所指是同一事物。前项、后项共同作为一个成分，因前后语法地位相同，故名同位短语；又因前后项有互相说明的复指关系，故又叫复指短语。例如：

首都北京　（名·名）　　　　　船长老张　（名·名）

孙中山总理　（名·名）　　　　我们大家　（代·代）

我们渔民　（代·名）　　　　　咱们几个　（代·数量短语）

春秋两季　（名·数量短语）　　喇叭湾那里　（名·代）

"漂亮"这个词　（形·定中短语）　北京、上海等大城市　（联合短语·定中短语）

地球这个星球　（动·定中短语）

另有一种松散的同位短语，其中可以有语音停顿和标点，例如，"一只野兔，这个可怜的小生灵，窜上了公路，在车灯照耀下狂奔"中的主语，"东北有三宝：人参、貂皮、乌拉草"中的宾语，都是松散的同位短语。

同位短语和联合短语很相似，在句子中充当的成分相同，但二者也有不同之处：第一，同位短语的前后项是异名同物，用不同的词语表示同一人或事物，联合短语的前后项是异名异物；第二，同位短语中间不能插入虚词，联合短语中间则可以插入虚词；第三，同位短语是名词性的，联合短语有名词性和其他词性的。

4. 方位短语

方位短语由方位词直接附在名词性或谓词性词语后面组成，主要表示处所、范围或时间，具有名词性。一般结构是前一部分是词或短语，后一部分是方位词。下面有成分符号的是方位短语：

大门外‖有两棵枣树。　　　　　（名·方，表处所）

鱼‖在水里。　　　　　　　　　（名·方，表处所）

广场内‖不许烤羊肉串。　　　　（名·方，表范围）

[三天前]李明‖来过学校。　　　（数量短语·方，表时间）

[喝酒以后]不要开车。　　　　　　　　（动宾短语·方，表时间）

他‖走向那（天亮之前）的旷野。　　（主谓短语·方，表时间）

由"东、西、南、北、左、右"组成的方位短语只表示处所，例如"铁道北"；其余的既可以表示处所、范围，也可以表示时间，例如"教室前、吃饭前、一尺以内、一年以后"。

方位短语也常常和介词一起组成介词短语，例如"在房顶上"。

方位词"上、里"等在一些方位短语里已经没有什么方位义，例如，"田野上"和"田野里"表示同一意义。有时，方位词"上、里"甚至不一定用于处所含义，例如"组织上会考虑的"中的"上"。方位词"上、中、里、下"用来表示范围时，常常是说明某一方面或某一界限，这时更是常和介词组成介词短语，例如"在扩散过程中、在小农经济的眼光里、在政策的保护下"。

表示处所的方位短语与定中短语的区别，可以用能否插入"的"来鉴定。"桌子上"中的"桌子"和"上"之间不能插入"的"，是方位短语，"上"是方位词；"桌子上面"能插入"的"，说成"桌子的上面"，是定中短语。"上面"和"下面、左边、南方、东部、中间"都是处所名词，它们还可作为定语，后面可加"的"，如"上面的东西"，单音方位词单独作为定语时后面不能加"的"，如不说"上的东西"。这也说明有些方位词和处所词虽然意义上很接近，但性质不相同。

5. 量词短语

量词短语由数词或指示代词加上量词组成，可分为以下两类。

（1）数量短语。

由数词加量词组成。例如：

（一个）人　　　[一拳]打去　　　来（三趟）

一打‖是十二个　　　小孩儿‖四岁

（一堆）柴火

（2）指量短语。

由指示代词、疑问代词加（数）量词组成，例如：

那件好　　　[那次]我们没离开

哪件好　　　（哪件）衣服

以上五类是实词和实词组合成的短语，下面是实词与虚词结合成的短语。

6. 介词短语

介词短语由介词附着在名词等词语前面组成。介词短语一般由两部分组成，前一部分是介词，后一部分是词或短语。介词短语常修饰谓词，用来标明动作的工具、方式、时间、处所、因果、施事、受事、对象等多种语义成分或语义格。例如：

[用勺子]盛饭　　　　　　　　（表示动作所凭借的工具）

[比以前]好得多　　　　　　　（表示时间）

[为健康]而锻炼　　　　　　（表示动作的目的）
[被巨浪]撕成碎片　　　　　（表示动作的施事）
[向英雄模范]学习　　　　　（表示动作的关涉对象）
[对谈恋爱]不感兴趣　　　　（表示与动作有关的事件）

少数介词短语可以作为补语，例如：

来〈自遥远的边疆〉　　　　（表示动作开始的处所）
生〈于1936年〉　　　　　　（表示动作的时间）

有一些介词短语还能作为定语，这时一定要在介词短语后加助词"的"。例如：

（关于精卫填海）的神话　　（表示有关的事件）
（对李白）的评述　　　　　（表示动作的对象）
（朝东）的侧门　　　　　　（表示方位）

7. 助词短语

助词短语由助词附着在词语上组成，包括"的"字短语、比况短语和"所"字短语等。

（1）"的"字短语。

由助词"的"附着在实词或短语后面组成，用于指称人或事物，属于名词性短语，能作为主语、宾语。例如：

①<u>大的</u>要照顾<u>小的</u>。（形·的）（作为主语、宾语）

②<u>开车的</u>是小刘。（短语·的）（作为主语）

③<u>他听到的</u>是海潮的声音（短语·的）（作为主语）

④少不了<u>吃的和穿的</u>。（动·的）（作为宾语）

例③中的"海潮的"不是"的"字短语，因为在这个语境里，它不是整体指称人或事物。可以在"的"字短语前面加介词组成介词短语，例如"说的[比唱的]还好听"。"的"字短语有时后面可以添加上相应的名词，这就成了偏正短语。不过这样一来，意义会有较大的变化，由概括性较强的指称意义变成了具体意义，而且有的也不能添加相应的中心语，如"人和车都是铁打的"。

（2）比况短语。

比况短语由比况助词"似（shì）的""一样""（一）般"附在名词等词语后面组成，表示比喻，有时也表示推测，有多种句法功能，属于形容词性短语，可以作为定语、状语、补语。例如：

（潮水般的）掌声　　（大山一般的）体魄　　（乞丐似的）人

[木头似的]站着　　[触电一样]哆嗦了一下

浇得〈落汤鸡似的〉

用来比喻的成分以名词最为常见，动词、形容词较少。这种短语因为主要是用来描写类似点，前面很容易用上动词"像、好像"等词，引出比喻的对象或表示推测。例如：

[好像火一样]灼热　　（表比喻）

天气燥热，<u>好像要下雨似的</u>　（表推测）

(3)"所"字短语。

由助词"所"加在动词前面组成，指称动作所支配或关涉的对象，例如"所想、所需要、所认识"。"所答非所问"（作为主语、宾语）、"各尽所能"（作为宾语），这些都是文言成分。在口语句子里一般要借助"的"字组成"的"字短语，如"所引用的只是一些文献资料"，或者借助"的"字修饰名词组成偏正短语，如"所起的作用很大"。许多"所"字短语仍旧要利用"的"字来组成"的"字短语，才有可能单说，例如不能单说"所陈述"，可以单说"所陈述的"。"所"字短语都是名词性短语。

表5-7中是上文所述的短语结构类型及示例。

表5-7　短语的结构类型及示例

短语结构类型	示例
主谓短语	心情好　情况复杂　成果丰硕
动宾短语	学习汉语　购买材料　装修新房
偏正短语	浪漫的爱情（定中）　金项链（定中）　非常美好（状中）
中补短语	做得好　写不完　挂满
联合短语	我和你　成功或者失败　学习工作
连谓短语	出门买东西　听了很生气　上课去
兼语短语	通知他参加　请他回来　有人来
同位短语	省会长春　我们大学生　兄弟两个
方位短语	包里　三点以前　床旁边
量词短语	一个　三次　那个
介词短语	从这儿　关于爱情
"的"字短语	当兵的　男的　我不喜欢的
比况短语	箭一样　雷鸣般
"所"字短语	所说　所听　所认识

三 短语的功能类型

短语有两方面的功能：一方面，短语可以作为句法成分，所有短语都能充当一个更大的短语里的组成成分；另一方面，大部分短语加上句调能独立成句。需要注意的是，有少数短语不具备成句的能力，前文涉及的"所"字短语就是这样。

短语的功能取决于它相当于哪类词的功能。功能相当于名词的叫作名词性短语；功能相当于谓词的叫作谓词性短语，通常以动词、形容词为中心。主谓短语的功能依据该短语的谓语中心的词性而定：谓语中心是名词性的词，该主谓短语就是名词性短语；谓语中心是动词、形容词的，可归为谓词性短语。

▶ (一) 名词性短语

名词性短语以名词为主体，经常充当主语和宾语，大致有联合短语（名词性成分联合）、偏正短语（定中短语）、同位短语、方位短语、量词短语、"的"字短语、"所"字短语等。如：

上海和重庆　　他们或咱们　　艰苦的环境　　革命事业

国家主席　　《红楼梦》这本书　　黄河以北

同学之中　　三位　　两株　　喝水的　　当兵的

所喜爱　　所向往　　今天元旦　　瓜子三斤

▶ (二) 谓词性短语

谓词性短语以动词、形容词为主体，经常充当谓语，语法功能大致相当于动词和形容词，包括联合短语（谓词性成分联合）、偏正短语（状中短语）、动宾短语、中补短语、连谓短语、兼语短语、比况短语等。如：

讨论通过　　雄伟壮观　　努力提高　　非常愉快

分析问题　　站起来　　好得很　　去北京开会

走过去接电话　　请大家放心　　让他赶紧走

头脑灵活　　国家强大　　像小鸟一般

当然，某些短语的功能分类目前还不易断定，如介词短语。我们得结合语境进行认真比较、分析，进而准确把握短语的功能特点，规范使用。

短语的结构类型和功能类型的关系如表5-8所示。

表5-8　短语的结构类型和功能类型的关系

短语的结构类型	短语的功能类型		
	名词性短语	谓词性短语	
		动词性短语	形容词性短语
主谓短语	鲁迅，绍兴人	我们看见	葡萄很甜
动宾短语		看书	
偏正短语	狡猾的狐狸 狐狸的狡猾	不看	非常甜
中补短语		看完	甜得很
联合短语	他或她	看不看	又甜又香
同位短语	他自己		
量词短语	一个		
方位短语	桌子上		
"的"字短语	卖菜的		

续表

短语的结构类型	短语的功能类型		
	名词性短语	谓词性短语	
		动词性短语	形容词性短语
"所"字短语	所向往		
连谓短语		走去看看	
兼语短语		请你看	

四 复杂短语与层次分析法

（一）简单短语与复杂短语

简单短语是由两个或两个以上的词在一个层次上组合而成的短语，例如"世界和平、学习汉语、学习技术、又唱又跳、柴米油盐酱醋茶"，它们的组成方式只有一种可能。但是在语言中，往往出现的都是多个词构成的复杂短语，如"努力学习网络技术、又唱又跳的年轻人、你我和他、一个大苹果"，它们都是由三个或三个以上的词在两个或两个以上层次上组合而成的短语。

（二）复杂短语的分析方法——层次分析法

通常采用二分法，即将一个语段切分为二，再以同样的方法把切分出来的较小语段再切分为二，这样一直切分到不能再切分为止。这样逐层分析、顺次找出语言结构的直接成分的方法就叫作层次分析法，又叫直接成分分析法。

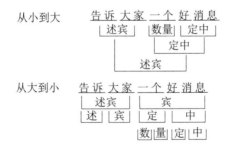

出于不同目的，分析复杂短语时，可以选用上面两种图解法中的一种，本书以下分析选用第二种。现行的《中学教学语法系统提要（试用）》将此图解方式称为框式图解法。

框式图解法的操作方法介绍如下。

（1）划分结构层次（逐层二分）。

（2）注明结构关系。

$$\underset{述\quad\quad 宾}{努力学习\quad 网络技术}$$

使用层次分析法对复杂短语进行切分的时候，不能随意切分，而是要遵循这样的原则：①结构原则（成结构），要求切分出来的两部分各自成结构体；②功能原则（可组合），要求切分出来的两部分能重新组合；③意义原则（合原义），要求切分出来的两部分不违背逻辑常理。例如：

A.那张／桌子上　　B.那张桌子／上　　C.打败／我的她　　D.打败我的／她

A、C符合层次分析法的原则与要求，是正确的；B、D没有遵循层次分析法的原则与要求，是错误的。

（三）复杂短语层次分析例解

1. 复杂的偏正短语的层次分析

这种偏正短语含多层修饰语，而且修饰语本身是一个偏正短语。

一家乡村小饭馆
|偏|　正　|（多层修饰语：以左统右）
　　|偏|正|
　　　　|偏|正|

2. 复杂的述宾短语、述补短语的层次分析

（1）如果述语后有多个成分，则先切分离述语远的成分。

① 买回来一辆自行车（述 ＋ 补 ＋ 宾）
述	宾
述	补	定	中
数	量

② 批评了他一顿（述 ＋ 补 ＋ 宾）
　　|述　|补|
　　|述|宾|数量|

③ 拿出一本书来（述 ＋ 补 ＋ 宾 ＋ 补）
述	补
述	宾
述	补	定	中
数量

④ 给了他三次钱（述 ＋ 宾 ＋ 补 ＋ 宾）
述	宾
述	补
述	宾	数量

⑤ 送他两本小说（述 ＋ 宾 ＋ 宾）
　　|述|　宾　|
　　|述|宾|定|中|
　　　　　|数量|

(2) 如果述语前后都有成分，则先切分前面的成分，再切分后面的成分。

① 认真学习汉语（状 + 述 + 宾）
  |状| |　中　|
      |述|宾|

② 把教室打扫得干干净净（状 + 述 + 补）
  |　状　| |　　中　　|
  |介|宾| |述| |　补　|

3. 联合短语、连谓短语、兼语短语的层次分析

(1) 联合短语作为定语的层次分析示例。

宽阔、整洁、幽静的林荫大道
|　　　偏　　　| |　正　|
|联| |　合　| |偏|正|

(2) 连谓短语层次分析示例。

请假去医院看病
|连| |　谓　|
    |述|宾|

(3) 兼语短语层次分析示例。

派 老李 去
述|宾|
  |主|谓|

使用层次分析法的注意事项如下。

第一，从结构上看，切分出的配对成分必须是语法单位（即语言中允许有的，如词、短语或者短语的等价物，包括它们的省略形式）。

第二，从功能上看，切分出的配对成分必须有语法关系，或者习惯上能组合、搭配。例如，"他忽然喊了一声"中的"他忽然"虽然紧挨着，但二者无结构关系，不能成为一个短语，所以不能成为一对直接成分，"喊了一声"也是如此，而且，这种关系必须存在于它所在的更大的组合之中。

第三，从意义上看，切分出的所有配对成分都有意义，加起来也有意义，而且符合整体的原意。

五 多义短语

只有一个意义的短语叫单义短语，不止一个意义的短语叫多义短语。形成多义结构的主要原因是语言结构有限而意义无穷，用有限的结构表达无穷的意义就会产生一个语言结构表达多种意义的现象。词、句子和短语都有多义现象，短语不像句子那样有语境，因此多义短语比多义句更多。

▶（一）多义短语的类型

从语法层次、语法结构关系、语义关系等方面，可以对多义短语进行分类。语法层次

的不同表现为相同结构关系的语法成分划分的层次不同,语法结构关系的不同表现为句法成分不同,语义关系的不同表现为语义成分或语义角色(如施事、受事等)的不同。

1. 结构层次不同的短语

① 老教师休息室

A. 定 中　　　偏正短语(指教师休息室是老的)
　　定 中

B. 定 中　　　偏正短语(指休息室是老教师的)
　定 中

② 三个工人的意见

A. 定 中　　　偏正短语(指工人的意见是三个)
　　　定 中

B. 定 中　　　偏正短语(指意见是三个工人提出的)
　定 中

③ 新的职工的宿舍

A. 定 中　　　偏正短语(指职工宿舍是新的)
　　定 中

B. 定 中　　　偏正短语(指宿舍是新来的职工的)
　定 中

2. 结构关系不同的多义短语

① A. 学习 文件　　　动宾短语(相当于"学什么")
　　动　宾

B. 学习 文件　　　偏正短语(相当于"什么文件")
　　定　中

② A. 进口 机电产品　　　动宾短语(相当于"进口什么")
　　动　　中
　　　　定　中

B. 进口 机电产品　　　偏正短语(相当于"什么机电产品")
　　定　　中
　　　　定　中

③ A. 他和你的同学　　　偏正短语(相当于"两个人的同学",指一个人)
　　　定　　中
　　联合

B. 他和你的同学　　　联合短语(相当于"你的同学和他",指两个人)
　联　　合
　　　定　中

这种多义短语与其说两个意思共用一个结构体,不如说两个结构重叠成一个结构,即A偏正结构与B联合结构重合。

3. 语义关系不同的多义短语

① A. 母亲的回忆　　　　　　偏正短语（"母亲"是施事，意指母亲想往事）
　　　定　　中

　B. 母亲的回忆　　　　　　偏正短语（"母亲"是受事，意指儿女想母亲）
　　　定　　中

② A. 鸡不吃了　　　　　　　主谓短语（"鸡"是受事，意指"不吃鸡了"）
　　主　谓
　　　　状 中

　B. 鸡不吃了　　　　　　　主谓短语（"鸡"是施事，意指"鸡不吃东西了"）
　　主　谓
　　　　状 中

③ A. 他谁都认识　　　　　　主谓短语（"他"是施事，"谁"是受事，意指他认识的人多）
　　主　　谓
　　　　主　谓
　　　　　状 中

　B. 他谁都认识　　　　　　主谓短语（"他"是受事，"谁"是施事，意指很多人都认识他）
　　主　　谓
　　　　主　谓
　　　　　状 中

④ A. 反对的是张主任　　　　主谓短语（"张主任"是施事，意指反对他人的人是张主任）
　　主　　　谓
　　的字动　宾

　B. 反对的是张主任　　　　主谓短语（"张主任"是受事，意指他人反对的人是张主任）
　　主　　　谓
　　的字动　宾

这些多义短语的层次和结构关系都相同，要想分析它们的意义，层次分析法无能为力，只能用语义分析指出它们的不同。

4. 结构关系和语义关系都不同的多义短语

① A. 咬死了农民的狗　　　　动宾短语
　　动　　　宾　　　　　　（"狗"是受事，意指"农民的狗被咬死了"）
　　中补　　定　中

　B. 咬死了农民的狗　　　　偏正短语
　　　定　　　中　　　　　（"狗"是施事，"农民"是受事，意指"狗咬死了农民"）
　　动　　宾
　　中补

还有由四个实词组成的多义短语，表示四种意思。

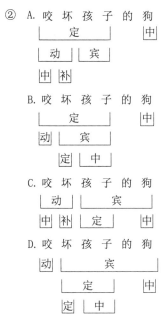

② A. 咬坏孩子的狗　　偏正短语
（"狗"是施事，"孩子"是受事，意指"咬坏了孩子的狗"）

B. 咬坏孩子的狗　　偏正短语
（"狗"是施事，"坏孩子"是受事，意指"咬了坏孩子的狗"）

C. 咬坏孩子的狗　　动宾短语（"狗"是受事，"孩子"是领事，省了施事，意指"孩子的狗被咬坏了"）

D. 咬坏孩子的狗　　动宾短语（"狗"是受事，"坏孩子"是领事，省了施事，意指"把坏孩子的狗咬了"）

多义短语的情况比上面所说还要复杂。上面都是书面上的短语，有些在口语里，因有轻重音和停顿的不同，可以化解多义，有些在上下文等语境中可以消除多义，即由多义变成单义。

▶▶（二）分化多义短语的一般方法

有时候，语境不能消除多义，就容易使人产生误解，误入歧途，我们不妨把这种有消极作用的多义叫作歧义。针对多义短语的不同类型，我们可以通过非句法手段和句法手段来分化多义短语。

1. 非句法手段

主要是指运用语音上的方法分化多义短语 如：

这个人好说话。（声调）

我想起来了。（轻声）

车上睡不好。（停顿）

2. 句法手段

句法手段是从语法上来解决问题的。除了上文提及的层次分析法之外，常用的句法手段有以下两种。

（1）变换分析法。

对于层次或结构分析关系不同而造成的歧义，层次分析法是从根本上解决问题的；对于非层次原因造成的歧义短语，我们可以尝试使用变换分析法。

变换分析法通常借助虚词、语序或者句式等语法手段，使原来隐藏着的不同语法层次和关系明朗起来。我们经常用到的是增加虚词和改变句式，如：

中东石油价格：中东的石油价格/中东石油的价格

发现了敌人的哨兵：哨兵发现了敌人/敌人的哨兵被发现了

变换分析法在分化短语上发挥着非常重要的作用，通过变化多义短语本身来达到分化的目的。

（2）设置语境法。

语境就是语言环境。狭义的语境指的是上下文，在句法手段中，我们可以利用设置上下文语境达到分化多义短语的目的。如：

他借我一支笔：我没带笔，他借我一支笔。/他没带笔，他借我一支笔。

鸡不吃了：鸡不吃了，别喂了。/鸡不吃了，我吃饱了。

思考练习

1. 短语的结构类型与功能类型有哪些？
2. 请举例说明如何区分同位短语和联合短语。
3. 指出下列短语的结构类型和功能类型。

   做一个有创新精神的青年　　　给我留下了深刻的印象
   最满意的解决方案　　　　　要求我们按时完成任务
   同意他们去　　　　　　　　东方之珠香港
   知道他今天去上海　　　　　他们所说的
   在那个村庄里　　　　　　　那个村庄里
   来送两本书　　　　　　　　送来两本书
   看了两篇　　　　　　　　　看了两遍
   北京有许多旅游景点　　　　刚买来的小汽车

4. 用层次分析法分析下列复杂短语。

   一个短小的日本中年人　　　鲁镇的酒店的格局
   抛一块砖头过去　　　　　　我请教你一个问题
   看了几眼　　　　　　　　　我们学种菜、种瓜、种烟
   来打网球　　　　　　　　　选他当代表
   一种新式的炊具电磁炉　　　浓浓的长长的眉毛和一双不大不小的眼睛
   分析研究一下材料　　　　　谁是新时代最可爱的人

5. 分析下列有歧义的短语。

   爱护学生的老师　　　　　　许多朋友送来的礼物
   老李也通知了　　　　　　　对张红的态度
   援助的是中国　　　　　　　写了两个小时的发言稿
   关于教师的小说　　　　　　要学习文件

第四节 单　　句

> 学习重点：重点认识几种特殊的句子成分，了解句型、句式、句类知识，了解句子变化的方法和作用。
>
> 学习难点：能准确区分句子成分及四种不同的疑问句。

一 单句概述

（一）什么是单句

句子是语言的基本运用单位。在交际和交流思想的过程中，词和词组只能表明一个简单或者复杂的意思，句子才可以表达一个完整的意思。所以，句子除了有自己的结构成分和结构方式外，还应包含特定的语调。

单句是与复句相对的句子类型，是从结构类型上对句子进行分类的结果。一般来说，单句由短语和词构成。例如：

今天星期六。

谁干的呢？

请进！

你！

这些单句中，前三个句子是由短语构成的，最后的句子则是由一个词构成的。

（二）单句的性质

1.单句是具有表述性的语法单位

所谓表述性，是指单句能够表明说话的意旨，体现出语言的交际功能。语素、词、短语都只是语言的备用单位，单句则是语言最基本的使用单位。

2. 单句都带有一定的语调

语调即句调。有了语调，才能使构成句子的词或短语指称的内容同现实发生特定的联系，如"你。""你！""你？"分别可以表示对"你"的确定、赞叹、惊讶等内容。

3. 单句能表达一个相对完整的意思

从言语表达的内容看，单句所表述的语义可以自足。作为最小一级具有表述作用的语法单位，只要它本身语意自足，听话者或阅读者就能够明白它所包含的意图，如"鲁侍萍老爷问这些闲事干什么？"，这句台词是个单句，其表达的意思相对完整，受话者能对其做出恰当的反应。

4. 单句是一种独立的语法单位

从言语表达形式上看，单句能独立的起到某个方面的表述作用，不是被包含在其他的句子之中。例如，周立波在《暴风骤雨》第二部的"分马"一节写到老孙头分到了一匹右眼像玻璃似的栗色小马，一位老乡说"瞅老孙头挑匹瞎马"，老孙头却说："瞎马？这叫玉石眼……"上述对话中有两处提到"瞎马"，第一处的"瞎马"没有语调，没有独立性，只是单句的一个句法成分；第二处的"瞎马"带有反诘语调，具有结构上的独立性，是单句。

二 单句的句法成分

句法成分是句法结构的组成成分。

单句有九种句法成分：主语、谓语、述语、宾语、补语、定语、状语、中心语、独立语。

(一) 主语和谓语

从整体上看，主语和谓语是存在陈述和被陈述关系的句子成分，主语是被陈述的，能回答"谁、什么"等问题，一般位于谓语之前；谓语是用于陈述的句子成分，能回答"怎么样、是什么"等问题，一般位于主语之后。

1. 主语

①小舟‖不能远航。　　　　　　②敌人和仇人‖都可以激发你的潜能。
③善待大自然‖就是善待人类自己。　　④身心都健康‖才是真正的健康。

以上四个例句中，双竖线前面的部分是主语。主语相对于谓语而存在，如果没有后面的谓语，那么前面的"小舟、敌人和仇人、善待大自然、身心都健康"就不能算作主语了。

从构成单位来看，主语可以是词或短语；从功能来看，主语可以是名词性的，如上面例句中的①和②，也可以是谓词性的，如上面例句中的③和④。当然，不同功能的单位在作为主语时，所具有的条件也是不同的。一般来讲，名词或者名词性的短语可以较自由地充当主语。时间名词和处所名词处于句首时，既可能是陈述的对象，作为主语，又可能起到限定作用，作为状语，因此需要具体分析。

⑤明天就是五一劳动节了。　　　　⑥现在很多人都计划出国旅行了。
⑦墙上挂着一幅画。　　　　　　⑧墙上我们已经挂了两幅画了。

例句⑤和⑦的时间、处所名词是被陈述的，在句中作为主语；例句⑥和⑧则不同，句中的时间、处所名词起修饰作用，是句首状语。

主语还可由动词、形容词或其他谓词性短语有条件地充当。这类句子的谓语部分一般不是由动作动词充当，而是多由性质形容词或表示使令、判断及存现、开始、结束类意义的动词充当。

⑨学习语法‖很重要。　　　　　　⑩自信‖使她变得非常美丽。
⑪帮助别人‖实际上就是帮助自己。　　⑫表演‖刚刚开始。

从主语与谓语动词的语义关系看，主语可分为施事主语、受事主语与关系主语三类。语义上是动作的发出者，此类主语为施事主语，如"妹妹爱吃麻辣烫""狐狸斗不过好猎手",这里的"妹妹""狐狸"是施事主语。语义上是动作的承受者,此类主语为受事主语,如"论文发表了""电线杆被汽车撞折了",这里的"论文""电线杆"是受事主语。主语与谓语之间没有施受关系,此类主语为关系主语,如"我们的家乡在希望的田野上""这里的水蜜桃甜极了",这里的"我们的家乡""这里的水蜜桃"是关系主语。

2. 谓语

谓语说明主语怎么样,与主语构成陈述关系。

①中国空空导弹‖从仿制走上了独立研究的道路。

②自信‖使我们能走更远的路。

③和时代并驾齐驱的人‖永远年轻。

④他的心胸‖如眼前的大海一样澄清、辽阔。

⑤毕业证、英语等级考试证书‖一个都不能少。

⑥老舍‖北京人。

⑦明天‖星期六。

谓语相对于主语而存在。构成谓语的词或短语可以是动词性的,如例句①和②;可以是形容词性的,如例句③和④;可以是主谓短语,如例句⑤;还可以是名词性的,如例句⑥和⑦。

一般来讲,动词性的或者形容词性的词语可以比较自由地充当谓语,没有什么限制条件,但名词性成分充当谓语却不自由,是有条件的,这类谓语多由表示籍贯、相貌、气候、时间等的名词或名词性短语充当。

(二)述语和宾语

在句中起支配、关涉作用的成分是述语,被支配、关涉的成分是宾语。我们无法靠外在的形式标志来确定述语和宾语,只能由其间所显示出的支配、关涉关系来区分它们。

1. 述语

述语与动词这两个概念相互联系,但不能将它们混为一谈。动词属于词类系统,是根据词的语法特点聚合起来的一个类别,是构成述语的材料;述语则属于句法系统,是根据句法成分之间的相互关系而建立的概念,它相对于宾语而存在。另外,从构成单位来讲,述语可以是词,也可以是短语。

①人的志向‖通常和他们的能力呈|正比。

②在我的词典里,没有|"不可能"这个词。

③等着买票的‖站成了|一条长龙。

④改善和提高|我公司的服务质量。

上述四例中,划竖线(包括单竖线和双竖线)部分都起支配、关涉其后续部分的作用,是述语,例句①和②由动词充当,例句③和④由动词性短语充当。

从述语所能够关涉、支配的宾语的功能类型看,述语可分为以下几类。

（1）名宾述语（一般只带名词性宾语）。如"吃、喝、唱、写、买、烤、送、给、想念、交流、发布、改正、原谅"。

（2）谓宾述语（一般只带谓词性宾语）。如"值得、提议、打算、希望、认为、主张、发誓、忍心、加以"。

（3）兼宾述语（既可带名词类宾语，也可带谓词类宾语）。如"害怕、喜欢、舍得、通知、告诉、指导、答应、同意、发现、承认、请教"。

2. 宾语

宾语是述语所支配或关涉的对象。

①关爱|生命。

②必须用知识来驱散|心灵中的黑暗。

从功能看，宾语可分为以下几类。

（1）名词性宾语。可以是名词或名词性短语，比如定中短语、同位短语、部分联合短语和数量短语等。

①保护|绿色家园。

②愚昧带来的是|苦难和贫穷。

（2）谓词性宾语。可以由动词、形容词或谓词性短语如状中短语、连谓短语、述宾短语、兼语短语、部分联合短语充当。

①这位老人长期坚持|慢跑。

②我们都不怕|吃苦。

（3）主谓宾语。由主谓短语充当。

①我总认为|他们是对的。

②这种现象的出现值得|大家深思。

从宾语与述语的语义关系看，宾语可分为施事宾语、受事宾语、关系宾语三种，如"村口来了一个外乡人"中的"一个外乡人"是施事宾语，"那年，我们之间产生了甜蜜的爱情"中的"甜蜜的爱情"是受事宾语，"最早登上鸣沙山的是他们"中的"他们"是关系宾语。

▶（三）修饰成分与中心语

修饰成分与中心语构成句子成分系统中的又一种结构关系。可依据不同的结构功能，将修饰成分划分为定语和状语两类。

1. 定语与中心语

定语的确定既与修饰语本身的性质和中心语的性质有关，也与句法结构的整体功能相关。所谓定语，就是名词性偏正结构中起修饰、限定作用的成分。

①（无情）的沙漠一点一点地蚕食（我们）的土地。

②（气候转变）的征兆到底来了。

定语的构成材料是多种多样的，它可以是词，也可以是短语，可以是体词性的，也可以是谓词性的。在一个定中结构中，定语常常可以多层套叠，使定语和中心语之间形成复杂的层次关系。

（1）递加式定语。这类定语与中心语之间存在直接修饰或限定的关系，在形式上形成层层递加的结构。

①不时飘来（一缕缕）（淡淡）的（荷花）的清香。

②极光是（一种）（发生在极地）的（非常罕见）的（形状多种多样）的光束。

这两例都含有多层定语，而且这些定语在语义上都直接与中心语相关联，比如例句②中的"一种""发生在极地""非常罕见""形状多种多样"都和"光束"存在直接语义关联，但这些定语之间却不存在直接关系。此类定语与中心语形成多层次的结构关系，一般称为多层定语。

（2）加合式定语。这类修饰成分与中心语之间不存在直接的修饰或限制关系，几个修饰成分之间先形成偏正关系，再作为偏正短语整体修饰中心语。

①（父亲的文集）的出版颇费了一番周折。

②（你的代理人的新歌发布会）的场地已经安排妥当了。

这两例的中心成分前的词语先构成偏正短语，再整体修饰中心语。如例句①中的"父亲"和中心语"出版"之间虽有语义关联，但并不存在结构上的直接修饰关系。可以看出，对于中心语来说，直接修饰成分只有一个，是由具有多个层次的偏正短语整体充当的。

（3）联合式定语。这类定语和中心语之间存在一定的语义关系，但这类定语相互之间又有着并列关系，几个修饰成分构成联合短语整体修饰中心语。

①幸运女神喜欢眷顾（乐观、豁达、有毅力）的智者。

②（有良知、有责任心）的人都不会坐视此类事情发生的。

这两例的修饰语在结构上是一个整体，比如例句①中的"乐观、豁达、有毅力"先构成一个联合短语，作为一个整体修饰中心语"智者"。

充当定语中心语的主要是名词性成分，如名词、代词以及定中结构、数量结构、"的"字结构等。一些谓词性成分，如动词、形容词、联合结构、状中结构等，也可以有条件地充当中心语。

③（人才）的成长与发展是德、识、才、学诸方面因素的综合效应。

④（整个团队）的精诚合作是成功的关键。

⑤百花凋零，更显出（一枝争春的梅花）的可贵。

2. 状语与中心语

一个偏正结构中的修饰成分是定语还是状语，起决定作用的是这个偏正结构的整体功能，而不是其中心语的词性。因此，我们可以将状语定义为谓词性偏正结构中起修饰、限定作用的成分。

①读者[对这种可操作性强的创业项目][特别]感兴趣。

②我[非常遗憾]地通知诸位这次新闻发布会取消了。

充当状语的词语是多种多样的,可以是词,如例句①中的"特别";也可以是短语,如例句①中的"对这种可操作性强的创业项目",例句②中的"非常遗憾"。状语常用以描写中心语的程度、状态、数量,或表示动作行为发生的时间、处所、方式、手段、涉及对象、范围等。

状语往往具有外在的形式标志"地",但"地"的使用不是强制性的,用与不用受多种因素的影响。一般来说,单音节状语与中心语之间不需要使用"地",比如"极热闹""很想念";时间名词及能愿动词都可以直接修饰中心语,比如"现在开始播报""可以出发";另外,介词结构、方位结构作为状语都不必带"地",比如"对当代文学作品所知甚少""空气中弥漫着烟味"。状语后用"地"往往具有突出状语内容的作用,如"认真学习"与"认真地学习",后者更强调"认真"的特点。

状中结构也可以形成状语套叠的情况,其类型与定语相类似。也有不同类型的状语错综组合的情况,如"这个网站[建成后],[将][会][非常便捷、全面]地[为广大网民]提供各类信息"。多层状语的次序有大致的规律,先后顺序一般为:时间、处所、范围、情状、对象,如"拉姆斯菲尔德[出访前][在记者发布会上][就][非常清楚]地[向媒体]表示美国近期并不会考虑从伊拉克撤军的问题"。情状状语、能愿状语则比较灵活,可以较自由地插入此序列的任何一个位置。

能构成状语中心语的主要是谓词性成分,如动词、形容词以及谓词性的短语。有时名词或定中结构、数量结构也可以作为中心语。

③小华[已经]中学生了。

④教室里[只]三个人。

⑤这位战士[刚刚]二十岁。

▶ (四)补语与中心语

补语是谓词性结构中起补充说明作用的成分,其位置在中心语之后。

①好〈极〉了,就要这个效果!

②你给我说〈清楚〉!

③我们这场球赢得〈非常艰苦〉。

上面例子中的"极""清楚""非常艰苦"处于中心语"好""说""赢"之后,补充说明中心语的程度、结果、状态。

1. 补语的类型

根据表示的语义不同,可以把补语分为以下几种类型。

(1)程度补语。这类补语非常少,用得比较多的是单音节程度副词"很、极、透、死"等,另外,"一点、一些"有时也可以表示轻微的程度。

①苹果已经熟〈透〉了。

②我想〈死〉你了!

③这么做可能难〈一点〉,但可以快〈一些〉。

程度补语除了"很",一般不需要结构助词"得"来表示。

(2) 结果补语。用以补充描写中心语所导致的结果。性质形容词及少部分动词可以充当此类补语。

①文章算是写〈好〉了,但问题并没有说〈清楚〉。
②我终于想〈明白〉了这个理儿。

结果补语一定不能带"得",如果使用了"得",就不再是说明结果了。

(3) 情态补语。用以补充描写中心语的情状或其他相关事物的情状。状态形容词、动作动词以及其他的谓词性结构,如状中结构、动宾结构、连谓结构、兼语结构等,都可以充当此类补语。情态补语必须带"得"。

①她已经喘得〈上气不接下气〉了。
②小梅的舞跳得〈太漂亮〉了。
③武松打虎的故事被他讲得〈活灵活现〉。

(4) 数量补语。用以补充说明动作行为发生的次数或其状态延长的时间。只有动量词构成的数量结构可以充当数量补语,其前面不需要用结构助词"得"。

①哈雷彗星每七十六年就会来探望〈一次〉地球。
②毕业典礼将持续〈半个小时〉。

(5) 趋向补语。用以说明动作行为发展、延续的方向,由趋向动词充当,不需要用结构助词"得"。

①我们终于盼〈来〉了希望的曙光。
②老张掏〈出〉身上仅有的三百元钱〈来〉。

例句②是将趋向补语"出来"一分为二,一个在宾语前,一个在宾语后。这类宾语一般是对象宾语和处所宾语。

(6) 可能补语。用以说明中心语或相关结果实现的可能性,其肯定形式必须带"得",否定形式只用"不"表示否定。结果、趋向补语带上"得"后就转为这类补语。

①这事儿说得〈清〉吗?越描越黑!
②既要有真本事,还要能拿得〈出来〉。

(7) 介词补语。用以补充说明动作行为发生的时间、场所,一般由介词结构充当,不能用结构助词"得"。

①希望播种〈于春天〉,生长〈于夏天〉,收获〈于秋天〉,酝酿〈于冬天〉。
②几串红红的辣椒悬挂〈在墙上〉。

充当补语中心语的主要是动词、形容词、述宾短语等谓词性成分。

③你把这个问题考虑〈清楚〉了吗?
④我怎么能一下拿〈出〉这么多钱〈来〉?

补语的分类及示例如表5-9所示。

表 5-9　补语的分类及示例

补语类别	示例
程度补语	累死、好一点儿
结果补语	写完、打赢
情态补语	画得真棒、吓得汗流下来了
数量补语	去三次、休息一个月
趋向补语	传来、走过去、想起来
可能补语	看得清楚、爬得上去
介词补语	发生在去年、走向成功

2. 补语和宾语的区分

补语和宾语的位置都在动词之后，所以有时容易混淆，应注意区分。补语和宾语最常见的排列顺序是"动—补—宾"，如"阿Q在赵太爷家舂了〈一天〉米"；可以是"动—宾—补"，如"我已经等你〈三天〉了"；也可以是"动—宾—补—宾"，如"你通知他〈一下〉开会的事"；还可以是"动—补—宾—补"，如"他高高兴兴地走〈进〉屋里〈来〉"。

可以依据不同的表义功能区分补语与宾语。补语用来说明中心语"怎么样"；宾语是动词关涉的对象，回答"谁、什么"的问题。

①小明已经吃水果了。（吃了什么？）

②小明已经吃饱了。（吃得怎么样？）

例句①中的"水果"回答"吃了什么"的问题，是宾语；例句②中的"饱"回答"吃得怎么样"的问题，是补语。

另外，还可以利用句式的转换区分补语和宾语。动词后面的成分如果能与介词"把"构成介词短语，置于动词前，一般是宾语，否则就是补语。

③他圆满地回答了这个问题。

④他已经躺了三个星期。

例句③可以改为"他把这个问题圆满地回答了"，"这个问题"是宾语；例句④不能改为"他把三个星期躺了"，"三个星期"是补语。

数量结构既可以作为宾语，也可以作为补语，但还是有区别。名量词构成的数量结构可以代替其所限定的名词性结构，它的语义指向后面的名词性成分，因此可以作为宾语；动量词所构成的数量结构则不同，它的语义指向前面的动词，一般不能限定名词性结构，所以是补语。

⑤你就少说一句吧！

⑥这两个朋友每天至少通话一次。

例句⑤中的"一句"是数词与名量词构成的数量结构，是宾语。例句⑥中的"一次"是由数词与动量词构成的数量结构，是补语。但有时动量结构也可以修饰名词性成分，如

"一次电话也没通""一回电影也没看""两趟海南一逛，就花光了盘缠"。上面例子中的"一次、一回、两趟"虽然是定语，但其语义仍然是指向中心动词的，这是语义关系与结构关系不一致的情况。

结构助词"得"是补语的标志，但"得"有时只是一个构词语素，构成"觉得、值得、舍得、获得、赢得、取得、显得"等合成词。这些词往往带谓词性宾语，应注意与结构助词"得"的区别。

（五）独立语

在语法结构上独立于那些相互对应、相互依赖的成分，并且语法位置比较灵活，又是句子表意不可或缺的一部分，这样的成分就是独立语。从表意作用来看，独立成分可以分为插入语、呼应语、感叹语、拟声语四种。

1. 插入语

依据插入语所表达的不同内容，可将插入语分为以下几类。

（1）表示消息来源。当说话人要提示所说内容引自别处，并且对其真实性不能完全肯定时，往往在句子里用"听说、据说、据称、相传"等词语。

①据说他正在写一本关于敦煌的小说。

②据书上说，王莲上站个五十多公斤的成人都还能浮着。

（2）引起对方注意。通常用"你听、你看、你说、你想、你瞧"等词语。当说话人希望对方留意或者认同自己的看法，但又不愿直接将观点强加给对方时，就会借用这些插入语缓冲一下。

①你想，卡车超重这么多还能不出事？

②你瞧，大过年的，他还在坚守岗位。

（3）表示估计、推测语气。一般用"少说、看（起）来、算起来、说不定、充其量"等词语。当说话人对自己的观点、看法不是非常肯定时，就会插入这些词语以增加委婉语气。

①这棵树，少说也有百十来岁了吧。

②我到这所学校，算起来也有十几年了。

③人口嘛，充其量就是千把人。

（4）表明自己的观点。一般用"我看、我想、依我看、不瞒你说、一般说来、老实说"等词语。当说话人要直接表明自己的观点时，就会用这些词语来特别提示。

①这件事，我看还是放放再说。

②依我看，这次比赛我们一定会赢。

③不瞒你说，我早就想成家了。

（5）表示举例、解释、补充、承接。有时为了增强说服力，需要举例、补充说明，或者总结上文，通常会用"包括、例如、总之、也就是、正如、此外"等词语来表示。

①鸟类，包括鸡、鸭、鹅、鸵鸟在内，最初都是会飞的。

②总之，城市医疗卫生改革势在必行。

③菌类，也就是蘑菇、灵芝、木耳、冬虫夏草这样的不含叶绿素的寄生植物，有很高的食用或药用价值。

2. 呼应语

呼应语分呼语和答语两种，其后一般都有停顿。

(1) 呼语。表示称呼和呼唤，位置灵活，可以出现在句首、句中或句末。

①先生，"怪哉"这虫，是怎么一回事？

②真是麻烦你哪，小沈。

(2) 答语。表示附和与呼应，位置一般在句首。

①好，就这么办吧。

②嗯，我去！

3. 感叹语

感叹语是由表示惊讶、感慨、喜怒哀乐等感情的感叹词语充当的，位置一般在句首。

①嚄，瞧你急的！

②哎呀呀，没想到是你呀！

4. 拟声语

拟声语是模拟声音的词语，一般模拟事物的声音，也可以是人的声音。

①叮当、叮当，驼铃声渐渐地远去了。

②夜里，果然来了，沙沙沙，门外像是风雨声。

句子和短语的重要差别之一就在于句子可以带独立语，短语则不能。独立语是特殊的句子成分，一般称为语用成分。

(六) 单句的句法分析法

单句的句法分析，一般采用符号标记法，即用各种规定符号分别表示句法成分和层次。

1. 主谓句的分解

用"‖"隔开主语和谓语部分，这是第一层次。之后，依次选择不同的符号进行划分。

主语（中心语）：在对应词语下画双横线（＿＿）。

谓语（中心语）：在对应词语下画单横线（＿＿）。

宾语（中心语）：在对应词语下画单波浪线（～～）。

定语：在对应词语前后用小括号（( )）。

状语：在对应词语前后用中括号（[ ]）。

补语：在对应词语前后用尖括号（< >）。

兼语：在对应词语下画单波浪＋双横线（～～～）。

独立语：在对应词语的每个音节下画空心三角形（△）。

例如：

(这场) 事故‖[充分]暴露〈出〉(管理) 的漏洞。

上例中，双竖线表示主谓关系，属于第一层次；方括号表示状语，与其后的部分构成状中关系，属第二层次；圆括号表示定语；尖括号表示补语。双横线表示主语中心语；单横线表示述语中心语；波浪线表示宾语中心语。

又如：

①（藏族）民歌[时常]记述（历史）典故。
②了解什么是自己做不好的‖[实际上][可能][比了解什么是自己能做好的]更难。
③[在一切与生俱来的天然赠品中]，时间‖[最]宝贵。
④想不付出任何代价而得到幸福‖是 幻想。
⑤与人真诚地合作‖是（通向成功）的桥梁。
⑥老栓‖[便][把一个碧绿的包，一个红红白白的破灯笼]，[一同]塞〈进〉灶里。
⑦（这）（小小）的波折‖[却]给了我（一个）（大大）的教益。
⑧（几个）（青年）妇女‖划着（她们）的（小）船[赶紧]回家。
⑨营长‖[在电话里]命令 五连[迅速]占领（前面）的四号高地。
⑩[散会以后]，梁三老汉‖情绪更加高涨了。
⑪门口‖站着|（一个）（衣衫破烂）的流浪汉。

2. 非主谓句的分解

用"|"划分出第一个层次，在"|"上用文字表明层次关系，如偏正、动宾、述补等。然后，如果有宾语、定语、状语、补语的话，再用相应的符号标示出来。

单句的句法分析，一般要求只分析到句子成分就可以了。具体来说，如果句子的主语、宾语由偏正短语充当，则需要分析出中心语和定语；如果谓语由述宾短语充当，则需要分析出述语和宾语；如果谓语由偏正短语或中补短语充当，则需要分析出中心语与状语、补语。其他短语充当句子成分时，可以不分析内部结构。如例句②中述宾短语"了解什么是自己做不好的"整体充当主语，介词短语"比了解什么是自己能做好的"整体充当状语，其内部结构可不再分析。如果需要了解成分内部结构情况，则可以单独在句子之外做进一步分析。因为单句的句法分析的主要目的是分析句子有哪些成分，各成分之间是什么结构层次关系，并依照句子的结构特点归纳出句型，找出其中的规律性。

三 句　类

句类是根据单句不同的语气划分出来的句子类型。从语气的角度来看，句子可以分为陈述句、疑问句、祈使句、感叹句四类，分别表示陈述语气、疑问语气、祈使语气、感叹语气。

≫（一）陈述句

陈述句是述说某件事情或某种现象的句子，语调一般较平缓，表示陈述语气，在生活当中使用得最为广泛。如：

他最后还是做出了错误的决定。

下雨了。

书籍是人类进步的阶梯。

我只是想表达真实的想法而已。

这是一张真迹呢。

他不会说的。

(二) 疑问句

疑问句是提出问题的句子，句尾语调一般要升高，书面上往往用问号标志，表示疑问语气。按照疑问句的结构特点，疑问句可以分为四类。

1. 是非问

是非问要求回答肯定或者否定，有显著的上升语调，多用语气词"吗"。如：

你明天能来参加我的结婚典礼吗？

你真的不相信？

你能看清楚那个人是谁吗？

这是他的意见吗？

2. 特指问

特指问在结构上的特点是要求用疑问代词来发问，回答时则要针对疑问点做出答复，语调一般趋降，语气词则常用"呢、啊"。如：

谁代表咱班去参加比赛？

这次旅行的重点是哪儿？

咱们什么时候出发？

怎么做最合适？

3. 选择问

选择问则是在问句中把几种备选答案并列提出来，回答时只需要在其中选择一项作为答案，选择问中的选择项用"是(A)还是(B)"来连接，而疑问词则常用"呢、啊"。如：

吃饭还是喝粥？

去北京还是去天津？

你去，还是我去？

4. 正反问

从某种角度来看，正反问可以作为选择问的一种特殊形式。正反问也是需要回答者从问句中选择一项作为答案，但是正反问中的备选是两项，并且这两项是肯定形式和否定形式，不用"是……还是"连接。如：

他对你好不好？

这么多，对不对？

明天你来不？

咱们去海南玩，好不好？

你是能够完成这个任务的，是不是？

四种疑问句的特征及差异如表5-10所示。

表5-10 四种疑问句的特征及差异

类型	例句	结构特征	常用的语气词	简单答语
是非问	他们去吗？	像陈述句	"吗""吧"	"是"或"不是"
特指问	他们去哪儿？	用疑问代词		针对疑问点
选择问	他们去，还是你们去？	用关联词"还是"	"呢"	某个选项
正反问	他们去不去？	肯定与否定并列		某个并列项

（三）祈使句

祈使句是用来表示命令或请求的句子，语调由高到低，句末常用语气词"吧、了、啊"等；书面上常用感叹号，有时也用句号。祈使行为的发出者一般是发话者（第一人称），在句中常常不出现。"请、别、千万"是经常用在祈使句中的词语。如：

你等一下！

千万注意身体啊！

请拿出学生证！

不许走！

吃点东西吧。

休息一下吧。

（四）感叹句

表达感叹语气的句子是感叹句，语调先上升后下降，句末常用"啊"及其变体"哇、呀"之类，可以表示惊讶、悲哀、无奈、紧张等。如：

哇，太棒了！

好安静的夜晚啊！

唉，别提了！

你们真是太棒了！

呀，我知道了！

我们的战士多么可爱啊！

四 句 型

按照结构划分的单句的类型叫作句型。汉语单句句型有两种：主谓句和非主谓句。

（一）主谓句

主谓句是由主语和谓语两部分构成的单句。如：

他们‖获得了最后的胜利。

荔枝表面‖有细小的块状裂片。

学习‖永无止境。

奶奶‖身体健康。

这些句子都能直接分出主语和谓语两个成分，"‖"的前面是主语部分，后面是谓语部分。

按照主谓句中谓语部分的构成特点，可以把主谓句分为以下四类。

1. 动词谓语句

动词谓语句是由动词或动词性短语充当谓语的句子。动词谓语句的常见形式是动词带上宾语或补语，或者前有状语等。如：

我们回去了。（主‖动）

李小敏‖出生于2019年10月8日。（主‖动＋补）

手指出血了。（主‖动＋宾）

海水疯狂地汹涌着。（主‖状＋动）

老师曾经说。（主‖状＋动）

这类句子是最常见的主谓句类型，谓语主要起叙述作用。

2. 形容词谓语句

形容词谓语句是以形容词或形容词性短语充当谓语的句子，一般用来描写性质状态，整个句子以形容词的描写为表达的重点。如：

他的脸通红通红的。

他紧张得不知道说什么好了。

这道题难得很。

大海一片寂静。

形容词充当谓语时常常有较为复杂的形式，状态形容词充当谓语时常加"的"，如上面的第一个例句，又如"星星亮晶晶的""说话慢悠悠的"。性质形容词充当谓语一般要加上程度副词，如"张老师很高兴""今天风特别大"。

3. 名词谓语句

名词谓语句是名词或名词性短语充当谓语的句子，一般用于说明时间、天气、数量等。这类句子往往口语色彩较浓，一般较短，谓语常起描述作用。

今天周三。（表时间）

明天晴天。（表天气）

豉香排骨一盘。（表数量）

毛泽东，湖南人。

他，高个子，浓眉毛。

谢老师，三十了。

4. 主谓谓语句

主谓谓语句是主谓短语作为谓语或谓语中心语的句子。语法上一般把全句的主语、谓语称为大主语、大谓语，把作为谓语的主谓短语中的主语、谓语叫作小主语、小谓语。主谓谓语句的基本格式是"大主语＋小主语＋小谓语"。例如，"他大学毕业了"中的"大学毕业"作为一个主谓短语，在句中充当谓语，整个句子由大主语"他"和大谓语"大学毕业"充当，而大谓语又是由小主语"大学"和小谓语"毕业"构成。如：

这个人‖什么都不知道。

任何困难‖我们都能克服。

老张‖说话含含糊糊。

五号队员‖投篮准得很。

这件事‖我不知道。

这个问题‖我们有不同的见解。

他这个人，‖我们都不知道他怎么想的。

我的讲义，‖你能抄下来吗？

当家理财‖她是一把好手。

这一带‖人烟稀少。

今晚的比赛‖我只能看一场。

我们要注意区分下面几组句子：

爸爸‖身体健康。　　爸爸的身体‖健康。

那个售货员‖态度特别好。　　那个售货员的态度‖特别好。

我‖情绪紧张。　我的情绪‖紧张。

从语义上来讲，每组中的两个句子没有什么区别，但是在语法结构上，它们是存在差异的：前者都是主谓谓语句，大主语后有一个明显的停顿，大谓语是对大主语的陈述；后者则是定中短语作为被陈述的对象，定中短语作为主语，而谓语则是后面的动词性或者形容词性成分。所以从结构上讲，它们是不同的句子。

(二) 非主谓句

非主谓句和主谓句相对，是不能分析出主语和谓语的句子，一般是由词或者主谓短语以外的其他短语加上句调构成的。如：

多么可爱的人啊！

请勿插队。

你！

依照句子构成的情况，可以将非主谓句分成如下类型。

1. 动词性非主谓句

动词性非主谓句是由动词或以动词性短语加上句调构成，可以用来说明自然现象，或者突然发生或消失的事情，以及提示性语言，或表达某种请求等。如：

起风了。（表示自然界的情况）

着火啦！（表示突然发生的情况）

请勿踩踏草坪！（表示祈使、命令和要求）

从窗外传来阵阵笑声。（表示存现）

2. 形容词性非主谓句

形容词性非主谓句是由形容词或者是形容词性短语加上句调构成，可以用来表示应答或者是表达说话人对事情的一种感情和态度。如：

累死了！

对！

好漂亮！

太可怕了！

3. 名词性非主谓句

名词性非主谓句一般是由名词或者是名词性短语加上句调构成。它可以交代事情发生的时间、地点等，或者是描写突然发生的事情，感叹具有某种属性的事物，及拟立标题、招呼、应答等。如：

1911年，上海。（说明故事发生的时间、地点）

小狗！（快走！）（表示突然发现或出现的事物）

红红的脸，大大的眼。（描写人物形象或景象）

多好的孩子！（表示赞叹）

老师！（表示称呼）

除了以上三种类型以外，其实拟声词和叹词也可以独立构成非主谓句，可以用来描述事物的声音，呼唤应答等。如：

当当！

哎！

哈哈！

哼！

我们要注意区分省略主语的主谓句和非主谓句。汉语注重意合，所以某些句子在语言环境中会省略一些成分，如主谓句中的主语就经常省略，如"别说话"，此句必然是在有人说话的语境之中说出。非主谓句则是根本不存在主语或者在任何语境中都不必说出主语，如"起风了""不要踩踏草坪"。所以，可以采用如下方法区分省略的主谓句与非主谓句。

第一，在表意上，省略的主谓句需要特定的语境才能表达一个完整的意思，非主谓句无此必要。

第二，在结构上，省略的主谓句省略的部分可以明确地补出来，一般只有一种明确的补法，非主谓句不能做这样的补充。

五 句 式

句型着眼于句子的整体语法特征，是相对宏观的分类，我们在对句子进行分析的时候，发现某些句子在某个部分存在着共性特征或者特殊之处，所以我们有必要按照句子在结构方面的特征划分出类别，称为句式。

（一）"把"字句

"把"字句是现代汉语中富有特色的一种句式，它是用介词"把"引出动词支配、关涉的事物并使之位于动词前充当状语的句式。如：

①弟弟吃完了饭。（一般主动句）
　弟弟把饭吃完了。（"把"字句）
②鲁迅先生一直珍藏着信件和文稿。（一般主动句）
　鲁迅先生一直把信件和文稿珍藏着。（"把"字句）
③小亮交了作业。（一般主动句）
　小亮把作业交了。（"把"字句）

由此来看，"把"字句能突出"把"所引出的词语。

"把"字句应用得比较广泛，它在结构、语义等方面具有一定的基本特点。

第一，"把"字句的动词一般不能是光杆动词，这里的光杆动词指的是在句子中不带附属成分的动词。"把"字句中动词前后往往有其他成分，动词一般不单独出现，经常出现的形式是在动词后加上动态助词、补语、宾语或者动词自身重叠等。如：

我把饺子吃完了。（动词后有补语）
快把材料拿出来。（动词后有补语）
他把里里外外检查了一遍。（动词后有补语）
别把门关了。（动词后带"了"）
小李把我用力一推。（动词前有状语）

第二，"把"字句的动词要有处置性。"把"字句中的动词要有比较强的动作性，否则就不能进入"把"字句，所以能愿动词、趋向动词、判断动词和"有、没有"等不能进入"把"字句。如：

你把房间收拾一下吧。
狮子把山羊咬死了。
把东西放进去。

第三，否定词和能愿动词一般只能出现在"把"字的前面。如：

不要把东西弄乱了。
我愿意把他当朋友。
他们决定不把这件事情告诉他。
李教授愿意把自己的发明献给伟大的祖国。

第四,"把"字句所带的宾语一般是确定的、已知的人或事,表示被处置或受影响的人或事,所以有时候会带上"这、那"进行修饰。如:

你把这本小说带给张明吧。

请把那本书拿给我!

如果是"把细节向领导汇报一下",那么"细节"应该是确定的,是交际者知道的某种或某些细节,而非泛指;如果是无定的或泛指,则常常是说一般的情况或者一般的道理,如"不要把真心当作假意"。

(二)"被"字句

"被"字句是现代汉语中极富有特色的一种句式,它是谓语中带有"被"字或用介词"被、给、让、叫"等引出动作主体并使之位于动词前充当状语的句式。如:

电动自行车被他骑走了。

我被她的热情打动了。

他让朋友劝回去了。

太阳叫云挡住了。

"被"字句有时还有"被……所"的格式,对应的口语化格式是"让(叫)……给"。如:

我被她的热情所打动。

他让朋友给劝回去了。

盘子叫我给打碎了。

"被"字句是现代汉语中极富有特色的一种句式,它也有自己的特点。

第一,"被"字句的动词一般不能是光杆动词。"被"字句中动词一般是能带宾语的动词,一般不能是简单的形式,即一般不能是单音节动词或单独出现,经常带补语等。如:

这个秘密已经被人发现了。

尘土被狂风吹散了。

他被老师这么一问,竟无言以对。

有时用"被(为)……所"格式,"所"后常用单音词,是文言格式的遗留。如:

他被(为)情所困。

小李被(为)家庭所累。

不要被(为)敌人的花言巧语所迷惑。

第二,"被"字句的动词要有处置性。"被"字句中的动词要有比较强的动作性,否则就不能进入"被"字句。如:

小王被人打了。

他被我推醒了。

大门被他锁住了。

第三,在"被"字句中,否定副词和能愿动词一般只能出现在"被"字的前面。如:

人民英雄应该被尊重。

你可千万不要被骗了。

我们没有被困难吓倒。

第四，"被"字句的动词谓语在意念上支配着主语，此动词常不带宾语；若带宾语，则此宾语与主语存在部分与整体或领属关系。如：

柱子被刷上了油漆。

苹果树被果实压弯了枝条。

"被"字句所表示的处置结果往往带有遭受或不如意的色彩，只有少数"被"字句带有如意和中性的色彩，所以我们在选用"被"字句的时候要斟酌。

(三) 连谓句

连谓句是由连谓短语充当谓语或者直接成句的句子，表示同一对象的连发性、并发性的行为动作，或从不同方面合述某一行为和事件。如：

他请假回家了。

赶紧下床开门！

他进屋搬了个凳子坐下。

1. 连谓项和主语的关系特性

连谓句的连谓项可以是多项，但每个连谓项都可以连着主语单说，构成陈述与被陈述的关系。如：

他就是躺着不起来。（他躺着＋他不起来）

老人下海打鱼。（老人下海＋老人打鱼）

谁没有房子住？（谁没有房子＋谁住）

我倒杯茶喝。（我倒杯茶＋我喝）

母亲知道了很高兴。（母亲知道＋母亲高兴）

他们手拉手不松开。（他们手拉手＋他们不松开）

2. 连谓项自身的特性

连谓项彼此存在各种语义关系。如：

老师笑了一下走进教室。（表示动作的先后）

张明明来海南度假。（前后表方式和目的）

她看着窗外思考问题。（前面的动作表示方式）

她听了一蹦三尺高。（后一性状表示前面动作的结果）

我写字写烦了。（两件事有因果关系）

你没资格跟我说这些。（前后有条件和行为关系）

连谓句中的连谓项之间不能有语音停顿，也不能有和复句有牵连的关联词语。下面的句子都不是连谓句。

栽花先生提着石板，叫第一号。（复句）

我一纵身跨过板凳就坐下。(复句的紧缩形式)

(四) 兼语句

兼语句是兼语短语充当谓语或独立成句的句子。兼语短语由一个述宾短语套用一个主谓短语构成,在这个结构中,述宾短语中的"述"尤为重要,由动词构成,而且并不是所有的动词都能够进入这样的结构。根据不同的语义特征,可以将动词分为以下几种类型。

1. 使令动词

使令动词主要包括"请、让、叫、派、求、命令、吩咐、促使、使、催、逼、求、托、命令、动员、发动、组织、鼓励、号召、禁止"等。使令动词是兼语句中的典型动词。如:

领导派我去北京开会。(领导派我+我去开会)

弟弟求我帮个忙。(弟弟求我+我帮个忙)

父亲鼓励我好好学习。(父亲鼓励我+我好好学习)

2. 心理动词

心理动词表示人的心理状态,可以是责怪、赞扬等,是能带宾语的动词,通常由后面的动作或性状引起,前后具有一定的因果关系,表示原因和结果,如"夸、爱、笑、骂、恨、嫌、气、称赞、表扬、感谢、埋怨、喜欢、羡慕、佩服、责备、担心"等。如:

我感谢你帮我。(因为你帮我,所以我感谢你)

别埋怨我这么做。

他恨我没告诉他这个消息。

老师夸她真漂亮。

3. 领属动词"有(没有、轮)"

如:

村里有个姑娘叫小芳。

他有个哥哥在北京工作。

有人找你。

没有人从门前经过。

轮到你吃火锅了。

4. 具有"称说、选定"意义的动词

如"称、叫、选举"等,这类动词往往要和"为、是"呼应。如:

同学选他当班长。

我们称她为彭老师。

兼语句和连谓句可以出现在一个句子里。如:

你马上起草一份作战计划,报送军部请军首长批示。

军首长命令部队立即出发支援灾区。

鲁迅先生派人叫我明天早晨打电话托内山先生请医生看病。

班长去请张老师来接电话。

兼语句和主谓短语作为宾语的句子在形式上相似，所以要注意区分二者。如：

①我请他来。　　我知道他来。

②我们派你去。　　我们希望你去。

上述句子中的前者是兼语句，后者是主谓短语作宾语的句子。两者的区别有两点。第一，停顿处和加状语处不同。在第一个动词后，兼语句不能有停顿，不可加状语；主谓短语作宾语的句子可以。第二，第一个动词性质不同，支配的对象不同。兼语句的动词多有使令意义，支配的是人，不是一件事（人和动作）；主谓短语作宾语句子的动词一般无使令意义，支配的是一件事，不是一个人。

（五）双宾句

双宾句是含有双宾结构的句子，或者说是一个动词带有两个宾语的句子。双宾结构即有指人和指事物的双层宾语，动词后面的是近宾语，也叫间接宾语，一般指人；间接宾语后面的是远宾语，也叫直接宾语，一般指物。如：

妈妈给他一本书。

别忘了周六还我那支笔。

她告诉孩子出门在外要学会照顾自己。

双宾动词多半含有"给予""承受"意义，有三种情况：一是"给"；二是能补出"给"，如"送、还、卖、奖、赠、教、赔、交、输"等；三是不能补出"给"，如"问、叫、喊、骂、告诉"等，其特征是远宾语相当于一个间接引语。例如：

老师给了我很大的帮助。

大家叫他老黄牛。

同学告诉我一个好消息。

县里奖给他一笔钱。

有的动词含有"取得"意义，如"买、偷、骗、娶、收、赢、赚、接、占、抢、欠"等，也能带双宾语。例如：

妹妹拿了哥哥一支笔。

今天她收到爸爸一封信。

孙颖莎连赢了她三局球。

（六）存现句

存现句是表示某地存在、出现、消失了的人或者事物的句子。其基本格式"地点（主语）＋表存现的动作行为词语（谓语）＋人/事（宾语）"。如：

颈上套一个明晃晃的银项圈。

斜对门的豆腐店里确乎终日坐着一个杨二嫂。

匾正面是一幅画。

梨树丛中闪现出了一群哈尼小姑娘。

正中安放着一个大圆鎏金宝顶。

西方的天空还燃烧着一片橘红色的晚霞。

教室里飞进来一只鸟儿。

兜里掉出来一百块钱。

存现句可分为以下两类。

1. 存在句

存在句表示某个地方存在某人或某物。动词后有"着",有时候也用"了"。宾语多为带有数量短语的偏正短语。如：

山下有一片青青草地。

院子里种着好几种花。

2. 隐现句

隐现句表示某个地方出现或消失了某人或某物。如：

教室里少了几张桌子。

脸上露出愉悦的表情。

隐现句的动词后常常加上助词"了"或趋向补语,宾语也常有数量短语。

（七）省略句

在一定的语言环境下,如果双方对于某些言语的成分都有充分的了解,不会造成误解,在说话时往往会省略特定的成分。但是如果离开了这种语境,意思就不太清楚或造成误解,就需要添加一定的成分,而且只有一种添加的可能性,这就是省略句。一般省略句会因对话、上下文等情况来省略。

1. 因对话而省略

你去哪儿？（我去）学校。

谁出去了？李小红（出去了）。

2. 因上下文而省略

有些成分在上文中已经出现了,或者下文很快就要出现,也会省略不说。如：

不只他们（为了祖国的未来做出了牺牲）,他们的上一辈也为祖国的未来做出了牺牲。（蒙后省）

池塘的岸边躺着一群人,（一群人）怕是天热来散散暑气。（承前省）

省略,是语言的经济性原则,在某种语境中,省掉了原来应该有的已知成分。汉语重视意合,也就是重视语言单位组合时的语义关系,而省略则是汉语意合思想的表现形式之一。

六 常见语法错误

学习语法的目的,在于不断提高运用语言的能力。我们不仅要理解所学的语法规律,组织正确的句子,还要能够举一反三,发现和纠正错误。所以,了解常见的语法错误,探究导致语法错误的原因，无疑能帮助我们从正面加深对语言规律的正确认识并提升规范运用语法知识的能力。

语法错误复杂多样，常见语法错误有以下几种。

（一）搭配不当

搭配不当是指句子中相关成分违反了语法规律和语言习惯，在意义上不能配合。

1. 主语、谓语搭配不当

这指的是未注意主语与谓语的配合而造成搭配不当。

①冬天的秀山是美丽的季节。

②金色的阳光，拨开云层，露出笑脸。

例句①中的主语"秀山"是地点名词，谓语"是美丽的季节"是说时间问题，两者不搭配，可改为"冬天的秀山真美丽"。例句②中的主语是"阳光"，与谓语"露出笑脸"不搭配。又如：

③中学生是青少年学习的重要阶段。

④生活告诉人们：急躁的人往往容易转化为灰心丧气。

⑤教育事业是培养和造就实现高端人才的重要阵地。

⑥狂风和暴雨从天空一齐倾泻下来。

2. 谓语、宾语搭配不当

这指的是未注意谓语与宾语的配合而造成搭配不当。

①学习语文可以丰富知识和写作水平。

②家大业大，要节省不必要的开支和浪费。

例句①中的"丰富"可以与"知识"搭配，但不能和"水平"搭配，可以在"写作"前加上"提高"；例句②中的"节省"不能搭配"浪费"，应在"浪费"前加上"避免"。又如：

③盐在血液循环中起重要地位。

④队员们以实际行动批判了对方的阴谋。

⑤这是作者出版的第一部小说，它记录了作者新的里程碑。

⑥我们要不断发挥优点，改正缺点。

3. 定语、状语、补语与中心语搭配不当

这指的是未注意定语、状语、补语与中心语的配合而造成搭配不当。

①我们有一双聪明能干的手，什么都能造出来。

②刘明心很细，做作业总是精打细算地演算数学题。

③它们将家乡打扮得更加美丽富饶。

例句①中的定语"聪明"不能与中心语"手"搭配，可以把"聪明"改变"灵巧"；例句②中的状语"精打细算"不能搭配中心语"演算"，可以将"精打细算"改为"细心"或"仔细"；例句③中的补语"富饶"不能与中心语"打扮"搭配，可以删除。又如：

④一切有志气的青年，就要为光辉灿烂、美丽富饶的共产主义事业而努力奋斗。

⑤有的人在生活作风上拖拖拉拉，得过且过。
⑥老师问清了原因，深思了少许，对他说……
⑦她每天把屋子打扫得整整齐齐。
⑧我们对他照顾得实在不周全。

造成各种成分之间搭配不当的原因很多，主要表现在以下两个方面：一是对词义理解得不透彻、不准确，造成张冠李戴或错误使用；二是结构复杂，顾此失彼，或因成分间相隔较远以致照应不周，或搭配成分间有联合成分而只顾其一。所以，我们在造句时既要关注个体，准确掌握词义，也要从整体考虑，立足句子全局。

(二) 语序不当

1. 定语、状语位置错误

这指的是将定语放在状语的位置上或将状语放在定语的位置上而造成的错误。

①绚丽的朝阳，灿烂地放射出万道光芒。
②经过努力学习，同学们普遍的成绩提高了。

例句①错把定语"灿烂"放在状语的位置上，应改为"放射出万道灿烂的光芒"；例句②错把状语"普遍"放在定语的位置上，应该将其移到"提高"前面。又如：

③故宫博物院展出了两千多年前出土的文物。
④如何进行人事制度改革的问题在全校教职工中热烈地引起了讨论。
⑤我们如果把这本书不认真读，就谈不上读别的书了。
⑥在职工代表大会上，我们向厂方提出了关于工资制度改革的明确问题。
⑦广大青年表现出无比的进行改革的热情。
⑧应该发挥广大青年的充分的作用。

2. 定语与中心语的位置不当

①我国棉花的生产，长期不能自给。
②我认为青年的大多数都是好的。
③作为一种助学贷款的消费信贷，市场需求的潜力很大。

例句①中的"棉花的生产"应为"生产的棉花"，例句②中的"青年的大多数"应改为"大多数青年"，例句③中的"助学贷款"属"消费信贷"的一种，应改为"作为一种消费信贷的助学贷款"。又如：

④近几年来，由于我国科技进步，电子产品的出口深受各国顾客的欢迎。
⑤鲁迅的晚年，仍然精神焕发，站在革命斗争的最前面，留下了许多不朽的作品。

3. 多项定语、状语语序不当

这指的是处于不同层次的多项定语或状语语序不妥当。

①他们仍然有些同志继续战斗在引滦前线。
②年轻帅气的温柔美丽的丽莎的丈夫瑞恩，从前线回到了家乡。

例句①是小主语"同志"和状语"仍然"序位不当，应改为"他们有些同志仍然继续战斗在引滦前线"。例句②"年轻帅气"应指向"瑞恩",但从原句看却指向了"丽莎",应改为"温柔美丽的丽莎的丈夫——年轻帅气的瑞恩"。又如:

③总裁、副总裁和其他公司的领导出席了揭牌仪式。

④革命的、符合社会主义建设需要的各项规章制度,我们都要自觉遵守。

⑤过去的苦难岁月,在她幼小的心灵中留下了这深深的永远的烙印。

⑥市公交公司决定,陆续从今天起在早晨高峰时增开母子专车。

⑦在这次日本比赛中,她打得好,拦网出色,被评为"最佳队员"。

⑧雨越下得大越好。

⑨我们青年人应该有远大的理想,把自己的一切应该献给祖国。

⑩这期学习班是全国小学教师联合会和教育部义务教学研究中心联合于今年八月举办的。

(三) 残缺和多余

1. 成分残缺

由于不符合省略条件而缺少应有的成分,以致句子结构不完整,不能清晰地表情达意,这就是成分残缺。

①在这场不大不小的风波中,悟出了一个深刻的道理。

②学好普通话,提高口语表达能力对学好其他功课的实际意义,学生不重视学习普通话的现象应该纠正。

③他们胸怀祖国,放眼世界,大力发扬了敢拼敢搏,终于夺得了冠军。

例句①缺主语,没说明是谁"悟出了一个深刻的道理",应补上适当的主语;例句②"学好普通话……实际意义"是一个较长的名词性短语作为主语,没有谓语,应该在"实际意义"后加上谓语"很重要";例句③谓语动词"发扬"后缺少能与它搭配的名词宾语,应该加上"精神"之类的词语。又如:

④东方剧社的演出,受到热烈欢迎,对演出评价很高。

⑤学校根据现实需要,培养德才兼备、有创新精神的人才,放在首要地位加以考虑。

⑥我们要在广大青年中形成一种爱科学、讲科学、用科学。

⑦校党委讨论了发动全校师生开展爱国卫生运动。

⑧在去年的国际研讨会上,他的论文受到了与会代表的高度重视,给予了很高的评价。

2. 成分多余

成分多余指的是在句子里添加了某些成分,使得意义不够清晰。

①他每天看新闻,注意关心国内外大事。

②中考还有三天就要开始考试了。

③全国人民热烈庆祝国庆节的到来。

④我们教育学生要"诚实守信""助人为乐",这是优秀的传统美德,是做人的基本准则。

⑤从此,原来这个小山村里,就不时发生使人不安的怪事来。

例句①"关心国内外大事"是个动宾短语,构成了一个完整的谓语,前面又增加"注意"作为谓语，属多余，应删除；例句②"中考"已经包含了"考试"，后面又出现"考试"，是多余成分，应删去；例句③的宾语中心语"的到来"多余，因为"庆祝国庆节"意思已完整，加上"的到来"反而与谓语搭配不当；例句④"优秀"与"传统美德"意思重复，应该删去"优秀的"，否则就是定语有多余成分；例句⑤"发生"就是出现的意思，补语多余，"出""来"应删除。又如：

⑥这个班的学生，在上课时，一般来说，大家都能遵守纪律。
⑦往事的回忆又像电影一样一幕一幕地在我眼前闪现。
⑧她是一位漂亮、美丽、好看、聪明的刚满二十岁的姑娘。
⑨看完整场表演，观众被深深地感动了，使观众感到余味无穷，不忍离场。
⑩由于《古文观止》具有特色，自问世以后近三百年来，广为传布，经久不衰，至今仍不失为一部有价值的选本。

(四) 句式杂糅

句式杂糅，是将两个或两个以上句式不同、结构各异的短语或句子混杂、纠缠在一起，造成关系套叠、表意不清。

1. 两个句子混杂

一个句子中两种句子格式混用，也就是把两种能够表达同一个意思的语言结构生硬地糅在一起，造成结构上的混乱，使句子不通。

①要想真正学点东西，一定要下苦功夫不可。
②这位喜剧小品演员，深受观众所喜爱。

例句①将"一定要下苦功夫"和"非下苦功夫不可"杂糅在一起；例句②将"深受观众喜爱"与"为观众所喜爱"杂糅。又如：

③镇海口的海防纪念馆有序厅、抗英、抗法、抗日、尾厅等部分组成，充分显示了中华儿女不畏强权、自强不息的民族精神。
④日军借口两名士兵失踪为名，发动了卢沟桥事变。
⑤到本超市购物，每人每次消费金额超过50元以上者，有礼品赠送。
⑥古往今来，谁也不否认有伟大成就的天才，都是具有刻苦勤奋的精神。

2. 前后牵连

把前一句的后半部分用作后一句的前半部分，将两句话生硬地组合成一句话，造成前后牵连的语病。

①当上级交给我们任务的时候，我们大家有既光荣又愉快的感觉是难以形容的。
②鲁迅具有坚忍不拔的战斗精神作为我们学习的榜样。

例句①"既光荣又愉快的感觉"是前一部分"有"的宾语，又是后一部分"是难以形容的"主语，可以在"感觉"后加上逗号，再加上"这种感觉"；例句②"战斗精神"是前面"具有"的宾语，又是"作为"的主语，前后牵连，形成语病。又如：

③我们听到一个解放军战士在返乡途中奋不顾身同不法分子搏斗的英勇事迹对我们教育很大。

④我们要学习白求恩同志毫不利己、专门利人的精神是值得我们学习的。

造成句式杂糅的原因，主要是学习者对汉语各种句式的结构特点掌握不够，因此学习者要勤加练习，多加思考。

思考练习

1. 句法成分包括哪些？请举例说明。
2. 把下面的句子改写成"把"字句和"被"字句。

   西北风卷起的漫天的尘沙遮住了眼睛。

   他不小心折断了小鸡的一条腿。

   这个故事里的小男孩深深地打动了我。

   太阳晒黑了她的皮肤。

   二（3）班的同学抢光了电影票。
3. 指出下列句子的句型（主谓句和非主谓句及其小类）。

   大街上一片繁华的景象。

   有一头张牙舞爪的大熊隐藏在树林里。

   你们应该把情况汇报上去。

   努力学习使我们有成就感。

   你把那本书递给我看一下。

   他们在荒无人烟的野草丛林间披荆斩棘种下果木。

   正式施工前，我们主张把图纸改一条线，加两条线。

   禁止下河游泳！

   当心油漆！

   我在学校门口看人们匆匆忙忙下班回家。
4. 下列句子是什么类型的疑问句？请说明。

   他们什么时候回来啊？

   物候现象的来临取决于哪些因素呢？

   是激流勇进还是激流勇退？

   他的生活好不好？

   哪来的如花似锦的布匹？

   是偶然的巧合，还是他原本就知道答案？

   她为什么动不动就感伤流泪呢？

   你想不想出国深造？

5. 指出下列句子的句类和句型，是特殊句式的，需一并指出。

   三点钟了！

   好大的口气！

   芦柴棒，去烧火！

   水被喝光了。

   明天星期几呀？

   我双手把他捧起来。

   这个人，你不认识吗？

   他主动为我推荐了一种新款式。

   张明去喊爸爸过来吃饺子。

   父母决定把房子重新装修一下。

   被水围困的村民有些惊慌。

   李毛驴牵着自己的毛驴慢慢地走回家去。

   路的一旁，是些杨柳，和一些不知道名字的树。

6. 下面的句子，哪些是连谓句，哪些是兼语句？

   几个学生骑着车赶紧离开了。

   他们请李老师做评委。

   刘小丽去图书馆查资料了。

   汪亮让奶奶坐在路边的长凳上休息一下。

   他们急着付钱买面包。

   医生嘱咐他按时吃药。

7. 请用符号法分析下列单句。

   老乡劝他回屋子里去。

   有些人脱了衣服跳下河救人。

   我对荠菜，有着一种特殊的感情。

   听说，这个卖糖的，当时不过十五六岁。

   我们有批评和自我批评这个有力的武器。

   苹果，六块钱一斤的，来二斤！

   我最初遇见王老师是在2016年的夏天。

   因地制宜，努力发展本地区的特产，是切合实际的做法。

   这样可以知道，宇宙里有发光的星星，还有亮星云和暗星云等。

   他们永远和海，和月，和风，和天空在一起。

   他寄希望于这次考试。

   那边山上的枫叶，你看，全红了。

   我现在还痛感有周密研究国内和国际大事的必要。

汽车司机的一句深切动人的、表达日本劳动人民对于中国人民的深厚友谊的话，使得我眼中的金泽的漫山遍野的樱花，幻成一片中日人民友谊的花的云海。

那时乡间豪绅地主的欺压，衙门差役的横蛮，逼得母亲节衣缩食培养出一个读书人来"支撑门户"。

8. 按要求造句。

　　主谓短语作为主语
　　动宾短语作为主语
　　动词作为宾语
　　主谓短语作为宾语
　　主谓短语作为补语
　　动宾短语作为宾语
　　偏正短语作为定语
　　并列短语作为状语

第五节　复　句

🔍 **学习重点**：理解复句的概念及特征，熟悉多重复句的分析方法。
🔍 **学习难点**：明确复句和单句的区别，准确辨别复句类型。

一　复句的概念及特征

▶（一）复句的概念

复句是两个或两个以上意义有联系的分句组合而成的句子。例如：

①天气炎热。

②他想待在家里吃雪糕。

③因为天气炎热，所以，他想待在家里吃雪糕。

例句①和例句②各是一个单句，分别陈述一件事情。将二者合到一起组成例句③，说明两件事之间的因果关系，成为复句。进入复句的单句，失去了作为单句的独立性，只是复句的一部分，称为分句。

▶（二）复句的特征

1. 有统一全句的语调

一个复句尽管包含多个分句，但只是一个句子，不是几个句子，因此，与单句一样，它只在句子末尾有一个统一全句的语调和终止性的停顿，书面语中用句末标点句号、问号或感叹号表示。前面的分句后只有较小的停顿甚至没有停顿，分句后的停顿，书面语中用逗号、分号或冒号表示。

2. 结构多样的分句相对独立

组成复句的分句结构多样，可以是主谓句，也可以是非主谓句。例如：

①风很大，雨也很大。

②下雨了，你过一会儿再走吧。

③一阵大风，又下起了小雨。

例句①中两个分句都是主谓句；例句②中的分句，一个是非主谓句，另一个是主谓句；例句③中的两个分句都是非主谓句。如果分句都是主谓句，主语可以相同，也可以不同，可以都出现，也可以有所省略。又如：

④你想来，你就来吧。

⑤你想来，〔 〕就来吧。

⑥他可以去，我不能去。

⑦小王买了部手机，〔 〕是立体声的。

上述四个例子分别代表四种情况：主语相同，都出现；主语相同，有所省略；主语不同，都出现；主语不同，有所省略。分句相对独立是指几个分句不能互做成分。再如：

⑧孩子得奖了，母亲很高兴。

⑨母亲知道孩子得奖了。

这两个例子中，都有"孩子得奖了"，但例句⑧中它相对独立，是一个分句，与另一分句构成复句；例句⑨中"孩子得奖了"作为"知道"的宾语，不具有作为分句的相对独立性，因此是单句。

3. 分句间具有多种意义联系

意义上有联系的几个分句才能构成复句，这种联系使几个分句成为一个句子，整体表达一个较复杂的意思。意义上毫无关联的几个句子，即使排列起来，也不能构成复句。分句间的意义联系是多种多样的，如并列关系、选择关系、因果关系等。同样的两个分句，表达的客观事实可能相同，但意义关系可能不同，这与表达者要着重表达什么有关。例如：

①你参加，我也参加。

②不仅你参加，而且我也参加。

③因为你参加，所以我也参加。

上述三个例子，每个句子的分句表达的客观事实是一样的，但分句间的关系不同。例句①只在说明两件相关的事情，是一种客观的事理性关系；例句②着重强调后一分句所表达的意思，是一种主观上的心理性关系；例句③着重说明两件事情的因果联系，是一种逻辑关系。

4. 多有关联词语起联结作用

汉语复句的组合手段，有的是用"意合法"，即各分句只凭意义联系依次排列而成为复句，没有形式上的标志，这在口语中较多见。例如：

①风在吼，马在啸，黄河在咆哮。
②蓝天，远树，金黄色的麦浪。

有的复句是用"关联法"，即用必要的关联词语将分句组合起来。关联词语指那些主要用来联结分句并标示其间意义关系的词语，如"因为……所以""虽然……但是""如果……就"。书面语中常用关联法，这使分句间的意义关系有了明显的形式标志，也为我们分析复句带来了一定的便利。

二 复句的类型

依据复句中各个分句之间的意义关系，可以将复句分为三类：并列类复句、因果类复句和转折类复句。这三大类别构成了汉语复句的"三分系统"。

（一）并列类复句

这是表示广义并列关系的各类复句的总称，反映各种各样的"并列聚合"，包括并列句、连贯句、递进句、选择句，它们的前后分句之间存在着这样或那样的列举性。

1. 并列句

并列句是表示平列、对照、解注等关系的复句。

（1）平列关系并列句。这类并列句是各分句表示几件事情或同一事物的几方面并存。分句间常用成对的关联词语，如"既……又""既……也""也……也""又……又""一方面……一方面"，也有单用"也""又""而是"等关联词语的，还有不用关联词语的。如：

①绿既是美的标志，又是科学、富足的标志。
②质量又好，价钱又便宜。
③他一边收拾行李，一边认真思考刚才谈的问题。
④执信有恒，成功有道。

（2）对照关系并列句。对照关系又称对举关系，就是前后分句的意义相反相对，从肯定和否定两个方面对照说明情况。常使用成对的关联词语"是不是""不是……而是"等，也可以只在后一分句单用关联词语，也有不用关联词语的。如：

①人生是一个过程，不是一个目的。
②生活中不是缺少美，而是缺少发现美的眼睛。
③虚心使人进步，骄傲使人落后。

（3）解注关系并列句。这类并列句是一部分分句对另一部分分句进行解释、说明或总括。分句间常用起承接作用的插入语"这就是说、换句话说、总之"等词语，有的不用此类词语。如：

①"三个臭皮匠，合成一个诸葛亮"，这就是说，群众有伟大的创造力。

②在武松看来，景阳冈上的老虎，刺激它也是那样，不刺激它也是那样，总之是要吃人的。

③白细胞的战略有三个步骤：第一步，先与细菌接战；第二步，将细菌包围；第三步，消灭细菌。

④一方面要努力读书，另一方面要关心政治，两方面要紧密结合起来。

⑤母亲同情贫苦人，这是朴素的阶级意识。

在例句①和例句②中，后一分句对前面分句的内容加以解释或概括。例句③和例句④是总分式解注关系，这类复句通常不用关联词语。例句⑤是称代复指，指示代词"这"复指前面的分句。

2. 连贯句

连贯句也叫顺承复句，几个分句按顺序说出连续发生的事情或动作行为，分句之间具有先后相继关系。分句间常用成对的关联词语"首先……然后""先……接着"等，也有在后面分句单用"接着、然后、就、又、于是"等关联词语的，还有不用关联词语的。如：

①我们先开会研究一下，然后再说该怎样处理问题。

②先是自己反复推敲，接着又请群众和干部们提出意见，然后再加以修改。

③各家的桌椅板凳都拖出来了，于是，响起筷子碰饭碗的叮当声，邻里间的粗野而亲切的招呼声。

④人的价值用奉献来反映，奉献的价值用爱心来反映，爱心的价值用无私来反映。

连贯句的分句次序是按时间、空间或逻辑事理的顺序相继排列，一般不能变换次序。这与并列句不同，并列句的分句是平行式排列，一般可以变换次序。

3. 递进句

递进句是表达后一分句较前一分句更进一层的意思的复句。分句之间的递进关系或由小到大，或由轻到重，或由易到难。这类复句一般都用关联词语。

有单用关联词语的递进句，关联词语常常出现在后一分句，如"而且、甚至、何况、更"等。

①他家在很远的地方，而且不通公共汽车。

②楼里楼外的一切，都那么新奇，甚至带有一点神秘色彩。

③不知道他是否收到我的信，更不知道他对我会是怎样的态度。

有合用关联词语的递进句，如"不但……而且""不光……就连""不仅……更""不但……而且……甚至"等。合用关联词语比单用关联词语表示的递进意思更强些。如：

④他不但爱学习，而且养成了良好的学习习惯。

⑤不仅小张这样说了，就连老李也这样说。

⑥没想到，他不但没有堕落下去，反而迎难而上，不屈不挠。

⑦又是一年春来到，春暖花开，万物复苏。不但花开了，而且草也都绿了，甚至树木也长得更加高大了，真是一个怡人的春天画面。

还有一种衬托式递进复句，前面分句是后面分句的衬托，后面分句的意思推进一层，以取得强调作用。单用的关联词语如"尚且""何况"出现在后一分句里，也可以合用关联词语"别说……就是""尚且……更何况"等。如：

⑧别说他做不到，就是我也未必能做得到。
⑨试想，蜜蜂集体的力量尚且可以把一匹马蜇死，更何况大群野蜂呢？

4. 选择句

选择句是几个分句分别说出几种情况，表示在几种情况中选择一种的复句。根据选择形式和关联词语的不同，可以将选择句分为三种类型。

（1）任选句。表示或此或彼，任选其一。此类复句语气委婉缓和。关联词语常用"或者……或者""是还是""或""或者""还是"等。如：

①或者你去，或者他去，或者你俩去。
②究竟是你的错，还是他的错呢？
③是努力提高呢，还是努力普及呢？

（2）必选句。表示非此即彼，必选其一。此类复句语气强烈肯定。常用的关联词语有"不是……就是""要么……要么"等。

①不是我们去接刘教授，就是老张去。
②要么战斗到底，要么坐以待毙，没有折中的办法。

（3）取舍句。表示在两种情况中衡量得失，选择一种而舍弃另一种。此类复句分为先舍后取和先取后舍两种。

先舍后取的句子，语气比较委婉，可以成对使用关联词语"与其……不如""与其……宁肯"等，也可以只在后一分句单用关联词语"还不如""倒不如"等。如：

①与其求得别人的帮助，还不如靠自己的力量与智慧解决问题。
②你这样做太慢了，还不如她那样做节约时间。

先取后舍的句子，语气比较坚定，是一种强调的说法，要成对使用关联词语"宁可……也""宁愿……也"等关联词语。如：

③民族英雄宁可站着死，也不跪着生。
④先烈们宁愿牺牲自己的生命，也不向敌人吐露半点秘密。

(二) 因果类复句

这是表示广义因果关系的各类复句的总称，反映各种各样的"因果聚合"。包括因果句、假设句、条件句、目的句，它们的前后分句之间存在着实际的或虚拟的因果性。

1. 因果句

因果句是分句之间在意义上具有因果关系的复句。根据分句之间意义的不同和关联词语的特点，可将因果句分为以下两类。

（1）说明因果句。一个分句说明原因，另一个分句说出结果，一般是表示原因的分句在前，表示结果的分句在后；也有的表示结果的分句在前，表示原因的分句在后。常用的关联词语有"因为……所以""由于……所以""之所以……是因为""因为""从而""以致"等。如：

①因为平时努力学习，所以他取得了优异的成绩。
②由于蔡桓公讳疾忌医，所以病情越来越严重。
③春天的花之所以会显得如此娇艳欲滴，是因为有无私奉献、默默无闻的小草的衬托。
④我喜欢脑子复杂、心思简单的人，因为他们既具性情，又具内涵。
⑤毕昇发明了活版印刷，从而使印刷术有了新的突破。

例句①②是原因在前，结果在后。例句③则相反，是为了突出结果。书面语中合用关联词语较多，表达比较郑重、严密。例句④是结果在前，原因在后。例句⑤是原因在前，结果在后。口语中经常单用关联词语。单用表"因"的关联词语，侧重表达原因；单用表"果"的关联词语，侧重表达结果。

（2）推论因果句。一个分句提出某种理由或依据，另一分句由此推断出可能产生的结果。常用的关联词语有"既然……就""既然……便""既然""可见"等。如：

①既然是好朋友，就应该披肝沥胆，以诚相待。
②既然搬不动那块石头，你又何必在那儿逞强呢？
③这则广告构思很巧妙，可见制作人员煞费苦心。

推论因果句有的由因推果，有的由果推因。如：

④既然是好书，买的人就可能很多。

如果因果句的分句间关系比较明确，也可以不用关联词语。如：

⑤白杨树是不平凡的树，我赞美白杨树。
⑥我初来这里，一切都很生疏。

2. 假设句

假设句是前面的分句提出假设的情况，后面分句说明在这种情况下会产生的结果。它的特点是假设如果实现，结果就能成立，结果与假设一致。关联词语有"如果（假如、倘若、要是、要）……就（那么、那、也、便）"，"就（便、那、那么）"等。如：

①如果你走到悬崖跟前，就会感受到一种惊心动魄的震撼。
②假如生命意味着永存，那么智慧则意味着能够保持永存。
③倘使我能够相信真有所谓的"在天之灵"，那自然可以得到更大的安慰。

"如果……那么"这一组关联词语还有一种特殊用法，即前一分句说的是现实的事情，故意当作"假设"提出来，假如认可前一分句所说的事实，就得认可后一分句说的也是事实，在相关事物的类比推理中来强调后一分句。如：

④如果说瞿塘峡像一道闸门，那么巫峡简直像江上一条迂回曲折的画廊。
⑤如果说进到天山这里还像是秋天，那么再往里走就像是春天了。

假设句有时可以分句倒置，以补充、说明及引人注意。如：

⑥在相反的情形之下，顺利也会转化成困难，如果革命党人犯了错误的话。

也有不用关联词语，而用"意合法"表示假设关系的。如：

⑦没有那浩荡的春风，又哪里会有这满野秋色和大好收成呢？

3. 条件句

前面分句提出条件，后面分句说明在满足这种条件的前提下所产生的结果。根据条件和关联词语的不同，可以将条件句分为以下三类。

（1）充足条件句。只要满足前面分句提出的条件，就会产生后面分句中的结果。关联词语有合用"只要（只需、一旦）……就（都、便、总）"的，有单用"便""就"的。如：

①只要回想一下，我的心就忍不住激动。

②一旦出了问题，后果就不堪设想了。

③把封闭的心扉敞开，成功的阳光就能驱散失败的阴暗。

充足条件是"有之必然"，但并不排斥其他条件。表示条件的分句有时可以后置，起补充说明或强调突出的作用。如：

④你说什么都行，只要是给大家办事。

（2）必要条件句。前面分句表示必要的、唯一的条件，缺少了这个条件，就不能产生后面分句的结果。关联词语有合用"只有（唯有、除非）……才（不）"的，也有单用"才"的。如：

①只有充分地发扬先进的东西去克服落后的东西，才能使社会前进。

②能看懂印度文学原著，才谈得上对中印文学做真正的比较研究。

必要条件是"无之必不然"，条件是唯一的。"只有"和"除非"都对其他条件有排斥性，都说明如果没有所说的条件，就不能产生所说的结果，不同的是，"只有"是从正面强调必要条件，"除非"是从反面强调必要条件。

（3）排除条件句。前面分句表示排除一切条件，后面分句说明在任何条件下都会产生的结果。这类条件句都要合用关联词语，常用的关联词有"无论（不论、不管、任凭）……都（总、总是、也、还）"等。如：

①宝石无论放在哪里，都晶莹夺目。

②不论谁来劝她，她都一言不发。

③任凭怎么擦，也擦不尽伤心的泪水。

排除条件句也叫周遍条件句，看上去好像是不计任何条件的，实际上正是一种宽泛的条件。前面的分句使用具有周遍意义的形式提出某个范围内的所有条件，后面的分句说出任何条件下都会出现的结果。

条件分句有时可以后置。后置以后，有补充说明或突出结果的作用。如：

④事实总是事实，不管她信不信。

4. 目的句

一个分句表示某种行为，另一分句表示这一行为的目的。根据目的的不同，目的句可分为两类。

（1）达到目的句。表示要达到某种目的。在表示目的的分句前，须用关联词语"为、为了、以、以便、用以、为的是、好"等。如：

①超市为方便顾客购物，都在入口处备有手推车和提篮。

②母亲随即搬到南京，以便时常去探望、鼓励他。

③我们怀着极为复杂的心情，把这套书奉献于读者面前，为的是让中华民族世世代代永志不忘二十年前中国曾经出现的"史无前例"的岁月。

（2）避免结果句。表示要避免某种结果发生。目的分句前常用关联词语"以免、免得、省得、以防"等。如：

①你要加紧治疗，以免病情恶化。

②你来了好，省得我找你。

③棋力占优势的人，落子更要小心谨慎，以防在疏忽大意中遭受挫折。

（三）转折类复句

这是表示广义转折关系的各类复句的总称，反映各种各样的"转折聚合"。转折类复句包括转折句、让步句、假转句，前后分句之间存在着这样或那样的转折性，其聚合点是事物间的逆转性，或者说是事物间的矛盾对立。

1. 转折句

前后分句表达的意思相反或相对，即后面分句不是顺着前面分句的意思说下去，而是发生了逆转。由于意义的差别，转折句可分为"重转""轻转""弱转"三种。

重转即转折意味很重，须成套使用关联词语"虽然（虽、尽管、固然）……但是（可是、而、却）"等。

①虽然二诸葛说是千合适万合适，小二黑却不认账。

②尽管太阳是人类生存不可缺少的，但还是有人批评太阳的某些过失。

③几盏灯甚或一盏灯的微光固然不能照彻黑暗，可是它也会给寒夜里一些不眠的人带来一点勇气，一点温暖。

这类转折句有时也会改变分句的顺序，带有补充说明的意味。如：

④她中文说得很好，虽然她从未上过哪个学校的中文系。

⑤我没有送她玫瑰花，虽然那天是情人节。

轻转表示转折的意味较第一种轻些，只是在后面分句单用关联词语"但、但是、可是、可、然而、却"等。如：

⑥奋斗有可能失败，但不愿奋斗便是最大的失败。

⑦她曾经是个柔弱的女孩子，可是岁月的风刀雕刻了她性格的刚毅。

⑧人类是伟大的，然而充满了崇高精神的人类的活动，乃是伟大中之尤其伟大者！

弱转即前后分句意义上的对立不明显，转折语气弱，常常在后一分句单用关联词语"只是、不过、只不过、倒是"等。如：

⑨我清楚其中的奥妙，只是不说罢了。

⑩昨夜下了今年第一场雪,不过到早晨全融化了。

转折句如果分句之间的关系明确,也可以不用关联词语。如:

⑪天色越发阴沉了,我的朋友还未回来。

2. 让步句

前面分句提出一种假设的事实,姑且退让一步承认这个假设的真实性,后面分句不是沿着这个假设情况的常态语义趋势说下去,而是转到跟它相反相对的方面去。让步句常用关联词语"即使(哪怕、纵然、就算、就是)……也(还、都)"等。

①即使你住在深山老林,也能感受到市场经济大潮的冲击。

②哪怕在房檐底下蹲一夜哩,也要节省下这两角钱!

③就算你们每个人能有两次生命,这对你们来说还是不够的。

让步句和转折句有同有异,试比较:

④即使你亲自去了,人家也不买你的账。(让步句)

⑤尽管你亲自去了,但人家还是不买你的账。(转折句)

上面两个句子的后面分句与前面分句相比,都有转折的意思,可是让步句的前面分句是假设的事实,"你亲自去了"是虚说;转折句的前面分句是真实的事实,"你亲自去了"是实说。又如:

⑥即使不浇水,种子也会发芽。(让步句)

⑦如果不浇水,种子就会发芽。(假设句)

在让步句中,前面分句提出假设的情况,后面分句的意思不是顺着前面分句的意思说下去,而是转到它的相反相对方面去了。假设句是后面分句的意思顺着前面分句说下去。有的让步句前面分句说的是真实情况,但说话人意念上把它当作有待发生的情况予以承认,这是一种特殊的让步。

⑧就算你是一村之长,也不能随便推翻村民委员会的决议啊!

3. 假转句

假转句是假言逆转句的简称,是分句间具有假言否定性转折关系的复句。它的前一分句说明某种情况,后一分句指出如果不这样就会发生逆转。代表性关联词语"否则"含有"如果不这样……就"的意思。如:

①想必有人夸奖他,否则他不会这么高兴。

②首先必须把场地清理好,否则就不能施工了。

也有用"不然""要不然""要不"等关联词语的,作用与"否则"相同。如:

③幸亏来得早,要不然就赶不上车了。

④你快去给他解释解释,要不他就有意见了。

假转句有的是逆条件假转。前面分句提出条件,后面分句表示逆条件产生的结果,关联词语是"除非……否则"。如:

⑤除非各方面都有合作的愿望,否则不能达成协议。

⑥除非你亲临现场，否则根本无法想象三峡工地那种宏伟的气势。

有的是逆原因假转。前面分句说出原因，后面分句表示逆原因产生的结果，关联词语常用"因为……否则（不然、要不）"等。如：

⑦因为我没敢声张，不然，家里早炸了锅了。

⑧他实在是气极了，要不他会打你吗？

有的是逆选择假转。前面分句说出选择项，后面分句逆选择项说出另一选择项，关联词语常用"要么……否则（不然）"。

⑨要么是鬼点灯，否则，就是你的眼花了。

⑩要么年底结婚，不然就拉倒！

三 多重复句与紧缩复句

(一) 多重复句

1. 什么是多重复句

依据可以划分为多少个层次，可将复句分为一重复句和多重复句两类。一重复句大多由两个分句组成（也可由三个或更多的分句组成），只有一层结构关系。多重复句是由三个或三个以上分句组成，具有两层或两层以上结构关系的复句。如：

                    并列

① (a) 老屋离我们愈远了，‖ (b) 故乡的山水也都渐渐远离了我，| (c) 但我却并不感到怎样的留恋。　　　　　　　　　　　　　　　　　　　　转折

                    并列

② (a) 我们每个人心中都有一座美丽的大花园，| (b) 如果我们愿意让别人在此种植快乐，||| (c) 同时也让快乐滋润自己，‖ (d) 那么我们的花园就永远不会荒芜。

   并列　　　　　　　　　假设

例句①有三个分句，两个层次。分句(a)(b)和(c)之间是转折关系，用"但"关联，这是一个层次。(a)(b)分句间是并列关系，用"也"关联，这是第二层次。例句②包含四个分句，有三个层次。分句(a)和(b)(c)(d)之间是并列关系，是第一层。(b)(c)和(d)分句之间是假设关系，用"如果……那么"关联，这是第二层。(b)和(c)分句是并列关系，用"同时"关联，这是第三层。

多重复句至少应该由三个分句组成，但并不是具有三个以上分句的都是多重复句。

③ (a) 咸阳是一座资源丰富、独具魅力的城市；(b) 是一片经济活跃、商机无限的投资宝地；(c) 是一块环境超群、服务优良的兴业沃土。

④ (a) 林部长走下公共汽车，(b) 解下脖子上的毛巾，(c) 把脸上的汗擦了擦，(d) 便急急地扛起行李往工地上走。

例句③有三个分句，都是同一层次上的并列关系，例句④有四个分句，都是同一层次

上的顺承关系,所以两个例句都不是多重复句。可见,分句的多少不是确定多重复句的主要依据,主要依据是有没有两个以上的结构层次。

2. 多重复句的分析方法与步骤

(1) 总观全句,确定分句数目。

确定分句数目是分析多重复句的基础。为此,必须整体观察全句,根据区分单复句的有关知识,结合句意和结构上的特点加以确定,在分句前标上序号。

(2) 注意关联词语,找准第一层次。

找准第一层次是分析多重复句的关键。为了确定第一层次,应特别关注关联词语,弄清关联词语之间的意义关系、关联词语的管辖范围以及相互呼应和包含的关系。

(3) 逐层分析,直至分句。

这是分析的基本操作方法。确定第一层次之后,用单竖线表示,并注明分句之间的关系,接着在第一层次的前后分别找第二层次,在第二层次的前后找第三层次,依次类推。是第几层次,就用几条竖线表示,并注明关系。这样由大到小逐层分析,一直分析到单个分句为止。如:

    并列   并列   转折
(a) 散文可以叙事,‖(b) 可以写景,‖(c) 也可以刻画人物……|(d) 但如果要打动读者的心,‖(e) 就总归要以抒情为"点睛"之笔。
  假设

整体观察全句,确定全句由五个分句组成,用序号(a)(b)(c)(d)(e)标示。根据全句意思并参照关联词语得知,分句(a)(b)(c)与(d)(e)说的是散文相对的两个方面,划分出第一层次,用单竖线一分为二;第一层关系是转折关系。然后把第一层的前后两部分再分别一分为二:前面的部分(a)(b)(c)分句是并列关系,它们都是第二层次,后面的部分(d)(e)分句是假设关系,也是第二层次。

3. 多重复句分析举例

                   并列
① (a) 西部地区各族群众亲身感到了西部大开发所带来的实际利益,‖(b) 中东部
       因果
地区人民也从开拓市场机遇中获益,|(c) 所以西部大开发战略,已经成为我们党在新的
     递进
历史时期最大的民心工程,‖(d) 并在国际社会引起广泛关注和积极影响。

        并列   条件
② (a) 这时,只觉得呼吸紧迫,浑身无力,‖(b) 只要稍微一松动,‖‖(c) 脚就抬
  转折
不起来了,|(d) 但又不敢坐下来休息。

③ (a) 不管你怎么身居高位，| (b) 一旦犯了错误，|||（c）尤其是贪污罪，||（d）
　　　　　　　　　　　　　　条件　　　　　　　　　递进　　　　　　　　　条件
　　选择　　　　　　选择　　　　　　　连贯
不是被免职，||||（e）就是降级，||||（f）或多年不加薪，|||（g）直至判刑。

　　　　　　　　　　　　　　　　　　　　　　　　　　　　　　连贯
④ (a) 我们到青岛的第一天，就被海崖的美丽景色吸引住了，|| (b) 从栈桥看到鲁
　　　　　　并列　　　　　　　　　　并列　　　　　　　　　连贯
迅公园，|||（c）从鲁迅公园看到海水浴场，||||（d）整整玩了一下午；| (e) 第二天就到崂山去玩。

　　　　　　　　　　　并列　　　　　　　　　　　转折
⑤ (a) 每个人都一样，|||（b）1年360天地活着，|| (c) 可是不同的生活方式铸就不
　　转折　　　　　　　　　条件　　　　　　　　　　条件
同的人生，|（d）但无论怎样活着，|| (e) 只要有内容有回味，|||（f）人生便都如满满的
　　　　　　并列
果冻一样，||||（g）是充实的。

多重复句层次多，组织严密。学会正确分析多重复句，有助于我们准确地理解句子的意思，提高分析语言和运用语言的能力。

▶ （二）紧缩复句

1. 紧缩复句的特点

把复句的两三个分句紧缩在一起，取消中间的语音停顿，这样的句子叫紧缩复句。所谓"紧"，就是取消了分句之间的语音停顿，使分句与分句紧凑地挨在一起；所谓"缩"，就是省去原来分句的一些词语，使其简约一些。一般复句是由分句构成的，存在明显的语音停顿。紧缩句是用单句的形式表示复句所表达的内容，内部不存在语音停顿，句内不用逗号。几个部分之间有因果、假设、条件、让步、转折等关系，而单句的各成分之间不存在这些复句关系。如：

虽然形式上二者存在差异，但是它们表达的意义相同，并且这些意义在逻辑关系上保持一致。如：

①他只要一睡觉，就会打呼噜。（条件复句）

　　他一睡觉就打呼噜。（紧缩句）

②如果他去，我就去。（条件复句）

　　他去我就去。（紧缩句）

紧缩复句内各部分的主语可以相同，也可以不同，主语可以显现，也可以隐含。可以主语相同，而且都出现，如"你不说你吃亏"；可以两个主语相同，但后一主语省略，如"你要去就去"；可以两个主语相同，但前一主语省略，如"要哭你就哭"；可以两个主语相同，但都不出现，如"不到黄河心不死"。

我们可以发现，紧缩句一般都是一重复句的压缩，形式上有点类似连谓句，但是二者并不等同，连谓句关注的是连贯的动作，而紧缩句则在逻辑上有多种关系，如假设、条件等。如：

他一躺下来就玩手机。（紧缩句）

他躺下来玩手机。（连谓句）

紧缩句所表达的是一种假设关系，关注的是他如果躺下来会做的事情，而连谓句重在连续发生的动作，而且并不是所有的词类紧缩句都与连谓句类似。如：

他一喝酒就醉。

他一去超市就买很多东西。

他一说话就停不下来。

除了用逻辑关系来进行判定以外，我们还可以通过关联词语来判定，连谓句不需要用关联词语连接，而紧缩句中往往会用到关联词，如上面例句中的"就"。

2. 紧缩复句的类型

按照关联词语的有无，可将紧缩复句分为以下两种。

（1）无标紧缩复句。在无标紧缩复句中，两个分句直接连在一起，中间不用关联词语，例如："人逢喜事精神爽"（因果），"出了问题我负责"（假设），"你不怕我怕"（转折）。

（2）有标紧缩复句。这种紧缩复句的分句间没有明显的语音停顿，有关联词语作为形式标志。有成对使用关联词语的，如"孩子一回家就看电视""不见兔子不撒鹰""学习语言非下苦功不可""你不说我也知道""你再闹也没用""姜越老越辣"。也有单个使用关联词语的，如"你有话就说""想说又不敢说""爱拼才能赢""天塌下来也不怕"。

紧缩复句含义丰富，形式精练，在口语中经常运用。紧缩结构可以作为复句中的一个分句，例如，"你要去就去，我才懒得理呢"，前一分句由紧缩句充当。在划分复句层次时，不必分析紧缩结构内部。紧缩结构有时还可以充当单句的一个成分，例如，"小王具有天塌下来也不怕的性格"。在分析单句时，指出紧缩结构"天塌下来也不怕"作为定语就可以了。

思考练习

1. 什么是复句？它的主要特点是什么？

2. 指出下列句子是单句还是复句；是复句的，请指明其关系内容。

   （1）只有这样的民族，才能使和睦、和平及统一的愿望得以实现。

   （2）母亲美貌迷人，梓城老一辈人对此是有目共睹的。

   （3）我是否在某种程度上属于后面两种人中的一种，我不得而知。

   （4）这样新颖的构思，这样清新的艺术境界，即使在唐诗里也并不多见。

   （5）问题再复杂，我们也能解决。

3. 用下面的关联词语造句，并标明所造复句的结构类型。

   （1）不是……而是……　　　　（2）不是……就是……

(3) 不但不……反而…… (4) 别说……就是……

(5) 先是……接着……后来…… (6) 尚且……何况……更何况……

4. 分析下列多重复句的层次和关系。
   (1) 镇上的人也仍然叫她祥林嫂，但音调和先前不同；也还和她讲话，但笑容却冷冷的了。
   (2) 鲁镇的酒店的格局，是和别处不同的：都是当街一个曲尺形的大柜台，柜里面预备着热水，可以随时温酒。
   (3) 只有珍惜、牢牢地把握现时每一分钟，以最有效的方式献身于振兴中华的伟大事业，才是未来美景最可靠的保证，否则，就会在一个个五光十色的希望肥皂泡中蹉跎岁月，浪费自己的青春年华。
   (4) 任何思想，如果不和客观的实际的事物相联系，如果不为人民群众所掌握，即使是最好的东西，即使是马克思列宁主义，也是不起作用的。
   (5) 你永远那么青翠，永远那么挺拔，风吹雨打，从不改色，刀砍火烧，从不低头：这正是英雄的井冈山人，也是亿万中国人民的革命气节和革命精神。
   (6) 困难是欺软怕硬的，你的思想是硬的，它就变成豆腐，你要软，它就硬。

5. 改正下列复句中的错误，并说明理由。
   (1) 他不仅迅速地端正了学习态度，而且诚恳地接受了团支部对他的批评。
   (2) 不论我们做了很多思想工作，他的问题还是解决不了。
   (3) 即使敌人胆敢跳出来捣乱，我们就坚决消灭他。
   (4) 因为这个戏直接触及了当前社会生活中的尖锐矛盾，因此很自然地引起了人们的关注。
   (5) 你不但不愿意去，而且他也不愿意去。
   (6) 我并不是在个别问题上跟他有分歧，而且在一系列问题上都跟他有分歧。

第六节　标点符号

学习重点：了解标点符号的作用。
学习难点：掌握标点符号的用法。

一　标点符号的作用

标点符号是在文字记录语言基础上起辅助作用的符号，在书面语中用来表示停顿、语气或者词语性质和作用。我们在进行书面语表达的时候，需要文字和标点符号，所以我们要重视标点符号的使用。试观察下面的例子：

他赞成我也赞成你怎么样

同样的文字，如果使用不同的标点符号，则会表达不同的意义：

他赞成我，也赞成你，怎么样？

他赞成，我也赞成，你怎么样？

如果书面语表达中不使用标点符号，意义的理解就成了一个难题，人们甚至会对同样的表达产生不同的理解；同样，如果使用了错误的标点符号，则会对语言的理解造成困难甚至造成误解。

《标点符号用法》（GB/T 15834-2011）规定常用的标点符号有十七种，包括点号和标号。七种点号分别是句号（。）、问号（？）、叹号（！）、冒号（：）、分号（；）、逗号（，）、顿号（、）。十种标号分别是引号（""）、括号（（））、破折号（——）、省略号（……）、着重号（.）、连接号（—或～）、间隔号（·）、书名号（《》）、专名号（＿＿＿）、分隔号（/）。具体如表5-11和表5-12所示。

表5-11　七种点号的名称、停顿等级和形状

点号	停顿等级	形状	
句末点号	一级停顿	句号（。）问号（？）叹号（！）	
句内点号	二级停顿	分号（；）	冒号（：）
	三级停顿	逗号（，）	
	四级停顿	顿号（、）	

表5-12　十种标号的名称及形状、位置

名称	引号		括号	破折号	省略号	着重号	连接号	间隔号	书名号	专名号	分隔号
形状	"	"	（）	——	……	.	—或～	·	《》	＿＿＿	/
位置	居左上角	居右上角	居中占两格	居中占两格	居中占两格	居字下	居中占一格	居中标字间	居中占两格	居字下	标字间

二　标点符号的用法

》（一）句号

句号主要表示陈述句末尾的停顿和舒缓的语气。例如：

①春天的百花送来了浓香。

②必须进一步营造尊重知识、尊重人才的社会环境，继续改善知识分子的工作和生活条件，努力做到人尽其才，才尽其用。

在语气舒缓的祈使句末尾，也用句号。例如：

③请您再说一遍。

由于不了解什么是句子和句号用法，在文章中该用句号而不用，或者不该用而用了，

都会使句子结构层次不清，表述不明。例如：

④花生秧子是生猪的好饲料，种花生为发展养猪事业提供了有利条件，这几年由于花生种得多，全村养猪数量达到1400多头，猪多肥多，又促进了粮食产量的提高。

⑤只有把那种坏的、不好的偏向去掉，正风才能建立起来。才能造成又有集中又有民主，又有纪律又有自由，又有统一意志，又有个人心情舒畅、生动活泼那样一种政治局面。

⑥监察工作的意义当然不在于仅仅将权力的拥有者限制住。更重要的应该是努力创造一种使权力与金钱无法进行交易的社会机制。

例句④中的六个分句都用逗号连接，应改为三个句子。开头两个分句是一个意思：种花生为养猪提供了条件。第三、第四两个分句是另一个意思：种花生促进了养猪事业发展。第五、第六两个分句又是一个意思：养猪促进了粮食生产。因此，第二、第四两个逗号应改为句号。例句⑤是一个条件关系复句，例句⑥是一个递进关系复句，前后分句意思紧密相连，中间不能用句号隔开，应把中间的句号改为逗号。

▶ （二）问号

问号表示疑问句末尾的停顿和疑问语气。例如：

①什么？鲁大海？他！我的儿子？

反问句虽然不要求对方回答，但用的是疑问句形式，也要用问号。例如：

②无数革命先烈为了人民的利益牺牲了他们的生命，使我们每个活着的人想起他们就心里难过，难道我们还有什么个人利益不能牺牲，还有什么错误不能抛弃吗？

选择问句中间的停顿一般用逗号，句末用问号。例如：

③通宝，你是卖茧子呢，还是自家做丝？

有时为了强调选择的内容，可以分几项说，每项后面也可以用问号。例如：

④是站在他们前面领导他们呢？还是站他们后头指手画脚地批评他们呢？或者是站在他们对面反对他们呢？

用"好不好、行不行"等肯定否定并列形式的提问格式表示的较委婉的祈使语气，也可以用问号。例如：

⑤你听听群众的意见，好不好？

下面的句子虽然有疑问代词或疑问格式，但是整个句子不是疑问语气，不能用问号。例如：

⑥鲁迅先生为什么写《自嘲》这首诗？是值得谈一谈的问题。

⑦能否更上一层楼？主要是看我们努力的程度怎么样？

⑧他完全知道这件事应该不应该谈？

▶ （三）叹号

叹号主要表示感叹句末尾的停顿和强烈的语气。语气强烈的反问句、祈使句，末尾也要用叹号。例如：

①这是多么平静的一片原野！（感叹句）
②世界上哪有不包含矛盾的事物！（反问句）
③起立！（祈使句）

主语、状语等成分倒置的感叹句，以及称呼语在感叹句句末，要用叹号，但必须放在句末。例如：

④多美啊，黄山的风景！（主谓倒装）
⑤歌唱吧，为迎接这辉煌的胜利！（状中倒装）
⑥再见，妈妈！

有人喜欢在句末连着用两三个叹号（！！！），这是非常规用法，不能算错，但也不提倡多用，因为表达强烈的感情主要应该依靠句子里的词语。

（四）冒号

冒号表示提示性话语后或总括语前的停顿。

（1）用在书信、发言稿的开头的称呼语后面，表示提起下文，例如"某某先生""同志们"；也用在"某某说"后面，提示下面是某某的话；用在"例如"后面，表示引起下文。

（2）用在总的提示语之后，提醒读者注意下文将要分项说的内容。例如：

①词语不规范，大约有三个方面的原因：第一，古语的原因；第二，方言的原因；第三，外语的原因。

（3）用在总括语之前，以总结上文。例如：

②行动，要靠思想来指导；思想，要靠行动来证明：思想和行动是紧密相连的。

（4）用在"说、是、证明、例如、如下"等动词之后，表示提起下文。例如：

③在螳螂的世界里，有一种奇特的现象："结婚"就意味着雄螳螂走向自己的坟墓。

（5）用在需要解释说明的词语或分句之后。例如：

④三七：中药名，即田七。
⑤原来鲁镇是僻静地方，还有些古风：不上一更，大家便都关门睡觉。
⑥主办单位：市文化局；时间：8月15日—20日；地点：市体育馆。

从上述例句中，我们可以看出，冒号表示的停顿不固定。用在动词和宾语之间时，停顿接近逗号，如例句③；用在分句之间时，停顿与分号相似，如例句⑤；用在总的提示语之后和总括语之前时，停顿与句号相当，如例句①和例句②。

使用冒号时要注意两点。第一，如果没有比较大的停顿，就不用冒号。第二，冒号一般管到句终。下面句子中的冒号用错了：

⑦周工程师召集各车间的主任开会，讨论：如何完成本月生产任务的问题。
⑧当学术委员会宣布：张一同志获得博士学位时，大厅里响起了热烈的掌声。
⑨参加国庆献礼的优秀影片：《风暴》《青春之歌》《林则徐》等，也将在各大城市放映。

以上三个例句的冒号所在之处都没有较大的停顿，应将冒号去掉。

(五)分号

分号用于多重复句中起分组作用,即起分清层次的作用。主要表示并列关系的分句之间的停顿。例如:

①语言文字的学习,就理解方面来说,是得到一种知识;就运用方面来说,是养成一种习惯。

②启明星把黑暗送走,却从不与朝霞争辉;红梅花把寒冬送去,却从不与百花争春。

要注意,非并列关系(如转折、因果、条件等)的多重复句的分句之间的停顿处,凡是用逗号而不能分清层次、用句号而容易把前后关系割断的,都要用分号,即在多重复句第一层的前后两部分之间要用分号来分清层次。例如:

③我国年满18周岁的公民,不分民族、种族、性别、职业、家庭出身、宗教信仰、教育程度、财产状况,都有选举权和被选举权;但是依照法律被剥夺政治权利的人除外。(转折关系)

单句中分行列举的各项之间的停顿要用分号。例如:

④我国的行政区域可分为:

(a)省、自治区、直辖市;

(b)省、自治区分为自治州、县、自治县、市;

(c)县、自治县分为乡、民族乡、镇。

下面是该用分号而不用,或不该用而用的例子:

⑤他到处收集有关资料,对收集到的资料进行认真分析;不拘泥于前人的说法,终于有了新的发现。

⑥春天,他们播种。秋天,他们收获。

例句⑤不应把分句分为两组,分号应改为逗号。例句⑥中的"播种"后用了句号,割断了原本密切的并列关系,应改为分号。

(六)逗号

逗号表示句子内部的一般性停顿,有以下用法。

(1)用在复句内的分句之间。例如:

阅读使人充实,会谈使人敏捷,写作和笔记使人精确。

(2)用在两个句法成分之间。例如:

①一位到广州旅游的美籍华人,被广州交通运输职工医院的青年外科医生治好了多年的疾患。(主谓之间,主语较长)

②梦,就是理想。(强调主语)

③应当清醒地看到,当前在各个方面我们都还存在不少需要花很大力气才能解决的问题。(动宾之间,宾语较长)

④我的日本朋友告诉我,樱花一共有300多种,最多的是山樱、吉野樱和八重樱。(双宾语之间,远宾语是复句形式)

⑤在使用汉字的非汉语国家中,汉字实际上发挥了一种超语言的作用。(句首状语之后)

⑥出来吧,你们!(倒装的主语谓语之间)

⑦房后河岸上有许多好看的小石头,红的,黄的,粉的。(倒装的定语和中心语之间)

⑧许多外国朋友来到桂林游览,从伦敦,从纽约,从巴黎,从世界各地。(倒装的状语之前)

(3)用在独立语的前面或后面,或前后都用。例如:

①这个孩子的嘴多甜,你听。

②对于我来说,生命的意义在于设身处地替人着想,忧他人之忧,乐他人之乐。

③在列宁诞生后的第二年,即1871年,出现了英勇的巴黎公社起义。

(4)用在较长的并列短语之间。例如:

①科技的发展,经济的振兴,乃至整个社会的进步,都取决于劳动者素质的提高,大量合格人才的培养。

句中可以用逗号表示停顿的地方虽然多,但也不是句中的任何停顿都可以用逗号。下列句子中的逗号用得不妥当:

②团长把桌上的蜡烛,移到正注视着军用地图的师长面前去。

③这些谬论都已经被我国各项建设事业的胜利,驳斥得体无完肤。

④我们必须鼓励,青年工人利用一切现有的条件提高自己的技术水平。

例句②③,用介词"把""被"组成介词短语作为状语,这里的状语和中心语联系紧密,一般不用逗号点断。例句④,动词"鼓励"与兼语"青年工人"之间并无停顿,也就不应该用逗号点断。

(七)顿号

顿号表示语句内部较短的并列词语之间的停顿。例如:

①必须抓紧粮食、棉花、油料,化肥、煤炭的生产。

并列词语之间有的用顿号,有的用逗号,这主要是为了在不同类的事物之间起分组作用。

顿号还经常用在汉字次序语之后,如"一、……二、……""甲、……乙、……";用阿拉伯数字作为次序语时用下脚点,如"1. ……2. ……",如果用顿号,就是错误的。次序语用了括号,就不用顿号,"(1)、……(2)、……"的用法是不对的。

并非所有的并列词语之间都需要用顿号,如"省市领导""城乡交流""中小学",这几个例子中没有停顿,就不用顿号;在可停可不停的地方,也以不用为宜。

用了连词"和"的地方,就不能再在"和"的前面用顿号了,下面例句中的用法就是错误的:

②孩子们给在地里劳动的父母送开水、红薯、和煎饼。

概数中间不能用顿号,如"七、八个人""三、四十个梨子"是错误的。

▶▶（八）引号

引号表示文中的直接引语或特别指出的词语。例如：

①张老教导他的学生说："一定要采取实事求是的态度，'知之为知之，不知为不知'，不要强不知以为知。"

②罗曼·罗兰这样说过："要散布阳光到别人心里，先得自己有阳光。"

对话的内容也属引语，但记者采访、剧本中的对话分行分段书写时，说话人与所说的话之间用了冒号或空一格，就不必再用引号。例如：

③记者：您想在您身后留下什么样的名誉？

　朱德：一个合格的老兵足矣。

④周朴园　你是新来的下人？

　鲁侍萍　不是的，我找我的女儿来的。

引语分为直接引语和间接引语两种。直接引语对所引用的原话不能做出任何改动，如例句①②；间接引语，即所谓的"转述"，可以在文字上有所变动，就不用引号。引用成语、谚语等，用不用引号都可以，以不用最为常见。

重要的或有特定含义的词语，也可以用引号。这种用法充分体现出引号的修辞作用。例如：

⑤1919年的五四运动，第一次以彻底的不妥协的精神，亮出了"科学"和"民主"的旗帜。

⑥这样的"聪明人"还是少一点好。

引号一般用双引号。双引号引文之内的引文，用单引号，如例句①；如果单引号之内又有引文，那又要再用双引号。

如果连续有几段引文，应该在每一段开头用一个前引号，只在最后一段的末尾用一个后引号。

关于引文末尾的点号放在引号内还是放在引号外的问题，先看例子：

⑦恩格斯说："运动本身就是矛盾。"

⑧古人对于写文章有个基本要求，叫作"有物有序"。

如果引文的内容是完整照搬别人的话，引文末尾的点号应放在引号之内，如例句①和例句⑦。如果引文是句子的一部分，这时点号应放在引号之外，如例句⑧。

▶▶（九）括号

括号表示文中注释性的话。例如：

①这里选的一段是写杨志替北京大名府（现在河北省大名县东）留守梁世杰（蔡京的女婿）押送生辰纲到东京，在途中被晁盖、吴用等夺取的经过。

②他又要所有的草灰（我们这里煮饭是烧稻草的，那灰可以做沙地的肥料），待我们起程的时候，他用船来载去。

只注释句中一部分词语的叫句内括号，如例句①和例句②。注释全句的叫句外括号。

句内注释紧挨着被注释的词语,它的末尾不用句末点号;句外注释则放在句子之后,句外括号内如有句末点号,则须保留。下例用了句外括号:

③全国各民族大团结万岁!(长时间的鼓掌)

④所谓夏灵胥即是夏完淳了。(《完淳全集》注引作夏灵首,恐误。)

无论是句内括号还是句外括号,括号内的文字不是正文,只是对正文的注释,一般不读出来。

括号还用在次序语的外面,如"(一)(二)(三)"和"(甲)(乙)(丙)",这时它和顿号的作用相同,括号后面不能再用顿号。

括号除了主要形式圆括号"( )"之外,还有其他形式,如方括号"[ ]"、六角括号"〔 〕"和方头括号"【 】"等。同一形式的括号避免套用,如(( ));必须套用括号时,宜采用不同的括号形式配合使用。

(十) 破折号

破折号表示文中解释说明的语句。例如:

①我国古代的三大发明——火药、印刷术、指南针对世界历史的发展有伟大贡献。

②像梦一样,我踏上了前往联邦德国的旅途,到了海涅的故乡——莱茵河畔的杜塞尔多夫。

例句①②的破折号相当于括号,但与括号不同,破折号后面的词语是要连着正文读的。

破折号还表示语意的转换、跃进,或语音的中断、延长。例如:

③我看你的性情好像没有大变——鲁贵像是个很不老实的人。(表语意转换)

④"团结—批评—团结",是解决人民内部矛盾的正确方针。(表语意跃进)

⑤鲁大海 你叫警察杀了矿上许多工人,你还——(表语音的中断)

⑥"嘟——"火车进了站。(表声音延长)

列举不同事项,各项之前也用破折号。例如:

⑦根据研究对象的不同,环境物理学分为以下五个分支科学:

——环境声学;

——环境光学;

——环境热学;

——环境电磁学;

——环境空气动力学。

文章的副标题之前可用破折号,起注释作用。例如:

⑧光辉的知识分子形象

——谌容和她的《人到中年》

如果解释说明的话插在句子中间,就可以在前面和后面各用一个破折号,这叫双用。双用时,破折号的作用相当于括号,但在朗读时,破折号内的内容要读出来,因为它是正文的一部分。例如:

⑨灯光，不管是哪户人家的灯光，都可以给行人——甚至像我这样的一个异乡人——指路。

⑩细细的秋雨——大约是今年的最后一场了吧——在窗外静静地飘洒着。

(十一) 省略号

省略号表示文中省略了的话。例如：

①鲁迅说："在社会里，仓颉也不止一个，有的在刀柄上刻一点图，有的在门户上画一些画，心心相印，口口相传，文字就多起来……"（表示引文略去的内容）

②过年的时候，我们各地的花样可多了：贴春联、挂年画、舞狮子、玩龙灯、跑旱船、放花炮……人人穿上整洁的衣服，焕然一新。（表示未尽列举）

③孔乙己低声说道，"跌断，跌，跌……"他的眼色，很像恳求掌柜，不要再提。（表示省掉重复的话）

省略号还表示沉默，语言中断，断断续续，欲言又止等。例如：

④何为：不行！梅伯母的身体已经经不起路上的颠簸了！

欧阳平：……（表迟疑和尚未说出的话）

⑤穿长袍的问："这一位是……"

"我的兄弟。"戴礼帽的回答。（表中断）

⑥他颤抖着嘴唇低声说："你……怎么……又来了？……不要……为我……耽误工作！"（表断断续续）

破折号和省略号都可表示语言中断，区别是：破折号表示语言戛然而止，省略号则表示余意未尽。

省略号的前面可用句号、问号和叹号，表示上文是一个完整的句子。省略号后面一般不用任何点号，因为连文字都省了，点号自然也可以不要。

文中用了"等""等等"，如果再用省略号就是重复，因为文中的"等""等等"就表示省略。

不要滥用省略号。应该让读者知道的，就不能省略；不必让读者知道的，不说就行了，不必用省略号。

省略号一共六个小圆点。有时省略的是一整段或几段文字，就用十二个小圆点表示，这时要单独成行，不顶格。

(十二) 着重号

着重号表示要求读者特别注意的字、词、短语、句子。例如：

①我夏秋两季看守庄稼。

②这个定律是两千多年以前希腊学者阿基米德发现的，所以叫作阿基米德定律。

(十三) 连接号

用来把密切相关的名词连接起来，表示时间、地点、数目等的起止，人或事物的某种

联系。连接号的形式为"—"或"～",占一个字符的位置。例如:

①孙中山(1866—1925),名文,字载之,号逸仙。(表示时间的起止:1866年生,1925年逝世)

②"北京—广州"特别快车就要开车了。(表示地点的起止:从北京到广州)

③第四届中日围棋擂台赛(聂卫平—羽根泰正)(表示比赛双方)

几个相关的项目表示递进式发展,中间用连接号。例如:

④必须巩固和发展已经初步形成的"经济特区—沿海开放城市—沿海经济开发区—内地"这样一个逐步推进的开放格局。

(十四)间隔号

间隔号表示间隔或分界。用在月份和日期、音译的名和姓、书名和篇名、词牌(曲牌)和词题等的中间。例如:

①刘和珍在"三·一八"惨案中被杀害,时年22岁。

②查尔斯·狄更斯(1812—1870),英国著名小说家。

③《鸿门宴》节选自《史记·项羽本纪》。

④《沁园春·雪》写于1936年2月。

(十五)书名号

书名号表示书籍、篇章、报刊、剧作、歌曲、栏目、电影、电视剧等名称。例如:

《鲁迅全集》(书名)　　　　《故乡》(篇名)

《矛盾论》(文章名)　　　　《文学评论》(刊物名)

《茶馆》(剧作名)　　　　　《东方红》(歌曲名)

《论〈李有才板话〉》(文章名)

书名内还有书名时,外用双书名号,内用单书名号,例如上面的最后一个例子。书名号以前曾用波浪线或双引号表示,例如林海雪原和"青春之歌",现在只在古籍或某些文史著作里用波浪线。

(十六)专名号

表示人、地方、国家、机关团体等的专有名称,标在字的下边,一般只用在古籍或某些文史著作里面。为了和专名号配合,这类著作里的书名号可以用波浪线。例如:

①司马相如者,汉蜀郡成都人也,字长卿。

②屈原放逐,乃赋离骚;左丘失明,厥有国语。

(十七)分隔号

分隔号可用来标示诗文中的音乐节拍,或者诗歌接排时分隔诗行。例如:

①千山鸟飞绝／万经人踪灭／孤舟蓑笠翁／独钓寒江雪

②我邀／明月／共／千杯,天上／水中／同／一醉

分隔号还可分隔供选择或可转换的两项,表示"或";分隔组成一对的两项,表示

"和"；分隔层级或类别。例如：

①动词短语中除了作为主体成分的述语动词之外，还包括述语动词所带的宾语和／或补语。

②羽毛球女双决赛中国组合杜婧／于洋两局完胜韩国名将李孝贞／李敬元。

③我国的行政区划分为：省（直辖市、自治区）／省辖市（地级市）／县（县级市、区、自治州）／乡（镇）／村（居委会）。

三 标点符号用法的灵活性

每个标点都有一定的使用范围，即有规范性；但是也有变通用法，即有灵活性。标点的使用同语句的结构和意思有密切的关系。标点是有限的，而语句是千变万化的，因而，有的标点不止有一种用法。语句中有的地方可以用这一种标点，也可以改用那一种标点。标点的用法有主要的，也有次要的。并列引号之间可不用顿号，也可用顿号，这也属于标点符号的灵活性问题。例如：

①并列词语中如果用了连词"和""与""及""或""或者"等，连词前面不能用顿号。

②"拍"、"绿"、"人"、"枇杷"是单纯词。

这两句里几个并列的词，用了引号之后，词与词之间用不用顿号都可以。

再如，演讲稿开头的称呼语后可用冒号，也可用叹号。至于具体用什么符号，可结合句意和标点综合考虑。

顿号、逗号都可用来表示句中并列词语之间的停顿，作者往往根据其所认为的停顿的长短进行选用。例如：

③从这一边看那一边，岸滩，房屋，林木，全都清清楚楚，没有太湖那种开阔浩渺的感觉。

④小坪下面有几块菜地，豆角蔓、苦瓜藤和紫苏叶子都非常茂密。

以上两句中的并列词语，其中一处用逗号，一处用顿号。

点号表示的停顿有长有短，句末点号的停顿时间比句内点号长。在句内点号里，分号的停顿时间比逗号长，顿号的停顿时间最短。

一个句子内部用了不同的句内点号，就可以清楚地显示出层次来。如果其中某个句内点号有了改变，那么句内其他点号也往往跟着发生相应变化，即递升或递降。这最能体现标点符号用法的灵活性。例如：

⑤老张的屋里，书籍、衣服、杯盘碗碟都放得井井有条。

⑥侵略者的谎言，骗不了人；他们的武力，吓不倒人。

例句⑤中的"书籍""衣服"和"杯盘碗碟"三者是并列的，如果在"杯盘碗碟"之间用顿号，那么原来的顿号都要改用高一级的逗号。如果将例句⑥中的两个分句内部的逗号去掉，那么分号就可以改用低一级的逗号。这就是点号递升递降的问题。

句内点号表示句内停顿，但不是有停顿的地方就必须用点号。

思考练习

1. 试简述标点符号的作用和种类。
2. 改正下列句子中使用不当的标点符号，并加以说明。

    (1) 什么时候动身？从哪儿上车？我都想好了。

    (2) "行喽，"小陈停了一会说："叫我干什么我就干什么。"

    (3) 花生秧是好饲料。种花生为养牲畜提供了有利条件！

    (4) 师范院校的学生都必须学习《教育学》《心理学》等公共必修课。

    (5) 天上地下的分不清是雨？是雪？还是雪粒子？

    (6) 这是革命的春天；这是人民的春天；这是科学的春天。

    (7) 他家里的人说："自己家里的炉子用多少煤，你从来不管，对火车烧煤却这样认真"。他说："国家的事要一丝不苟"。

    (8) "行啊，"他微笑着对我说："我们赶快把计划定出来。"

    (9) 试卷难易程度要适中，既不可太难。又不可太简单。

    (10) 什么地方什么条件下可以种植什么样的药材？老农了如指掌。

    (11) 希望我国运动员在本次世界运动会"赛出风格，赛出水平，为国争光。"

    (12) 祖国啊!! 母亲!

    (13) 我回到家乡一看。嗬！一幢幢美丽的瓦房；一片片葱翠的农田；一条条笔直的渠道；真是翻天覆地的变化。

    (14) 贵报《中外名人故事》专栏内刊登的"刻苦学习的华罗庚"一文，我们都很喜欢读。

    (15) 一个时期，诗人对于季节：春夏秋冬的自然描写特别多。

    (16) 我要更刻苦地学习。为祖国，为人民。

3. 为下面的文段加上标点。

    (1) 中国西部通常是指黄河与秦岭相连一线以西包括我国西北和西南的十二个省市自治区这片广袤的土地面积为五百四十六万平方公里占国土总面积的百分之五十七人口二点八亿占全国总人口的百分之二十三

    (2) 第二天我们划着船到一个朋友的家乡去那是个有山有塔的地方从学校出发我们又经过那鸟的天堂

第七节　语法的规范化

> 学习重点：了解现代汉语语法规范的标准、方法与步骤。
> 学习难点：现代汉语语法规范的方法与步骤。

语法规范问题就是根据汉语内部的发展规律，确立并推广现代汉语在语法方面明确的、一致的标准。要搞好语法规范工作，我们首先应澄清一些模糊认识：一是对语法规范对象——普通话的认识，二是对语法规范标准的认识。

一　现代汉语语法规范化的对象

现代汉语语法规范化的对象是普通话。现代汉语语法规范化的标准来自普通话言语实践。这两句话看似矛盾，实际上包含着深奥的哲学道理。普通话本身就是一个辩证的矛盾统一体。语法规范的标准应为从普通话言语实践中归纳的语法规则。以语法规则检验我们说的话、写的文章合不合语法，可以避免以经验代替语法的经验主义偏误，也可以避免以逻辑代替语法的理性主义偏误。坚持从实践中来，经常深入实践，可以避免脱离言语实际的空谈，也可以及时把握普通话语法律动的脉搏，适时完善语法规则，使语法规范跟上普通话发展的步伐。只要普通话还在被人们广泛使用，普通话就不会停止发展的步伐，语法规范也会随着普通话的发展而发展。吐故纳新，生生不息，是所有开放系统的共同特点。不能一味抨击、压制、镇压新的言语现象，要积极探索新现象产生的原因或机制，欣然接受符合发展规律的新事物、新现象。这样，我们才能在语法规范工作中少犯一些错误。

另外，也不要用现在的语法规范去评价前人的言语作品或语法规范化工作，要知道，语法规范也有时代性。确定语法规范，不但要进行共时的研究，还要进行历时的研究。要通过历时研究，探索汉语语法发展的规律，用其指导言语实践，并为语法规范化工作提供前瞻性意见。普通话语法规范应表现为一个个语法规则，既包括词法规则（用来规范新词），也包括短语结构规则、句法规则。但由于语法规范化工作的特殊性，即理应面向国人、服务国人，必须兼顾语义和语用。也就是说，不能只就语法谈语法，不能搞纯语法，要兼顾语义和语用。要描写语法规则，也要描写语义规则和语用规则。如果可能，还要把这三个规则的描写统一起来，使之融为一体。所有言语现象背后都隐含着一些语法、语义及语用规则。我们的任务就是把这些规则挖掘出来，进行严密的表述，将其作为语法规范的标准。一条规则可能无法涵盖某一言语现象，如果一条不够，就用两条，如果两条不够，就用三条，总之，不能留下无法解释的死角。规则的表述越严密，越有可操作性，人们越能及时检验其真伪，及时予以更正，再次进行实践，从而不断走向精确、精密，使语法规则、语法规范和普通话一起走向成熟。只要我们能够做到上述几点，我们的中小学甚至大学就不会再提"淡化语法"，语法会逐渐成为一门受人欢迎的学科。

二 现代汉语语法规范化的标准

我们暂且不论普通话在语音、词汇方面的标准，仅就语法方面的标准谈谈我们的看法。普通话"以典范的现代白话文著作为语法规范"。考虑到并不是所有"典范的现代白话文著作"都无任何瑕疵，近来人们大多主张"以典范的现代白话文著作中的一般用例为语法规范"。

"典范的现代白话文著作"也好，"典范的现代白话文著作中的一般用例"也罢，说句老实话，这一标准具体操作起来有一定难度。我国目前已推出了《现代汉语规范字典》《现代汉语规范词典》，但"现代汉语规范语法"迟迟难以面世，就充分说明了这一点，原因有以下几点。一是白话文是相对于文言文而言的，范围过于宽泛，只要不是文言文，实际上都是白话文。二是虽然在前面加了个限制词"现代"，但多了个"现代"，又排除了"当代"，把时间限定在五四运动到中华人民共和国成立之前，使语法规范研究跳不出"现代"这个圈子，难以到活生生的言语现实中寻求规范。一代又一代语法学者，辛辛苦苦研究"现代白话文著作"，仍无法规范"现代汉语语法"，就是这个"现代"二字在作怪。三是何谓"典范"，至今没有一个统一的标准，有人说这是"典范的"，也有人说那是"典范的"，大家各执一词，令人无所适从。最严重的是，这一标准纯粹是以"文"治"语"，以"白话文"规范"普通话"，也就是以书面语规范口语。这反映了我国数千年来重文轻语的传统语文观，违背了先贤掀起白话文运动的初衷。如果国人真的遵从这一规定，个个以"文"治"语"，几十年、几百年之后，说不定又会形成千百篇"现代文言文"，令我们的子孙为掌握"标准的普通话"，不得不苦读一些专家指定的"典范的现代白话文著作"。这不是危言耸听，实际上，这正逐渐成为现实。我国目前早已有不少中小学甚至大专院校在教科书外为学生指定一些必读书目（其中就有一些"典范的现代白话文著作"），责之勉之励之，令无数学子望书海而兴叹。"从实践中来，到实践中去"，这是所有科学都要遵循的准则。普通话语法规范化的标准也应来自普通话实践。我们应该从活生生的普通话言语实际中总结、归纳语法规则，并在普通话言语实践中检验这些规则的真伪，而不是一味钻进书本、纸堆里"玩文字游戏"。现在已经有不少学者摆脱"典范的现代白话文著作"，大踏步走向了普通话言语生活实际。

我们只有真正深入普通话言语生活实际，才能真正懂得语法的真谛，领会其中的奥妙。我们过去出现的一些失误，就在于脱离言语实践，躲进超凡脱俗的象牙塔里，对言语实践指手画脚，自然难免发生一些失误。总结、归纳语法规则，需要深入言语实际，检验语法规则，也要投身于言语实践，完善语法规则，更离不开言语实践。"实践、实践、再实践"是我们语法工作者理应遵循的哲学。

三 语法规范的方法、步骤

　　社会是千差万别的，社会语言生活是十分丰富多样的，它们又是不断发展变化的；各个国家有各自的国情，各个民族有各自的族情，各个语言社区也有各自的情况，因此，各个国家、各个民族、各个语言社区的语言规范都有所不同。而语言规范又不单纯是语言问题，它涉及其他诸多因素，这都使得语言规划必须采用多种多样的方法（如行政的、法制的、社会的、教育的、媒体的、学术的，乃至个人的，等等）才能取得成效。从当代中国的语言规范看，同时观照国外的语言规范经验，我们认为，语言规范的方法主要有五种：约定俗成与从俗从众，行政干预与语言调控，学术规范与辞书指导，宣传引导与媒体示范，以及个人作用与名人影响。这些方法有自上而下的，有自下而上的，也有上下结合的。人们在语言规范实践中常常同时综合使用各种方法，只不过有的偏重用于语言地位规范，有的偏重用于语言本体规范。这些方法中，有的是政府行为，有的是民间行为，有的是政府行为与民间行为相结合的。

　　具体说，就是对那些已经有了标准的语法现象，通过语法著作、语文杂志、课堂教学等各种宣传媒介和流通渠道讲明其规范用法，揭示其一般规律，并于宣传教育中大力推广，使之深入人心，变成人民群众自觉遵守的规则。例如，连接名词、代词构成联合短语时，一般用"和"，构成动词性联合短语时，一般用"并"或"并且"（也可用"和"，但须共带一个宾语）；而形容词联合短语则应靠"而"或"而且"来组合。再如，中央报刊和重要文件早已给"和""同"二词做了明确的科学分工：作为连词时用"和"，作为介词时用"同"，特别是在那些容易造成歧义或引起混淆的地方，不能有丝毫马虎。又如，由介词"在"和方位名词"上、下"等构成的"在……上""在……下"式，中间应插入名词或名词性短语，一般不能是谓词性短语。再如，语序和虚词是汉语的重要语法手段，基于现代汉语语法的民族性，在构造句子时必须充分加以考虑。

　　至于司空见惯的一些不合语法规范的说法，诸如"您们""小俩口""他俩个"等，则应坚决地予以清除。还有一些虽表达一个意思，但有两种截然不同说法的，如"差一点出事故"和"差一点没出事故"、"难免发生问题"和"难免不发生问题"等；又如，虚词"被"直接用在动词前（"苍蝇被消灭了""敌人的后路被切断了"之类），这时的"被"究竟是助词（表示被动），还是介词（引进施事的介词"被"省略了其后的名词性成分）即使同一本影响力很大的语法书上，也还有两种说法。这些都应当及早确定一种符合语法规律的说法，并使其成为规范。至于经常出现在歌词和口语里的"好榜样"和"坏毛病"之类，是否符合语法规范，也很值得研究和讨论，因为凡"榜样"就都是"好"的，凡"毛病"便尽是"坏"的，根本用不着定语去修饰。而"救火""救火车"之类，尽管还因"习惯势力"顽固地不时活跃在人们的口语中，好似"约定俗成"，实则无论从哪个方面讲，都是很难讲得通的。所以，人们在语言实践中自然地就淘汰了它们，而代之以新的说法，比如"灭火""消防车"等。

思考练习

1. 现代汉语语法规范化的对象有哪些？
2. 现代汉语语法规范化的标准是什么？
3. 简述语法规范的方法与步骤。

第八节　语法知识在小学语文教学中的运用

学习重点：掌握语法知识在小学语文教学中的运用。
学习难点：在基础训练中运用语法知识。

在小学语文教学中，恰当地运用语法知识，不仅可以帮助学生深入地理解课文内容，提高教学效率，而且可以使学生学习一些简单的语法知识，提高理解语言、运用语言的能力。许多专业知识深厚、教学经验丰富的教师在教学中自觉地运用语法知识，教学活动搞得有声有色，语言训练扎实而富有成效。

在小学语文教学中，语法知识的运用主要体现在以下方面。

一　正确理解和运用句子

在句子教学中运用语法知识，要做到将理解句子和认识句子结构相结合。常用的方法有以下几种。

课文中的长句子，有的是结构复杂的单句，有的是复句。这样的句子是教学的重点，也是难点。运用语法知识引导学生理解这类句子，常用的方法是以语法知识为指导设计一系列提问。

冬眠是动物在漫长的严冬，在不容易找到食物的季节中减少精力消耗的一种自然现象。（《刺猬》）

教师：这个句子告诉我们"冬眠是一种自然现象"。根据句子的意思，你们能说说动物为什么要冬眠吗？

学生：为了减少精力消耗。

教师：对！冬眠是"动物减少精力消耗"的一种自然现象。那么，动物在什么情况下才需要减少精力消耗呢？

学生："在漫长的严冬，在不容易找到食物的季节中"需要减少精力消耗。

教师在提问前首先说出句子的主干"冬眠是一种自然现象"，为下面的提问做好准备。

提出第一个问题"动物为什么要冬眠",目的是引导学生说出宾语"自然现象"的主要定语"动物减少精力消耗";提出第二个问题"动物在什么情况下才需要减少精力消耗",目的是引导学生说出"动物减少精力消耗"这一主谓短语内部的状语。

当然,教师不能过多地对小学生讲语法术语或进行语法分析,但是,教师应当有意识地培养学生理解句子结构的能力,使他们逐步领悟句子的基本语序和句子中词与词之间的结构关系。

1. 通过修饰成分的去留和句式变换的比较,引导学生理解句子结构和句式特点

比较句子是引导学生认识句子的另一种重要的形式,目的是让学生通过对句子的比较,认识句子的不同表达效果。

①蓝天上飘着白云。

②高高的蓝天上飘着几朵白云。

在这两个句子中,例句①只是简明地表达了一个完整的意思。例句②在"蓝天"前面加上了"高高的",在"白云"前面加上了"几朵",这些具体修饰语,更清楚地表现了秋天"秋高气爽、天蓝、云少"的景色特点。比较句子这类训练题在阅读的基础上突出比较,让学生认识哪种句子写得更具体、形象和为什么具体、形象,并要求学生说(写)话时把话说(写)得更加具体、充实些。

采取句式变换比较的方法,可以使学生了解不同句式的表达作用。

③这美丽的南国的树。(《鸟的天堂》)

④大榕树真是美丽的南国的树。

例句③是名词性非主谓句。在教学中,有的学生不明白作者为什么要采用这样的句式,还有学生认为这个句子不完整,是个病句。为了使学生认识这种句式的特点和表达作用,可以把原句改为例句④的形式让学生进行比较:原句采用非主谓句的形式,不仅表现了大榕树的美丽,还能让人感受到句意的紧凑、感情的强烈。例句④虽然也表达了大致相同的意思,但不如原句感情强烈。

2. 利用单句分析法的知识,正确理解句子

例如,在一次年级集体备课时,有教师认为"杰出的爱国工程师"(《詹天佑》)有歧义,可做出如下两种分析:

经过讨论,教师们认为,首先,从意义上看,作者要传达出的信息是:詹天佑是一位"爱国工程师",而且是一位"杰出的爱国工程师";也就是说,詹天佑是"爱国工程师"中的"杰出"者。整篇课文正是围绕这个中心选材组织的。其次,从结构上看,"工程师"是中心词,首先与"爱国"结合成中心语,然后再用"杰出的"来修饰"爱国工程师"这个中心语。汉语中的结构助词"的",具有分清层次的作用,这就运用了递加式定语的知识。

二 正确理解自然段

句群，又叫句组，是几个在意义和结构上有密切联系的各自独立的句子组成的言语交际单位，即句群由前后连贯、共同表示一个中心意思的几个句子组成。

自然段是相对于逻辑段而言的，是文章最基本的结构单位。阅读文章时，我们是在整体感知的基础上一自然段一自然段地细读，一步一步地分析的；写文章时，我们是在总体布局的基础上一自然段一自然段地写，一步一步地体现文章的中心的。作为文章结构单位的自然段同作为语言单位的句群是不同的概念，但是它们之间存在着密切的联系。小学许多课文的自然段是由一个句群构成的，自然段与句群重合。因此，可以运用有关句群的语法知识引导小学生加深对自然段的理解。

1. 通过讲解，分析自然段的结构方式

由一个句群构成的自然段，有的是几个句子借助关联词语组合而成的，有的是几个句子按照语序直接组合而成的。

①猫的性格实在有些古怪。说它老实吧，它有时候的确很乖。它会找个暖和的地方，成天睡大觉，无忧无虑，什么事也不过问。可是，它决定要出去玩玩，就会出去走一天一夜，任凭谁怎么呼唤，它也不肯回来。说它贪玩吧，的确是呀，要不怎么会一天一夜不回家呢？可是，它听到老鼠的一点响动，又是多么尽职。它闭息凝视，一连就是几个钟头，非把老鼠等出来不可！（《猫》）

②小城的公园更美。这里栽着许许多多榕树。一棵棵榕树就像一顶顶撑开的绿绒大伞，树叶密不透风，可以遮太阳，挡风雨。树下摆着石凳，每逢休息的日子，石凳上总是坐满了人。（《海滨小城》）

上面是两个自然段。例①就是按总分结构去写的。教师在教学中可以设计如下问题帮助学生理解段意：作者为什么说猫的性格古怪呢？它的古怪性格体现在哪几个方面？哪些句子描写猫老实？猫贪玩的时候又是怎样表现的？这么贪玩的猫，工作起来却又很尽职，作者是怎么描写猫尽职的？我们了解到这只猫既老实，又贪玩，这么贪玩的猫，工作起来却又这么尽职，这真是一只古怪的猫啊，这里"古怪"是什么意思呢？例②是按照语序直接组合的自然段，句子靠逻辑联系在一起。

为了让学生认清自然段的结构特点，教师可以通过讲解或提问使学生首先弄清楚自然段的大意，然后再看一看全自然段一共有几句话，这几句话是怎样联系在一起的。对于借助关联词语组合的自然段，要让学生明确关联词语表示的意义关系；对于按照语序直接组合的自然段，要让学生明确把几个句子紧密联系在一起的逻辑关系。

2. 借助句子关系，认识自然段内部的结构关系

自然段各个句子之间存在着并列、承接、总分、递进、选择、转折、因果、假设、条件等关系，我们可以借助句子的这些关系来认识自然段内部的结构关系。由单个句群构成的自然段，更适用这种方法。

为了让学生了解自然段各句之间的关系，教师首先要让学生看看用了什么关联词语；没有关联词语的，要让学生看看能加上什么关联词语。特别要注意没有使用关联词语的自然段，要正确分析句子之间的关系。

①更赢说："它飞得慢，叫的声音很悲惨。飞得慢，因为它受过箭伤，伤口没有愈合，还在作痛；叫得悲惨，因为它离开同伴，孤单失群，得不到帮助。它一听到弦响，心里很害怕，就拼命往高处飞。它一使劲伤口又裂开了，就掉下来了。"（《惊弓之鸟》）

②西沙群岛也是鸟的天下。岛上有一片片茂密的树林，树林里栖息着各种海鸟。遍地都是鸟蛋。树下堆积着一层厚厚的鸟粪，这是非常宝贵的肥料。（《富饶的东沙群岛》）

例①中的这个句群结构关系比较复杂，要指导学生明白这个句群的主要意思是更赢对魏王讲他怎样知道那只鸟是一只受伤的鸟，更赢主要根据雁"飞得慢""叫声惨"来判断它受过伤；接着讲它为什么飞得慢，为什么声音惨；最后讲它听到弦响为什么从空中掉下来。这是通过句序一层一层分析后得到的。例②是一个总分关系的自然段，以总起分承的方法描写事物各个方面的情况。这类自然段还可以用来说明事物的性状组成等。

3. 通过讲解和提问，认识自然段的结构层次

自然段和句群一样，也有结构层次。有的自然段内部只有一种结构层次，有的则有两种以上的结构层次。

对于结构层次比较复杂的自然段，可以针对结构层次设计问题。

和尚先请熟悉水性的人潜到水底，摸清了铁牛沉在哪儿。他让人准备两只很大的木船，船上装满泥沙，慢慢行驶到铁牛沉没的地方。船停稳了，他叫人把两条船并排拴得紧紧的，用结实的木料搭个架子，跨在两条船上。又请熟悉水性的人带了很粗的绳子，把绳子的一头牢牢地拴住铁牛，绳子的另一头绑在两条大船之间的架子上。（《捞铁牛》）

这是一个由四个句子组成的、却只有一个句群构成的自然段。教学时，教师可以设计提问让学生回答：①这一段一共有几句话？②和尚做了哪些准备工作？③这些准备工作顺序可以颠倒吗？为什么？从哪些词语中可以看出来？这样，学生不仅正确理解了段意（和尚为捞铁牛做了四项准备工作），而且还知道这四项准备工作顺序是不能颠倒的。

三 正确理解和运用标点符号

在阅读、作文等各个教学环节中都包含着学习和运用标点符号的教学内容。

在各年级的课后练习和基础训练中，教材编写者都安排了学习和运用标点符号的练习。例如，一、二年级要求学生根据标点符号读出陈述、疑问、祈使、感叹的语气；三、四年级要求学生改变句子的句式，并相应地改变句子末尾的标点符号等。

在小学语文教学中指导小学生正确理解和运用标点符号，主要通过阅读教学中的句子教学和朗读教学进行。

1. 通过句子分析引导学生正确理解标点符号的用法

在句子教学中，通过对句子内容和结构的分析，可以加深学生对标点符号的认识；在

对标点符号加深认识的基础上，学生又可以更好地理解句子的内容和结构层次。

《"红领巾"真好》题中的"红领巾"加上了引号，这是指导学生了解引号表示特定称谓的好时机。

教学时，教师可以先让学生读课题，思考题目中的"红领巾"为什么加上了引号；再要求学生找出课文中还有哪几处"红领巾"也加了引号。（清晨，林中谁来得最早？是"红领巾"来放鸟巢。崭新的木牌上写着："请爱护小鸟！"小鸟在枝头高唱：" '红领巾'真好！"）教师指导学生边读边看图。理解这里的"红领巾"是具有特殊含义的，是指代"少先队员"。

有时，学生对课文使用标点符号的情况有不同的看法，如果学生的认识带有片面性，教师可以运用替换的方法引导他们进行比较。

每到夏天，雨来和铁头、三钻儿，还有很多小朋友，好像一群鱼，在河里钻上钻下，藏猫猫、狗刨、立浮、仰浮。（《小英雄雨来》）

这个句子的后半部分———"钻上钻下，藏猫猫、狗刨、立浮、仰浮"，从形式上看是并列的词语，但实际上是承前省略了主语的并列小分句。为了让学生感受使用逗号和顿号的不同，教师可以把其中的逗号改为顿号，让学生读一读，体会一下改动以后停时间的长短和表示的意义有什么不同，对比一下怎样使用标点符号才能获得更好的表达效果。

2. 通过朗读引导学生正确理解标点符号的用法

在朗读教学中，要指导学生正确地进行停顿，读出句子的语气。这样的指导可以加深学生对标点符号所表示的停顿和语气的认识；在对标点符号加深认识的基础上，学生可以更好地理解课文的内容和结构。

水上飞机接着说："我还有很多兄弟。有的可以随时从海上起飞，去参加战斗；有的可以给航行中的船只输送物资；还有的能从海中汲水，去扑灭森林的大火……"（《水上飞机》）

这是一个排比句，由三部分构成，其中的两个分句既表示较大的停顿，又表示并列的结构关系。教师在进行朗读指导时，可以提问：这个长句子分为几个部分？你是怎么看出来的？（三大部分，从内容、两个分号就可以看出来）三部分又可分为几个小部分？是用什么标点符号表示的？（各分为两小部分，用逗号表示）学生诵读时，教师可以要求学生根据不同的标点符号做出不同的停顿，加深对逗号、分号的认识，深入体会句子的结构层次。

3. 通过纠正使用中的错误，指导学生掌握常用标点符号的用法

学生在作文和造句中经常用错标点符号，特别是冒号和引号，很多学生只要一见到"说"字，就要加上冒号和引号。教师应当从教材中选取恰当的实例，有针对性地指导小学生正确使用标点符号。

正在为难的时候，有人说有个人叫蔺相如，他勇敢机智，也许能解决这个问题。（《将相和》）

这个句子中的"有人说"的后面就没有用冒号和引号。有位教师根据学生平日作文经

常用错冒号、引号的实际情况，运用这句话同学生进行了如下谈话。

  教师：这句话中的"有人说"后面为什么不用冒号和引号？

  学生：因为这里不是对话。

  教师：要是对话应该怎么读？（学生按对话，即引用原话的语气读）

  教师：那么，现在这样应该怎么读？（学生读）

  教师：这里不是引用原话，而只是说出了说话人的意思，这叫"转述"。朗读的时候，在"有人说"的后面可以稍加停顿，而"说"和后面的话要一气相连，也不要模拟推荐人说话的口气。再请一位同学读一下。（学生读）

  教师：现在我们改成引用原话的说法，同学们看应当怎么改？（学生试加标点）

  教师：现在再请一个同学按引用的说法读一下。（学生读）

  教师：现在请你们每人造两个句子，一个是引用原话，另一个是转述。

  这位教师自觉地运用了语法知识，不失时机地抓住了标点符号教学的材料，进行了扎实的训练，使学生明确了在转述和和引用中标点符号的正确运用，收到了良好的教学效果。

四 基础训练中语法知识的运用

  基础训练中的有关语法训练的内容包括句子训练、短语训练、句群训练和使用标点符号的训练等。低年级的语法训练主要是初步建立句子的概念，认识简单的单句，初步了解句子的主要成分，认识陈述、疑问、祈使、感叹四种语气的句子；初步了解词语组合构成的各种关系；学习句末标点符号。中年级的语法训练主要是认识句子的附加成分，学习给简单句加上或删除修饰、限制成分，学习修改病句；学习按合理的顺序组织复句和句群；学习句中标点符号和冒号、引号的运用。高年级的语法训练主要是进行运用各种复句的训练，继续学习修改病句，并学习书名号、省略号等标点符号的运用。

  在基础训练中运用语法知识指导小学生完成有关语法知识的训练，常用的方法有比较法和搭桥引路法，例如完全句与不完全句的比较，简单句与复杂句的比较，陈述句与反问句的比较等。搭桥引路法就是在完成一项难度较大的练习前，用同类型的练习题作为参照。

  以下结合具体训练项目，对基础训练中常用的语法训练形式做出说明。

  1．读句子，再抄下来

 ①故宫在北京的中心。

 ②祖国山河真美丽。

 ③明天老师带我们去秋游。

  这项训练，目的是使低年级的小学生初步建立起句子的概念。教师要以语法的观点正确理解训练意图，不能简单处置，不能让学生读一遍、抄一遍就算完成了训练任务。教师可以分别针对谓语和主语进行提问——"祖国山河怎么样？""什么真美丽啊？"然后再做出小结：一个简单的句子可以分为前后两部分，前面的部分说出"什么"或"谁"，后面的部分说出"怎么样"或"是什么"。做出小结后，教师再让小学生模仿造句。

2. 用直线把词语连接起来

①可爱的　　灯光
　闪闪的　　花朵
　明亮的　　河水
　长长的　　布熊
　美丽的　　锦缎
　清清的　　星星
②抽出　　　丰收
　庆贺　　　双臂
　张开　　　枝条

这项训练，目的是使小学生初步认识词语的组合以及构成的语法关系中定语和中心语的关系。练习时，可以进行正误组合比较，使小学生明白词语能否组合是由词语的意义决定的，教师还要引导学生仿照例子写出偏正短语。

3. 仿照例子写句子

示例：东郭先生牵着毛驴在路上走。

　　　东郭先生在路上走。

　　　东郭先生走。

①骏马在辽阔的草原上奔驰。

②小鸟在树枝上自由自在地叫。

这项训练，目的是使中年级的小学生感知状语的作用，并培养小学生分析复杂单句的能力。练习时，教师可以首先让学生仿照示例分两步压缩句子，然后让他们将压缩前后的句子进行比较，说说压缩前后句子有什么不同，使学生明白压缩后的句子简单了，意思更容易看清楚了；但是，压缩后的句子不如原句生动，所以平常说话、写文章时，还是需要一些较长的句子。

4. 选择恰当的关联词语，填在括号里

因为……所以……　　虽然……但是……　　不但……而且……　　如果……就……

①李刚（　　）刻苦学习，（　　）成绩优良。

②（　　）奶奶满头银发，（　　）行动十分利落。

这项训练，目的是使高年级的小学生正确认识和运用复句中的关联词语。教师可以分四步指导小学生完成以上练习。

第一步，让学生试填关联词语。

第二步，订正答案后，以第一句为例进行提问："如果把这句话的关联词语去掉，因果关系还存在不存在？"（学生认真思考后回答：因果关系还存在。）

第三步，教师继续讲解，这个句子之所以能用"因为……所以……"表示关联，是因为前后两部分在意义上本来就存在因果关系。如果意义上不存在因果关系，即使加上"因为……所以……"，也不能构成因果复句。

第四步，教师让学生回想学过的课文或联系生活实际，用"因为……所以……"造句。

学生纷纷造句，"因为地球对于任何事物的引力都是一样的，所以两个铁球同时落地""因为大熊猫是濒临灭绝的珍稀动物，所以国家禁止捕杀"。

这位教师的教学活动重在引导小学生掌握规律，语法知识的指导作用非常明显。

思考练习

1. 在小学语文教学中运用语法知识主要有哪些方面的内容？
2. 以"中国人民站起来了"为例，谈谈如何帮助学生建立句子的概念。
3. 运用句子成分分析法中的先主干再枝叶的知识，指导学生理解下面的句子。

　　只见海港两岸，钢铁巨人一般的装卸吊车有如密林，数不尽的巨臂上下挥动；飘着各色旗帜的海轮有如卫队，密密层层地排列在码头两边。

第六章 修 辞

本章导读

本章讲述语音修辞、词语修辞、句式修辞和辞格的运用等知识，引导学生注意选词造句，恰当地运用各种修辞手法，提高学生的语言表达能力和应用能力。

第一节 修辞概说

> 🔍 **学习重点**：理解修辞的概念，了解修辞与语境、语音、词汇、语法的关系及修辞的作用。
> 🔍 **学习难点**：了解修辞与语境、语音、词汇、语法的关系。

一 什么是修辞

"修辞"有三种含义：一是指客观存在的修辞现象（修辞规律），如"修辞属于言语现象"；二是指修辞知识或修辞学（修辞理论），如"要学点修辞""语法和修辞是两门科学"；三是指依据题旨、情境，运用特定手段，以加强语言表达效果的活动（修辞行为），如"要变不善修辞为长于修辞"。

我们用语言交流思想、传达信息，不仅要表达得准确无误、清楚明白，还应该力求生动形象、妥帖鲜明、连贯得体、新颖独特，尽可能给人以深刻的印象和动人的美感。由于运用语言的方法、技巧和规律与积极调整语言的行为两者是"你中有我、我中有你"的统一关系，所以修辞是在适应表达内容和语言环境的前提下积极调动语言因素，为获取最理想的表达效果而对语言进行的加工。

语言中的同一思想内容可以选用不同的语言形式表达出来，而这些不同的语言形式在不同的语境中又各有自己的表现特点和表达效果。孙犁在《荷花淀》开头有一段关于白洋淀的苇地和苇席的描写，可以说明不同的语言形式的修辞效果：

要问白洋淀有多少苇地，不知道；每年出多少苇子，也不知道。只晓得每年芦花飘飞苇叶黄的时候，全淀的芦苇收割，垛起垛来，在白洋淀周围的广场上，就成了一条苇子的长城。女人们在场里院里编着席。编成了多少席？六月里，淀水涨满，有无数的船只运输银白雪亮的席子出口。不久，各地的城市村庄就全有了花纹又密、又精致的席子用了。大家争着买："好席子，白洋淀席！"

这段文字写得朴素自然、清新别致，给人的印象很深。如果作者不用提问的方法去引人注意，不用比喻、夸张、引用等方法描绘苇地的大、苇子的多和苇席的好，而是平淡单调地用抽象的数字说明苇地的面积、苇子的产量和苇席的质量，肯定不会有这样令人难忘的效果。

又如：

①禁止践踏草坪。

②小草也有生命，请足下留青！

类似的标语在公园随处可见，但多数人应该会认为②比①好。句子①是命令、训诫语气，显得强势；句子②是祈使、劝导语气，显得礼貌。两个句子不仅体现出对人的态度不同，而且句子②也更具语言艺术性。"青"本是形容词，这里灵活运用，具有名词性词组

"青青的草坪"的意思。"足下留青"也是习惯用语"手下留情"的仿造,"留青""留情"谐音双关,巧妙含蓄,言有尽而意蕴深。句子②表达效果好,归功于综合利用了汉语语言要素的特点和精心组词造句的结果。

因此,学习修辞学的目的,就是掌握修辞规律、原则和方法,从而提高我们修辞行为的水平,进而提升语言的表达效果。

二 修辞和语境

语境,就是运用语言的具体环境,如使用语言的时间、地点、场合、对象及上下文等,都是具体的语言环境。同一思想内容可以有多种多样的表达方式,可以选用不同的词语或句子来表达,采用哪种方式、哪类语句最好,特定的语言环境往往是重要的制约因素。所以,语境既是进行言语活动的依据,也是检验修辞效果的依据。

语境一般分为语言语境和情景语境两种。其中,情景语境和修辞的关系更为密切,它包括语言运用中对话语有影响的情景、情况和关系等。

构成情景语境的有两方面的因素:一是主观语境因素,包括交际双方的身份、职业、思想修养、处境、心情等自身因素,它直接制约着个人的语言特色和语言风格;二是客观语境因素,包括在语言运用过程中的时间、地点、场合、话题、情境等因素。主、客观因素都直接对言语活动产生制约作用,从而形成修辞上的语境意义。

修辞上的语境意义复杂丰富:或增添新意,或一语双关,或别有情趣,或弦外有音。任何文段都可以按照字面意思直接解释,然而其潜藏在字里行间的象征意义、情感意义、语境意义乃至风格意义,只能靠"此情此境"才能体现。例如:

①在我的后园,可以看见墙外有两株树,一株是枣树,还有一株也是枣树。(鲁迅《秋夜》)

②进入天山,戈壁滩上的炎暑就远远地被撇在后边,迎面送来的雪山寒气,立刻会使你感到像秋天似的凉爽。(碧野《天山景物记》)

例句①用了不到30个字描写了作者住所客观景物的无变化,反复手法中透露出作者当时无聊、单调、彷徨、苦闷的心情。例句②中,作者对酷暑炎热感到烦躁不快,所以写成"撇在后边",而迎面的雪山寒气凉快沁人,使人有了不一样的感受,所以又写"送来的雪山寒气"。这一"撇"一"送"紧扣语境,鲜明地展现了作者心境、情绪的变化。又如:

③强烈的好奇心驱使我把凡与钱先生有关的文章、书籍都找来阅读,越来越发现钱先生的魅力和伟大,自己的学习、生活似乎也"一切向钱看"了。渐渐地,我便萌发了写《钱钟书传》的念头。(孔庆茂《钱钟书传》)

"一切向钱看"是特定语境的双关妙用,它一方面表现了作者对钱钟书先生的品格、学识的由衷敬佩和研究钱学的殚精竭虑,另一方面也借这个现成的带有俗味的语句的谐音,推陈出新地表现出不俗的意味。这说明语境离不开特定语句的支撑,特定的语句又要适应语境的需要。

在更多的情况下，语境的作用显示在上下文方面。例如：

④丁二爷吃完了饭，回到自己屋中和小鸟们闲谈。花和尚、插翅虎、豹子头……他就着每个小鸟的特色起了鲜明的名字。他自居及时雨宋江，小屋里时常开着英雄会。（老舍《离婚》）

文中用了拟人、比喻等修辞手法，文字生动活泼，也很有情趣。文中的丁二爷本就是个"白吃饭"的人，他的那些小鸟不是秃尾巴的、烂眼睛的，就是项上缺羽毛的或破翅膀的，无一不各具特色。就是它们，常与无所作为的丁二爷"闲谈"，又开着什么"英雄会"。显而易见，作者通过语境取得了幽默、滑稽、别有情趣的效果。

老舍曾明确指出，作家选用语言时应特别注意"如此人物，如此情节，如此地点，如此时机，应该说什么，应该怎么说"（见《话剧的语言》）。这里点明了语境是修辞活动得以进行的一种重要因素。语料随语境而变异、创新，表达方式也随语境而定。我们由此不难看出语境的功用：一是制约言语活动的内容；二是规定言语的表达方式。所以，正如陈望道曾指出的，修辞要"随情应境，随机措施"（见《修辞学发凡》）。

说写者与听读者都要通过联想建立起话语与语境的紧密联系，消除话语与语境的矛盾，以获得话语与语境的和谐相称。

三 修辞与语音、词汇、语法的关系

修辞从表达方式、表达效果的角度去研究语音、词汇、语法的运用。由于修辞立足于语言运用，它同语音、词汇和语法理所当然地存在着复杂而又密切的关系。

▶（一）修辞与语音的关系

语音是语言的物质外壳。修辞研究运用语言因素、语言规律来提高表达效果，自然要注重研究谐音、叠音、拟声、双声、叠韵、平仄、押韵、字调、语调、重音、轻声、停顿、音节、节奏和儿化韵等语音现象，研究这些语音现象在特定思想内容和语境中表现出来的感情色彩、心理状态、音律美感和民族风格。不少修辞方式是利用语音条件来体现修辞效果的，如双关、对偶、拈连、摹声、谐音、借代等。

语音在突出语义和增强音律美方面为修辞提供条件，丰富了修辞方式的内容；修辞则通过积极调动语音因素扩大了语音的表达功用。语音修辞是修辞研究的一个重要方面。

▶（二）修辞与词汇的关系

词汇研究的是词义、词的构成、词汇的形成发展及其规范化等内容；研究修辞则是从筛选、锤炼的角度去研究词语运用的。这就势必要从声音、形体、意义、色彩、用法等方面对词语加以调遣、安排，也必然要用到各种各样的词汇要素，如同义词、反义词、多义词，同音词，褒义词、贬义词，外来词、古语词、行业语以及熟语等。

词汇为词语的筛选锤炼、为形成具体的修辞方式提供必要条件，几乎所有修辞方式都同词汇有关，如双关、反语、仿词、婉曲、对偶、对比、借代、夸张、顶真、回环、拈连、反复、比喻等。词语修辞是修辞体系中的一个组成部分，修辞使词汇在语言运用中发挥了更为重要而广泛的作用。

(三) 修辞与语法的关系

修辞与语法的关系更为密切。修辞要以合乎语法规范为基础。话语说得或写得合乎语法，才有调整加工的可能。话语和文章的意蕴、气势、力量、跌宕等方面的效果往往要靠句式的选用和调整，要靠句群的有效组织来体现，如讲求句子的长短、句子的整散、句子的分合、句子的繁简、句子的常式与变式等。有时特意使用不合语法规范的句子，却是修辞上的妙语佳辞，那是利用超常表现手法精心构造的结果。

修辞与语音、词汇、语法既有区别又有联系：对修辞来说，语言三要素是修辞的物质载体，也是修辞效果得以实现的基本手段；就语言三要素来说，修辞是对它们的综合运用和艺术加工，极大地增强了它们的表现力。

修辞与语音、词汇、语法的关系如表6-1所示。

表6-1 修辞与语音、词汇、语法的关系

项目	语音（语言的物质外壳）	词汇（语言的建筑材料）	语法（语言的结构规律）
修辞方式	双声　叠韵 押韵　平仄 谐音　叠音 轻声　儿化 重音　轻音 字调　句调 停顿　延长 音节　节奏	同义　反义 多义　同音 仿造　创新 配合　照应 活用　巧用	长句　短句 整句　散句 主动句　被动句 肯定句　否定句 倒装句　顺装句 完全句　省略句 口语句　书面语句 单句　复句 复句　句群

四 修辞的要求

修辞是人们在交际活动中对语言进行的修饰调整、选择创新等修饰言辞的活动，是运用语言的艺术。修辞既要规范，也要艺术。所以，修辞要求准确、经济，富有表现力。

(一) 准确

准确就是用合乎规范的语言把所要表达的内容如实地进行表达，即发音要准确，用词要恰当，句子的组织要合乎语法规范，语意要明确，如写诗主要是为了抒发自己的情感且感染别人，引起共鸣；发通知是为了通知、告知别人一件事或解决某个问题，故写诗要用生动形象、富有表现力的语言去表情达意、打动他人，而发通知则只要使用准确简洁的语言说清楚所要说明的事情即可。

例如，"望庐山瀑布"中的"望"用得非常准确，其含义有二：①看，往远处看；②拜访。这句诗运用了比喻、夸张和想象，既写了从远处"望"的全景，又突出了瀑布的壮观宏伟，表达了作者对祖国大好河山的热爱之情。如果用"看"来替换，不仅不能体现"远"这一角度，情感表达也逊色不少。

再如：

从此就看见许多新的先生，听到许多新的讲义。（初稿）

从此就看见许多陌生的先生，听到许多新鲜的讲义。（修改稿）

初稿中，"新的先生"和"新的讲义"中的两个"新"字，意思上都是两可的。"新的先生"可能是"新来的"，也可能对作者说是"生疏的"；"新的讲义"，可能指讲义的新旧，也可能是指内容，是与"平凡陈腐"相对的"新奇""新鲜"。改成"陌生的先生"和"新鲜的讲义"，比单说"新"要具体，意思也就更准确了。

▶▶ （二）经济

经济就是用尽量少的语言表达尽可能多的意思，言简意赅。但值得注意的是，经济原则并不是说用词越少越好，还得服从表达的需要，该少则少，不能少的千万不能少，否则就会影响意思的表达。如：

①这时候，我才确信，我是到底相信人死无鬼，虽在久病和高热之中，也没有动摇。（鲁迅《死》）（初稿）

这时候，我才确信，我是到底相信人死无鬼的。（修改稿）

这是鲁迅先生《死》原稿中的一句话。在定稿时，鲁迅先生只在"鬼"后加了个"的"字。后面的文字全部删除了，因为"确信""到底相信"等词语，已经把作者的意思表达清楚了，也表示了作者信念的确定无疑。这种删减使句子简洁明快，免除了啰嗦、繁冗，前者用了"到底"两字，已足以表示态度的坚决，所以删除"虽"后面的分句，反而显得明快有力。

又如：

②"你看，……自然这样一移，的确比较的好看些，然而解剖学上的图不是美术，实是那样的，我们没法改正它。"（鲁迅《藤野先生》）（初稿）

"……然而解剖图不是美术，……"（修改稿）

此处，"解剖图"比"解剖学上的图"读起来顺口，听起来意思也明确得多。

▶▶ （三）富有表现力

富有表现力就是语言要生动，具有立体感，能在具体语境中表达丰富的内容，能够打动人、感染人。如：

①他（指闰土）回过头去说："水生，给老爷磕头。"便拖出躲在背后的孩子来。

一个"拖"字，既有闰土的使劲拉，又有水生的死命挣，二人前拉后挣的形象跃然纸上，表意丰富。

又如以下两处修改都极大地增强了语言的鲜明性，使读者获得了深刻而清晰的印象。

②东京也无非是这样。上野的樱花烂漫的时节，望去确也像绯红的轻云，但也缺不了"清国留学生"的速成班。（初稿）

……但花下也缺不了成群结队的"清国留学生"的速成班。（修改稿）

"花下"与前文"樱花烂漫"结合紧凑，"成群结队"点明了多数"清国留学生"的醉生梦死,这也正是促使当时志在追求救国救民的鲁迅先生离开东京的原因之一。

再如:

③一将书放在讲台上,便向学生介绍自己道……(初稿)

一将书放在讲台上,使用了缓慢而很有顿挫的声调,向学生介绍自己道……(修改稿)

修改后的文字刻画了藤野先生的语态,使人感到他的诚恳和悦,闻其声,如见其人;而且增添的这寥寥几个字与后文结尾处互相呼应,起了加深读者印象的作用。

五 修辞的作用和学习修辞的目的

(一) 修辞的作用

修辞的意思是文辞或修饰文辞。"修"是修饰的意思,"辞"本来的意思是辩论的言辞,后引申为一切言词。修辞的本义就是修饰言论,也就是可以在使用语言的过程中,利用多种语言手段,以获得尽可能好的表达效果的一种语言活动。因此,修辞在信息时代的作用格外突出:有助于提高说话和写作能力,以及阅读和欣赏水平;有助于提高语言修养和语言美的水平;有助于更准确畅通地传递社会信息。

(二) 学习修辞的目的

修辞的特殊作用决定了我们学习修辞的目的。

首先,学习修辞可以帮助我们提高语言表达效果,更好地完成言语交际任务。古人说:"言之无文,行而不远。"(《左传·襄公二十五年》)其中的"文"就是文采、文饰,也就是语言的艺术性。好的内容,如果没有优美的形式来表达,也不容易流传开来。学习修辞,熟悉并善于运用各种修辞手法,能够使我们增强语言的表现力、感染力和说服力,有效地提高表达效果,圆满地完成交流思想的任务。

其次,学习修辞还可以帮助我们正确地理解各种言语作品,提高阅读欣赏水平。

有人以为,学习修辞是咬文嚼字,单纯追求华丽的辞藻,这种看法是不对的。修辞研究的虽然是语言的表达形式,但是语言的表达形式是为思想内容服务的。修辞就是要实现语言形式和思想内容的完美统一。因此,它同片面地讲究形式美、单纯地追求华丽辞藻的错误做法是不同的。还有人认为修辞"高深莫测"。修辞是讲求表达效果的,修辞行为贯穿言语交际的全过程,写文章需要它,说话也需要它,不存在"高深莫测"的问题。

所以,修辞要遵循辩证原则、得体原则和功能原则。

思考练习

1. 品味修辞和语境的关系。
2. 举例说明修辞的要求。
3. 有人说:"修辞就是咬文嚼字,就是雕琢词句、卖弄文字技巧。"这种说法对不对?为什么?
4. 判断下面的说法是否正确。

(1) 寻常的作文，用不着修辞，要有点文学意味的作品，才讲究修辞。
(2) 一般认为，修辞是在一定环境中展现出来的表义手段。修辞活动是一个选择的过程。
(3) 学习修辞就是学习语言的表达形式，所以只要形式优美，语言效果就会突出、鲜明。
(4) 修辞是从语言运用效果的角度来研究语言的，不是语言的因素，因而跟语音、词汇和语法无关。
(5) 人们主要站在表达者的立场来运用修辞，听者和读者只能被动地接受。
(6) 修辞是语言学科的一个分支。
(7) 老舍指出，作家选用语言应特别注意"如此人物，如此情节，如此地点，如此时机，应该说什么，应该怎么说"。
(8) 修辞主要是从近义形式选择的角度研究表达效果。
(9) 常规与变异是语言艺术化的手段。
(10) 古人说："言之无文，行而不远。"其中的"文"就是文采、文饰，就是语言的艺术性。

第二节　语　音　修　辞

学习重点：了解语音修辞的性质与作用。
学习难点：掌握语音修辞的条件，提升表达效果。

一 语音修辞概说

（一）语音修辞的性质

1. 定义

语音修辞是指利用言语单位的语音特征和语音关系构成的修辞策略和技巧。

2. 特点

（1）功能特点。语音修辞不仅能带来语音方面的修辞效果，而且能丰富表情达意的手段，强化语义方面的修辞效果。修辞主体的目的首先是利用语言建筑材料的音乐性建构言语动态过程的音乐美（整齐美、抑扬美、回环美等），同时也利用音形、音义结合关系的多样性以增强语言的表现力和感染力（强调、关联、变化、情趣、含蓄等）。

（2）结构特点。不同语言有着不同的语音特点和语音关系，因此可利用的语音条件以及形成的语音修辞方法也不一样。

（二）汉语语音修辞的分类

1. 汉语修辞的语音条件

汉语语音具有突出的音乐性，体现在以下几个方面：

乐音丰富，声音和谐；

音节整齐，轻重相间；

声调不同，声音复现。

2. 汉语语音修辞的分类

依据其对语音条件的利用状况，可以将汉语语音修辞大致分为语音选择修辞、语音组配修辞、语音谐拟修辞三类。

（1）语音选择修辞：着眼于语言单位本身的语音特点，对其加以选择和使用。

（2）语音组配修辞：着眼于不同语言单位之间的语音关系，对其加以组合和调配。

（3）语音谐拟修辞：着眼于不同语音之间的近同关系或语音与非语音之间的近似关系，加以替换或模拟。

二 语音选择修辞

（一）儿化词与轻声词的选用

选用儿化词是一种很有效的语音修辞方法，可以带来一定的修辞意味。

有时是表现意味，如表"细小"的"人儿、脸儿、事儿、三儿、小末儿、小曲儿、小包儿"；

有时是附加特殊的感情，如附加亲爱情感的"老头儿、二姨儿、小妹儿、小孩儿"；

有时是增加生动、灵活的艺术色彩，如"年年月月是歌节，月儿明亮歌儿甜……"

选用轻声词（本身读轻声和包含一个轻声音节的词）可用于表达轻快柔和的感情，可以形成抑扬变化，适应表意的某种特殊需要，如：

有一只小鸟，它的巢搭在最高的枝子上，它的羽毛还未曾丰满，不能远飞；每日只在巢里啁啾着，和两只老鸟说着话儿，它们都觉得非常快乐。

这一天早晨，它醒了。那两只老鸟都觅食去了。它探出头来一望，看见那灿烂的阳光，葱绿的树木，大地上一片的好景致；它的小脑子里忽然充满了新意，抖刷抖刷翎毛，飞到枝子上，放出那赞美"自然"的歌声来。它的声音里满含着清脆和柔美，唱的时候，好像"自然"也含笑着倾听一般。（冰心《一只小鸟》）

（二）响音字与衬音字的选用

响音字指声音响亮的字。字音的响度同音质、音强、音高、音长等都有关系。古汉语中有洪音、细音之分，把韵母中主要元音开口度较大、音色比较响亮的叫洪音。现代汉语中，ang、ao、a 等收尾的字音比较响亮，平声字比仄声字响亮，音节长的字比音节短的字响亮。响音字和非响音字是相对的。选用响音字，宜于表现强劲高亢的声音和气势。

衬音字的选用，作用在于协调音节，使语句节奏整齐协调、匀称流畅，具有音乐美。衬音字基本上用于诗词、戏曲、民歌、快板等韵文中。例如下面句子中的两个"那个"就用作衬音：

我们爬火车那个搞机枪，闯火车那个炸桥梁；就像把钢刀插入敌胸膛，打得敌人魂飞胆丧。

古代散文中的"之"也可用作衬音，以补充字数、协调音节。

"之"可以嵌在专名中，如"烛之武退秦师""介之推不言禄""怒而触不周之山"。

"之"也可以放在别的词之后，如"不知手之舞之，足之蹈之""迩之事父，远之事君""久而久之"。

（三）双声、叠韵、叠音形式的选用

双声指前后相连的音节声母相同，叠韵指前后相连的音节韵母相同或基本相同，叠音指前后相连的音节相同。双声、叠韵、叠音形式包括单纯词（如"参差、窈窕、脉脉"）、合成词（如"新鲜、响亮、刚刚、红通通、清清楚楚"）、短语（如"清秋、坠泪、蒸蒸日上"）等，并不仅限于双声词、叠韵词、叠音词。

双声、叠韵、叠音形式的选用，可用于协调音节，形成回环、变化之美，具有描绘渲染等作用。如：

① 参差荇菜，左右流之。窈窕淑女，寤寐求之。（《诗经·关雎》）

"参差"双声，"窈窕"叠韵，自然而巧妙，表现了青年小伙子对美丽贤惠姑娘的热烈仰慕与追求。

② 寻寻觅觅，冷冷清清，凄凄惨惨戚戚。乍暖还寒时候，最难将息。（李清照《声声慢》）

七组叠字连用，沉郁凝重，凄切哀婉；虽然每个字都很平常，但叠用后新颖奇妙，具有强大的艺术感染力。

又如：

③ 风飘律吕相和切，月傍关山几处明？（杜甫《吹笛》）

④ 梦里依稀慈母泪，城头变幻大王旗。（鲁迅《无题》）

⑤ [聪明累] 机关算尽太聪明，反算了卿卿性命。生前心已碎，死后性空灵。家富人宁，终有个，家亡人散各奔腾。枉费了，意悬悬半世心，好一似，荡悠悠三更梦。忽喇喇似大厦倾，昏惨惨似灯将尽。呀！一场欢喜忽悲辛。叹人世，终难定！（曹雪芹《红楼梦》）

三 语音组配修辞

（一）声、韵、调的协调与呼应

将声母相同、平仄相同或韵母相同（或相近）的不同音节安排在上下文的特定位置形成呼应关系，包括同声相应、同韵相和、平仄调配三种形式。前者效果不明显，少见，后二者常用于韵文。

1. 同韵相和

同韵相和（习惯上叫押韵、叶韵，但同韵相和的范围要大些），就是在上下语句或隔句的句尾有规律地使用韵相同或相近的字，创造音韵回环、和谐悦耳的音乐美。其作用在于三点：一是通过声音的联系使不同语句（尤其是诗行）统一起来，形成一个整体；二是把关键语词置于韵脚位置，从而突出中心意象或重点内容；三是使言语作品易诵易记，好传播，留余音。

汉语传统诗歌尝试过多种多样的押韵方式，后来基本固定在句尾押韵。如：

①水帘洞下，有田地人家，种植炊煮，皆赖山水。（汪曾祺《初访福建》）

②用笔何如结字难，纵横聚散最相关。一从证得黄金律，顿觉全牛骨隙宽。（启功《论书绝句》）

2. 平仄调配

声调是汉语音节结构不可缺少的，构成声调的主要因素是音高的变化，其次是音长的差异。声调在词汇方面有区别语义的作用，在语法方面有区别词类的作用，在修辞方面则有形成韵律美的作用。我们可以把阴平、阳平称为平声，上声、去声称为仄声。

平仄调配就是让平声、仄声的音节既连续又交错地出现，使高扬和低抑的调子既相配合又相对应，从而说起来顺口，听起来悦耳，传情达意效果更佳。

平仄调配的总体原则是既相重又相间，既统一又变化，既不忽略也不拘泥。如：

①无边落木萧萧下，不尽长江滚滚来。（杜甫《登高》）（平平仄仄平平仄，仄仄平平仄仄平）

②细草微风岸，危樯独夜舟。（杜甫《五律·旅夜书怀》）（仄仄平平仄，平平仄仄平）

以上例句的平仄完全符合格律诗的要求，体现了汉语讲究声调平仄的传统。

我们习惯用的成语及常用的一些词语，往往也具有平仄协调的优美形式。如：

平平仄仄：千秋万载　花言巧语　铜墙铁壁　玲珑剔透
　　　　　青山绿水　争奇斗艳　珠光宝气　狼心狗肺
　　　　　拈轻怕重　粗枝大叶　拖泥带水　颠三倒四
仄仄平平：破釜沉舟　锦上添花　饮水思源　柳暗花明
　　　　　力挽狂澜　万水千山　叱咤风云　弄假成真
　　　　　水到渠成　斗转星移　勠力同心　近水楼台
其他：人杰地灵　明辨是非　落花流水　指桑骂槐　趾高气扬

（二）音节的协调与呼应

音节的协调与呼应是指通过对不同音节词语的选择、组合和配置，使语音音节匀称、错落有致、前后协调，富有节奏感和旋律美。

就汉语而言，音节协调追求的目标主要是双音化、四字组合、前后句字数相等或相近，音节呼应主要是让前后文在声音和语意上都能紧密联系，形成整体。

音节协调与呼应的总则是流畅自然、声情并茂。注意做到不损害内容的准确性、格调的统一性、逻辑上合理性。如：

①随着山势，溪流时而宽，时而窄，时而缓，时而急，溪声也时时变换调子。（叶圣陶《记金华的双龙洞》）

"宽""窄""缓""急"生动地描绘了溪流的形态变化、流动状态变化和水流声音随山势变换的特点，让人感受到山势的多变以及水的美好，表现了对溪流的喜爱、赞美之情。从韵律上看，这四个字是利用了单音节词语使音节匀称，读来非常具有节奏感。

②层层的叶子中间，零星地点缀着些白花，有袅娜地开着的，有羞涩地打着朵儿的；正如一粒粒的明珠，又如碧天里的星星。（朱自清《荷塘月色》）

"袅娜""羞涩"两词能让人联想到荷花仪态万千、娇羞不已的媚态；"明珠"体现出荷花的光泽感，"星星"给人一种一闪一闪的动态感，"刚出浴的美人"体现出荷花的纤尘不染。"袅娜地""羞涩地""一粒粒""碧天里""明珠""星星"利用了单音节、双音节、多音节的匀称，使人读起来有节奏感。

直接组合的词语也要注意音节的匀称，如"建设国家、庆祝节日、伪劣产品、艰难困苦"。

下面的句子音节就不够协调：

③观众喜爱的十一面哈哈镜已经整修一新，装潢别致，和光学馆一起也将在春节期间供大家观赏。

最后一个分句最好改成"将和光学馆一起也在春节期间供大家观赏"，修改后，单音节的"和"改成了双音节的"将和"；而三音节的"也将在"变成了双音节的"也在"，读起来更顺畅。

（三）音组的协调与呼应

音组的协调与呼应表现为语调的句内变化和句间协调，是依据语意、感情、态度表达的需要在高低、轻重、长短、快慢、停顿等方面对音组的综合安排。

语调作为语音修辞方法，应同篇章的内容和基调协调一致。

停顿、轻重、快慢、升降等使用恰当，作用有三个：一是分清层次，突出重点，准确表情达意；二是表达言外之意，言语简单，意义丰富，含蓄传情；三是形成节奏，调节旋律，形成语言的节奏感、旋律美。

四 语音谐拟修辞

上文说的语音谐拟修辞，包括谐音修辞和拟音修辞。

（一）谐音修辞

谐音修辞，是利用词语声音相同或相近的特点，形成语义关联或衔接上下文，从而增强语言的表现力，形成含蓄、风趣、生动、强调等的表达。

1. 谐音双关

利用声音相同或相近形成双关表达，通常言在此意在彼。谐音双关有同音同形和同音异形两种。如：

①我们掌柜的有个脾气，比他高的都不用。

出自方成的漫画《武大郎开店》，辛辣地批评了生活中那些嫉贤妒能的人，揭露了社会上流行的用人制度的弊端。

②评奖评奖，无人开腔；评奖评奖，越评越僵；评奖评奖，轮流坐庄，评奖变成了平奖。（蒋子龙《人事厂长》）

"评奖"和"平奖"，是完全不同的两件事，说"评奖变成了平奖"，话语诙谐，含义深刻。

③"西兰公路"在一九三八年还是有名的"稀烂公路"。（茅盾《风雪华家岭》）

"西兰"和"稀烂"，同音，幽默风趣。

④苏东坡和好友佛印和尚相互戏谑的哑语对联：

狗啃河上（和尚）骨

水流东坡诗（尸）

某些谐音在传统修辞中已形成固定关联，如丝与思、藕与偶、莲与怜、杯与悲、理与礼，多用于古诗词、民歌、谜语、对联和歇后语等文体中。如：

春蚕到死丝方尽，蜡炬成灰泪始干。

腊月里的萝卜——冻（动）了心

双木不成林（打一字）

2. 谐音关联

这里指的是通过谐音形成上下文之间的关联。如：

①"我是你们的大师兄！"我说。

"兄？凶多吉少！"

②"无齿之徒"原是"无耻之徒"。

③"名优产品"成了"民忧产品"。

④"四化"变成了"私化"。

3. 谐音假对

这是对偶的一种，亦称"声对"，是利用语音的相同或相近构成的假对。如：

①厨人具鸡黍，稚子摘杨梅。（孟浩然《裴司士、员司户见寻》）

两句中的第四个字"鸡""杨"本不相对，但这里"摘杨梅"的"杨"借为"羊"，以对出句之"鸡"字。

②寄身且喜沧州近，顾影无如白发何。（刘长卿《江州重别薛六柳八二员外》）

出句借"沧"对"苍"，与"白"为颜色对。

③水春云母碓，风扫石楠花。（李白《送内寻庐山女道士李腾空》）

对句中"楠"谐音"男"，与出句的"母"相对。

4. 谐音仿拟

这指的是利用谐音关系仿造近义或反义新词。如：

①五儿急得便说："原是宝二爷屋里芳官给我的。"林之孝家的说："不管你'方官''圆官'，现有了脏证！我只是呈报了，凭你主子前辩去！"（《红楼梦》第六十一回）

这个例句先将"芳官"的"芳"，谐音为"方"，然后再利用"方"和"圆"的对应关系，仿"方官"，临时造出"圆官"。林之孝家的用这个仿词，口气强硬有力。

②这是从我国历代笑话中选出精彩的作品改编，由画家绘画的笑画选集。（某新书广告）

此处"笑画"由"笑话"仿拟而成。从意思上讲，"笑"是它们的共同点；从声音上说，"话"与"画"谐音，使人在视觉和听觉上产生兴趣，并得知漫画"笑画"选集的内容，饶有情味。

很多广告语也用谐音仿拟来突出产品的特点。如：

①百闻不如一"键"（打印机广告）

②骑（其）乐无穷（自行车广告语）

③曲径通忧（漫画标题）

（二）拟音修辞

拟音修辞是指用语音形式模拟自然界或人类的各种声音，使语言具有描绘声音形象，再现事物生动性和内在旋律性的功效。拟音修辞包括选用拟声词和临时拟声两小类。

拟声词的产生和存在完全是为了修辞的需要。其实，从语法结构或语法功能去分析，这一词类都不具有明显区别于其他词的区别性特征。拟声词其实是一种修辞词类。

汉语中常见的拟音修辞方法，是对拟声词加以选择和利用；或者临时拟声，借用非拟声词的言语形式临时记音。

这样做的目的在于摹声和写情，使表达更形象逼真，更生动传神。

1. 直接绘声绘动

①头顶上有几架敌机嗡嗡嗡，一会远了，一会又飞回来，好像几只苍蝇粘到头上不走了，紧自哼哼。……话音没落，只听半空哇哇哇，好像一阵暴雨泼下来，接着唰唰唰唰，四处踢通扑通乱响，炸弹落了一地。（杨朔《三千里江山》）

②他（雨来）撒腿就往后院跑，背后咔啦一声枪栓响，有人大声叫道："站住！"雨来没理他，脚下像踩着风，一直朝后院跑去。只听见子弹向他头上嗖嗖地飞来。（管桦《小英雄雨来》）

③西喳喳唰啦啦长蛇过道，

噗咙咙突噜噜翠鸟出巢。

轰轰轰隆隆隆风滚雷动，

乒乒乒乓乓乓一阵冰雹。（郝赫、郝艳芳《春到胶林》）

2. 描绘抽象事物，赋予本来不存在的想象以形象性

①过了一会儿，狂风大作，大风"呼呼"地刮着，树叶发出"沙沙沙"的声音，有的细枝"咔嚓"一声断了。天刹那间变成漆黑的一片。豆粒大的雨点"噼里啪啦"地打在窗户上。

风的声音,树叶的声音,雨点打在窗户上的声音,这一切都渲染了当时的气氛,有效烘托了主题。

②太阳火热,把柏油路都烤化了,一脚踩到柏油路上,就会印出一个浅浅的脚印。一滴汗珠掉落在地上,就像洒在了滚烫的炉子上,"刺"的一声化为白烟,顿时没了踪影。

一滴汗珠落在柏油路上会发出"刺"的声音,生动又细致,形象地写出了天气的酷热难耐。又如:

③一旦有战争部队哗地一下拉上去了,粮食供应上得去吗?(徐怀中《一位没有战功的老军人》)

④锁柱跟锁柱他妈穷得叮哩当啷的。(周立波《暴风骤雨》)

思考练习

1. 简述语音修辞的性质。
2. 下面这些句子在声音配合上各有哪些特色?
   (1) 您的光辉将永远照耀着雄伟的天安门广场,照耀着我们伟大祖国的河山,照耀着五洲四海,照耀着我们的万里征途。
   (2) 她坚强不屈地斗争,铮铮铁骨,凛凛情操,真正表现了松树的风格。
   (3) 人民中国,屹立亚东。光芒万道,辐射寰空。艰难缔造庆成功,五星红旗遍地红。

第三节　词汇修辞

学习重点:理解选用词语的要求及词义的锤炼。
学习难点:掌握从词汇修辞着眼锤炼词语的方法。

一　词汇修辞的基本要求

吕叔湘先生在《我对于"修辞"的看法》中说:"修辞学,照我的看法,应该是在各种可供选择的语言手段之间——各个(多少是同义的)词语之间、各种句式之间、各种篇章结构之间、各种风格之间——进行选择,选择那最适合需要的,用以达到当前特定的目的。"①词语是语言的建筑材料,各种修辞技巧和手段必须以丰富的词汇作为基础。

古人把词叫作"字",在创作实践中非常重视"炼字"。一篇佳作,如果语言的锤炼已达到炉火纯青的地步,那就一字不能改动:加一字太详,减一字太略,改一字欠妥。这话虽有些夸张,但足见古人"炼字"的精心。一个字用得好,就会使文章大放异彩,创造出

---

① 吕叔湘:《我对于"修辞"的看法》,见《修辞和修辞教学》,上海教育出版社1985年版,第1页。

感人的意境。用字如此，用词也不例外。选用词语的具体要求包括下面几点。

（一）准确

在文章写作或言语交际中，词语的选择和使用，应该准确地反映客观事物，恰切地表达思想感情。孔子说："辞（言辞或言辞的表达）达（明白晓畅）而已矣。"准确朴实就是"辞达"的重要内容。杜甫曾以"身轻一鸟过，枪急万人呼"来形容蔡都尉的英勇及高强的武艺，人们似乎看到了蔡都尉如鸟儿一般的矫健身姿。这个"过"准确贴切，堪称锤炼词语的典型例子。苏轼说："山下兰芽短浸溪，松间沙路净无泥。"白居易则言："柳桥晴有絮，沙路润无泥。"两个时代不同的作家都写了沙路，一个用"净"，一个用"润"，却都恰到好处地写出了景物的特色。苏词写的是山间松下的沙石路，坚实、清新，呈明净之貌，故说"净无泥"；白诗写的是湖边柳下的浮沙路，平坦、柔软而微湿，故说"润无泥"。一词之差，用词都极其准确贴切，从中可以看出他们锤炼词语的深厚功底。

词语本身无所谓优劣，只是在一定的上下文中才能显示出不同的表达效果来，因此，在选用词语的时候，切忌脱离实际，追求离奇，而应该结合具体内容准确运用。现实生活中，词语运用失误的现象屡见不鲜。例如，在讣告的结尾写"敬请光临"，在接受邀请时说"光临寒舍"，在赠给恩师的书上写着"××先师惠存"等——如此措辞当然会闹出笑话。

（二）得体

词语使用的得体性原则具体表现在以下几个方面：①适合说写对象；②注意时间和地点差异；③适应语言环境；④体现文体特点；⑤切合文化背景。在得体方面，礼貌词语的使用尤为突出，主要表现在称谓语、委婉语和礼俗语的选择和使用上。

汉语的称谓可分为"亲属称谓"和"非亲属称谓"。前者大多用于非正式的交际场合，借以表达说话人对称呼对象比较亲切的态度。在比较正式的交际环境，就应该使用非亲属称谓中的职业称谓。在汉语的职业称谓中，较为常见的是"师傅""老师""大夫"。在这三种称谓前，可以加上姓氏。非亲属称谓中的社交称谓在近年来发生了比较显著的变化，"师傅"使用范围缩小，"先生""女士"这些旧式称谓已相当流行，"老师"的称谓范围逐渐扩大。

委婉语的使用是选用词语的一个重要原则。不同的民族、不同的地区、不同的行业，往往有自身独特的禁忌习俗和禁忌词语。当人们谈到这些禁忌的事物时，往往用委婉词语来代替。例如，在江西的一些地方，人们忌说"吃药"，而称"吃茶"，因为吃药总是与生病联系在一起；在青藏高原一带，牧民们禁忌说"狼"，而称其为"长尾巴"等；由于职业的原因，许多地方的渔民忌说"倒""翻"等字，把"倒水"称作"清水"，在煎鱼、煎饼时不能说"翻"，而要说"划"，把"盛饭"说成"添饭"，因为"盛"和"沉"谐音。

礼俗语是在社交礼节中形成的礼貌词语。中国有几千年的文明史，在长期的社交实践中，逐渐形成了自成体系的礼俗词语体系，影响着人们交往中的语言运用，这主要体现在敬语和谦语两大体系之中，如称自己为"后学"，称对方为"先生"。

在词语选择方面，正确把握得体性原则，可以收到奇妙的效果，反之，可能导致交际失误。比如，一位服务员对正在就餐的客人说："请你把那个脏盘子递给我！"客人很不高兴，反问服务员："怎么是脏盘子呢？"如果服务员说"用过的盘子"或"那个盘子"，就不会造成误解了。

(三) 生动

力求运用生动形象的词语，是选用词语的重要原则之一。在这方面，要注意挑选概念具体、表意形象的词，使抽象的事理具体化、静态的事物动态化。如宋祁《玉楼春》的"红杏枝头春意闹"中的"闹"字，使人想到鲜花怒放、蜂飞蝶舞的场景，一切对生机勃勃的春天景象的联想和想象也会因之而调动起来，丰富了诗歌的意境。

现代作品也同样讲求生动形象。如：

①在天底下，一碧千里，而并不茫茫。四面都有小丘，平地是绿的，小丘也是绿的。羊群一会儿上了小丘，一会儿又下来，走在哪里都像给无边的绿毯绣上了白色的大花。那些小丘的线条是那么柔美，就像只用绿色渲染，不用墨线勾勒的中国画那样，到处翠色欲流，轻轻流入云际。（老舍《草原》）

作者把草原上的白色羊群形象地比喻成"绿毯绣上了白色的大花"，用"到处翠色欲流，轻轻流入云际"来突出一望无边的草原的辽阔，使人浮想联翩，立刻像被带入了如诗如画的大草原一般。

②在农会的威力之下，土豪劣绅们头等的跑到上海，二等的跑到汉口，三等的跑到长沙，四等的跑到县城，五等以下的土豪劣绅崽子则在乡里向农会投降。

"我出十块钱，请你们准我进农民协会。"小劣绅说。

"嘻！谁要你的臭钱！"农民这样回答。（毛泽东《湖南农民运动考察报告》）

这里写下等的土豪劣绅错误地认为可以用钱买到加入农会的机会，但农民回答他们："嘻！谁要你的臭钱！"叹词"嘻"用得生动形象，体现了农民翻身后的自豪感和对土豪劣绅的鄙视。

二 词义的锤炼

(一) 同义词语的选择

汉语是丰富而发达的语言，同义手段非常丰富。如果掌握了丰富的词汇，让同义或近义词语在上下文里交替使用，可以形成错综的变化，避免了单调。这已成为古今作家在创作实践中自觉的修辞活动。如：

①微风过处，送来缕缕清香，仿佛远处高楼上渺茫的歌声似的。这时候叶子和花也有一丝的颤动，像闪电般霎时传过荷塘的那边去了……月光如流水一般，静静地泻在这一片叶子和花上，薄薄的青雾浮起在荷塘里。叶子和花仿佛在牛乳中洗过一样，又像笼着轻纱的梦。（朱自清《荷塘月色》）

②不管刮风下雨，村里村外转一圈，看看草垛，瞧瞧果园，瞅瞅苇塘，望望场院，谁家鸡吃了菜，谁家猪出了圈。（李瑛《枣林村集》）

例①中的"仿佛……似的""像……般""如……一般""仿佛……一样""像",例②中的"看看""瞧瞧""瞅瞅""望望",这些精心选用的同义词,起到了同义避复的作用。尤其是例②中的这一组同义词连用,既准确表情达意,又避免了用词的呆板、重复,使诗歌波澜起伏有变化,显得生动活泼。

如果在修辞过程中不注意分辨词语间意义的细微差异,就可能导致用词不当,甚至错误。

③对于他的不佳表现,我们普通感到震惊。

"普通"的意思是"平常的"或"一般的",如"普通人""普通劳动者"等。说话者想突出的是"不佳表现"引起震惊的广度,这与"普通"的意义不符。如果说成"我们普遍感到震惊"就顺畅了。"普遍"的意义是"存在的面很广泛""具有共同性的",可以表示范围。

修辞过程中,同义词语的选择,除了注意上述理性意义的差异,还应注意附加意义的差异。比如,人们对"酒"有褒贬两种态度,褒义的词语有"玉液、玉露、玉浆、琼浆、醇醪、醇醴、杜康、甘醴、销愁药、扫愁帚、青州从事"等,贬义的说法有"马尿、黄汤、狂水、祸泉、魔浆"等。词语的这种附加意义及功能一般是确定的,如果运用者的态度与词语所具有的附加意义不一致,则会出现语误。

▶(二)反义词语的运用

运用反义词,可以在相互映衬对比中把所描述的对象表现得更加清晰,能够鲜明地表达思想感情,增强文章的色彩和感染力。

①世界上最快而又最慢,最长而又最短,最易被人忽视而又最易令人后悔的,就是时间。(高尔基《童年》)

上述例子形式上自相矛盾,但仔细推敲就会发现,这种说法巧妙精辟,富有生活哲理,而且造成一种睿智的幽默感。

②有的人活着,他已经死了;有的人死了,他还活着。(臧克家《有的人》)

作者用"活""死"并列,正反对照,旗帜鲜明地表达了自己对生与死的态度。

③亡国论者看敌人如神物,看自己如草芥;速胜论者看敌人如草芥,看自己如神物,这些都是错误的。(毛泽东《论持久战》)

"敌人"和"自己"、"神物"和"草芥"这两组反义词的连用,一针见血地指出了"亡国论者"和"速胜论者"两种观点的极端与错误,立场鲜明又坚定。

用一组反义词的肯定和否定的说法来表现语意,也可以使字面活泼而不呆板。

④山水急,河水慢,还得咱们说了算,叫他高,不敢低;叫他走,不敢站;叫他发电就发电。(古元的壁画题辞)

句子中的"高"和"不敢低"、"走"和"不敢站",意思一样,说法不同,文字显得活泼生动。这比写成"叫他高,就得高,叫他走,就得走"要高明得多。反义词的肯定式与否定式之间,语意上往往有强弱之分,也常用来实现婉言的修辞目的。

反义词的对举，把真善美的事物和假丑恶的东西加以对比，使好的显得更好，坏的显得更坏，就产生了鲜明的感染力和雄辩的说服力。例如，"智者千虑，必有一失；愚者千虑，必有一得"，这则成语利用了"智者"和"愚者"、"失"和"得"两组反义词，从正反两面揭示了矛盾事物在一定条件下可以相互转化的规律，给读者留下了深刻的印象。

反义词比较特殊的一个修辞作用是对举使用，表示概括。

⑤柳明不知不觉中迷上了电子网，虽然课业紧张，但他每天都要在网上泡两三个小时。网中内容五花八门，深沉的、肤浅的、高雅的、低俗的，不一而足。（曾晓文《网人》）

"深沉""肤浅""高雅""低俗"泛指网上各种各样的内容，具有很强的概括性。

（三）词义的活用

一个词在静态环境中有其固定的意义和词性，但在具体的语言环境中可以临时改变其意义或词性，赋予词语新的生命力，从而取得与众不同的修辞效果。例如，某教师在批阅作文时，发现同学对"而"字的用法没有掌握，该用的地方不用，不该用的地方乱用，就在批语中写道："当而而不而，不当而而而而"，批语活用"而"字，起到了非常好的效果。

平中见奇是词义活用常见的方法，可以使寻常词语获得不同寻常的艺术效果。

①有一天，我在家听到打门，开门看见老王直僵僵地镶嵌在门框里。（杨绛《老王》）

"镶嵌"一词极其平常，但在这里似乎使本具生命力的活人变成了无生命的相片，把老王孤苦伶仃、贫病交加的形象，刻画得入木三分。

不同词语之间的移用或比喻，也是寻常词语平中见奇的手段之一。

②以数字论"英雄"已成为苏南的过去。锡山市提出要挤去经济中的"泡沫"，江阴市重在看经济运行的质量。（郑正恕《挤去"泡沫"——苏南告别"花架子"》）

作者把搞"花架子"这种经济形式称为"经济泡沫"。"泡沫"看起来很大，五光十色，但不能持久，也没有实际价值，比喻很得体。

有的词语结构是固定的，在运用中巧用、化用某个成分，可以使人产生耳目一新的感觉。

③二战期间，残杀犹太人的纳粹分子，有的逃到异国他乡，隐姓埋名，半个世纪之后，被人发现，仍然要将其缉拿归案。有的国家的领导人在任期间犯下罪行，下野多年之后，仍然要被追究，被审判。只有"既往也咎"，才会使不法之徒提心吊胆，惶惶不可终日，也不会使想违法乱纪的人敢心存侥幸，以身试法。（傅文远《既往也咎》）

"既往不咎"意为"对过去的错误乃至罪行不再追究"。但作者为了说明在现阶段，为了严明法制，不宜滥用"既往不咎"，就化用了这个成语，巧换一字，简练而准确。

词义的活用也包括感情色彩和语体色彩的活用。有时为了表达的需要，临时改变词语的感情色彩，将褒词贬用或贬词褒用。

④可是就在这时候，他俩发生了第一次争执。原来赵将军弯腰上肩的时候，小李偷偷把绳子往后移了半尺多，这个"舞弊"的做法被将军发觉了。（王愿坚《普通劳动者》）

"舞弊"的本义是用欺诈的手段做违法乱纪的事情，是贬义词。这里贬词褒用，增加了文章的情趣。

三 词语的色彩

词语在理性意义之外还有附加意义，这就是词语的色彩意义，体现为不同的语体、风格等特点。

（一）词语的地域变体

词语的地域变体，就是我们通常所说的方言词语。在某些方面，方言词语和句式的修辞作用，是普通话所无法替代的。词语的地域标示功能在人际交往中也起着重要的作用。有些情况下，方言词语能缩短交际双方的心理距离，增加亲切感。尤其是在异国他乡，乡音能大大增加交际双方的认同感。"亲不亲，家乡人"，乡音就是一种很好的沟通媒介。如：

多少年了！老表们终于把总司令盼来了！人们欢迎总司令的到来，为他做起了红米饭、南瓜汤。（邹爱国《中南海新闻实录》）

本例中的"老表"是赣方言词，它具有浓厚的乡土气息，能表达井冈山人民对朱总司令的深厚感情。如果换用意义相当的普通话词语，则难以引起共鸣。

当然，也不能滥用方言土语。如广州某报纸的一则报道说一名女学生打了人要被处罚，她声言有钱不怕罚，标题用了"有钱就大晒"。"大晒"在粤语中是"了不起"的意思，在大众媒体上使用这种词语，外地人不懂，还可能产生误解。

（二）词语的社会变体

全民语言的社会变体又被称为"社会方言"。它通常适用于特定的行业或社会群体。在其原有的交际领域中，社会方言词语的意义往往是本义，当其进入大众传播领域时，意义往往发生变化。社会变体中的一些词语可转化为共同语。例如，"透视"本是医学用语，指"利用X射线透过人体，在荧光屏上形成影像，以此观察人体内部"，在使用中又产生了一般含义——"比喻清楚地看到事物的本质"。有时，为了一种特殊的交际目的，临时采用一些词语的社会变体，如"拉姆斯菲尔德被喊'下课'"。"下课"是教育领域的词，此处用以表示"下台"或"离职"，显得含蓄幽默，大大提高了语言的表达效果。

网络语言本来是网民们在互联网上进行交际的重要工具，是现代汉语的社会方言。可是现在有些网络词语已经"飞"出了互联网，融入一部分年轻人的生活中。如"好嗨哟"表示很高兴、很兴奋的状态；"雨女无瓜"是"与你无关"的谐音，是一种普通话不标准、带有方言腔的表达，这种表达看起来高冷神秘，有点让人摸不着头脑，通常用于调侃别人。这些说法非常形象，给人一种新奇感。但是，对网络词语的运用应持谨慎的态度。

（三）词语的风格变体

风格是各种特点的总和。词的风格，就是在选用词语方面所表现出来的各种特点的总和。试比较下面两段文字：

①秦淮河的水是碧阴阴的；看起来厚而不腻，或者是六朝金粉所凝么？我们初上船的

时候，天色还未断黑，那漾漾的柔波是这样恬静、委婉，使我们一面有水阔天空之想，一面又憧憬着纸醉金迷之境了。等到灯火明时，阴阴的变为沉沉了；暗淡的水光，像梦一般；那偶然闪烁着的光芒，就是梦的眼睛了。（朱自清《桨声灯影里的秦淮河》）

②祥子只休息了一天，便照旧去拉车。他不像先前那样火着心拉买卖了，可也不故意的偷懒，就那么淡而不厌的一天天的混。这样混过了一个来月，他心中觉得很平静。他的脸腮满起来一些，可是不像原先那么红扑扑的了；脸色发黄，不显着足壮，也并不透出瘦弱。眼睛很明，可没有什么表情，老是那么亮亮的似乎挺有精神，又似乎什么也没有看见。他的神气很像风暴后的树，静静的立在阳光里，一点也不敢再动。原先他就不喜欢说话，现在更不爱开口了。（老舍《骆驼祥子》）

上面两例写作年代较接近，但在语言运用方面却各有特点：前者精雕细刻，运用了大量文言词语和别出心裁的奇巧比喻；后者自然流畅，似乎是信笔写来，运用了大量口语词，比喻也很易懂。前者典雅，后者通俗。这些不同的用词特点，便构成了词语的风格变体。

词语的风格变体所显现出来的修辞功能十分重要。这种风格变体选择是否恰当，直接关系到话语是否贴切。

③人民解放军百万大军，从1000余华里的战线上，冲破敌阵，横渡长江。西起九江（不含），东至江阴，均是人民解放军的渡江区域。（毛泽东《人民解放军百万大军横渡长江》）

"余""敌阵""含""至""均"等文言词语简洁、庄重的语体色彩和电文很适合。如果对应地改为"多""敌人阵地""包括""到""都"，就带有比较明显的口语色彩了，不适合当时的语境。

如果违反了词语应有的风格特点，就会违反得体性原则，造成交际障碍，就像鲁迅笔下的孔乙己，不分场合，满口之乎者也，因此被人当作笑料。

四 词语的选择

▶▶（一）精心挑选

锤炼、运用词语，首先要根据题旨情境的要求，选出最具有表现力的词语。对于那些能表现思想感悟的关键性词语，要特别认真地挑选，这往往是信息传达的重点，对表达效果而言十分重要。

1. 动词的选择

动词在句中具有特殊的地位，要把人或事物表现得具体形象、生动逼真，就必须要在动词上下功夫。如：

①人家屋顶上全笼着一层薄烟……

"笼"生动形象地写出了烟雾罩在屋顶上的样子，使人有身临其境之感。

②花下成千成百的蜜蜂嗡嗡地闹着，大小的蝴蝶飞来飞去。

一个"闹"字，将蜜蜂人格化，生动形象，写出了蜜蜂数量之多，如同小孩一样。

③烟雾裹严实了高山。

"裹"原为"笼罩",修改后写景更真实,而且也包含了主观感受。

2. 形容词的选择

形容词用于描写人或事物的性质、状态。形容词用得好,能写"活"整个句子。如:

①远望天山,美丽多姿,那长年积雪高插云霄的群峰,像集体起舞时的维吾尔族少女的珠冠,银光闪闪;那富于色彩的不断的山峦,像孔雀正在开屏,艳丽迷人……就在雪的群峰的围绕中,一片奇丽的十里牧场展现在你的眼前。墨绿的原始森林和鲜艳的野花,给这辽阔的千里牧场镶上了双重富丽的花边。(碧野《天山景物记》)

"美丽""艳丽""奇丽""富丽"都在说"美",但各有不同:开头的"美丽"统称一切漂亮的事物,概括地写天山景物的好看;"艳丽"形容色彩鲜艳亮丽,用来写像孔雀开屏一样富有色彩的山峦,突出其"鲜艳";"奇丽"是罕见而意想不到的美,写出了雪山群峰围绕中居然有一大片牧场,突出惊奇之感;"富丽"是堂皇而富贵之美,给千里牧场镶上一重又一重美丽的花边。几个形容词接连使用,恰当地描写了不同对象的不同特征,准确又贴切。

②林黛玉摇摇的走了进来。

"摇摇"形象地写出了林黛玉弱不禁风的身影和娇娆轻盈的姿态;如果去掉"摇摇",则显得平淡;如果加上"摆摆",则会让人觉得林黛玉轻浮,失去庄重的色彩,背离林黛玉的气质,有损林黛玉的形象。

3. 名词的选择

名词是表示人或事物名称的词。名词似乎没有什么好选择的,其实名词的选择也有讲究。如:

我的不远千里,要从杭州赶上青岛,更要从青岛赶上北平来的理由,也不过想饱尝一尝这"秋",这故都的秋味。(郁达夫《故都的秋》)

不称"北京",而称"故都",有如下好处:"故都"含有"北京"义;"故都"体现了作者的眷恋之情,更表达了北京这座著名的历史文化名城有着丰厚的文化底蕴。

4. 量词的选择

量词具有形象色彩。量词用得好,可以使文章大放异彩。如:

峡顶上一道蓝天,浮着几小片金色浮云,一注阳光像闪电样落在左边峭壁上。

因为在峡谷中看天,不能尽收眼底,所以只能是"一道";用"几小片"修饰浮云,非常恰当;"注"本来是动词,在此处借用为量词,表明阳光不是大片,而是成线条状照射在峭壁上,就像水注射到峭壁上一样,也像闪电落到峭壁上。"一道""一注"逼真又生动地写出了三峡的美丽景色。

当然,其他的如代词、副词、叹词等,在使用时也需要仔细斟酌,适当选择,以达到独特的修辞效果。如郭沫若曾把剧本《屈原》里婵娟骂宋玉的一句台词"你是没有骨气的文人"改为"你这没有骨气的文人"。这种修改非常成功,"你这……"句式表示坚决的判断,且带有极端憎恶的感情色彩,效果比"你是……"更为鲜明强烈,很好地表达了婵娟对宋玉的痛恨之情。

(二)修饰点缀

句子中的某些词语,一经修饰点缀,就会增加信息含量,具有不同的语言色彩。如:

悲剧制造者的悲剧　夏斐生母自缢身亡(《人民日报》)

这则标题的后半部分原为"夏斐之母自缢身亡",后将"之母"改为"生母",效果大不相同。因为"母"也可指继母、养母,唯有"生母"才突出了事件的悲剧性,使人震动、深思,富有教育意义。

(三)巧妙配合

句子中的有关词语,如果巧妙配合,可以大大提高表达效果。如:

①无锡有锡了(《人民日报》)

②献出友谊　赢得友谊　北京友谊医院受到社会赞誉(《北京晚报》)

例①是说无锡市发现了一批锡矿点,且"无锡"中的"锡"与"有锡"中的"锡"同形,"无"与"有"相对,奇巧无比。例②中前两个"友谊"与医院名称巧妙同形,使"友谊"一词显得特别突出。

■ 思考练习

1. 选用词语的要求是什么?
2. 同义词或近义词有哪些修辞作用?
3. 反义词有哪些修辞作用?
4. 简述词语的选择。
5. 从词语修辞角度分析下列句子。
   (1) 泉水解除了心田的干旱,凉风擦净了额角的汗珠,大地当床,绿草为垫。
   (2) 到了夏季后,发青的酥油草把它们养得胖墩墩、圆滚滚。
   (3) 小草偷偷地从土里钻出来,嫩嫩的,绿绿的。风轻悄悄的,草软绵绵的。
   (4) 你从雪山走来,春潮是你的风采;你向东海奔去,惊涛是你的气概。你从远古走来,巨浪荡涤着尘埃;你向未来奔去,涛声回荡在天外。

第四节　句式修辞

> 学习重点：理解句式选择与表达的关系，掌握句式选择应遵循的原则。
> 学习难点：学会辨别不同句式的修辞效果。

一　句式与表达

话要一句一句地说，文章要一句一句地写，如何组词成句，是语言运用的一项基本功。一种句式孤立地看，很难说它是好是坏。俗话说"一句话，百样说"，是指同一个意思，可以用多种不同的句式表达出来，而不同句式的表达效果并不相同。所以，应充分注意句式的选择。句式修辞是指同义句式的选择。所谓同义句式，是指那些意思基本相同而结构方式和表达效果有差别的句子格式。它包括常式句与变式句、长句与短句、整句与散句、肯定句与否定句、主动句与被动句等。

①伟大祖国，繁荣昌盛！

②繁荣昌盛，伟大祖国！

这两个句子表达的意思是一样的，但句式不同，表达的效果就有差别：前者是常式句，突出的重点是主语"伟大祖国"，后者是变式句，突出的重点是谓语"繁荣昌盛"，表达的情感比前一句要强烈得多。

汉语的显著特点之一，是以词序为重要的造句手段，这就为灵活地组织句式提供了方便，也为选择最合适的句式提供了条件。同义句式的选择有以下原则。

（一）适应说写的目的

说话写作的目的不同，侧重点不同，就需要选择不同的句式。

①苹果，六块钱一斤的，来二斤。

这个句子是变式句，把定语放在中心语之后，目的是突出"六块钱一斤的"这一定语。假如把定语放到前边，改为常式句，表达的侧重点就不那么突出了。

不同的写作目的往往决定句子的不同语气，决定着不同的句式选择。

②原句：大王，可否容许我申诉？

　　改句：大王，请容许我申诉！（郭沫若《屈原》）

上面两句话的基本意思相同，但句子的语气不同。原句是疑问句，带有商量的口气，比较舒缓；改句是祈使句，有请求的口气，比较坚决，对表达屈原深受冤屈、迫切要求申诉的心愿更合适。又如，"这事情我是知道的"表示肯定的语气。如要加重肯定的语气，可用反问句"这事情我能不知道吗？"，如果说得委婉一些，则可用双重否定句"这事情我不是不知道"。

(二)适应行文需要

在文章中,任何一个句子都是受上下文制约的。因此,选择同义句式,还要考虑上下文之间的衔接关系。如果前头的句式定下来,接下来的句式就要与之相适应;要是后面的句式在结构上改变了,前面的句式也往往要随之做出调整。这样才能使前后语句衔接自然,文气贯通。例如:

①原句:空旷的原野,你们以为是野蛮人居住的地方。葱绿的树林里,你们说藏着老虎。

改句:空旷的原野,你们以为是野蛮人居住的地方。葱绿的树林,你们说里边藏着老虎。(叶圣陶《啼声》)

原句"葱绿的树林里,你们说藏着老虎"与改句"葱绿的树林,你们说里面藏着老虎"意思没有什么不同,定稿时如此调整句式,是为了顺接上文,与前一句形成整齐匀称的句法结构。

②原句:苏东坡写过这样的诗句:"日啖荔枝三百颗,不辞长作岭南人。"可见荔枝的妙处。偏偏我来得不是时候,满树刚开着浅黄色的小花,并不出众。新发的嫩叶,颜色淡红,比花倒中看些。从开花到果子熟,大约得3个月,看来我是等不及在这儿吃鲜荔枝了。

改句:……偏偏我来得不是时候,荔枝刚开花。满树浅黄色的小花,并不出众。(杨朔《荔枝蜜》)

原句说"偏偏我来得不是时候",接下去读者很想知道为什么来得不是时候,可是下文却开始描写荔枝树的花叶。所以,改句在句式上做出了调整。在"偏偏我来得不是时候"之后,写"荔枝刚开花",接下去才写荔枝树的花叶。这样调整句式,基本意思未变,却使上下文衔接得自然顺畅。

在选择句式的时候,假若不注意上下文之间的衔接关系,不仅文气不贯通,有时还会产生歧义。

③这首题名为"献给保卫列宁格勒英雄战士"的交响曲,是作者在列宁格勒城区被希特勒法西斯军队围困,并疯狂地叫嚣要在1942年8月9日这一天占领这座城市的时候赶写的。

"列宁格勒城区被希特勒法西斯军队围困"是被动句式,与"并疯狂地叫嚣……"的主动句式极不协调,还可能使读者产生"作者疯狂地叫嚣"的歧义。从上下文的衔接来考虑,用主动句式比较妥当。全句可改成"……交响曲,是作者在希特勒法西斯军队围困列宁格勒城区,并疯狂地叫嚣要在1942年8月9日这一天占领这座城市的时候赶写的"。

(三)切合语体特点

各种不同的语体,在语言运用上都有其特点。句式的选用,必须切合语体特点,才能收到好的修辞效果。

①现在是在战争时期,我们应该研究一下文章怎样写得短些,写得精粹些。延安虽然还没有战争,但军队天天在前方打仗,后方也唤工作忙,文章太长了,有谁来看呢?有些同志在前方也喜欢写长报告。他们辛辛苦苦地写了,送来了,其目的是要我们看的。可是

怎么敢看呢？长而空不好，短而空就好么？也不好。我们应当禁绝一切空话。(毛泽东《反对党八股》)

②转基因作物同普通植物的区别只是多了能使它产生额外特性的基因。早在1983年，生物学家就已经知道怎样通过生物工程技术将外来基因移植到某种植物的脱氧核糖核酸中去，以便使它产生靠杂交方式根本无法获得的某种新的特性：抗除莠剂的特性、抗植物病毒的特性、抗某种害虫的特性等。用以移植的基因可来自任何生命体：细菌、病毒、昆虫等。

例①是口语语体中的演讲体，多为短句。例②是科技语体，基本上都是长句。一般来说，讲课、报告、演说等口语表达应多用短句，书面表达多用长句。文艺语体多用短句，政论语体、科技语体多用长句。

在句子的同义形式中，有些表现为语体色彩的不同，分别适用于不同的语体。比如"太阳出来了"，这是通常的说法，如果用于文学作品，则可以说成"一轮红日从东方冉冉升起"。当不愿回答对方提出的问题时，通常用"我不想回答你的问题"，而在外交语体中则习惯说"无可奉告"。

（四）讲求声韵协调

文艺语体，特别是诗歌、快板、唱词，讲求声韵的协调，以增强语言的音乐美。当选择同义词语还不能适应平仄和押韵的要求时，往往要在句式上进行调整，从表达同一意思的同义句式中选择恰当的句子。

早晨好，我的北京的街道！

街道上的行人、车辆，早晨好！(何其芳《北京的早晨》)

上例没有选用整句"早晨好，我的北京的街道！早晨好，街道上的行人、车辆！"，而选用散句，便是为了让句末的"道""好"押韵，增加音乐美。

二 常式句与变式句

汉语的句式从语序上看，可分为常式句和变式句两种。常式句的句法成分按常规排列，变式句的语序不按常规排列。一般说来，常式句自然平实，语势和缓，多用于一般的叙述、描写、议论，也可用于表达祈求和感叹的语气，适用于各类语体。变式句有突出、强调的作用，常给人以奇巧之感。文艺语体，特别是诗歌、唱词和抒情散文，经常采用变式句，而专门科技语体、公文语体都是排斥这种句式的。从表达效果来看，常式句和变式句各有所宜，只要运用恰当，都可以收到好的表达效果。变式句中的语序改变主要有三种情况。

（一）主谓语序的改变

主谓语序的改变，有时是为了强调谓语表达的内容，有时是为了反映紧急的情况，表达说话人兴奋紧张的情绪，有时是为了其他修辞目的，故意把谓语提前，主语放在后面。如：

①起来，不愿做奴隶的人们！(田汉《中华人民共和国国歌》)

②灭了，风中的蜡；

僵了，井底的蛙；

倒了，泥塑的菩萨。（《郭小川诗选》）

例①谓语前置，号召"不愿做奴隶的人们"起来抗战，表达了强烈的反抗精神，具有强大的号召力。例②的三个分句都先说谓语，既强调了谓语，又照顾到押韵，收到双重的修辞效果。

（二）偏正语序的改变

常式句是修饰语在中心语前面，侧重于中心语；变式句将修饰语移到中心语之后，强调了修饰语。

定语常用于描绘事物的特点或性状，把定语移到中心语之后，以突出定语中的内容，加深读者的印象。如：

无数双眼睛——金黄的、碧蓝的、黝黑的，同时注视着那条受伤的手臂，各种语言发出同声惊叹！（理由《扬眉剑出鞘》）

上例采用先中心语后定语的变式语序，把"眼睛"的定语"金黄的、碧蓝的、黝黑的"后置，突出强调了注视着"受伤的手臂"的"眼睛"，不仅是"无数双"，而且还是不同种族的人的眼睛，反映了人们虽然肤色不同，但心是相通的。定语的后置突出了它所表达的内容，同时也使语句精练，节奏明快。

状语一般在谓语中心语之前或句首，为了表达的需要，可将状语移于谓语中心语之后。如：

①老人背部的佝偻不是无因的，它载负着人生过重的苦痛，为灰茫茫的生活，为失踪的儿媳，为战死的儿子。（碧野《灯笼哨》）

上例如果按常式句行文，便显得状语过长，给人以拖沓之感。将"为灰茫茫的生活，为失踪的儿媳，为战死的儿子"后置，语言显得简洁，也强调了载负着人生过重痛苦的原因。

②谁不喜欢呢，从心里，从灵魂的深处！（吴伯箫《歌声》）

状语"从心里，从灵魂的深处"放在中心语"喜欢"的后面，以充分表达喜欢的程度。

（三）分句语序的改变

在转折类、因果类复句中，按常规是偏句在前，正句在后，语意的侧重点在正句。如果把偏句移位于正句之后，则强调了偏句对正句的说明作用。

①他的性格，在我的眼里和心里是伟大的，虽然他的姓名并不为许多人所知道。（鲁迅《藤野先生》）

②这不但是杀害，简直是虐杀，因为身体上还有棍棒的伤痕。（鲁迅《记念刘和珍君》）

例①是变式转折复句，正句提前，突出强调了鲁迅对藤野先生的无限敬重和深切怀念之情；偏句移在后边，也有明显的强调和补充作用。例②把表示原因的分句后置，起到了强调证据的作用。如果改为"因为身体上还有棍棒的伤痕，因此，这不但是杀害，简直是虐杀"，强调的内容就变了。

不论是用常式句，还是用变式句，都要根据不同的表达需要来选用，要做到表意清晰，避免语言混乱。如：

由于工作忙，我们彩排时，田老没有来。

这两个分句的次序摆得不对。究竟是谁工作忙呢？读者容易误认为是"我们"，其实是指"田老"，全句可改为"我们彩排时，田老由于工作忙没有来"。

三 长句与短句

汉语的句式，从形体上看，有长有短。长句使用的词语多，结构比较复杂，内涵丰富，便于周密详尽地阐述事理，委婉细腻或气势磅礴地抒发感情，绘声绘色地描述事物。长句较适用于政论语体和科技语体，有时也适用于文艺语体，可以用来描绘景物和抒发细腻的感情。短句形体短，词的数目少，结构和内容都比较简单，因此，短句便于抒发激烈的感情，表达急促的语气，描写紧张的场面。短句多用于日常谈话、辩论、广播、儿童文学、诗歌和小说中的人物对话。

(一) 长句

长句一般有四种表现形式：一是修饰语较多，二是联合成分较多，三是某一成分结构复杂，四是分句中结构层次较多。

①所谓团结，就是团结跟自己意见分歧的，看不起自己的，不尊重自己的，跟自己闹过别扭的，跟随自己做过斗争的，自己在他面前吃过亏的那一部分人。(毛泽东《增强党的团结，继承党的传统》)

②拉车的人们，只要今天还不至于挨饿，就懒得去张罗买卖：有的把车放在有阴凉的地方，支起车棚，坐在车上打盹；有的钻进小茶馆去喝茶；有的根本没拉出车来，只到街上看看有没有出车的可能。(老舍《骆驼祥子》)

以上两例都是长句。例①的宾语中心词"人"前面有一长串定语，从不同角度列举了应该团结的人的范围，严密又周到；例②是一个复句，前一个分句表示条件，后面的分句表示在这个条件下产生的结果，其中又有多个分句，从三个不同方面详尽地叙述了"拉车的人们"只要不挨饿就"懒得去张罗买卖"的事实。这样组织起来的长句可以把相互关联的事物连起来，表达周密，语意连贯。

(二) 短句

短句结构简单，短小精悍，生动活泼，明白易懂。短句常用于简单明了的叙述和景物描写，可以如实地记录口语，便于表示紧张激动的情绪和坚决肯定的语气。如：

①我用铺盖蒙住脸。我真想大叫两声。我快要给憋死了。"我到哪里去找她？！"我连声追问自己。于是我又回到了华东医院的病房。耳边仍是早已习惯的耳鸣。(巴金《再忆萧珊》)

②今天，这里有没有特务？你站出来！是好汉的站出来！你出来讲！凭什么要杀死李

先生？杀死了人，又不敢承认，还要诬蔑人，说什么"桃色事件"，说什么共产党杀共产党，无耻啊！无耻啊！这是某集团的无耻，恰是李先生的光荣！李先生在昆明被暗杀，是李先生留给昆明的光荣，也是昆明人的光荣！（闻一多《最后一次讲演》）

以上两例都是短句。例①是简单明了的叙述；例②是演讲词，简洁、有力，毫不留情地怒斥敌人。

（三）长短句连用

在一篇文章中，全用短句或全用长句的情形是不多的。一般是长短交错，富于变化。总的要求是长要长得清晰，短要短得自然。不过，就汉语的表达习惯来看，还是以短句为主，间或用些长句。即便是长句，也最好在句中多一些停顿，做到虽长而不觉其长。事实上，句子一长，各个成分之间的关系不容易弄清楚，整句话的意思也就不好把握了。

长短句并用的情况大体可分为四种：第一，长句短句交错运用；第二，先用一个长句叙述，后用短句进行小结；第三，先用短句简要说出，再用一个长句进行叙述；第四，开头用短句简要地总提一下，接着用长句叙述，最后再用短句总括。如：

①还有苹果，那驰名中外的红香蕉苹果，也是那么红，那么鲜艳，那么逗人喜爱。大金帅苹果则金光闪闪，呈现出一片黄橙橙的颜色。山楂树上缀满了一颗颗红玛瑙似的果子。葡萄呢，就更加绚丽多彩，那种叫"水晶"的，长得长长的，绿绿的，晶莹透明，真像是水晶和玉石雕刻出来似的；而那种叫红玫瑰的，则紫中带亮，圆润可爱，活像一串串紫色的珍珠。……

啊！好一派迷人的秋色！

我喜欢这绚丽灿烂的秋色，因为它表示着成熟和繁荣，也意味着愉快和欢乐。（峻青《秋色赋》）

②雨住了，太阳出来了，云彩在山间轻轻飘荡；风失了雨前的野性，轻轻地抚摸草根；水珠在草尖上闪光，像粒粒珍珠在闪耀；朵朵野花开得那么娇丽，红的似火，黄的似金……啊！多美啊！这雨后的天空，这雨后的草原。（钱佩衡《雪莲》）

例①先用四个长句仔细描绘了一幅五彩缤纷的秋景图，把读者带进一个令人陶醉的境界中，接着用两个短句"啊！"和"好一派迷人的秋色！"抒发作者的赞美之情，然后用一个长句议论，点明"秋色"令人陶醉的原因。长短句交错使用，波澜起伏，富于变化。

例②前面用并列分句描写雨后大自然的美好景色，发挥长句叙事状物细微具体的优势，然后用短句抒发感情。长短句并用，浑然一体，既细微周密，又简洁明快。

（四）化长句为短句的方法

短句的句法成分简单而且关系明显，若有毛病，容易发现并改正；长句往往有一连串复杂的成分，多层关系交织在一起，稍不留意，就会出现顾此失彼、搭配不当或多余残缺的语病。如：

因此，她在30岁前就显露出来的歌唱才华，不是昙花一现，而是随着她实践经验的日益丰富，随着她各方面学识的日益增长，随着她对艺术的日益加深的理解，随着她歌唱技巧的日益完美，她的歌唱愈来愈迸发出旺盛的艺术生命力，愈来愈在听众中留下深刻的印象。

上例是一个并列关系的复句，其基本结构是"歌唱才华，不是……，而是……"，在"而是……"分句里，连用四个介词短语"随着……"，然后突然转用"她的歌唱"作为主语，这样"而是……"分句就没有谓语中心。应该删去"她的歌唱"，这样主语就一致了。

对于初学写作的人来说，长句较难驾驭，读起来也很费力。为了取得好的修辞效果，有时需要将长句化为短句。下面介绍三种化长句为短句的方法。

1. 分散法

有些长句修饰语太长，太复杂，可以化整为零，把长句的修饰语抽出来，变为复句里的分句，或者使之单独成句，让中心词语与前边的相关成分直接搭配。下面例①是长句，例②是用分散法变短的句子。

①在牧场上，经常可以看到一个骑着枣红马，穿着蓝色蒙古袍，腰间系着一根绿腰带，肩上挂着红十字包的青年。

②在牧场上经常可以看到一个青年，他骑着枣红马，穿着蓝色蒙古袍，腰间系着一根绿腰带，肩上挂着红十字包。

2. 反复法

有些长句包含着较长的联合短语或复杂的分句，层次显得不够清晰。对这种长句，可把联合短语拆开，或让充当句子成分的分句独立为多个句子，重复某些起连接作用的词语，构成排比句式。如：

他指出：弱小的革命力量在变化着的主客观条件下能够最终战胜强大的反动力量，战略上要藐视敌人，战术上要重视敌人；要掌握斗争的主要方向，不要四面出击；对敌人要区别对待、分化瓦解，实行利用矛盾、争取多数、反对少数、各个击破的策略；在反动统治地区，把合法斗争和非法斗争结合起来，在组织上采取隐蔽精干的方针；对被打倒的反动阶级成员和反动分子，只要他们不造反、不捣乱，都给以生活出路，让他们在劳动中改造成为自食其力的劳动者……

上例是复句形式作为宾语的长句，宾语内部包括的内容很多，结构层次也比较复杂。如果将句中的分号改为句号，并在句号后面重复使用"他指出、他还指出、他又指出"等连接词语，就可以将这个长句变为几个短句。这种方法可以使原来结构层次复杂的长句变短，使句子脉络和层次更清楚，起到突出和强调的作用。

3. 指称法

有些长句，可以把较长的修饰语或宾语抽出来单列一句，而在原来的位置上用称代词语替换。这样既醒目又简洁。下面例①是长句，例②是用指称法变短的句子：

①如果现在不抓紧提高整个中华民族的科学文化水平，造就大批科学技术专门人才，实现现代化的任务就不能完成。

②提高整个中华民族的科学文化水平，造就大批科学技术专门人才，这项工作如果现在不抓紧，实现现代化的任务就不能完成。

四 整句与散句

句子从句式结构上看，有整句与散句之分。所谓整句，就是一组句子有这样或那样的相似点，在表意、形体、音效上，都呈现出整齐匀称的美感。构造整句的方法主要是适当重复相同的要素，如语素、词语、句式等。所谓散句，就是一组句子结构方式不同，长短不一，灵活多样，散句具有变化美、自然美。构造散句，要注意词语、句式和上下文之间的逻辑关系，形散而神不散。

（一）整句

整句形式整齐，结构匀称，声韵和谐，气势贯通，富有气势，体现的是均衡美和整齐美，适宜表现强烈的语气和奔放的感情，多见于散文、诗歌和唱词之中。如：

①春分刚过去，清明即将到来，"日出江花红胜火，春来江水绿如蓝"。这是革命的春天，这是人民的春天，这是科学的春天！（郭沫若《科学的春天》）

这组整句共由三个复句组成，前两个复句都用了对偶，后一个复句用了排比。这组整齐的句子气势贯通，节奏鲜明，使人感到仿佛一股春风扑面而来，表现出一位老科学工作者对科学春天到来的渴望与期待。

②从爆竹的脆响中，从礼花的纷飞中，从锣鼓的节奏中，从起伏似海洋的口号声中，从纵情欢笑而又热泪盈眶的人群中，从举国上下的一片欢腾中，宣告了中国革命的一个新纪元！（何为《临江楼记》）

（二）散句

散句的句式错落不齐，灵活多变，适宜于表达行云流水般的叙述和急剧变化的情感，因而多用于小说、散文等文艺语体中。

①请闭上眼睛想：一个老城，有山有水，全在天底下晒着阳光，暖和安适地睡着，只等春风来把它们唤醒，这是不是个理想的境界？（老舍《济南的冬天》）

句子虽字数不一，结构不同，用的全是散句，却把老城的可爱和充满温情的山水写"活"了，表达的是作者的喜爱、赞美之情。

②同时，你的眼睛也许觉得有些倦怠，你对当前的雄壮或伟大闭了眼，而另一种味儿在你心头潜滋暗长了——单调！可不是？单调，有一点吧。（茅盾《白杨礼赞》）

例②的最后是四个语气不同的散句，既使节奏舒缓，又使文章波澜起伏。

（三）整句与散句的交错运用

整句有整句的优点，散句有散句的长处。什么时候用整句，什么时候用散句，主要取决于内容和上下文的需要。如果全篇都用整句，就会单调呆板，或者显得做作。如果全篇都用散句，就会影响语言的气势，甚至显得散乱。一般来说，整句和散句交错运用，整散结合，才可以显出错综之美。如：

①燕子去了，有再来的时候；杨柳枯了，有再青的时候，桃花谢了，有再开的时候；但是，聪明的，你告诉我，我们的日子为什么一去不复返呢？（朱自清《匆匆》）

上例前面三个并列的整句使节奏加快，语势渐急，后面用一个散句收尾，又使节奏减慢，语势平缓。整中有散，使语句显出变化来。

②它既不需要谁来施肥，也不需要谁来灌溉。狂风吹不倒它，洪水淹不没它，严寒冻不死它，干旱旱不坏它。它只是一味地无忧无虑地生长。松树的生命力可谓强矣！松树要求于人的可谓少矣！这是我每看到松树油然而生敬意的原因之一。（陶铸《松树的风格》）

这段文句整散结合，既有整齐美，又有变化美，有很好的表达效果。

五 主动句与被动句

同样一个意思，可以用主动句来表述，也可以用被动句来表述，但是表达的侧重点不同。一般说来，主动句侧重强调动作行为的发出者，被动句侧重强调动作行为的接受者。用主动句还是用被动句，要由说话人的意图来决定。

①他吃完了饭。

②饭被他吃完了。

这两个句子所表达的意思基本相同，但句式不同，适用的场合不同，表达的效果也不完全相同。例①是主动句，着重强调动作行为的发出者，所以把施事放在主语的地位。例②是被动句，着重强调动作行为的接受者，所以把受事放在主语的地位，有时甚至不提施事。

平常说话写文章，用主动句式的时候比较多。但是在下列情况下，选用被动句，修辞效果会更好一些。

第一，突出动作行为的接受者，而动作行为的发出者不必说出，或不愿说出，或无从说出时，用被动句。如：

③过了阴历八月十五日，正是秋收时候，县农会主席老杨同志，被分配到第六区来检查督促秋收工作。（赵树理《李有才板话》）

上例为了强调动作行为的接受者"县农会主席老杨同志"，而分配老杨的单位不必说出，用被动句就省去了一些不必要的成分，显得比较简洁。

④黄维兵团已被全部歼灭，李延年兵团向蚌埠逃跑，我们可以集中几倍于你们的兵力来打你们。（毛泽东《敦促杜聿明等投降书》）

上例选用被动句是为了强调被动者"黄维兵团"怎么样，主动者"我们"不必说出，因为后文会出现。

第二，在特定的上下文里，为了使前后分句的陈述对象前后一致，语意连贯，语气流畅，用被动句，以使句子结构紧凑。如：

⑤月亮上来了，却又让云遮去了一半……（朱自清《松堂游记》）

上例中的第二个分句是为了与前一分句的陈述对象"月亮"一致而用了被动句来表达。

⑥他也躲在厨房里，哭着不肯出门，但终于被他父亲带走了。（鲁迅《故乡》）

上例前两个分句的主语是"他"，第三个分句用被动句，主语相同，语气连贯。如果改用主动句"父亲终于把他带走了",就显得不连贯。作者这样选用句式,叙述重点突出,句子结构紧凑,前后意思贯通,气势足,而且情感鲜明。

第三,意在表明动作行为所带来的结果是消极的、不利的、不幸的等,可采用被动句。如:

⑦可惜正月过去了,闰土须回家去,我急得大哭。他也躲在厨房里,哭着不肯出门,但终于被他父亲带走了。(鲁迅《故乡》)

上例中"被"原本就有"遭受"的含义。"被带走"这一结果,对于"他(闰土)"来说是极不情愿的事,所以采用了被动句式。

⑧……发给他用于棉花试验的化肥给别人挪用了,发给他的抽水机具还没运到就被别人半路劫走了。(穆青、陆拂为、廖由滨《为了周总理的嘱托》)

上例两个分句都是被动句。如果改用一般的主动句,所表达的不满情绪就会淡化。

第四,为了使语言结构匀称,也可选用被动句式。

⑨自己被人凌虐,但也可以凌虐别人;自己被人吃,但也可以吃别人。(鲁迅《灯下漫笔》)

上例各分句主语相同,主动句与被动句对举,给人整齐匀称、对比鲜明之感。

六 肯定句与否定句

对事物做出肯定判断的句子,叫肯定句;对事物做出否定判断的句子,叫否定句。同一个意思,可以用肯定句,也可以用否定句。

①这个人好。

②这个人不错。

两句话基本意思一样,例①是肯定句,语意重些;例②是否定句,语意轻一些,语气弱一些。

(一) 肯定句

应该清楚,肯定句同肯定态度,否定句同否定态度,并不是完全一致的。因为,同样一个意思,可以用肯定句,也可以用否定句,但它们表达的侧重点不同,因而在语气上就有轻重强弱的差别。一般来说,肯定句直截了当,否定句委婉缓和。例如,通过谈心帮助一个朋友时,我们说"你这样做是不对的",就比说成"你这样做是错误的"要缓和婉转一些,对方比较容易接受。再如,"索明感叹魏局长工作的繁忙,对武警的一贯支持,待人的热情和办事的实在",若把"繁忙、支持、热情、实在"说成"不清闲、不反对、不冷淡、不玩虚的",语言就比较曲折委婉,但是在这里使用语气果断、感情强烈的肯定句更为合适。

(二) 否定句

否定句有以下三种形式。

1. 单重否定句

单重否定句是句中只用一个否定词。如：

①李方租住的地方，离他的单位不近。（荆歌《冰》）

上例是单重否定句，用了"不近"，语意轻一些，表达了缓和的语气和乐观的态度。

②朋友，天山的丰美景物何止这些，天山绵延几千里，不论高山、深谷，不论草原、湖泊，不论森林、溪流，处处都有丰饶的物品，处处都有奇丽的美景，你要我说我可真说不完，如果哪天你有豪情去游天山，临行前别忘了通知我一声，也许我可能给你当一个不很出色的向导。（碧野《天山景物记》）

例②中"不很出色"，幽默得体。如果换用"较差""较次"等词语，会显得粗俗。

2. 双重否定句

双重否定句最常见的是连用两个否定词，如"没有……不""不……不""非……不""不可否认"等；也可用一个否定词再加上反问的语气，如"难道能不来吗？"等于"不能不来"。要注意"双重否定"比单纯肯定的语气要更强烈。如：

①从前线回来的人说到白求恩，没有一个不佩服，没有一个不为他的精神所感动。（毛泽东《纪念白求恩》）

上例中"没有一个不佩服"比起"个个都佩服"、"没有一个不为他的精神所感动"比起"个个都为他的精神所感动"语气要强烈得多，更能够说明白求恩的精神深深地感动着每一个人，从而高度赞扬了白求恩国际主义精神的伟大和崇高。

②老爹老妈在大山里苦苦劳作，日升日落，也未必能挣来一次打车的钱，这笔帐不能不算。（孙春平《怕羞的木头》）

例②"不能不"强调"必须如此""只能如此"，带有一种强制性。这比用一般肯定句的"只好""只能"语意要强烈得多。

③喻青青找那枚金币是为了什么？不就是找她的姐姐吗？（晓航《努力忘记的日落时分》）

例③的反问语气加上"不"是双重否定，坚定有力地表达了作者的观点。

④到拉萨的游人，没有不去八廓街的。来拉萨的信徒，也没有不去八廓街的。（陈华《拉萨的街市》）

上例中"没有不"表示全部都怎样，没有例外。

许多成语、谚语就是运用"双重否定"构成的，如"无坚不摧、攻无不克、战无不胜、无孔不入、无微不至、不见不散、无奇不有、无所不用其极、没有不散的宴席、没有不透风的墙"等，双重否定使语意表达得十分强烈。

3. 三重否定句

三个否定词先后套用，表达否定的意思，这就是三重否定句。如：

……有些常犯的毛病……可以多用选择和填充的方法，不一定非要采取改错的方式不可。（吕叔湘《语法三问》）

上例"非……不可"是双重否定，表示肯定的说法。前面加上"不一定"又转变成了否定的说法了，这是一种很委婉的说法。

（三）肯定句与否定句结合运用

肯定句与否定句可以结合运用，相互补充，相互映衬，使论证更周密，观点更鲜明，意思更明显，行文更有波澜。如：

①（蜜蜂）是不为自己，而是在为人类酿造最甜的生活。（杨朔《荔枝蜜》）

②它们不是生动活泼的东西，而是死硬的东西；不是前进的东西，而是后退的东西；不是革命的东西，而是阻碍革命的东西了。（毛泽东《反对党八股》）

③我要做高山岩石之松，不作湖岸河旁之柳；我愿在暴风雨中，靠艰苦卓绝的斗争锻炼自己，不愿在平平静静的日子里度过自己的一生。（《雷锋日记》）

例①否定在前，肯定在后，二者并用，相互映衬，增强了表达效果；例②这个复句包含三组分句，每组分句都用否定、肯定这两种句式表达斟酌相同的意思，两相对比，揭露了八股文的本质，表达了作者鲜明的态度；例③肯定句与否定句交替使用，鲜明地表达了雷锋高远的革命志向，语言活泼灵巧，富有波澜。

有时候，肯定句与否定句交错递进，以加强语意。如：

冼星海同志指挥得那样有气派，姿势优美，大方；动作有节奏，有感情。随着指挥棒的移动，上百人，不，上千人，还不，仿佛全部到会的，上万人，都一齐歌唱。（吴伯箫《歌声》）

上例中的"上百人，不，上千人，还不……上万人"将肯定否定交错运用，使范围不断扩大，语意逐层加深。

需要注意的是，运用否定句时，不要把话说反了。如：

④文章必须有新鲜的内容，但这也不能否认写过的题材和主题就一概不能写了。

⑤我们经验不足，工作难免不犯错误，难免有缺点。

例④"不能否认"有"应该承认"的意思，从整句话的意思看，这显然不是作者的原意，应改为"并不是说"。例⑤用了否定副词，把话说反了，应删去"不"。

■ 思考练习

1. 同义句式选择应遵循什么原则？
2. 肯定句与否定句结合运用在表达效果方面有什么好处？
3. 什么是整句和散句？二者在表达效果方面各有什么长处与短处？
4. 按要求变换下列句式。

    （1）我们的党，我们的人民，我们的革命，我们的建设事业都是伟大的。（变换为短句）

    （2）你用不着紧张，更不必那样气势汹汹，如果你有理的话。（变换为常式句）

    （3）有100万元存款，200平方米住房，家庭条件优越，本人一表人才，兴趣广泛，曾声称非人才出众者不娶，非城市姑娘不娶的装璜公司总经理李锁，昨天突然向全公司员工宣布要和一个相貌平平、地地道道的农村姑娘结婚了。（变换为短句）

5. 比较下面几组句子的表达效果。

（1）不到长城非好汉，屈指行程二万。

能到长城为好汉，屈指行程二万。

（2）原句：苏轼有"罗浮山下四时春，卢橘杨梅次第新。日啖荔枝三百颗，不妨长作岭南人"一诗，久为人所传诵。

改句：苏轼有名诗云："罗浮山下四时春，卢橘杨梅次第新。日啖荔枝三百颗，不妨长作岭南人"，久为人所传诵。

（3）原句：他告诉将军：因为天气太热，要多喝开水，等会来了咸菜要猛吃。告诉他：下班时候要把鞋里的砂土倒干净，要不走到家就会打泡的！还告诉他：睡觉前要用热水烫烫手脚。

改句：他告诉将军：因为天热要多喝开水，等会儿来了咸菜要猛吃；下班时候要把鞋里的沙土倒干净，要不到家会打泡的，睡觉前要用热水烫烫手脚。

第五节　修　辞　格

> 学习重点：熟练掌握几种常见的修辞格，熟悉辞格之间的差异。
> 学习难点：能熟练运用各种辞格。

修辞格，也叫辞格，是在一定的语言环境中，通过语言的常规或超常规使用而形成的，具有特定表达形式，能取得特殊表达效果的一些特殊修辞方式。

一　比　喻

比喻，也叫打比方，是指在说明道理时，根据联想，用和它有相似点的事物或道理来打比方的一种修辞方式。

（一）比喻的构成

比喻由三个部分构成：本体、喻体、喻词。比喻须有甲乙两个事物，甲事物是被描绘或被说明的对象，叫本体；乙事物是用来描绘或说明的事物、道理，叫喻体；联系本体和喻体的词语叫喻词。构成比喻的本体和喻体须具备如下条件：第一，它们必须是有着质的差异的截然不同的两种事物；第二，它们之间有某种相似点。这两个条件必须同时具备，缺一不可。如：

①这人的相貌不大好看，脸像个葫芦瓢子。（赵树理《李有才板话》）

②眼睛也像他父亲一样，周围都肿得通红，这我知道，在海边种地的人，终日吹着海风，大抵是这样的。（鲁迅《故乡》）

例①是比喻，本体"脸"与喻体"葫芦瓢子"属于性质不同的事物，在形态上有相似点，用喻词"像"来联系；例②虽有相似点"眼睛""周围都肿得通红"，相比的都是眼睛，一个是"他"的眼睛，另一个是"他父亲"的眼睛，没有质的差异，属同一类事物，仅是一种对比，不能构成比喻。

比喻能使深奥的道理浅显化、抽象的概念具体化、一般的事物形象化，进而获得较好的表达效果。

（二）比喻的基本形式

1. 明喻

直接明白的用喻体来描写或说明本体的修辞方式，叫明喻。本体、喻体、喻词都出现，形成"甲像乙"的格式。常用的比喻词有：用在喻体前的"像、好像、如同、好比、似、如、犹如、宛如、仿佛、有如"等和用在喻体之后的"似的、一样、一般"等；有时两类词会搭配使用，构成"像……似的、如同……一样"等样式。如：

叶子出水很高，像亭亭的舞女的裙。（朱自清《荷塘月色》）

上例用"亭亭的舞女的裙"（喻体）来比喻出水很高的"叶子"（本体），非常恰当，用"像"（喻词）连接，很自然。

2. 暗喻

暗喻又叫隐喻，是直接把本体说成喻体的比喻。本体、喻体都要出现，二者间经常用"是、就是、成为、成了、变成、等于、算作"等比喻词（也可不用），形成"甲是乙"的格式。如：

①我们是祖国的花朵，老师是辛勤的园丁。

②黄河啊，民族的摇篮！

例①把"我们"和"老师"分别比作"花朵"和"园丁"，用"是"字来连接，比喻学生和老师关系密不可分，比喻关系暗藏句中；例②把"黄河"比作"民族的摇篮"，未出现比喻词。

3. 借喻

借喻是本体和喻词都不出现，直接用喻体代替本体的比喻方式。其基本格式为"只有喻体存在"。如：

①这个地方，一到阴天，我心里就堵上个大疙瘩。

②其缺点是见树木而不见森林，拣了芝麻、绿豆，却丢了西瓜。

例①用"大疙瘩"比喻怨气；例②用"树木"比喻局部，用"森林"比喻全体，用"芝麻、绿豆"比喻小事物，用"西瓜"比喻大事物。两个句子都是用喻体直接代替本体。

以上是比喻的基本形式。按本体、喻体的外部特征，比喻还有其他的形式。如：

③白杨树算不得树中的好女子。(反喻)

④远远近近全是电灯,比天上的星星都密。(较喻)

⑤层层的叶子中间,零星地点缀着些白花,有袅娜地开着的,有羞涩地打着朵儿的;正如一粒粒的明珠,又如碧天里的星星,又如刚出浴的美人。(博喻)

⑥灿烂的阳光下盛开的百合花就是您的笑容,巨大的汽锤起落的铿锵就是您的声音。(倒喻)

(三) 运用比喻的注意事项

第一,要通俗。通俗的实质是,喻体比本体更为听话人所熟悉。

第二,要贴切。喻体和本体之间要有相似点,相似的程度越高,比喻就越贴切。

第三,要新颖。喻体和本体之间联系的建立,是新的发现、新的创造。

第四,要匹配。喻体和本体之间的情感色彩不能颠倒。通常,不能用含有贬义的喻体和人们喜闻乐见的本体做比喻,反之亦然。

二 比 拟

运用联想把物当作人来写,或把人当作物来写,或把甲事物当作乙事物来写,这种修辞格叫比拟。

(一) 比拟的构成

比拟由本体和拟体构成。被比拟的人或事物叫本体,用来比拟的人或事物叫拟体。不过,拟体不在句子里出现,直接把本体当成拟体来写。如:

春天来了,百花拉着手,唱着柔婉的曲子。

(二) 比拟的分类

按照拟体的不同属性,比拟可分为如下几类。

1. 拟人

把非生物或生物当作人来表现,赋予其人的思想感情、声情笑貌,使其人格化。

(1) 把没有生命的事物当作人来写。

如:

①这一圈小山在冬天特别可爱,好像是把济南放在一个小摇篮里,它们安静不动地低声说:你们放心吧,这儿准保暖和。(老舍《济南的冬天》)

②那醉人的绿呀!仿佛一张极大极大的荷叶铺着,满是奇异的绿呀。我想张开两臂抱住她,但这是怎样一个妄想呀。(朱自清《绿》)

(2) 把有生命的动物或植物当作人来写。

如:

①萤火虫在夏夜的草地上低飞,提着一盏小小的灯笼,殷勤地照看这花草的世界。

②鸟儿将巢安在繁花嫩叶当中,高兴起来了,呼朋引伴地卖弄清脆的喉咙,唱出婉转

的曲子,跟清风流水应和着。(朱自清《春》)

③艾丽思对耗子说英语,以为它不懂英国话,料它一定是法国耗子,便开口道:"Oestma chatte(我的猫在哪)?"那耗子听了,在水里猛一跳,吓得浑身直抖。艾丽思一看不好,怕伤那小畜生的感情,连忙赔罪道:"哎哟,对不住,对不住!我都忘了你是不喜欢猫的。""哼!不喜欢猫!"那耗子尖着嗓子急着嚷道。"要是你做了我,你也喜欢猫吗?"(《艾丽思漫游奇境记》)

2. 拟物

拟物是把人当物来写,使人具有物的情态和动作;或把甲事物当乙事物来写,表达某种强烈的爱憎情感。

(1)把人当作物来写。

如:

①我到了自家的房外,我的母亲早已迎着出来了,接着便飞出了八岁的侄儿、侄女。
②敌人夹着尾巴逃窜了。

(2)把甲事物当作乙事物来写。

如:

①告诉你,祥子,搁在兜子里,一个子永远是一个子!放出去吧,钱就会下钱!
②他总结失败的教训,把失败接起来,焊上去,作登山用的尼龙绳子和金属梯子。

比拟是用拟体的属性去表现本体,使本体临时获得拟体的属性,故而运用恰当的话,可以使语言更真切、生动、形象、新鲜,增加爱憎、褒贬的感情色彩,给人留下深刻的印象。

(三)运用比拟的注意事项

第一,相匹配。本体和拟体形象的美丑与情感的爱憎褒贬要统一。

第二,相似性。用来比拟的人和物在性格、形态、行为等方面应该有相似或相近之处。

(四)比喻与比拟的区别

比喻重在"喻",即将甲事物喻作乙事物,甲、乙之间一主一从,且喻体一定要出现;比拟重在"拟",即将甲事物当作乙事物来写,甲、乙事物彼此交融、浑然一体,比拟的拟体可以不出现。

三 借 代

不直接说出要说的人、事物,而借和它密切相关的事物名称去代替,这种修辞格就是借代。被替代的事物叫本体,用来代替的事物叫借体。需要注意的是,借体与本体间有联系,这种关系是实在的,而不是想象出来的。

(一)常见的类型

1. 特征代本体

借人或物的特征或标志来代替人或事物本身。如:

①先生，给现洋钱，袁世凯，不行么？（叶圣陶《多收了三五斗》）

②花白胡子一面说，一面走到康大叔面前，低声下气的问道……（鲁迅《药》）

③假使先给其父子以高爵厚禄，三桂谅不至于"为红颜"而"冲冠一怒"了。（郭沫若《甲申三百年祭》）

例①因为当时的银元上铸有袁世凯的头像，这是一个特征，因此可以代替银元；例②用"花白胡子"这个特征代指长有花白胡子的那个人；例③用"红颜"代指面施红妆、容颜美丽的女子。

2. 部分代整体

借事物最显著、最有代表性的部分代替整个事物。如：

①解放军不拿群众一针一线。（毛泽东《中国人民解放军总部关于重行颁布三大纪律八项注意的训令》）

②几年来的文治武力，在我早如幼小时候所读过的"子曰诗云"一般，背不上半句了。（鲁迅《一件小事》）

③两岸青山相对出，孤帆一片日边来。（李白《望天门山》）

例①用较小的财物"一针一线"代替任何财物，例②用"子曰诗云"代替文言，例③用船的一部分"帆"代替船。

3. 专名代泛称

即用人或事物专用的名称代替与它有密切关联的人或事物。如：

①我们所进行的空前伟大而艰巨的事业，不管在哪一条战线上，都需要有成千上万的雷锋。

②三个臭皮匠，合成一个诸葛亮。

③你们杀死一个李公朴，会有千百万个李公朴站起来！（闻一多《最后一次讲演》）

上述例句中的"雷锋""臭皮匠""诸葛亮""李公朴"分别代替具有相关精神特质的人群。

4. 具体代抽象

就是用具体的、形象的、能给人以直观感受的事物代替抽象的事物。如：

①在中国共产党的领导下，中国人民用小米加步枪，打垮了帝国主义在中国的统治。

②别那么轻易把饭碗丢了。

③我们随时像李先生那样，前脚跨出大门，后脚就不准备再跨进大门！（臧克家《说和做——记闻一多先生言行片段》）

上述例①②句中的"小米加步枪""饭碗"分别代指落后武器和具有抽象意义的"职业"；例③"前脚跨出大门，后脚就不准备再跨进大门"代替"牺牲"。

当然，借代还有其他方式，如"翻译莎士比亚是一项艰巨的工作，需要很多具体的条件，才可以担当"，句中用"莎士比亚"这一作者名字代其著作。

（二）借代的功用

恰当地运用借代，可以使行文特点鲜明、形象突出、具体生动、简洁别致。

（三）运用借代的注意事项

第一，借体能代表本体。

第二，有时要在上下文对本体有所交代。

（四）借代与借喻的区别

其一，借代重在事物的相关性，脱离具体的语言环境，借体和本体之间仍然有直接的关联；借喻重在事物的相似性，脱离具体的语言环境，借体和喻体之间就不再有任何关联。

其二，借喻可以改为明喻，但借代不能改。

例如：

①先生，给现洋钱，袁世凯，不行么？（叶圣陶《多收了三五斗》）

②恶意的批评家在嫩苗的地上驰马，那当然是十分快意的事；然而遭殃的是嫩苗——平常的苗和天才的苗。（鲁迅《未有天才之前》）

例①用借体"袁世凯"代替本体"印有袁世凯头像的银元"，二者之间有明显相关性，是借代；例②用喻体"嫩苗"代替本体天才和平常人，二者之间只有相似性，是借喻。

四 夸 张

为了表达的需要，故意对客观事物言过其实，把话说得超过客观事实和实际可能的一种修辞格，叫夸张。

（一）夸张的类别

1. 扩大性夸张

扩大性夸张即故意把事物朝大的、多的、高的、强的、重的、快的等方面说，往往对事物的形状、性质、特征、作用、程度等加以夸大。如：

蜀道之难，难于上青天。（李白《蜀道难》）

上例以"上青天"描绘蜀道难走。又如：

①大虫见掀他不着，吼一声，却似半天里起了个霹雳，振得那山冈也动了。（施耐庵《水浒传》）

②鸿渐气得心头火直冒，仿佛会把嘴里香烟衔着的一头都烧红了。（钱钟书《围城》）

2. 缩小性夸张

缩小性夸张即故意把事物朝小的、少的、矮的、弱的、轻的、慢的等方面说，往往对事物的形状、性质、特征、作用、程度等加以缩小。如：

五岭逶迤腾细浪，乌蒙磅礴走泥丸。（毛泽东《七律·长征》）

"细浪""泥丸"都是缩小夸张，用山脉的低矮和渺小突出了红军战士的英雄气概。

又如：

①一个浑身黑色的人，站在老栓面前，眼光正像两把刀，刺得老栓缩小了一半。（鲁迅《药》）

②山，快马加鞭未下鞍。惊回首，离天三尺三。（毛泽东《十六字令》）

3. 超前性夸张

超前性夸张即故意把后出现的事说成先出现或同时出现；也指把先出现的事说成后出现。这是从时间上进行夸张。如：

①"请"字儿未曾出声，"去"字儿连忙答应。（王实甫《西厢记》）

②她还没有端酒杯，就醉了。

例①应该先说"请"，然后再回答"去"，可是为了表达愿意"去"，用了超前夸张，效果更佳；例②故意把"醉"说成早于"端酒杯"，强调酒的清冽与甘醇。又如：

③看见这样鲜绿的麦苗，就嗅出白面馍馍的香味来了。

④花里带着甜味儿；闭了眼，树上仿佛已经是桃儿、杏儿、梨儿。

⑤她一点胃口也没有，饭没入口，人就饱了。

▶▶（二）夸张的功用

第一，突出事物的特点，引发丰富的想象。

第二，表达强烈的感情，留下深刻的印象。

▶▶（三）运用夸张的注意事项

第一，夸张不是浮夸，而是故意的、合理的夸大，所以要有客观基础，有事实依据，即夸张有据。

第二，夸张不能和事实距离过近，否则读者会分不清是在说事实还是在夸张，即夸张要使人接受，避免故意言过其实。

第三，夸张要注意文体特征，如科技说明文、说理文章就很少用甚至不用夸张，以免歪曲事实。

五 反　语

反语就是说反话，不直接说本意，故意使用跟本来意思相反的词语或句子来表达本意，字面上是一个意思，实际上是另一个意思。

▶▶（一）反语的类型

1. 反话正说

用正面的话表达反面的意思，能取得幽默讽刺的效果。如：

①还有几位"大师"们捧着几张古画和新画，在欧洲各国一路挂过去，叫作"发扬国光"。（鲁迅《拿来主义》）

②当三个女子从容地转辗于文明人所发明的枪弹的攒射中的时候，这是怎样的一个惊

心动魄的伟大呵！中国军人屠戮妇婴的伟绩，八国联军惩创学生的武功，不幸全被这几缕血抹杀了。（鲁迅《记念刘和珍君》）

例①引用"发扬国光"，实则是讽刺国民党"大师"们一味"送去"作品，不以为耻，反以为荣的丑恶嘴脸。简简单单的一句话，用精练、传神的动词，恰如其分的修饰语和限制语，惟妙惟肖地刻画出国民党政府卑躬屈膝、崇洋媚外的奴性。例②中的"伟绩"和"武功"是反语，既揭露了段祺瑞政府的暴行与中外反动派的屠戮一脉相承，又指出了这次暴行是空前的。又如：

③（清国留学生）也有解散辫子，盘得平的，除下帽来，油光可鉴，宛如小姑娘的发髻一般，还要将脖子扭几扭。实在标致极了。（鲁迅《藤野先生》）

④有几个"慈祥"的老板到菜场去收集一些菜叶，用盐一浸，这就是他们难得的佳肴。（夏衍《包身工》）

反话正说的关键是褒义词语贬用。

2. 正话反说

用反面的话表达正面的意思。如：

几个女人有点失望，也有些伤心，各人在心里骂着自己的狠心贼。（孙犁《荷花淀》）

其中的"狠心贼"用来表示"心上人"。又如：

①我本来不想去，可是俺婆婆非叫我再去看看他——有什么看头啊！（孙犁《荷花淀》）

②他抗议无用，苏小姐说什么就要什么，他只好服从她善意的独裁。（钱钟书《围城》）

正话反说的标志往往是贬义词语褒用。

（二）运用反语的注意事项

第一，反语要恰当，情感要鲜明。

第二，反语要力求明显，使人一看便知。

六 双 关

在一定的语言环境中，利用语音和语义条件，有意使语言表达带有表、里双重意义，而里层意思是说话人的真实意思所在，以便言在此而意在彼，这种修辞格叫双关。双关能使一句话有两种理解，产生明暗两种意思。

（一）双关的类型

1. 谐音双关

利用音同或音近等条件，使词义或句子具有两种不同的意义，这就是谐音双关。如：

①我失骄杨君失柳，杨柳轻飏直上重霄九。（毛泽东《蝶恋花·答李淑一》）

"杨柳"表面指自然界的杨花柳絮，实指革命烈士杨开慧、柳直荀的忠魂；"杨柳轻飏"从字面上看是描绘了杨花柳絮轻轻飞扬的样子，实际上是指革命烈士杨开慧、柳直荀的忠魂飘向长空，歌颂了革命先烈生死不渝的革命情怀。

②兴儿摇手道:"不是那么不敢出气儿,是怕这气儿大了,吹倒了林姑娘,气暖了,又吹化了薛姑娘。"说的满屋里都笑了。(曹雪芹《红楼梦》)

姓"林"的"林"双关树木之"林",故怕吹倒;姓"薛"的"薛"双关霜雪之"雪",故怕暖化。又如:

③你的健康是"天大"的事——天大药业。

④春蚕到死丝方尽,蜡炬成灰泪始干。(李商隐《无题》)

⑤杨柳青青江水平,闻郎江上踏歌声。东出日出西边雨,道是无晴却有晴。(刘禹锡《竹枝词》)

另外,许多歇后语也是利用谐音双关构成的。如:

外甥打灯笼——照舅(旧)

孔夫子搬家——尽是书(输)

窗户眼里吹喇叭——鸣(名)声在外

谐音双关的关键是利用词语的音同(音近)现象。

2. 语义双关

语义双关指的是利用词语或句子的多义关系,在特定的语言环境中构成的双关。如:

①阿庆嫂对沙奶奶说:"你说呀。一说出来,不就什么都完了吗?"(京剧《沙家浜》)

这里的"什么"在刁德一听来是实事,在沙奶奶听来是新四军的安全。

②周繁漪 好,你去吧!小心,现在,(望窗外)风暴就要来了。(曹禺《雷雨》)

这里的"风暴",既指即将来临的雷雨,也指周家即将到来的大变革、大没落。

③夜正长,路也正长,我不如忘却,不说的好吧。(鲁迅《为了忘却的纪念》)

这里的"夜"和"路"在本句可以是实指,但更重要的一层意思却在于它们暗指黑暗的社会和革命的征途。

又如:

④四周黑洞洞的,能不碰壁吗?(周晔《我的伯父鲁迅先生》)

"碰壁"的本意是撞到墙上了,其实是鲁迅先生的一句话,意思是当时的社会环境太黑暗(与四周黑洞洞的双关,本意指光线不足、漆黑,也指环境黑暗),鲁迅作为反对当局的作家,自然会遭到很多压迫,可将压迫理解为碰壁。

⑤将那三春看破,桃红柳绿待如何?把这韶华打灭,觅那清淡天和。(曹雪芹《红楼梦》)

此句中的"三春"表面指暮春,内含《红楼梦》一书中元春、迎春、探春三个人物的境遇。

(二)双关的功用

恰当地巧用双关,可以使语言含蓄委婉,幽默风趣,余味无穷,给人留下深刻的印象。

(三)运用双关的注意事项

要依据特定的语言环境和特定的对象,巧用表里两层含义,做到含蓄而不晦涩,不造成歧义或误会。

七 对 偶

把结构相同或相似、字数相等、意义密切关联的一组短语或句子，两两对称地组织在一起，这种修辞格叫对偶。

（一）对偶的类型

1. 依据形式分类

（1）严对。

又称工对，即工整严格的对偶。要求字数相等、词类相同，句式的语法结构相同，对应的字平仄相反或合乎格律，对应的字不用同一个字等。如：

①无边落木萧萧下，不尽长江滚滚来。（杜甫《登高》）

②墙上芦苇，头重脚轻根底浅；山间竹笋，嘴尖皮厚腹中空。（毛泽东《改造我们的学习》）

（2）宽对。

指要求宽松的对偶。只要结构基本相同，音韵大致和谐就行，而且相对应的字也可以是相同的字。如：

①野火烧不尽，春风吹又生。（白居易《赋得古原草送别》）

②才饮长江水，又食武昌鱼。（毛泽东《水调歌头·游泳》）

2. 依据内容分类

（1）正对。

上下联意义相同、相近的对偶，在内容上相互补充、相互映衬。如：

①天连五岭银锄落，地动三河铁臂摇。（毛泽东《七律二首·送瘟神·其二》）

②有志者，事竟成，破釜沉舟，百二秦关终属楚；苦心人，天不负，卧薪尝胆，三千越甲可吞吴。

（2）反对。

上下句意思相反、相对。两联内容相反相成，对立统一。如：

①横眉冷对千夫指，俯首甘为孺子牛。（鲁迅《自嘲》）

上下联意思相对，鲜明地表现了鲁迅先生对待敌人和对待人民的两种截然不同的态度。又如：

②宜将剩勇追穷寇，不可沽名学霸王。

③成事不足，败事有余。

（3）串对。

又叫流水对，是上下联的意思相关，有承接、因果、假设、条件、转折等关系。如：

①春种一粒粟，秋收万颗子。（李绅《悯农二首》）

此例包含了一种条件或因果关系，是串对。又如：

②即从巴峡穿巫峡，便下襄阳到洛阳。（杜甫《闻官军收河南河北》）

上下联是承接关系。

③为有牺牲多壮志，敢教日月换新天。（毛泽东《七律·到韶山》）

上下联是因果关系。

（二）对偶的功用

对偶句式看起来整齐美观，读起来节奏铿锵，便于记诵；对偶形式整齐，上下联音韵和谐，互相映衬，互为补充，节奏感强，使语言整齐，语句匀称，生动形象，朗朗上口，具有音韵美；对偶表意凝练，抒情酣畅，便于吟诵，易于记忆，有音乐美。

八 排 比

把三个或三个以上内容密切相关、结构相同或相似、语气一致的短语或句子排列起来，以增强表达效果的修辞就是排比。

（一）排比的类型

1. 短语排比

例如：

①这些青翠的竹子，沿着细长的滑道，穿云钻雾，呼啸而来，它们滑下溪水，转入大河，流进赣江，挤上火车，走上迢迢的征途。（袁鹰《井冈翠竹》）

②看，像牛毛，像花针，像细丝，密密地斜织着，人家屋顶上全笼着一层薄烟。（朱自清《春》）

2. 句子排比

例如：

①到近处看，有的修直挺拔，好似当年山头的岗哨；有的密密麻麻，好似埋伏在深坳时的奇兵；有的看来出世还不久，却也亭亭玉立，别有一番神采。（袁鹰《井冈翠竹》）

②山朗润起来了，水涨起来了，太阳的脸红起来了。（朱自清《春》）

③每一个具有共产主义风格的人，都应该像松树一样，不管在怎样恶劣的环境下，都能茁壮地生长、顽强地工作，永不被困难吓倒，永不屈服于恶劣环境。每一个具有共产主义风格的人，都应该具有松树那样的崇高品质，人们需要我们做什么，我们就去做什么，只要是为了人民的利益，粉身碎骨、赴汤蹈火也在所不惜；而且毫无怨言，永远浑身洋溢着革命的乐观主义的精神。（陶铸《松树的风格》）

3. 段落排比

例如：

①他哭了，不是因为邻居的眼色，这个从南市来的孩子从小见惯了各种各样冷漠和怀疑的眼色。

他哭了，不是因为路人的歧视，这个在各国港口为中国争取到荣誉的海员，有的是对付歧视的办法。

他哭了，不是因为亲人们——妻子儿女，特别是哥哥，那个一心一意支持他走上这条路的哥哥的质问。虽然他们疑虑的视线在他心上织起了灰色和有罪的雾似的迷网……（柯岩《船长》）

②春天像刚落地的娃娃，从头到脚都是新的，他生长着。

春天像小姑娘，花枝招展的，笑着，走着。

春天像健壮的青年，有铁一般的胳膊和腰脚，他领着我们上前去。（朱自清《春》）

（二）排比的功用

用排比来说理，可收到条理分明的效果；用排比来抒情，节奏和谐，显得感情洋溢；用排比来叙事写景，能使层次清楚、描写细腻、形象生动。总之，排比的行文有节奏感，朗朗上口，有极强的说服力，能增强文章的表达效果和气势，深化中心。

恰当地运用排比才能表达强烈奔放的感情，周密地说明复杂的事理，增强语言的气势和表达效果。运用排比必须从内容的需要出发，不能生硬地拼凑排比的形式。

（三）运用排比的注意事项

第一，排比强调结构相同，也允许有不妨碍整体统一的变化。

第二，运用排比时要讲究次序，有条不紊。

第三，不可单纯追求形式，硬凑排比。

九 反 复

为了表达的需要，为了强调某个意思，突出某种感情，有意重复某些词语或句子，这种修辞格叫反复。

（一）反复的类型

1. 连续反复

连续重复相同的词语或句子，其中没有其他词语或句子间隔，就是连续反复。如：

①盼望着，盼望着，东风来了，春天的脚步近了。（朱自清《春》）

②沉默呵！沉默呵！不在沉默中爆发，就在沉默中灭亡。（鲁迅《记念刘和珍君》）

例①用分句"盼望着，盼望着"连续反复，表达对春天的期盼之情；例②用单句"沉默呵"连续反复，表达鲁迅先生对段祺瑞政府的愤怒和对民众觉醒的期盼之情。又如：

③但一位先生却以为这客店也包办囚人的饭食，我住在那里不相宜，几次三番、几次三番地说。（鲁迅《藤野先生》）

例③用了短语"几次三番"连续反复。

2. 间隔反复

反复使用的词语或句子之间夹杂着其他词语或句子，这种反复叫间隔反复。如：

①这半年我又看见了许多血和许多泪，然而我只有杂感而已。泪揩了，血消了；屠伯们逍遥复逍遥，用钢刀的，用软刀的。然而我只有"杂感"而已。（鲁迅《而已集》）

②我们还在这样的世上活着;我也早觉得有写一点东西的必要了。离三月十八日也已有两星期,忘却的救主快要降临了罢,我正有写一点东西的必要了。(鲁迅《记念刘和珍君》)

例①"我只有杂感而已"和例②"有写一点东西的必要了"都是间隔反复。

(二) 反复的功用

第一,反复表示强调,能增强语气或语势。

第二,反复能起到反复咏叹、表达强烈情感的作用。

第三,反复的修辞手法还可以使诗文的格式整齐有序,而又回环起伏,充满语言美。

总之,恰当地运用反复,可以突出语意重点,强调、抒发感情,理清层次(如段落中出现的反复),增强语气,加强节奏。

(三) 运用反复的注意事项

运用反复,要注意感情的自然流露,一般来说,用来反复的词语或句子应是关键性的;如果没有真情实感,只是一味地重复词语或句子,则会使表达乏味单调,成为累赘。如:

部队进入广西以后,山区人家少,粮食供应有了困难,山区人家少,运输的人力也不足,炊事班的同志为解决吃饭问题绞尽了脑汁。

上例将"山区人家少"进行了反复,但并未走到反复的作用。整个句子的重点在于突出炊事班遇到的困难及克服困难的精神,"山区人家少"的反复并不能突出重点,反而会将读者的注意力转移。

十 衬 托

衬托,又叫映衬,是为了突出主要事物,用相似、相关或相反的事物作为陪衬的一种修辞方式。

(一) 衬托的类型

1. 正衬

也叫旁衬,就是将与主要事物类似的事物作为陪衬的修辞方式。一般是用美景衬愉快,用凄凉景衬哀情,使喜更喜、悲更悲。如:

①水生小声说:"明天我就到大部队上去了。"女人的手指震动了一下,想是叫苇眉子划破了手。她把一个手指放在嘴里吮了一下。(孙犁《荷花淀》)

②时候既然是深冬;渐近故乡时,天气又阴晦了,冷风吹进船舱中,呜呜的响。从蓬隙向外一望,苍黄的天底下,远近横着几个萧索的荒村,没有一些活气。我的心禁不住悲凉起来了。(鲁迅《故乡》)

③一次寒潮刚过,天气已经好转,轻风微微吹,太阳暖烘烘,陈奂生肚里吃得饱,身上穿得新,手里提着一个装满东西的干干净净的旅行包,也许是气力大,也许是包儿轻,简直像拎了束灯草,晃荡晃荡,全不放在心上。(高晓声《陈奂生上城》)

例①写"女人的手指震动"和"她把一个手指放在嘴里吮了一下"的细节,衬托了女人内心对丈夫的爱和对丈夫离家的不舍;例②细写了深冬萧索荒凉的乡村景色,衬托了"我"的悲哀之情;例③中的景色描写和天气情况,衬托了刚刚走上改革开放之路的陈奂生进城卖油绳赚钱的愉快心情。

2. 反衬

就是从反面衬托,即将和主要事物相反或相异的事物作为陪衬。往往以哀景衬乐,以乐景衬哀,比正衬更有力量。例如:

①蝉噪林愈静,鸟鸣山更幽。(王籍《入若耶溪》)

②沙头宿鹭联拳静,船尾跳鱼拨剌鸣。(杜甫《漫成一首》)

③我提着灵巧的小桔灯,慢慢地在黑暗潮湿的山路上走着。这朦胧的橘红的光,实在照不了多远,但小姑娘的镇定、勇敢、乐观的精神鼓舞了我,我似乎觉得眼前有无限的光明!(冰心《小桔灯》)

④我给那些因为在近旁而极响的爆竹声惊醒,看见豆一般大的黄色的灯火光,接着又听得毕毕剥剥的鞭炮,是四叔家正在"祝福"了;知道已是五更将近时候。我在蒙胧中,又隐约听到远处的爆竹声联绵不断,似乎合成一天音响的浓云,夹着团团飞舞的雪花,拥抱了全市镇。(鲁迅《祝福》)

例①中,正因为人在听觉上认为蝉叫声特别喧噪、鸟鸣声特别清亮,所以山林幽静至极,以闹衬静,静境深广;例②中的"船尾跳鱼拨剌鸣"就运用了反衬手法,诗的前三句围绕"静"字落笔,此句写动,写声,反衬其环境的寂静;例③用"黑暗潮湿的山路""朦胧的橘红的光""实在照不了多远"来反衬小姑娘镇定、勇敢、乐观的精神;例④以鲁镇除夕夜的热闹反衬祥林嫂结局的悲惨,奠定了小说悲剧的基调。

(二) 衬托的功用

恰当地运用衬托,可以使主次更分明,让需要突出的事物更鲜明、更立体。

(三) 运用衬托的注意事项

衬托的作用在于突出强调被衬托的主体,用含蓄、深沉的方式表达感情,使主题得到深化,因此,主体与陪衬的事物间要有联系。以"景"衬"情"时,要注意景与情的关系:因情而写景,借景以抒情,景因情而获得深意,情因景而得以深入。若情景不谐调,则易喧宾夺主,甚至为写景而写景。

十一 设 问

设问是一种常见的修辞手法,常用于表示强调作用。为了强调某部分的内容,本无疑问而自设疑问,故意先提出问题,明知故问,自问自答,有时问而不答。如:

①什么是路?就是从没有路的地方践踏出来的,从只有荆棘的地方开辟出来的。(鲁迅《生命的路》)

②她像一只轻捷的小鸟一样飞走了。她刚一走，我就后悔了。晚上，校门口——这不明明是约会吗。万一让人看见了还讲得清楚。她怎么敢。到底有什么事呢。对了，一定是想把那张照片要回去，可是照片还在吕宏手里哩。（张抗抗《夏》）

例①先故意设问，然后再自己回答，是为了提醒读者注意，让读者深入思考；例②则是问而不答，目的是让读者去联想，去回味。

（一）设问的类型

自问自答是设问的主要形式。它又可以分为以下几类。

（1）一问一答。

即提出一个设问句，紧跟着写一个答句。此种设问，能迅速集中读者的注意力，吸引读者继续往下读。如：

谁是我们最可爱的人呢？我们的部队、我们的战士，我感到他们是最可爱的人。（魏巍《谁是最可爱的人》）

（2）几问一答。

即先集中提出一连串设问句，然后集中加以回答。此种设问，能增强论辩力量，引人深思。如：

啊，是谁，这么早就把那亲爱的令人心醉的乡音送到我的耳畔。是谁，这么早就用他那吱吱哇哇的悦耳动听的音乐唤来了玫瑰色的黎明。是一个青年人。（峻青《乡音》）

（3）连续问答。

即连续地使用一问一答。此种设问，能造成一种步步紧逼、势不可挡的气势，具有强大的论辩力量。如：

蒋介石总是要强迫人民接受战争，他左手拿着刀，右手也拿着刀。我们就按照他的办法，也拿起刀来。这是经过调查研究以后才找到的办法。这个调查研究很重要。看到人家手里拿着东西了，我们就要调查一下。他手里拿的是什么？是刀。刀有什么用处？可以杀人。他要拿刀杀谁？要杀人民。（毛泽东《抗日胜利后的时局和我们的方针》）

（二）设问的功用

正确地运用设问，能引人注意，启发人思考；能使行文层次分明，结构紧凑；可以更好地描写人物的思想活动；突出某些内容，使文章起波澜，有变化。

（三）运用设问的注意事项

运用设问时，要抓住读者关心的问题，如果问题既不重要，也不新颖，人们并不关心，修辞者却故弄玄虚，不仅不能增强表达效果，反而令人生厌。要注意以下三点。

第一，设问是自问自答。问句和答句要贴切，不能答非所问。

第二，设问句应用在描写、议论、抒情的前面，以提醒读者，引起下文。

第三，设问句要用在关键处，不需要强调时，就不要问。

十二 反　问

用疑问的形式表达某种确定的意思，答案就在其中，叫反问，也叫反诘。反问是无疑而问，一般是只问不答，以加重语气。反问的答案隐藏在问话的反面，往往用否定的反问来表达肯定的意思，用肯定的反问来表达否定的意思。如：

①射箭要看靶子，弹琴要看听众，写文章做演说倒可以不看读者不看听众吗？（毛泽东《反对党八股》）

②当年用自己的血汗保卫过第一个红色政权的战士们，谁不记得井冈山上的青青翠竹呢？（袁鹰《井冈翠竹》）

这二例都是用否定形式表达肯定的意思。例①表示写文章、做演说一定要看读者、听众，且语气十分肯定；例②表示的是战士们都记得井冈山上的青青翠竹。又如：

③这一回，是自己发昏，竟偷到丁举人家里去了。他家的东西，偷得么？（鲁迅《孔乙己》）

④虽然天山这时并不是春天，但是有哪一个春天的花园能比得过这时天山的无边繁花呢？（管桦《七月的天山》）

这两个例句都是用肯定的形式表示否定的内容。例③说的是"他家的东西"偷不得，语气十分强烈；例④表示的是春天的花园比不过繁花无边的天山。

从上述例句来看，无论是否定形式表达肯定意思的反问，还是肯定形式表示否定内容的反问，其语气都强于直接的肯定和否定的陈述。

反问的作用在于加重语气，增强语言的力量，激发读者的感情。反问深刻有力，能引人思索。

十三 通　感

用形象性的语言来叙事状物，借助人的感觉（含听觉、视觉、触觉、嗅觉、味觉等）的转移，用这种感觉器官的感受去启发、描写那种感觉器官的感受，有意使感觉相互沟通，这种修辞方式叫通感，也叫移觉。这种修辞方式往往用表现一种感觉的词语去描写，即"以感觉写感觉"。

（一）通感的类型

1. 凭借通感

就是凭借比喻、夸张等修辞方式来沟通感觉的通感。如：

①微风过处，送来缕缕清香，仿佛远处高楼上渺茫的歌声似的。（朱自清《荷塘月色》）

清香是嗅觉，歌是听觉，作者将两种感觉互通，即为通感。此处将嗅觉移植为听觉，"缕缕清香"与"渺茫的歌声"，虽然前者是从嗅觉的角度描述的，后者是从听觉的角度描述的，但是二者在许多方面有相似之处，如时断时续，若有若无，清淡缥纱，沁人心脾等。

因此，作者通过联想与想象，借远处高楼上渺茫的歌声的隐隐约约、清幽淡雅，来表现荷香的若有若无、清幽淡雅，不仅揭示了事物的本质特征，而且创造出了美好的意境。

②荷塘中的月色并不均匀，但光与影有着和谐的旋律，如梵阿玲上奏着的名曲。（朱自清《荷塘月色》）

这是视觉移植为听觉，月的光华和阴影，朦胧婆娑，相互映衬，以小提琴演奏的"名曲"的旋律来形容它们的和谐，来表现月光树影组合的协调，给人一种悠扬、优美的感觉，同时烘托出一种温馨、幽静的氛围，将读者带入一种美好的幻景。

2．直接通感

直接通感就是描述性词语直接移觉的通感。如：

我将深味这非人间的浓黑的悲凉。（鲁迅《记念刘和珍君》）

"浓黑"本来是视觉范畴的，"凉"是触觉范畴的，这里直接沟通视觉与触觉，更确切地刻画出旧社会的极度黑暗，深化了文章的主题。

▶▶（二）通感的功用

第一，通感能把两种或多种感觉沟通，从而调动多种感觉器官，从不同角度去捕捉形象，领会内涵，使人们的感受更深刻，艺术享受也更丰富。

第二，由于是一种感觉沟通另一种感觉，往往能收到意料之外的效果，出人意料而别有情趣，新颖又别致，耐人寻味。

第三，通感运用恰当，绘形绘声又绘色，能强化读者的体验，增强语言的韵味。

▶▶（三）运用通感的注意事项

第一，被沟通的感觉间要有相通之处。不是任何感觉都可以无条件随意通用，而是不同感觉间要有一定联系，这样才能沟通。

第二，运用通感时，要自然、贴切。

十四 拈 连

在接连叙述两个事物时，利用上下文的联系，故意把只适用于甲事物的词语巧妙地用于乙事物，即顺势"拈"来"连"在乙事物上，这种修辞方式叫拈连。

▶▶（一）拈连的特点

1．形式上的特点

拈连在形式上有两个特点：在线性语流中，同一词语先后叙述甲乙两个事物；这个词语叙述甲事物时是正常组合，在叙述乙事物时，因为是从甲事物顺手"拈"来的，按语法常规不适用于乙事物，所以是超常组合。

2. 内容上的特点

拈连在内容上也有两个特点：当拈连词是正常组合时，它所关涉的对象是具体的实在之物，表现的是它的本义；当拈连词是超常组合时，它所关涉的对象多是抽象的虚幻之物，显示的是它的比喻义或引申义。

(二) 拈连的类型

1. 常式拈连

拈连词的本体在前，拈体在后，本体与拈体随着甲乙两个事物先后出现。如：

①那轮椅我用了很多年，摇着它去街道工厂干活，去地坛里读书，去"知青办"申请正式工作，在大街小巷里风驰或鼠窜，到城郊的旷野上看日落星出……摇进过深夜，也摇进过黎明，以及摇进过爱情但很快又摇出来。（史铁生《我与地坛》）

②蜜蜂是在酿蜜，又是在酿造生活；不是为自己，而是为人类酿造最甜蜜的生活。（杨朔《荔枝蜜》）

③好哇，大风，你就使劲地刮吧。你现在刮得越大，秋后的雨水就越充足。刮吧，使劲地刮吧，刮来个丰收的好年景，刮来个富强的好日子。（峻青《秋色赋》）

例①中的"摇"为拈连词。甲事物（本体）是"摇"着轮椅度过生活中的每一天，在轮椅上经历着生活中的每一件事，符合作者当时的实际情况；乙事物（拈体）是"摇"进"深夜""黎明""爱情"，而且"很快又摇出来"，语义在逻辑上不合理。语义上的不合理却在修辞上找到了合理的通道，由实到虚，"摇"的语义也丰富、深刻起来。例②中"酿"的宾语本是"蜜"，这里顺势将"酿"拈至下文，再用它构成"酿造"一词，连出"生活"和"最甜蜜的生活"。例③中的"刮"，本来是用于甲事物"大风"的，这里顺势"拈"来"连"在乙事物"丰收的好年景"和"富强的好日子"上，使不搭配的动宾结构，在超语言常规的用法下，巧妙自然地拈连起来，生动别致地表现了美好的愿望。汉语俗语中的"人穷志不穷、人老心不老、耳聋心不聋、身残志不残"等都是典型的常式拈连格，形式简洁明了，意义深刻隽永。

2. 变式拈连

根据不同的拈连方式，变式拈连又可分为以下两个小类。

（1）倒式拈连。即拈体在前，本体在后，本体和拈体所关涉的甲、乙事物出现的次序颠倒，乙事物先出现，而甲事物后出现。如：

大红花我心里早戴上喽，评功的时候我就说过：年轻人戴上青枝绿叶大红花分外的好看……（魏连珍《不是蝉》）

胸前戴大红花是一种正常现象；"心里""戴"大红花则是对先进的肯定、对榜样的赞扬。

（2）略式拈连。拈连词本应出现两次，但在略式拈连中只出现一次，甲、乙事物均出现，次序可颠倒，也可不颠倒。如：

①多么纯洁的血,纯洁的火焰,谁说他射出的不是热血,而是子弹。(李瑛《一月的哀思》)

②冬——冬——冬冬冬。声音单调吗?一点也不觉得。因为每一声冬冬都敲出对旧事物的诅咒,敲出对新生的人民共和国美好的祝愿。(萧乾《鼓声》)

③我只是伫立凝望,觉得这一条紫藤萝瀑布不只在我眼前,也在我心上流过。(宗璞《紫藤萝瀑布》)

例①将"射出子弹"中的"射出"隐去不说,但不说并不表示没有,它隐藏在表达者的心中,暗中引导接受者对"射出热血"的理解,接受者在理解的过程中也悄悄地将省略的部分补足,使其修辞信息完整。例②省略了甲事物"敲出冬冬声"。例③省略了甲事物中的拈连词语"流过"。

(三) 拈连的功用

第一,拈连通过拈词和拈体的超常规组合,常常别出心裁,有的还寓含哲理,能引起人们的联想、感悟。

第二,拈词和本体、拈体分别组合成的两项,彼此相互映衬,使思想感情更深切。

第三,将和本体组合的拈词用于不合常规的拈体,往往能创造出嘲讽的效果。

(四) 运用拈连的注意事项

第一,拈连要贴切、自然,不能单纯注意字面上的联系,主要应从内容方面考虑,才能"拈"得自然,"连"得贴切。如:

①我们的眼泪流啊流!总也流不尽那难言的痛苦和无尽的怀念。

②线儿缝在军衣上,情意缝在我心里。

例①中"流"的本是"眼泪",这里顺势将"流"拈至下文,用它连出"难言的痛苦和无尽的怀念",表达悲伤之情。例②把缝军衣的"缝"巧妙地拈连到下句,组成"情意缝在我心里",表现了战士们互相关心、互相爱护、互相帮助的深厚的革命情谊。

第二,使用拈连时,要注意甲、乙事物在语义上必须有内在联系。甲事物是乙事物的根据或条件,乙事物只有联系甲事物,才能得到确切深刻的理解。如:

③在高原的土地上种下一株株的树秧,也就是种下了一个美好的希望。(《中国人民解放军战士诗选·植树歌》)

"种下了一个美好的希望"这种动宾搭配是临时的变异用法,离开了"种下一株株的树秧",就找不到依据,也不好理解。种树是造福后代的大事,所以说种树是"种下了一个美好的希望"。

(五) 拈连与比拟的区别

拈连和比拟,都是把适用于甲事物的词语用于乙事物。但二者有明显的区别。拈连要"连",主要是利用上下文的联系,即甲、乙事物连起来的时候,把适用于上文甲事物的词语巧妙地用于下文乙事物上;拈连的成立依赖于甲、乙事物都出现,即两种不同语言环境都出现,或先或后地"连"在一起。比拟只是把甲事物当作乙事物表现,是由本体和拟体构成的；在字面上只出现本体，拟体是不出现的，本体与拟体间没有"连"的形式。如：

①在高原的土地上种下一株株的树秧，也就是种下了一个美好的希望。（《中国人民解放军战士诗选·植树歌》）

②群山肃立，江河挥泪，辽阔的祖国大地沉浸在巨大的悲痛之中。（陈泽人《难忘的洗礼》）

例①是拈连，"种下"与"希望"的搭配是顺着"种下"和"树秧"的搭配关系而临时运用的。例②是比拟，"群山""江河""大地"都是本体，它们有共同的拟体——人，然而拟体并没有在字面上出现，作者只是把人的特征——"肃立""挥泪""沉浸在巨大的悲痛之中"直接加在本体上。试比较：

③汽车装来了机器，也装来了工人阶级的情谊。

④汽车装来了工人阶级的情谊。

例③是拈连，"装来"与"情谊"的搭配是顺着"装来"和"机器"的搭配关系而临时运用的。例④是比拟，把"情谊"这种不能装的抽象事物当作可以装的具体事物来表现。

总之，拈连中的甲、乙事物，内容上有联系，语言表达上却无相通之处。甲事物往往是具体的，乙事物往往是抽象的，运用拈连就为抽象事物赋予了可感的形象。正是由于把不适用于乙事物的词语临时用到了乙事物上，才使语言新颖别致，产生了新的情味。

十五 婉 曲

婉曲也叫讳饰，是指因忌讳而掩饰，在不能直说、不愿直说或不便直说时故意不直接表达本意，而用迂回曲折、委婉含蓄的话来暗示、烘托，以此表达本意。如：

①今天光明的新中国已经到来，他这个最有资格看见它的人却永远闭上了眼睛。（巴金《忆鲁迅先生》）

此例用委婉曲折的话来正面表达本意。这里不说"去世了"，而用"永远闭上了眼睛"来委婉地表达。

②3月14日下午两点三刻，当代最伟大的思想家停止思想了。让他一个人留在房里还不到两分钟，等我们再进去的时候，便发现他在安乐椅上安静地睡着了——但已经永远地睡着了。（恩格斯《在马克思墓前的讲话》）

作者不忍用"死了""去世了"等伤感字眼，而用"停止思想了""安静地睡着了""永远地睡着了"来表示。又如：

③一到店，所有饮酒的人便都看着他笑，有的叫道："孔乙己，你脸上又添上新伤疤了！"（鲁迅《孔乙己》）

喝酒人为照料孔乙己的体面，没直说"你又挨打了"，而是委婉地说："你脸上又添上新伤疤了！"这样的说法没有直接指出孔乙己心中禁忌的事，避免刺激孔乙己。

④"你看，说走就走了。"

"可慌哩！比什么也慌，比过新年，娶新——也没见他这么慌过！"

"拎马桩也不顶事了。"

"不行了，脱了缰了。"

"一到部队里，他一准得忘了家里的人。"（孙犁《荷花淀》）

上例写荷花淀的妇女们谈论男人抗日，不好意思直说"留不住"，而说"拴马桩也不顶事了"；不讲"拉不住"，而说"脱了缰"，既形象，又幽默，增强了语言的趣味。

婉曲的主要作用是避免刺激人，使人思想上接受得了，感情上承受得了，从而获得良好的表达效果。

运用婉曲，要考虑时间、地点、人物、事件等多种因素，必要时才用，避免滥用。

十六 顶 针

把上一句结尾的词语用作下一句的开头，使相邻两个句子首尾呼应，上递下接，这种修辞格叫顶针（真），也叫联（连）珠或蝉联。如：

①他比先前并没有什么大改变，单是老了些，但也还未留胡子，一见面是寒暄，寒暄之后说我"胖了"，说我"胖了"之后即大骂其新党。（鲁迅《祝福》）

②竹叶烧了，还有竹枝；竹枝断了，还有竹鞭；竹鞭砍了，还有深埋在地下的竹根。（袁鹰《井冈翠竹》）

③船载橹、橹摇船，橹动而船行

　线穿针、针引线，针缝而线缀

顶针修辞由于词语间上递下接，首尾呼应，结构严谨，便于揭示事物间严密的本质，便于抒发感情。运用顶真修辞手法，不但能使句子结构整齐，语气贯通，而且能酣畅淋漓地突出事物之间相互依存的有机联系，使说理环环相扣。因此，运用顶针，说理则逻辑严密，条理分明；抒情则格调清新，引人入胜；叙事则轮廓鲜明，一目了然。

十七 移 就

移就，也叫移用、转借，指有意识地将描写甲事物的词语移用来描写乙事物的修辞方法。如：

然而悲惨的皱纹，却也从他的眉头和嘴角出现了。（鲁迅《故事新编·铸剑》）

上例把适用于命运的"悲惨"移用于"皱纹"，表现了作者对不幸生活的怨恨之情。

▶（一）移就的特点

第一，移就的词语是表示性状的。

第二，移就所关涉的两项一般构成限定关系（修饰与被修饰的关系）。

▶（二）移就的类型

1. 移人于物

将描写人的词语用来描写物，从侧面衬托人的思想感情，增强语言的表达效果。如：

①她们被幽闭在宫闱里，戴个花冠，穿着美丽的服装，可是陪伴着她们的只是七弦琴和寂寞的梧桐树。（周而复《上海的早晨》）

"寂寞"本是人的一种感受，现在用来描写物"梧桐树"，以正面衬托"被幽闭在宫闱里"的人的孤寂。

②他留着浓黑的胡须，目光明亮，满头是倔强得一簇簇直竖起来的头发，仿佛处处在告白他对现实社会的不调和。（唐弢《琐忆》）

"倔强"一般用来刻画人物的性格，这里却用来修饰"头发"，而正是这种错位移用，表现出了鲁迅先生倔强的性格品质和不屈不挠的斗争精神。

2．移物于人

将描写事物的词语有意识地用来描写人。如：

①吴荪甫突然冷笑着高声大喊，一种铁青色的苦闷和失望，在他酱紫色的脸皮上泛出来。（茅盾《子夜》）

"铁青色"本是用来写物的，这里用来写人"苦闷和失望"的心情，将肖像描写和心理描写融为一体，使语句显得简洁生动、深刻有力。

②将最初的叹息

　最后的悲伤

　一齐投入生命的熔炉

　铸炼成金色的希望（陈敬容《铸炼》）

"金色"本是用来修饰物的词语，现在用来修饰人的"希望"，形容希望的无限美好。

3．移物于物

将修饰甲事物的词语有意识地用来修饰乙事物。如：

①我不相信

　一九七六年的日历

　会埋着这个苍白的日子　（李瑛《一月的哀思》）

"苍白"本来是用来修饰缺乏生命力的事物的色彩，现在用来修饰另一种事物"日子"。这是将修饰甲事物的词语用来修饰乙事物，使没有感情色彩的事物具有感情色彩。

②辽阔的呼伦贝尔，甜蜜的湖光山色。（杨志美《草原牧歌》）

"甜蜜"本来用于形容物品的味道，这里用来修饰另一种事物"湖光山色"，写出了"湖光山色"的赏心悦目。

（三）移就的功用

巧妙地运用移就，可以突出所描绘事物的性状和本质，增强写景、状物、抒情等的表现力，能使文章简洁有力、生动活泼。

1．表现人们对事物的感情

例如：

他苦读十年，寂寞的书桌从来没有人陪伴。

这个例句把适用于人的心情的"寂寞"用于"书桌",表达了作者对十年苦读的感叹。

2. 造成一种特殊的情调

例如:

①拿洗脸作比方,我们每天都要洗脸,许多人并且不止洗一次,洗完之后还要拿镜子照一照,要调查研究一番,生怕有什么不妥当的地方。(毛泽东《反对党八股》)

②做娘的,又难免要把自己当作处理女儿婚姻问题上的"负责干部"。(康濯《春种秋收》)

③你们哥俩还是各居一屋,"互不干涉内政"?(刘心武《醒来吧,弟弟!》)

"调查研究""负责干部""互不干涉内政"等词语原本都应该用在比较庄重的场合,但上述例句都描写的是比较随便的日常生活。这些有意识的移用,便造成了生动活泼、幽默风趣的情调。

(四)运用移就的注意事项

形成移就必须具备三个前提:一是必须有两个事物;二是两个事物之间必须有某种共通之处;三是被移用的词语主要是表示情态的定语和状语。

(五)移就和比拟的区别

1. 从内容上看

移就"移"的是表示人的情状的词语,将其用作事物的修饰语。移就仅是"移"而已,并没有"拟",也就是说,移就并没有真正把事物当成活生生的人来描写、模拟,只是把用于描写甲事物性状的词语移来用于乙事物,其作用在于使人的情感、状态同某一事物联系起来,着重表现人特定的情绪或状态。比拟重在"拟",让事物人格化,或把人事物化,即把事物描写得像人一般,或赋予人以物性;其作用在于增添语言的生动性和形象性。

2. 从结构上看

移就主要通过充当定语的形容词来实现;比拟主要通过充当谓语的动词来实现。因此,看移就主要从修饰语着眼,而看比拟则主要从谓语着眼。

总之,移就辞格是词语的变用,即突破常规的词语修饰方法之一。被移用的词语,从词性上说主要是形容词和副词;从句子成分上说,移用的词语大部分充当定语。

十八 仿 拟

故意模仿现成的词语、句子或篇章而仿造一个临时性的新的词语、句子或篇章的修辞,叫仿拟。被仿的词语、句子或篇章一般是上文出现的或是人们熟悉的,而仿造的词语、句子或篇章往往和原义相近、相似或相反。

（一）仿拟的类型

1. 仿词

参照现成词语，更换现成词语中的语素或词，临时仿造出语言中没有的新词语，叫仿词，也叫偶发语。如：

①中国一向是所谓"闭关主义"，自己不去，别人也不许来，自从给枪炮打破了大门之后，又碰了一串钉子，到现在，成了什么都是"送去主义"了。（鲁迅《拿来主义》）

上例中，仿体"送去主义"是仿照被仿体"闭关主义"创造的。

②作诗的人，叫"诗人"；说作诗的话，叫"诗话"。李有才作出来的歌，不是"诗"，明明叫做"快板"，因此不能算"诗人"，只能算"板人"。这本小书既然是说他作快板的话，所以叫作《李有才板话》。（赵树理《李有才板话》）

这个例句仿照"诗人"，临时造出个"板人"；仿照"诗话"，临时造出个"板话"。

仿词能使语言活泼活跃、幽默风趣，给人以新鲜之感，有新意。

2. 仿语

仿语指的是更换固定词组中的一个或几个构成材料，仿造出一个新语，一般是仿造成语。如：

①在其位就谋其政吗？不见得。（蒋子龙《乔厂长上任记》）

本句是仿照"不在其位，不谋其政"创造的。

②20年代，他去巴黎高等美术学校学习油画，在勤奋掌握人体素描技巧的同时，也就开始研究马的骨骼、经络等生理结构，并对活马写生，速写稿达一千多幅。从此他做到了画马时胸有成马。

本句仿照"胸有成竹"，临时造出"胸有成马"。

仿语具备风趣幽默的特点。

仿造的词语和被仿的词语可以同时出现，这样，仿造的词语在意义上就有了依托，形成对照。也可以只出现仿造的词语，不过，未出现的被仿的词语应是人们熟悉的，或者能领会到的。例如：

③一"臭"万年，香飘千里。（豆腐乳广告语）。

这里仿照"遗臭万年"一词，造出"一臭万年"，虽然"遗臭万年"一词在表达时没有出现，但人们还是能理解"一臭万年"的含义：仿拟成语"遗臭万年"，化贬为褒，一则强调产品历史悠久，二则突出产品质优纯正，尤其是"臭"和"香"相对应，突出豆腐乳"臭名远扬"，香飘千里，极富幽默色彩。这个仿语不仅用得贴切，而且很有表现力。

仿词、仿语的作用在于使语言表达幽默、诙谐，有时能创造出讽刺的色彩，它是临时造出来的，给人以新鲜、风趣的感受。运用仿词、仿语辞格，应注意仿造的词语表义的明确性，否则人们会不知所云。单用仿造的词或语，应加引号，以引起读者注意。既然是仿词、仿语，那么仿造的词语换用的部分不宜过多，结构也应与被仿的词语一致。

3. 仿句

仿句是以句子为单位的仿拟。如：

①宋阿姨也顺势下台，对元元嗔道：人小鬼大，下次阿姨不跟你玩了。谈笑间，"是非"灰飞烟灭。（《演讲与口才》）

上例中，"谈笑间，'是非'灰飞烟灭"仿自"谈笑间，强虏灰飞烟灭"，这是以句子为单位的仿造，因此属于仿句。

②才饮长沙水，又食武昌鱼。（毛泽东《水调歌头·游泳》）

这个句子仿的是三国时东吴的童谣："宁饮建业水，不食武昌鱼。"

4. 仿篇

仿篇是以段落、篇章为单位的仿拟。如：

①例如一位大学教授竞聘分管后勤副校长演讲结束时这样说："最后，我把自己的座右铭送给大家：位不在高，廉洁则名；权不在大，为公则灵。吾是公仆，为民尽忠。心揣大目标，宗旨律己行。躬身育人才，弘扬求是风。时时处处事，廉明公。无谎报之乱耳，无取宠之劣行。楷模陶行知，余辈之先锋。捧着一颗心来，不带半根草去，一身正气，两袖清风。"（《演讲与口才》）

上例是根据刘禹锡的《陋室铭》仿造而成的。这是以完整的篇章为仿造对象的，因此为仿篇。

②鲁迅，鲁迅，大哉鲁迅。鲁迅以前未有鲁迅，鲁迅以后孰为鲁迅。鲁迅，鲁迅，大哉鲁迅！（郭沫若《在悼念鲁迅大会上的讲话》）

这是郭沫若仿一首《祭孔歌》的格调而写成的祭悼鲁迅的文章。原文是："孔子，孔子，大哉孔子。孔子以前未有孔子，孔子以后孰为孔子。孔子，孔子，大哉孔子！"

（二）仿拟的功用

恰当地运用仿拟，可以给人以新鲜活泼、生动明快之感。由于仿造的词、语、句、篇和原词、语、句、篇在意义上相反或相近、相似，故又有对比功效。

十九 回　环

回环也称"回文"，是在说话或写文章时，把词语相同但排列次序不同的语言片段连在一起，具有循环往复情趣的一种修辞格。从形式上看，回环的前一句结尾部分往往作为后一句的开头部分，前一句的开头部分作为后一句的结尾部分，形成先"甲—乙"，再"乙—甲"的样式，可利用语句的循环往复来表达不同事物间的有机联系。如：

①毛竹青了又黄，黄了又青，不向残暴低头，不向敌人弯腰。（袁鹰《井冈翠竹》）

②阿呀阿呀，真是愈有钱，便愈是一毫不肯放松，愈是一毫不肯放松，便愈有钱……（鲁迅《故乡》）

(一) 回环的类型

1. 以字为单位的回环

它是指句与句之间以字为单位构成的回环。如：

客中愁损催寒夕，夕寒催损愁中客。门掩月黄昏，昏黄月掩门。翠衾孤拥醉，醉拥孤衾翠。醒莫更多情，情多更莫醒。（纳兰性德《菩萨蛮·客中愁损催寒夕》）

这首词的每两句之间的排列顺序是完全相反的，它们的颠倒顺序是以一个字一个字为单位的，将前面一句话倒过来念，便成了后一句话，即每个字都倒过来，所以属于以字为单位的回环。

2. 以词语为单位的回环

它是指每两句以词语为单位构成的回环。如：

①要而言之，就因为先前可以不动笔，现在却只好来动笔，仍如旧日的无聊的文人，文人的无聊一模一样。（鲁迅《"醉眼"中的朦胧》）

"无聊的文人，文人的无聊"是将"无聊"和"文人"颠倒了过来。"无聊"和"文人"是词语，所以属于以词语为单位的回环。

②科学需要社会主义，社会主义更需要科学。（郭沫若《科学的春天》）

"科学"和"社会主义"都是词语，将它们颠倒过来，就是词语之间的对调、词语之间的回环往复。而不像以字为单位的回环那样，前后两项的字词或语句的排列顺序全部相反。这里是前后两项词语的排列顺序基本相反，后面一句话多了一个"更"字，是一种宽式的回环，也是以词语为单位的回环修辞格。

③摔碎了泥人再重和，再捏一个你来再捏一个我，哥哥身上有妹妹，妹妹身上有哥哥。（李季《王贵与李香香》）

"哥哥身上有妹妹，妹妹身上有哥哥"运用了回环手法。"哥哥""妹妹"是名词。为了表达的需要，而使音节的韵律回环往复，这种手法就是以词语为单位的回环。

3. 以句为单位的回环

它是指以两个或两个以上的句子为单位构成的回环。如：

①到了晚上，各人都已安歇，我在枕上隐隐听得一阵喧嚷的声音，出在东院里，侧耳细听，却听不出是嚷些什么，大约是隔得太远之故。嚷了一阵，又静了一阵，静了一阵，又嚷一阵，虽是听不出所说的话来，却只觉得耳根不清净，睡不安稳。（吴趼人《二十年目睹之怪现状》）

文中"嚷了一阵，又静了一阵，静了一阵，又嚷一阵"是回环修辞格。"静了一阵，又嚷一阵"是前面两个分句顺序的颠倒，这种循环往复的手法，就是以句子为单位的回环。

②近来呀，我越帮忙，她越跟我好，她越跟我好，我越帮忙，这不就越来越对劲儿了吗？（老舍《女店员》）

"我越帮忙，她越跟我好，她越跟我好，我越帮忙"也是以句子为单位的回环。"我越帮忙，她越跟我好"是一句话，"她越跟我好，我越帮忙"是另一句话。这种句子与句子之间的循环使形式整齐匀称。

汉语的传统修辞格中也有一种回环，可以逐字按逆序来说，即正读也可，回读也可。如宋代李禺的诗《夫妻相思》：

枯眼望遥山隔水，往来曾见几心知。

壶空怕酌一杯酒，笔下难成和韵诗。

途路阻人离别久，讯音无雁寄回迟。

孤灯夜守长寥寂，夫忆妻兮父忆儿。

这首诗顺读是"夫忆妻"，回读是"妻忆夫"，夫妻相忆，情意绵长。

又如清代女诗人吴绛雪的《春夏秋冬》：

《春》：莺啼岸柳弄春晴夜月明。

《夏》：香莲碧水动风凉夏日长。

《秋》：秋江楚雁宿沙洲浅水流。

《冬》：红炉透炭炙寒风御隆冬。

读法如下：

《春》：莺啼岸柳弄春晴，柳弄春晴夜月明。明月夜晴春弄柳，晴春弄柳岸啼莺。

《夏》：香莲碧水动风凉，水动风凉夏日长。长日夏凉风动水，凉风动水碧莲香。

《秋》：秋江楚雁宿沙洲，雁宿沙洲浅水流。流水浅洲沙宿雁，洲沙宿雁楚江秋。

《冬》：红炉透炭炙寒风，炭炙寒风御隆冬。冬隆御风寒炙炭，风寒炙炭透炉红。

回环为人们所喜闻乐见。不少谚语和格言就运用了回环的修辞，如"来者不善，善者不来""疑人不用，用人不疑"等。也有很多对联采用回环，如"雾锁山头山锁雾，天连水尾水连天"（此对联用于描写福建厦门鼓浪屿）等。运用回环时，要注意事物内在的联系，避免将重点单纯放在词序上。

（二）回环的功用

第一，形式上整齐匀称，可以增加语言循环往复的情趣美，使读者读起来不至于感到单调无味，能增强读者阅读的兴趣。如：

我要给阿Q做正传，已经不止一两年了。但一面要做，一面又往回想，这足见我不是一个"立言"的人，因为从来不朽之笔，须传不朽之人，于是人以文传，文以人传——究竟谁靠谁传，渐渐的不甚了然起来，而终于归结到阿Q，仿佛思想里有鬼似的。（鲁迅《阿Q正传》）

"人以文传，文以人传"意思是人物因为有好文章写他才得以流传，文章因为写了著名人物才得以流传。作者运用回环，清楚地阐明了"人"与"文"相互倚仗的关系。但作者在这里又说"我不是一个'立言'的人""终于归结到阿Q"，使回环显得幽默、谐趣。

第二，回环能更好地表现事物之间相互依存、相互制约或相互对立的关系，使读者加深对客观事物的认识和理解。如：

登那土阜上望去，康桥只是一带茂林，拥戴着几处娉娉的尖阁。妩媚的康河也望不见踪迹，你只能循着那锦带似的林木想象那一流清浅。村舍与树林是这地盘上的棋子，有村舍处有佳荫，有佳荫处有村舍。(徐志摩《我所知道的康桥》)

这是作者描写春天早晨的康桥的文字。"有村舍处有佳荫，有佳荫处有村舍"是回环手法。通过回环，作者写出了"村舍"和"佳荫"之间相互依存的关系。树木给人好处，有美化环境的作用，而人爱美，爱清新的空气，便将爱扩散给了树木。人既然爱树木，便种植树木，所以有村舍的地方一定有树荫，有树荫的地方一定有村舍，循环往复，给读者一种美的享受，有助于帮助读者加深对这种辩证关系的理解。

回环首尾相接，反复成章，使语言整齐漂亮，能抒发跌宕的感情，表明事物间相互依存、相互制约的联系，加深读者或听众的认识，易于理解，便于记忆。

二十　对　比

把两个相反、相对的事物或同一事物相反、相对的两个方面放在一起，用比较的方法加以描述或说明，这种修辞手法叫对比，也叫对照。如：

有的人活着，他已经死了；有的人死了，他还活着。(臧克家《有的人》)

(一) 对比的类型

1. 两体对比

即把两种不同的事物放在一起对比。如：

①荷尽已无擎雨盖，菊残犹有傲霜枝。一年好景君须记，最是橙黄橘绿时。(苏轼《赠刘景文》)

前两句描写秋末冬初"荷尽""菊残"萧瑟之景后，"已无"与"犹有"形成强烈对比，突出菊花傲霜斗寒的形象。

又如：

②梧桐虽有你的端直而没有你的坚牢，白杨虽有你的葱茏而没有你的庄重。(郭沫若《银杏》)

③我这时突然感到一种异样的感觉，觉得他满身灰尘的后影，刹时高大了，而且愈走愈大，须仰视才见。而且他对于我，渐渐的又几乎变成一种威压，甚而至于要榨出皮袍下面藏着的"小"来。(鲁迅《呐喊》)

2. 一体两面对比

即把同一事物的矛盾对立的两个方面放在一起对比。如：

①我们的战士，对敌人这样狠，而对朝鲜人民是那样爱，充满国际主义的深厚感情。(魏巍《谁是最可爱的人》)

将志愿军战士的"狠"与"爱"两种截然相反的态度进行对比，赞美战士的爱憎分明和高尚的国际主义精神。又如：

②只要我们为人民的利益坚持好的，为人民的利益改正错的，我们这个队伍一定会兴旺起来。（毛泽东《为人民服务》）

③这种态度，有实事求是之意，无哗众取宠之心。（毛泽东《改造我们的学习》）

（二）对比的功用

对比在于揭示对立意义，使语言色彩鲜明。因此，把两种不同的事物或同一事物的两个方面放在一起相互比较，可以使事物的性质、状态、特征更加鲜明突出，如两体对比更能突出矛盾，鉴别美丑；一体两面对比则重在突出本质，反映事物内部既对立又统一的辩证关系，使我们能更全面地看待问题。

（三）对比与衬托的区分

对比和衬托中的反衬相似，指把两个截然不同的事、物或人拿来比较，但两者之间有明显的区别。

第一，衬托有主、宾之分，陪衬事物是为被陪衬事物服务的，是为了突出被陪衬事物。对比是表明对立现象的，两种对立的事物是平行的并列关系，并无主、宾之分。

第二，衬托描写的是两个事物；对比可以是描写两个事物，也可以是描写一个事物的两个不同的方面。

第三，衬托的修辞效果主要在于强调正面或反面事物，表达强烈的思想感情，深化文章的中心思想，即俗话所说的"红花还需绿叶衬"。对比的修辞效果主要是用比较的方式提示事物的本质，使好的显得更好，使坏的显得更坏，以便人们在比较中鉴别，获得深刻而鲜明的印象。

（四）对比和对偶的区分

对比和对偶都是成对的，但对比和对偶是两种不同的修辞方式。对比就是把两种相反、相对立的事物或同一事物相反相对的两个方面加以对照、比较，突出双方的特征。对偶就是把结构相同或相近、字数相等、意义相关、平仄对立的两个句子或者短语排列组合在一起的修辞方法。对比主要是意义内容的相反或相对，而不管结构形式如何；对偶主要是结构形式上的对称，要求字数相等、结构相同或相似。对偶必须是两两相对，而对比有时则可以是多项相比。试比较：

①朔气传金柝，寒光照铁衣。（《木兰辞》）

②对人是马克思主义，对己是自由主义。（毛泽东《反对自由主义》）

例①是对偶，例②是对比。

如果一种修辞从形式上看是对称的，从意义上看又是比较的，那么就是对比对偶的兼格。在许多情况下，对比对偶都存在于同一客体之中。例如：

③战士军前半死生，美人帐下犹歌舞。（高适《燕歌行》）

④屈平辞赋悬日月，楚王台榭空山丘。（李白《江上吟》）

⑤朱门酒肉臭，路有冻死骨。（杜甫《自京赴奉先县咏怀五百字》）

⑥横眉冷对千夫指，俯首甘为孺子牛。（鲁迅《自嘲》）

上述四例形式上符合对偶的要求，是对偶中的"反对"；但就意义而言则是对比。

（五）运用对比的注意事项

运用对比时，必须对所要表达的事物的矛盾本质有深刻的认识。对比的两种事物或同一事物的两个方面，应该有互相对立的关系，否则是不能构成对比的。

对比运用恰当，可以突出好与坏、善与恶、美与丑、大与小、强与弱、久与暂的对立，给人极鲜明的形象和极强烈的感受。

思考练习

1. 指出下列句子的修辞方式。
   (1) 桂林的山真秀啊，像翠绿的屏障，像新生的竹笋，色彩明丽，倒映水中。
   (2) 每条岭都是那么温柔，自山脚至岭顶长满了珍贵的树木，谁也不孤峰突起，盛气凌人。
   (3) 漓江的水真静啊，静得让你感觉不到它在流动；漓江的水真清啊，清得可以看见江底的沙石；漓江的水真绿啊，绿得仿佛那是一块无瑕的翡翠。
   (4) 危楼高百尺，手可摘星辰。
   (5) 海底有声音吗？海底有各种动物发出的细微的声音。
   (6) 生我养我的故乡，我怎么能忘怀呢？
   (7) 四海皆春春不老，九州同乐乐无穷。
   (8) 一串串宝石般的水珠飞腾着，飞腾着，落进深潭。
   (9) 听了这感人的故事后，你不觉得我们的战士是可爱的吗？
   (10) 别看小草的身躯是那样的柔弱，却有着惊人的生命力。狂风暴雨休想摧垮它；洪水、干旱不能灭绝它；即使是车轮将它碾得粉身碎骨，不用多久，它又会从地下挺直身躯，开始新的生活。
   (11) 蒲公英妈妈为孩子们准备了降落伞，把自己的娃娃送到四面八方。
   (12) 芦苇，一片片，一簇簇，远看犹如一朵朵绿色的轻云在地平线上飘拂着，给乡村平添了一道风景。
   (13) 工人叔叔吼一吼，地球也要抖三抖。
   (14) 是什么？这是我们中国人的志气。
   (15) 您说这比山还高、比海还深的情谊，我们怎么能忘记？
   (16) 远远地望见了一条迂回的明如玻璃的带子河！
   (17) 当春风刚刚吹谢雪花，故乡的芦苇就迫不及待地从泥土里探出尖尖的靛青色的脑袋。
   (18) 有理走遍天下，无理寸步难行。
   (19) 杜甫川唱来柳林铺笑，红旗飘飘把手招。
   (20) 飞流直下三千尺，疑是银河落九天。

(21) 横眉冷对千夫指，俯首甘为孺子牛。

(22) 姑娘一闪身向外跑，屋子里连扫帚也在欢笑。

(23) 蟋蟀在平台上弹琴。

(24) 水帘落下来，犹如片片锦鳞，在阳光下闪闪发光。

(25) 太阳冲破了云霞，跳出了海面。

(26) 那些像棉花球似的云，叫积云。

(27) 我端起搪瓷碗，觉得这碗有千斤重，怎么也送不到嘴边。

(28) 小鸟好肥，整个身子好像一个蓬松的球儿。

(29) 小青石看见了许许多多人的脚，它觉得很愉快。

(30) 威尼斯小艇行动轻快灵活，仿佛田沟里的水蛇。

(31) 父母的钱，难道我们就可以随便乱花、随意浪费吗？

(32) 五岭逶迤腾细浪，乌蒙磅礴走泥丸。

(33) 山风梳理着他蓬乱的头发。

(34) 葛洲坝真好像一位仙女脖子上戴着的项链，镶嵌着无数珍珠和宝石。

(35) 苍蝇和蜘蛛都淹没在老松树黄色的泪珠里。

(36) 是谁创造了人类的文明？是劳动人民。

(37) 他们好像寄居在人家房檐下的燕子。

(38) 每一根柱子都在颤动，都在歌唱，都在演奏。

(39) 三万里河东入海，五千仞岳上摩天。

(40) 桃花潭水深千尺，不及汪伦送我情。

(41) 在阳光下，一片青松的边沿，闪动着白桦的银裙，不像海边上的浪花吗？

(42) 因为红色是火的颜色，是血的颜色，是旗帜的颜色。

(43) 高粱涨红了脸，稻子笑弯了腰。

(44) 敬爱的周总理啊！难忘您那爽朗的笑声，难忘您那雄健的身影，难忘您那光明磊落的胸怀，难忘您那鞠躬尽瘁的一生。

(45) 蓝色的天上飘着的浮云像一块一块的红绸子，映在小镇的江河上，像开了一朵一朵鸡冠花。

(46) 不劳动，连棵花也养不活，这难道不是真理吗？

(47) 什么花儿秋天阵阵香？什么鸟儿秋天排成行？桂花秋天阵阵香，大雁秋天排成行。

(48) 傍晚在楼台小坐，看到天上的飞鸟还巢，他会想家；秋风萧瑟，看到树木落叶归根，他会想家；每逢鱼汛，看到大海里的群鱼洄游，他还会想家。

(49) 这不是伟大的奇观吗？

(50) 即从巴峡穿巫峡，便下襄阳向洛阳。

(51) 谢惠敏的两撇眉毛险些飞出脑门，她瞪圆了双眼望着张老师。

(52) 人误地一时，地误人一年。

2. 按要求改写下列句子。

（1）老师不辞辛苦，用心血培育我们成长。（用比喻手法）
_____

（2）鸟儿在树枝上跳动。（用拟人手法）
_____

（3）我觉得这个碗很重，怎么也送不到嘴边。（用夸张手法）
_____

（4）天上的星星一闪一闪。（用拟人手法）
_____

（5）树叶很绿。（用夸张手法）
_____

（6）他在我的心目中有重要的位置。（用比喻手法）
_____

（7）这里很适合鸟儿生活。（用比喻的手法）
_____

（8）颗颗水珠在荷叶上滚动。（用比喻的手法）
_____

3. 下面是陆游的《夏日六言》，请分别选出最能表现该诗意境的词填入空格内。
   溪涨清风（①）面，月（②）繁星满天。数只船（③）浦口，（④）声笛起山前。
   ① A.吹　B.掠　C.袭　D.拂　　　　② A.落　B.圆　C.明　D.上
   ③ A.傍　B.依　C.横　D.到　　　　④ A.声　B.有　C.几　D.一

4. 举例说明拈连与比拟、移就与比拟的区别。
_____
_____

第六节　辞格的运用

🔍 **学习重点**：掌握综合运用辞格的方式。
🔍 **学习难点**：能从综合运用的角度分析辞格。

一组语句里，同时使用几种辞格，这种现象就是多种辞格的综合运用。辞格的综合运用可以收到多重修辞效果。常见的辞格综合运用有连用、兼用、套用三种基本类型。

一 辞格的连用

辞格的连用是指在一段文字中接连使用几个同类辞格或异类辞格。

（一）同类辞格连用

例如：

①有几个"慈祥"的老板到菜场去收集一些菜叶，用盐一浸，这就是他们难得的佳肴。（夏衍《包身工》）

②桃花听得入神，禁不住落下了几点粉泪，一片一片凝在地上。小草听得大醉，也和着声音的节拍一会倒，一会起，没有镇定的时候。（许地山《春底林野》）

例①是反语的连用，变褒为贬，衬托包身工生活的凄惨及老板的黑心肠，暗含讽刺的意味；例②是比拟连用，把"桃花""小草"人格化。

同类辞格连用，可使该辞格的作用更突出，更鲜明，更有气势。

（二）异类辞格连用

例如：

①层层的叶子中间，零星地点缀着些白花，有袅娜地开着的，有羞涩地打着朵儿的；正如一粒粒的明珠，又如碧天里的星星，又如刚出浴的美人。微风过处，送来缕缕清香，仿佛远处高楼上渺茫的歌声似的。（朱自清《荷塘月色》）

②总理的轿车开动了，我们的心哪，跟着总理向前，向前，……忘记了卸装，忘记了时间，忘记了春寒。……许久许久，周总理的音容笑貌，在我脑际萦绕；周总理的谆谆教诲，在我心中回响。

以上两例是异类辞格连用。例①有比喻，"正如""又如""又如"写出了荷花的静态美；有拟人，"袅娜地""羞涩地"，生动地描写出了荷花之美；有通感，用缕缕清香通感歌声，写出了荷香的若隐若现。从视觉、嗅觉上都给人一种美的享受。用词也很有特色，重叠词有"层层""缕缕"，连绵词有"袅娜""渺茫"，整体连成一幅美丽的画面。例②是比拟、反复、排比、对偶的连用。比拟真切地写出了多少颗心被牵动，两次反复有深化思想感情的作用，三个"忘记了"突出了对总理深切的爱，对偶则强调了总理给人留下的深刻印象。它们有机结合，所构成的排比强烈地抒发了对周总理的真挚感情。

具有不同修辞效果的辞格前后配合，交错使用，互相衬托，可以把思想内容表达得更加丰富多彩，更加鲜明有力，更加生动感人。

二 辞格的兼用

辞格的兼用是指一句话同时兼用多种辞格，也叫"兼格"。

兼格从一个角度看是甲格，从另一角度看是乙格。一身多用，你中有我，我中有你，多种辞格浑然一体，修辞效果突出。例如：

①桃树、杏树、梨树，你不让我，我不让你，都开满了花赶趟儿。（朱自清《春》）

②英雄门第出英雄，英雄来自群众；光荣人家增光荣，光荣属于人民。

例①是拟人和比喻的兼用，写出了花争先恐后开放及花的多、艳、美；其内部"你不让我，我不让你"又是回环的修辞。例②兼用了对偶、顶真、反复辞格，突出了英雄来自群众、光荣属于人民的观点。

恰当地运用兼格，可以使多种修辞效果相得益彰，使语言多姿多彩，从多方面为文章的表达增添文采和力量。辞格在运用时的相互借助，是形成辞格兼用的原因。有些辞格之间关系密切，因而它们相互兼用的机会格外多，如比喻和比拟、比喻和夸张、对偶和对比、排比和反复、排比和设问、排比和映衬等。

三 辞格的套用

辞格的套用是指一种辞格里包含着其他辞格，分层组合，形成大套小的包容关系。例如：

①看吧，狂风紧紧抱起一层层巨浪，恶狠狠地将它们甩到悬崖上，把这些大块的翡翠摔成尘雾和碎末。（高尔基《海燕》）

上例是比拟里套用了比喻。整个句子是比拟（拟人）。"这些大块的翡翠"是用来比喻"一层层巨浪"的。由于比拟里套用了比喻，所以作者强烈的思想感情跃然纸上，起到了寓情于物的修辞效果。

②一盏盏灯火扑来，像流萤飞走，

　一重重山岭闪过，似浪涛奔流……（贺敬之《西去列车的窗口》）

此例是对偶里套用了比喻，比喻里又套用了比拟。第一个层次是对偶。对偶的上句和下句分别由比喻构成第二个层次。比喻的本体"一盏盏灯火扑来""一重重山岭闪过"又是比拟，为第三个层次。由于三种辞格有层次地运用在一个句子中，所以在效果上给人以层出不穷的形象逼真之感。

③大理花多，多得园艺家定不出名字来称呼。大理花艳，艳得美术家调不出颜色来点染。大理花娇，娇得文学家想不出词句来描绘。大理花香，香得外来人一到这苍山下，洱海边，顿觉飘飘然，不酒而醉。（曹靖华《春城飞花·点苍山下金花娇》）

例③以排比形式表达了大理花的多、艳、娇、香，各排比分项又分别用顶真形式赞美了大理花的品种繁多、花色艳丽、花形娇美、花香醉人，而各顶真形式的蝉联部分再以夸张形式对上述几个方面给以渲染。整段文字的辞格结构形式是：排比（第一层次）包含顶真（第二层次），顶真再包含夸张（第三层次）。

④春天像刚落地的娃娃，从头到脚都是新的，它生长着。春天像小姑娘，花枝招展的，笑着，走着。春天像健壮的青年，有铁一般的胳膊和腰脚，它领着我们上前去。（朱自清《春》）

例④是按人的成长变化顺序把"春天"分别比喻为"刚落地的娃娃""小姑娘""健壮的青年"，又分别描绘他们人格化的动作，赞美了春天的新生、可爱与活力。整段文字的辞格结构形式是：排比（第一层次）套着比喻（第二层次），比喻中又套着比拟（第三层次）。

辞格套用的形式多种多样，异类辞格可以套用，同类辞格也可套用。

几种辞格灵活组合，分层包容，形成一体，使大层次辞格得以借力发挥，使小层次辞格得以依托出彩，既各得其所，又互相配合，从而使整段文字的表达更加严密细致，更加有文采、有活力，也更加富有变化和表现力。

分析辞格的综合运用时，要注意以下几点。第一，要从把握整体思想内容的角度入手，弄清各种辞格在一个统一体中的相互关系；第二，同一个表达形式，由于分析角度不同，可能分析出不同的辞格来，究竟怎样确定，要由表达的思想内容和语境来决定，不能因强调一种辞格而忽视和否定其他辞格的存在；第三，辞格的综合运用形式往往有主次之分和隐显之别，应该突出主要辞格的作用。

■ 思考练习

分析下列辞格综合运用的情况并做简要说明。

(1) 最是那一低头的温柔/像一朵水莲花不胜凉风的娇羞。（徐志摩《沙扬娜拉》）

(2) 老师：每一缕阳光是我对你的祝福；每一颗星星是我看你的眼睛；每一丝细雨是我对你深深的思念。教师节快乐！

(3) 《月满西楼》歌词。

    红藕香残玉簟秋。轻解罗裳，独上兰舟。云中谁寄锦书来？雁字回时，月满西楼。花自飘零水自流，一种相思，两处闲愁。此情无计可消除，才下眉头，却上心头。哦……却上心头。

(4) 《青花瓷》歌词。

  素胚勾勒出青花笔锋浓转淡/瓶身描绘的牡丹一如你初妆
  冉冉檀香透过窗心事我了然/宣纸上走笔至此搁一半
  釉色渲染仕女图韵味被私藏/而你嫣然的一笑如含苞待放
  你的美一缕飘散去/到我去不了的地方
  天青色等烟雨而我在等你/炊烟袅袅升起隔江千万里
  在瓶底书汉隶仿前朝的飘逸/就当我为遇见你伏笔
  天青色等烟雨而我在等你/月色被打捞起晕开了结局
  如传世的青花瓷自顾自美丽/你眼带笑意
  色白花青的锦鲤跃然于碗底/临摹宋体落款时却惦记着你
  你隐藏在窑烧里千年的秘密/极细腻犹如绣花针落地
  帘外芭蕉惹骤雨门环惹铜绿/而我路过那江南小镇惹了你
  在泼墨山水画里你从墨色深处被隐去

第七节　修辞知识在小学语文教学中的运用

> **学习重点**：认识修辞在小学语文教学中的地位和小学修辞教学的内容。
> **学习难点**：掌握小学语文教学中运用修辞知识开展教学的有效方法。

"修辞"这个概念，对于小学生来说是没有必要提及的。但在小学语文教学中，教师恰当地运用修辞知识来指导教学，可以帮助学生准确深入地理解教材内容，并能在教学的过程中，提高他们对语言的理解能力和运用能力。

修辞知识在小学语文教学中的运用，可以从以下几个方面着手：①运用语汇的修辞知识锤炼词语，指导学生理解课文中使用精当的词语，提高他们运用词语的能力；②运用句子修辞知识指导小学生理解课文中使用精当的句式，提高他们运用句式的能力；③运用修辞知识指导小学生理解课文中的反问、设问、比喻、夸张、拟人、排比、对偶等修辞手法，综合运用修辞知识指导学生正确完成基础训练中有关修辞的训练项目。总之，在具体的教学中，教师要有意识地运用修辞知识指导教学和训练。

一　语汇修辞知识在小学语文教学中的运用

在小学词语教学中，教师应利用语汇修辞的有关知识，引导小学生结合语境，深入思考课文中所用词语为何如此准确、形象、生动。教师可以采用词语替换的方法，让小学生分辨异同，体会不同用词的优劣。

①船头飞溅起来的浪花，唱着欢乐的歌。（刘自羽《大海的歌》）

②咱们自己的石油钻探船！我仿佛听见大海正在唱着一曲新歌。（刘自羽《大海的歌》）

在教学中，教师可先请学生找出"欢乐的歌"和"一曲新歌"这两个词，然后提问：这两个词能够互相替换吗？为什么？在学生回答后教师再做出小结："欢乐"表示了船在大海中航行得顺畅、快乐，"一曲新歌"表示我们伟大的社会主义祖国建设又上了一个新台阶，取得了新的胜利，所以二者不能互相替换。这说明同样是"歌"，词义的差别还是很大的。词语替换的方法可以使学生更深刻地领会课文中用词的贴切、精当。

③他们游到荷花旁边，看见荷叶上蹲着一只大青蛙，披着碧绿的衣裳，露着雪白的肚皮，鼓着一对大眼睛。（方惠珍、盛璐德《小蝌蚪找妈妈》）

在教学中，老师也可以通过词语替换的方法，帮助学生理解课文中用词的准确和精当。首先教师可以提问：同学们，这里的"披着"换成"穿着"行不行？为什么？学生可能会说："不行，因为青蛙雪白的肚皮是露在外面的，如果说'穿着'，那么雪白的肚皮不就露不出来了吗？"假如学生没有这样回答，那么老师就应该做出正确指导，然后进行小结，使他们在感受课文用词准确的基础上，进一步提高理解和运用词语的能力。

④震落了清晨满披着的露珠，/伐木声丁丁地飘出幽谷。/放下饱食过稻香的镰刀，/用背篓来装竹篱间肥硕的瓜果。/秋天栖息在农家里。

……

牛背上的笛声何处去了，/那满流着夏夜的香与热的笛孔？/秋天梦寐在牧羊女的眼里。（何其芳《秋天》）

这里的"饱食""栖息""梦寐"都是使用得非常恰当的词语，教师可以选择如下方式来开展教学。

师：同学们，这里的"饱食"换成"割"，行不行？为什么？

生：不行。因为用"饱食"是拟人手法，表达更生动形象，能使人深刻体会到"稻香"的满口生香。

师：这里的"梦寐"如果换成"展现""体现"，怎么样？

生：也不好。我们经常说"梦寐以求"，"梦寐"有梦里都想得到、特别渴望得到的意思，而"展现""体现"没有这个意思。

二 句子修辞知识在小学语文教学中的运用

我们知道，同样一个意思可以用不同的句式来表达。在句子修辞中，句式的运用是非常重要的。因此教师在教学中可以运用句子修辞的有关知识，多展示各种句式实例，引导学生通过语境认识某些重点句子的修辞技巧，以增强他们的感性认识，提高他们分辨和运用不同句式的能力。

①在阳光下，大片青松的边沿闪动着白桦的银裙，不是像海边的浪花吗？（老舍《林海》）

在教学中，教师可以提问，请学生用不同的说法把关于"像海边的浪花"的意思表达出来。学生可能会说出多种句式，如：是像海边的浪花，真像海边的浪花，太像海边的浪花了，等等。教师把学生所说的句式写在黑板上，最后通过它们与原文的对比，体会原文中反问句的强烈语气，让学生领会反问句明知故问、答在其中的特点。

②有的宅院里探出半树银枝妆，星星般的小花缀满枝头，从墙上窥着行人，惹得人走过了，还要回头望。（宗璞《丁香结》）

教师要引导小学生找到拟人修辞，指导小学生体味拟人修辞所表现的丁香花的动人姿态，关注"探""窥"这两个动词所表现的丁香花的娇小体态。

教师只有在具体的教学实践中，经常运用分析、比较、范读、提问等方法，引导学生深刻领会、深入思考，才能促使学生取得更好的学习效果。

三 运用修辞知识，指导学生理解课文中的主要修辞

小学语文课文运用了诸多修辞手法，如比喻、夸张、排比、拟人、对偶等。这就要求在小学语文教学中，教师要适当地介绍一些句子修辞和修辞格的有关知识，引导学生结合语境去认识一些重点句子的修辞技巧，加深对课文句子中蕴含的一些修辞手法的理解，并

学习初步运用这些修辞手法。

①桂林的山真奇啊，一座座拔地而起，各不相连，像老人，像巨象，像骆驼，奇峰罗列，形态万千。（陈淼《桂林山水》）

在教学中，教师可以设计一些问题来启发学生。

师：同学们，句子描写桂林的山的形状时，用什么来打比方呢？

生：老人、巨象、骆驼。

师：对。这就是比喻。一般来说，比喻有本体（句中"桂林的山"）、喻体（句中的"老人、巨象、骆驼"）和喻词（句中的"像"）。

②危楼高百尺，手可摘星辰。（李白《夜宿山寺》）

师：谁能解释这句诗的意思呢？

生：高楼有百尺高，（站在楼上）手能够摘到天上的星星。

师：好，"危"就是"高"的意思，"星辰"就是"星星"的意思。站在高楼上真的能摘到天上的星星吗？

生：不能！

师：可见作者夸大了事实，是有意对客观事物言过其实。这种有意对客观事物言过其实的写法就是夸张。当然，夸张要合理，不能过分，也不能浮夸。

小学语文课文中蕴含的修辞知识比比皆是。只要教师根据教学目的和要求，循序渐进，把分析课文和句子讲解结合起来，再适当为学生补充一些有关的修辞格知识，就一定能取得较好的教学效果。

另外，基础训练中有关句子的训练，更是学生学习和运用修辞知识的极好机会，教师要根据教学的目的和要求，循序渐进，不断深入。低年级主要安排选用词语的训练，以初步提高学生理解和运用语汇修辞的能力；中年级主要是在熟悉几种常用修辞手法的基础上，学会进行句式的选择；高年级则强化进行一些修辞格的运用训练。总之，渗透修辞知识的教学，在小学语文教学中是一个难点。语文教师除了要有丰富的基础知识外，更多的是要有较强的责任心和开拓创新的精神，多思考，多探索，勇于实践，不断提升修辞知识教学质量。

思考练习

1. 小学语文教学中运用修辞知识开展教学，主要有哪些内容？
2. 读下面的句子，注意理解其修辞手法，并仿例造句。
   (1) 夜空璀璨的繁星，仿佛碧波上洒满了宝石似的。
   (2) 井冈山是中国革命的摇篮。
3. 如果让你以下面的句子为范例，你准备怎样运用修辞知识进行教学？请写出简要步骤。

   云对雾，雪对霜，和风对细雨，朝霞对夕阳。花对草，蝶对蜂，蓝天对碧野，万紫对千红。桃对李，柳对杨，山清对水秀，鸟语对花香。

参考文献 | REFERENCES

[1] 丁声树，等.现代汉语语法讲话[M].北京：商务印书馆，1999.
[2] 杜宇虹，阮星.现代汉语[M].南京：南京大学出版社，2019.
[3] 高更生.现行汉字规范问题[M].北京：商务印书馆，2002.
[4] 黄伯荣，廖序东.现代汉语（增订六版）（上册）[M].北京：高等教育出版社，2017.
[5] 黄伯荣，廖序东.现代汉语（增订六版）（下册）[M].北京：高等教育出版社，2017.
[6] 兰宾汉，邢向东.现代汉语（上册）[M].北京：中华书局，2014.
[7] 兰宾汉，邢向东.现代汉语（下册）[M].北京：中华书局，2014.
[8] 林焘，王理嘉.语音学教程[M].北京：北京大学出版社，1992.
[9] 刘焕辉.言语交际学[M].南昌：江西教育出版社，1986.
[10] 曲文吉.现代汉语（上册）[M].武汉：武汉大学出版社，2014.
[11] 曲文吉.现代汉语（下册）[M].武汉：武汉大学出版社，2014.
[12] 人民教育出版社中学语文室.现代汉语知识[M].北京：人民教育出版社，1999.
[13] 王希杰.汉语修辞学[M].3版.北京：商务印书馆，2014.
[14] 徐国庆.现代汉语词汇系统论[M].北京：北京大学出版社，1999.
[15] 张斌.简明现代汉语[M].上海：复旦大学出版社，2008.
[16] 张凤芹，孙敬东.现代汉语[M].昆明：云南人民出版社，2014.

与本书配套的二维码资源使用说明

  本书部分课程及与纸质教材配套数字资源以二维码链接的形式呈现。利用手机微信扫码成功后提示微信登录，授权后进入注册页面，填写注册信息。按照提示输入手机号码，点击获取手机验证码，稍等片刻，会收到4位数的验证码短信，在提示位置输入验证码成功，再设置密码，选择相应专业，点击"立即注册"，注册成功。（若手机已经注册，则在"注册"页面底部选择"已有账号立即注册"，进入"账号绑定"页面，直接输入手机号和密码登录。）接着提示输入学习码，需刮开教材封面防伪涂层，输入13位学习码（正版图书拥有的一次性使用学习码），输入正确后提示绑定成功，即可查看二维码数字资源。手机第一次登录查看资源成功以后，再次使用二维码资源时，只需在微信端扫码即可登录进入查看。